국제관계와 융합

이병욱 지음

INTERNATIONAL RELATIONS
AND CONVERGENCE

21세기사

머리말

　미국과 영국, 러시아 등의 대학에는 예전부터 국제관계학과가 많이 개설되어있고, 관련 연구기관들과 이를 공부하는 학생들이 많았다. 강대국들은 전 세계 국가들을 상대로 이해관계가 많아서 그렇다고 생각했다. 이에 반해 한국은 약소국이었기 때문에 국제관계학이라는 학문이 생소했고 대학에 그런 학과가 드물었다. 지금은 한국도 가난한 약소국이 아니고 세계 각국에 첨단 기술 제품과 군사무기를 수출하는 선진국이 되었다. 세계적으로 첨단무기를 수출하는 나라는 많지 않지만 수입하려는 나라들은 많이 있다. 첨단 무기를 수출하는 것은 국제관계 세력 균형에 영향을 주기 때문에 일반적인 상품을 수출하는 것과 달리 정치외교적으로 매우 까다롭다. 이제는 한국인들도 국제관계에 관심을 가져야 할 때이다.

　20여 년 전에 터키에 갔을 때 한국 회사에 근무하는 터키인들이 한국 본사로 출장 가는 것을 싫어한다는 이야기를 들었다. 그 이유는 한국은 북한의 핵무기와 미사일 위협을 받고 있어서 위험하기 때문이라고 했다. 출장지가 부산이나 창원이라면 북한에서 멀리 떨어져있는데 뭐가 무섭냐고 물었더니 한국은 좁은 나라이기 때문에 어느 곳이나 마찬가지라는 것이었다. 그만큼 외국인들에게 한국은 매우 위험한 나라였다. 이렇게 위험한 나라라고 인식된다면 한국 회사들이 국제사회에서 사업할 때 국가 신인도, 금리, 보험료, 외사 유치 등에서 매우 불리했을 것이다. 한국은 분단국가이자 휴전 중인 국가로서 항상 북한의 핵위협을 받고 있기 때문에 국제관계가 매우 중요하다.

　한 나라의 정치는 그 나라 국민들의 정치의식 수준에 따른다고 한다. 마찬가지로 한 나라의 국제관계는 그 나라 국민들의 국제관계 이해 수준에 따를 것이다. 많은 국제정치학자들이 우크라이나 전쟁을 예견하였고 중국의 대만 침공을 예견하는 기사가 나오고 있다. 한국은 6.25 전쟁 이후에 대표적인 세계의 화약고로 알려져 있다. 우리나라 국민들의 국제관계 이해 수준에 따라서 우리나라의 미래가 결정된다고 하면 국제관계는 매우 중요한 분야가 아닐 수 없다. 이제는 한국 국민들도 국제관계에 관심을 갖고 깊이 고민해야 하는 상황이 되었다.

국제관계는 국제정치와 유사하지만 범위가 좀 더 넓다. 관련 학문이 정치학뿐만 아니라 역사학, 경제학, 법학, 사회학, 철학 등 여러 분야에 걸쳐있는 학제적 학문이므로 융합이 중요한 분야이다. 국제관계는 국력을 바탕으로 하고, 국력은 경제력을 기반으로 하고, 경제력은 기술력을 기반으로 하기 때문에 과학기술의 발전은 국제관계에서 매우 중요하다. "블루 칼라의 일은 로봇이 맡고, 화이트 칼라의 일은 인공지능이 맡는다"라는 말이 나오고 있다. 컴퓨터에 이어서 인공지능이 세상을 바꾸고 있으며 강대국의 기반이 컴퓨터와 인공지능 기술력에 좌우되는 것이 현실이다. 러시아가 강대국 위치에서 밀리고 있는 것은 반도체 등 첨단 기술력이 부족하여 군사력을 위한 무기 제작 능력이 떨어지기 때문이다. 중국도 반도체와 인공지능 등 첨단 기술력이 부족하기 때문에 군사력에서 다른 강대국에 비해 열세이다. 과학기술을 강화하면 경제력뿐만 아니라 군사력 향상에 큰 힘이 되고 국제관계 경쟁력도 커진다.

닉슨 대통령의 국가안보담당보좌관이었던 헨리 키신저가 얼마 전에 사망하였다. 닉슨 대통령은 닉슨 독트린을 발표하고 '아시아 일은 아시아인의 손으로'라는 슬로건을 걸고 주한미군 제7 사단과 베트남 주둔 미군을 철수하였다. 키신저는 "미국엔 영원한 적도, 영원한 친구도 없고 오직 국익만 있을 뿐이다"라는 말을 하며 현실주의 정치를 실천하였다. 한반도 주변에는 중국과 북한이 한국과 휴전 상태에 있으며, 러시아가 우방국으로 북한을 지원하고 있다. 한국은 때때로 일본 상품 불매운동을 벌이며 반일 감정을 표출하고 있다. 아시아에서 한국의 우방은 어느 나라인가? 한국은 사면초가 신세가 아닌가? 한국이 아시아에서 어떤 위치에 있는지 진지하게 검토하고 고민해야 할 시기이다.

2022년 초 필자가 미국에 있을 때 우크라이나 전쟁이 일어났다. 미국 청년들이 우크라이나 지원병이 되어 출국하고, 각 직장마다 기부금을 모금하고, 미국 정부가 막대한 예산을 지원하여 우크라이나를 지원하는 것을 보았다. 유럽의 NATO 국가들도 막대한 지원을 아끼지 않았다. 그 덕분에 일주일이면 우크라이나가 점령될 것이라던 예측들이 빗나갔다. 한국 정부와 민간에서도 비전투 물자 지원과 기부금을 보냈다. 그리고 2년의 지루한 시간이 지났다. 지금은 미국에서도 우크라이나를 지원하려는 노력이 별로 보이지 않는다. 유럽에서도 미국에서도 전쟁의 피로감을 느끼고 있는 모습이 역력하다. 더구나 팔레스타인에서 이스라엘과 하마스가 전쟁을 벌이면서 우크라이나에 대한 관심은 점점 줄어들고 있다. 이 시기에 중국이 대만을 침공하면 한반도에도 불똥이 튈 것이다. 미국은 우크라이나, 이스라엘, 대만, 한국을 모두 지원하기는 어려울 것이므로 선택과 집중을 할 것이다. 이런 상황이 바로 우리가 국제관계에 소홀할 수 없는 이유이다.

이 책은 제1장에서 전반적인 개요를 설명하였고, 제2장에서는 세계사의 중심에 있었던 3대 패권 국가들의 흐름을 기술하였다. 제3장에서는 손자와 클라우제비츠의 병법과 전략을 중심으로 동서양의 국제관계 기본 개념을 비교하였고, 제4장에서는 국제사회에서 자주 일어나는 쟁점 분야와 문제점들을 기술하였다. 제5장에서는 주요 국가들이 주변 국가들과 벌인 전쟁의 원인과 전개방식을 기술하였고, 제6장은 패권 국가들의 등장과 패권의 미래를 전망하였다. 제7장에서 국제관계 이론을 기술하였고, 제8장은 국제관계학을 구성하는 학문들과 융합에 대하여 기술하였다.

이 책은 국제관계에 관심이 있는 일반인들과 학생들을 위하여 집필하였다. 현대 사회는 인공지능 시대로 접어들었기 때문에 국제관계에서 기술력의 필요성과 융합의 중요성이 매우 커지고 있지만 기존 연구와 자료들은 인문·사회과학에 치중되어 있다. 필자는 이것을 안타깝게 생각하고 컴퓨터공학자로서 누구보다도 기술력과 융합이 국제관계에 매우 중요하다고 생각하여 이 책을 쓰게 되었다. 이 책에서 미진한 부분은 이후 수정 보완할 것을 약속드린다. 이 책의 원고를 여러 번 읽고 교열에 힘써준 나의 아내와 출판에 힘써주신 21세기사 임직원 여러분께 감사드린다.

2023년 겨울
가락동에서 필자

목차

제**1**장

/

개요

국제관계(international relations)를 이야기하면 국제정치(international politics)와 무엇이 다르냐고 묻는 경우가 많다. 국제관계의 핵심은 국가 간의 관계이고, 국제정치의 핵심은 국가 정부 간의 외교인데 그 차이가 무엇인지 애매하다고 생각한다. 국제관계는 국가 간의 모든 관계를 내포하므로 당연히 국제정치를 포함한다. 한국인들은 국제관계에 별 관심이 없는 것 같다. 국제관계와 관련된 책들을 찾아보면 한국인이 쓴 책은 별로 없고 미국, 영국, 일본인 등이 쓴 책은 매우 많은 것을 알 수 있다.

그 원인은 국력과 관계가 있다고 본다. 강대국들은 많은 나라를 상대해야 하기 때문에 국제관계에 관심이 많다. 반면에 약소국들은 국제사회에서 큰 역할을 하지 못하므로 관심이 적을 수밖에 없다. 한국은 가난한 신생국에서 벗어 난지 얼마 되지 않았으니 당연히 국제관계에 관심이 적을 수밖에 없다. 그러나 이제는 한국도 성장하여 선진국이 되었고, 산업기술과 문화수준이 강대국들과 경쟁하는 수준이 되었으므로 더 이상 국제관계에 무심할 수 없다. 국제관계를 잘 이해할수록 국제관계를 잘 수행할 것이고 국제관계를 소홀히 한다면 국제사회에서 소외되고 어려운 입장에 처해질 가능성이 많아질 것이다. 국제사회에서 국익을 지키려면 국가적으로 국제관계에 대한 이해와 노력을 기울여야 한다.

1.1   국제관계

역사학자 카아(E. H. Carr)[1]에 의하면 1914년에 발발한 제1차 세계대전을 기준으로 국제관계학이 시작되었다. 1차 세계대전 이전에는 정부 외교관들이 주로 국제관계를 주도하였지만 그 이후부터는 다양한 방향에서 새로운 국제관계 이론과 방법을 모색하게 되었다. 제1차, 2차 세계대전의 참혹한 결과를 겪으면서 국제관계학은 국제 전쟁을 방지하고 최소화하는 것에 관심을 두기 시작했다. 국제관계는 국제정치와 비슷한 개념으로 이해할 수 있으나 보는 시각에 따라 내용과 범위가 크게 다르므로 두 분야를 정확하게 이해할 필요가 있다.

---

1   카아(E. H. Carr, 1892~1982) : 영국의 세계적 역사학자, 웨일스대학 국제정치학 교수. '역사란 무엇인가'의 저자.

1.1.1 국제정치와 국제관계

국제정치학(science of international politics)은 국가들 사이에서 일어나는 정치 현상을 연구한다. 국제정치학은 정치학의 한 분야로 외교학(diplomacy)이라고도 한다. 좁은 의미로 보면 국가 정부 간의 공적인 관계를 대상으로 정치, 군사, 안보와 같은 분야에 주력한다. 그러나 넓은 의미로는 국가와 국가 간에 영향을 주는 모든 사항들을 포함할 수 있다. 국제정치는 국가들 간의 관계를 좁은 의미로 이해할 수 있고, 국제관계는 국제정치학의 넓은 의미로 이해할 수 있다. 따라서 국제관계는 국가 정부 간의 공적인 관계 이외에 국제기구와 기업체 그리고 민간단체나 개인들 간의 관계들이 모두 포함된다. 다양한 국제기구와 다국적기업들 그리고 운동 경기, 문화와 예술, 환경, 노동, 질병, 빈곤, 부패, 젠더 등이 모두 국제관계에 포함된다.

국제정치를 잘해서 국제관계가 좋아지면 국가 간의 교류가 많아지고 안보와 경제 발전에도 도움을 준다. 그러나 국제정치를 잘못해서 국제관계가 악화되거나 갈등이 과도하게 증폭되면 전쟁이 일어날 수 있고 국가와 국민의 존망이 위태로워진다. 따라서 국제정치를 잘해서 국제관계가 잘 유지되는 것은 평화를 바라는 모든 국가와 국민들의 바램이다. 그러나 [그림 1.1]과 같이 국제정치는 정치(외교), 군사, 안보 등을 위주로 하기 때문에 국제정치만으로는 국제관계를 성공적으로 이루기 어렵다. 따라서 국제정치 뿐만 아니라 국제관계 전반에 대하여 모두 이해하는 노력이 필요하다.

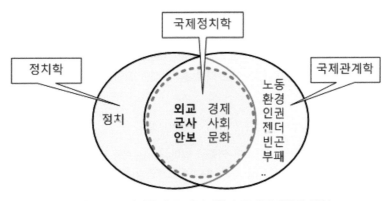

[그림 1.1] 정치학과 국제정치학과 국제관계학의 범위

　국제정치도 경제, 사회, 문화 등을 다루지만, 국제관계는 국제정치를 포함하여 노동, 인권, 환경, 젠더, 빈곤, 부패 등을 전부 포함한다. 그러므로 국제관계를 잘 수립하기 위해서는 정치뿐만 아니라 다양한 분야의 관련자들이 참여해야 한다.

　국제관계는 주로 강대국들이 관심을 갖는 분야이다. 실제로 국제관계학을 대학에서 많이 가르치는 나라들은 미국, 영국, 프랑스, 일본, 러시아 등 강대국들이다. 강대국들은 국제관계학을 교육하고 연구하는 대학과 연구소들도 많고 학생들도 많이 있으나 강대국이 아닌 나라들은 그렇지 못하다.

국가별 국제관계대학교

모스크바국립국제관계대학교

러시아는 1944년부터 모스크바국립국제관계대학교[2]를 운영하고 있으며 중동부 유럽과 러시아에서 매우 일류 대학에 속한다. 이 대학 출신 동문들 중에는 제4대 아제르바이잔 대통령 일함 알리예프, 카자흐스탄 대통령 카심조마르트 토카예프, 러시아 외무부 장관 세르게이 라브로프, 주한 러시아 대사 안드레이 쿨릭 등 유명 인사들이 많이 있다. 이외에도 소련의 각 공화국의 정계와 외교계 직책을 많이 맡고 있었다.

시앙스포 : 파리정치대학

프랑스는 그랑제콜[3]에 속하는 시앙스포[4]라는 독립적인 국제정치대학을 1872년에 설립하여 최상위 명문대학으로 운영하고 있다. 프랑스 상위 약 1%에 해당하는 학생들만 선발된다. 시앙스포 출신들이 프랑스 정계와 외교계를 석권하고 있으며 미테랑 대통령 등 국내외 많은 대통령과 총리들을 배출했다.

런던정경대학

영국은 프랑스 시앙스포 대학의 영향을 받아서 1895년에 기부금을 받아서 런던정경대학(London School of Economics and Political Science)을 정치와 경제 중심 대학으로 설립하였다. 그러나 1900년 런던대학교의 19개 단과대학 중의 하나로 통합하였다. 2009년까지 노벨상 수상자 15명을 배출하였다. 미국 케네디 대통령, 일본 아소 다로 총리, 대만 차이잉원 총통 등 외국 국가 원수들도 다수 배출했다.

평양국제관계대학

북한은 소련 모스크바국립국제관계대학의 영향을 받아 국제관계를 위하여 평양국제관계대학을 설립하였다. 그러나 1983년 아웅산 테러 사건, 1991년 소련연방 해체와 동구권의 몰락 등으로 외교관계가 대폭 축소되었다. 이후 경제 사정이 어려워지자 1990년대에 김일성종합대학의 국제관계학과로 흡수되었다고 한다.

소련은 모스크바국립국제관계대학교를 운영하고 있고 프랑스도 시앙스포(Sciences Po)라는 독립적인 국제관계대학을, 영국은 런던대학교의 단과대학으로 런던정경대학을 운영하고 있다. 이와 같이 강대국들은 국제정치와 국제관계를 위하여 독립된 국제관계 대학을 운영하고 있다. 반면에 대개의 강대국이 아닌 나라들은 대학에서 정치학 또는 정치외교학이라는 이름으로 운영한다. 국제관계학에 대해서는 제8장에서 더 자세히 다룬다.

(1) 국제관계학과 관련 학문과의 관계

[그림 1.2] 국제관계학과 관련 학문들과의 관계

국제학, 국제관계학, 국제정치학, 외교학 등의 관계는 [그림 1.2]와 같이 내포 관계에 있다. 이들 학문의 공통점은 국가들 사이에 일어나는 현상들을 대상으로 한다는 점이다. [표 1.1]과 같이 외교학(diplomacy)은 각 국가의 정부에 있는 외교부에서 주로 수행하는 업무로서 외교, 군사, 안보 등의 문제와 현상을 해결하기 위한 학문이다. 국제정치학(international politics)은 국가 간의 공적인 업무 중에서 외교학 이외에 경제, 문화, 사회 등을 포함하고 있다. 국제관계학(international relations)은 국가 간에 일어나는 공적인 업무뿐만 아니라 다양한 국제기구와 민간분야의 업무도 포함한다. 국제정치 그리고 국제관계와 유사한 분야가 국제학(International Affairs)이다. 국제

---

2 모스크바국립국제관계대학교 : 모스크바국립대학에서 1943년부터 국제관계학부로 운영하다가 1944년에 독립하였다. 영문 명칭은 Moscow State Institute of International Relations이며 러시아에서는 므기모(MGIMO)라고 함. 모스크바 외에 우즈베키스탄의 타쉬켄트에 캠퍼스 운영.
3 그랑제콜(Grandes Écoles) : 최고 인재들만 양성하는 프랑스 고유의 엘리트 고등교육기관.
4 시앙스포(Sciences Po) : 파리정치대학. 마크롱 등 6명의 대통령과 13명의 총리를 배출함.

학은 세계 각 지역의 문화, 역사, 지리, 자연, 사회, 정치, 문화 등 포괄적 지식을 연구하는 학문이다. 명칭은 국제적이지만 다루는 분야는 지역적인 측면이 있다. 국제관계에서 다루는 분야는 국제사회에서 야기되는 모든 쟁점과 문제들을 다루므로 국제학도 포함된다.

[표 1.1] **국제관계학과 관련 학문들의 내용**

학 문	내 용
외교학	• 국가 간의 현실 문제를 공적으로 협의하고 조정 • 국가 정부 간에 발생하는 문제와 현상들을 대상으로 연구.
국제정치학	• 국가 간의 정치, 군사, 안보, 국제기구, 국제법 등 공적인 관계를 연구 • 국가 간의 공적인 관계 중에서 주로 정치, 군사, 안보를 연구.
국제관계학	• 국가 간의 공적인 관계 외에 민간 국제기구, 개인 간의 관계까지 연구 • 국가 간의 공적인 관계와 민간 관계까지 다양한 분야를 연구
국제학	• 국제관계뿐만 아니라 국가 간의 모든 국제적인 주제와 문제를 연구 • 국제관계 외에 지역의 역사, 문화, 자연 등 다양한 분야를 연구

(2) 국제관계와 이론

국제관계를 잘 이해하려면 국가 간의 다양한 관계를 잘 관찰해야 한다. 그러나 이 세상 어느 누구도 국가 간의 관계를 있는 그대로 잘 보기 어렵다. 세상(국제관계를)을 객관적으로 보려고 해도 잘 보이지 않는다. 대개는 우리가 이미 가지고 있는 경험과 견해를 가지고 세상을 인식하고 평가하기 때문이다. 세상을 객관적으로 인식하려면 객관적인 이론과 가설의 창을 이용하는 것이 필요하다. 이미 수많은 사람들이 객관적으로 보려고 노력한 결과들이 쌓여서 이론과 가설들이 만들어졌기 때문에 이들을 이용하는 것이 효과적이다. 기존의 이론과 가설들보다 더 좋은 것을 생각해냈다면 이론을 발전시킨 것이므로 객관적으로 인정을 받을 수 있다.

국제관계 이론은 매우 풍부하고 다양한 영역으로 점차 확장되고 있다. 그 이유는 국제관계가 크게 악화되면 전쟁으로 이어져 인류에게 막대한 피해가 발생했기 때문에 역사적으로 수많은 학자들의 연구 결과가 많이 쌓여 있기 때문이다. 국제관계 이론의 주류는 [그림 1.3]과 같이 현실주의(realism)와 자유주의(liberalism)이며 부수적으로 비판적 이론 등이 있다. 현실주의는 인간의 이기적인 욕망에 의하여 세계정치가 끝없는 갈등으로 이어지고 있다고 주장하고, 자유주의는 인간의 이성적인 희망이 협력의 가능성과 지속적인 평화를 가져올 것이라고 믿고 있다. 비판적 이론은 현실주의와 자유주의에 대한 문제점들을 지적하고 대안을 제시한다. 비판적 이론에는 대표적으로 마르크스주의(Marxism), 사회적 구성주의(social constructionism), 후기구조주의(post structuralism), 페미니즘(feminism), 탈식민주의(post-colonialism), 녹색정치(green politics) 등이 있으며 국제관계 주류 이론에 조금씩 영향을 주고 있으므로 사회적 이론이라고도 한다.

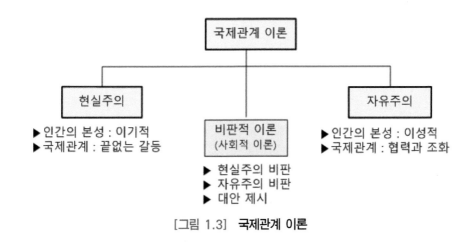

[그림 1.3] **국제관계 이론**

　교통이 발달되지 않았던 과거에는 상대적으로 국제관계가 적을 수밖에 없었다.
　몽고군이 중동에 있는 호라즘[5]에 사절단을 파견했는데 호라즘이 이들을 모두 살해하였다. 이에 분노한 몽고군이 호라즘을 공격하기 위하여 행군하는데 1년 정도의 시간이 걸렸다. 호라즘은 몽고군이 예상보다 너무 빨리 와서 당황한 상태에서 준비도 못하고 패배하고 말았다. 이와 같이 과거에는 교통 문제 때문에 국제관계 대비에 어려움이 많았다.

5　호라즘(Khwarizm) : 셀주크터키의 부장이 독립하여 카스피해 동남쪽에 1077년에 세운 나라. 사마르칸트를 중심으로 동서무역이 번성했으나 1231년 몽고족에 멸망당함. 현재 우즈베키스탄과 투르크메니스탄 지역.

증기기관이 발명되고 교통과 통신 수단이 발달하면서 국제 교류가 증가하여 점차 국제관계가 많아지기 시작했다. 돛단배로 다니다가 증기기관으로 다니다가 내연기관으로 발전해 제트엔진으로까지 이동하면서 국제관계는 매우 밀접해졌고 복잡해지기 시작했다. 교통수단의 발전은 원자재 생산지와 제품 생산지, 소비지 등을 쉽게 연결하였으므로 세계는 분업효과와 화폐경제의 발전으로 더욱 밀접해졌다.

세계가 밀접해질수록 분쟁도 많이 발생하고 갈등 해소를 위한 전쟁의 규모도 점차 커지고 있다. 국제관계의 갈등이 타협과 협상에 의하여 적절하게 해소되지 못하면 전쟁으로 이어질 수 있다. 실제로 역사상 국제관계를 잘 운영하지 못하여 지도에서 사라지는 국가들이 많이 있었다.

1.1.2 제국주의와 국제관계

제국주의 시절에는 엄밀한 의미에서 국제관계가 존재하지 않았다. 국제관계란 각 국가들이 주권을 가지고 법적으로 대등한 입장에서 접촉하고 교류하는 것을 의미한다. 제국주의 시절에는 힘 있는 사람이 힘없는 사람을 노예로 부리듯이 힘 있는 국가가 힘없는 국가를 종속국이나 식민지로 다루는 승자독식 세계였기 때문에 국제관계가 확실하게 존재하기 어려웠다.

(1) 과학기술과 제국주의

석기 시대를 지나 청동기 시대에 접어들면서 도구의 발달로 식량 생산과 군사력이 성장한 부족들이 나라를 세우고 이웃나라들에게 영향력을 행사하면서 국가 관계가 시작되었다. 즉, 국가 관계는 국가 체제가 성립하고 국가 체제들 사이의 교류가 증가하면서 수립되기 시작하였다. 서아시아 지방의 히타이트 제국(Hittite, BC 1450~1200)이 제철기술을 새롭게 개발하자 바퀴와 마차, 무기, 농기구 등의 품질이 대폭 향상되었다. 히타이트는 철로 만든 전차와 무기로 무장하고 주변국들을 제압하였다.

히타이트는 제철 기술을 철저히 비밀로 감추었다. 히타이트족이 멸망하자 비밀에 묻혔던 제철 기술이 급속하게 주변으로 전파되었다. 스키타이(Scythai)는 기원전 7세기 중앙아시아에서 러시아 남부지방으로 이주한 유목민족으로 철기문화를 꽃피웠다.

스키타이 철기문화는 중앙아시아를 거쳐 중국으로 전파되었다. 철기문화가 세계 각지로 전파되면서 식량 생산과 함께 군사력도 증대되었고 국가 간의 갈등도 증가하였다. 국가 간의 협력과 갈등이 커지면서 국가 관계의 중요성을 점차 인식하게 되었다.

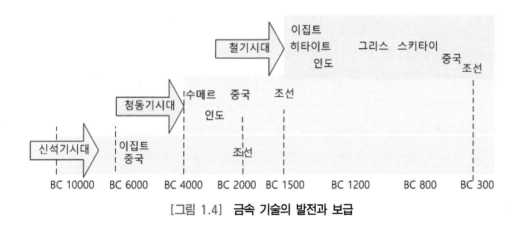

[그림 1.4] **금속 기술의 발전과 보급**

[그림 1.4]와 같이 농사에 석기를 사용하다가 청동 제련 기술이 개발되어 농기구가 발전하였고 따라서 농사를 위한 치수관리 등을 효과적으로 운영할 필요가 생겼다.

농사를 짓기 위해 물을 관리하려면 인력을 많이 모아야 하므로 점차 씨족이 모여 부족이 되고 부족들이 모여서 부족국가로 성장하였다. 제철기술이 개발되어 철기시대가 되었고, 제철기술이 점차 발달함에 따라 각종 무기와 도구들을 철로 만들기 시작하였다. 철로 만든 농기구와 군사 무기는 농업 생산성 향상과 더불어 전투력도 향상시켰다. 철제 무기로 무장한 부족은 인근 부족들을 정복하면서 부족국가의 단위가 커지기 시작하였다. 철기문화는 농업 생산력과 함께 공업 생산력을 발전시켰다. 공업 생산력은 경제력을 성장시켜 국가들을 성장시키고 국가들은 주변 국가들과 다양한 국가 관계를 가지게 되었다.

과학기술이 발전함에 따라 산업혁명이 일어나고 전 세계는 국제 분업화 시대에 접어들었다. 교통과 통신의 발전으로 인하여 지구 반대편에 있는 나라들과도 국제관계가 긴밀하게 되었다. 한 국가에서 일어나는 사건은 일파만파가 되어 국제사회에 영향을 주고받는 시대가 되었고, 국제관계는 모든 나라들에게 중요한 과제가 되었다. 국제관계에서 갈등이 가장 악화된 상태가 전쟁이다. 인류는 역사 이래 수많은 전쟁을 치러왔다. 국제관계를 잘 이해하고 현명하게 대처하는 것이 국가의 존망을 좌우하는 중요한 요소가 되었다.

(2) 왜 제국주의인가?

유사 이래 국력이 강한 대부분의 나라들은 제국주의(imperialism)를 지향했다.

제국주의(帝國主義)란 무력으로 다른 나라와 민족에 대한 지배권을 확장하려는 패권적 사고이다. 우리나라도 고구려 광개토대왕과 장수왕이 국토를 많이 넓혔고, 조선 세종 때 김종서가 6진[6]을 개척해서 여진족의 땅을 강제로 뺐었던 일이 있었다. 제국주의는 강력한 군사력 기반이 있어야 다른 국가나 민족을 강제로 간섭하고 지배할 수 있다. 세계 역사는 전쟁의 역사이고 승자들의 역사이다. 그 이유는 국제사회가 무정부 상태이기 때문에 힘 있는 국가가 국제사회를 지배하기 때문이다. 힘 있는 국가가 다른 나라를 마구 간섭하고 다른 나라를 쳐부수고 대량 학살을 해도 국제 폭력을 해결해 줄 수 있는 세계 정부는 과거에도 없었고 지금도 없다.

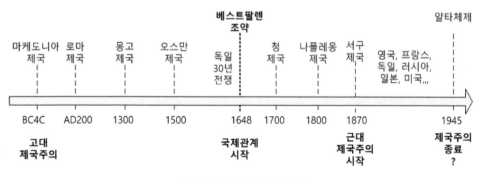

[그림 1.5] **제국주의 역사**

인류의 역사는 [그림 1.5]와 같이 강대국들의 제국주의 역사라고 할 수 있다. 국가가 성립한 다음에 국가를 지키기 위하여 군대를 양성하고, 양성된 군대를 이용하여

---

6 6진(六鎭) : 두만강 하류 남안에 설치한 국방상의 요충지. 종성(鐘城), 온성(穩城), 회령(會寧), 경원(慶源), 경흥(慶興), 부령(富寧)의 여섯 진. 고려 공민왕의 북진 정책을 이어받아 태조 이성계와 세종이 설치한 군사기지.

인접한 다른 나라들을 간섭하고 수탈하려고 노력한 것이 고대 제국주의의 시작이다. 고대 마케도니아제국, 로마제국, 몽고제국, 오스만제국, 나폴레옹제국, 청제국, 대영제국을 비롯한 서구의 제국들이 그러했으며 역대 모든 중국 왕조들이 그런 방식으로 주변 국가들을 간섭하고 수탈하였다. 세계의 역사는 전쟁의 역사라고도 할 수 있는데 이것은 강대국들의 세력 확장과 경쟁 그리고 제국주의에 굴복하지 않으려는 나라들의 저항과 갈등이 있었기 때문이다. 강대국들은 다른 나라들을 동격의 나라로 취급하지 않고 속국, 즉 자기 나라의 지방 정권 정도로 인식하였다. 제국주의 강대국들이 하는 일이란 지속적으로 일어나는 반란을 진압하기 위하여 군대를 양성하고 원정을 보내고 인력과 물자를 수탈하는 것이었다.

(3) 국제관계의 기원 : 베스트팔렌 조약

근대 국제사회는 베스트팔렌 조약(Peace of Westfalen)을 기점으로 출발했다. 베스트팔렌 조약은 유럽의 30년 전쟁을 끝마치기 위해 1648년에 체결된 평화조약이다. 30년 전쟁은 오스트리아와 에스파냐를 중심으로 한 구교와 네덜란드, 스웨덴, 덴마크, 노르웨이, 프랑스로 구성된 신교 국가들이 독일을 무대로 수행한 종교 전쟁이다. 이것은 가톨릭 제국으로서의 신성로마제국[7]을 사실상 붕괴시켰다. 그 결과 주권 국가들의 공동체인 근대 유럽의 정치구조가 나타나는 계기가 되었다. 이 조약의 내용은 많지만 가장 특징적인 것은 독일과 유럽 제후들에게 영토에 대한 완전한 주권과 외교권, 조약 체결권 등을 인정한 것이다. 로마 카톨릭 교회와 신성로마제국의 지배권이 무너지고 개별 국가 간의 국제관계가 성립되기 시작한 것이다. 이 때부터 근대적인 국제사회가 형성된 것으로 볼 수 있다.

베스트팔렌 조약은 국제사회에서 갈등을 해소하려는 노력의 일환으로 나타난 것이다. 베스트팔렌 조약의 결과로 신성로마제국의 황제와 카톨릭 교황의 권력은 점차 사라지고, 정치는 종교의 영향에서 벗어나 세속화되어 국가 간의 세력 균형으로 질서를 유지하는 새로운 체제를 가져왔다. 많은 제후들이 독립하여 국제관계가 시작되었다.

---

7 신성로마제국(Holy Roman Empire) : 962년부터 1806년까지의 독일 제국의 명칭. 고대 로마 제국의 영화를 부활하고, 카톨릭 교회를 보호하기 위해 설립되었으나 베스트팔렌 조약으로 제국의 의미가 상실되었다.

[표 1.2]에서와 같이 베스트팔렌 조약은 국가의 주권을 인정함으로써 국경이 인정되고 국제법이 제정되고 국가 간의 외교 원칙이 정립되기 시작하였다. 30년 전쟁이 프로테스탄트와 카톨릭 사이의 종교 전쟁이었으므로 종교의 자유가 허용되었고, 다수의 독립국들이 세워지고, 국제사회가 형성되기 시작한 것이다. 베스트팔렌 조약으로 만들어진 국제사회를 베스트팔렌 체제라고 한다.

[표 1.2] 베스트팔렌조약의 주요 내용

구분	조약 사항	조약 내용
1	주권의 인정	국가는 국내에서 주권을 가진다.
2	국경의 인정	국가들은 서로 다른 나라의 국경을 존중한다.
3	종교 자유	종교의 자유를 허락하므로 종교 억압을 금한다.
4	독립국 인정	다수의 국가들에 대하여 독립을 인정한다.
5	국제법 제정	국가들 사이에 지켜야할 국제법을 정한다.
6	외교관계 원칙	국가 간의 협상과 조약 체결과 유지 원칙을 정한다.

베스트팔렌 조약에 의하여 독립 국가들의 주권이 인정되었다고 하지만 그 전과 달라진 것은 크게 없었다. 여전히 교황과 황제가 많은 국가들을 지배하고 군림하고 있었다. 19세기가 되어서야 근대적인 독립 국가들이 역할을 하기 시작하였다. 다른 나라의 영토를 탈취할 목적으로 전쟁을 일으키는 것을 막기 시작한 것은 1945년 얄타회담[8]에서 만든 얄타체제 이후의 일이다.

영국은 18세기말에 산업혁명을 시작하여 국력이 신장되었고 이어서 유럽 각국이 산업혁명을 하면서 해외 시장과 식민지를 얻기 위하여 제국주의 정책을 활발하게 추진한 결과 아프리카와 아시아의 많은 나라들이 서구 여러 나라들의 식민지가 되었다. 그러나 이런 제국주의는 제2차 세계대전이 끝나자 얄타체제(Yalta system)로 전환되었다. 얄타체제는 1945년 2월 연합국의 미국, 영국, 소련의 정상들이 크림반도의 얄타

---

8   얄타 회담(Yalta Conference) : 1945년 2월 제2차 세계대전 후반에 소련 크림반도의 얄타에서 미국, 영국, 소련의 수뇌들(루스벨트, 처칠, 스탈린)이 모여 전후 국제질서 수립과 평화정착을 위하여 논의한 회담. 여기서 한반도 신탁통치안 제안.

에 모여 전쟁 후의 국제체제를 논의하는 과정에서 출범하였다. 얄타체제는 기본적으로 제국주의를 종식시키고 모든 민족들이 독립하여 평화를 유지하자고 합의한 것이다. 제일 중요한 사항은 제국주의의 핵심인 무력으로 영토를 확장하지 않는다는 것이다. 그렇다고 해서 제2차 세계대전 후에 제국주의 전쟁이 사라진 것은 아니다. 다만 자기 나라의 영토 확장을 위한 전쟁은 하지 말자는 약속이었다. 그러나 지금도 크고 작은 전쟁은 계속되고 있다. 특히 우크라이나-러시아 전쟁은 러시아의 영토 확장을 위해 지금도 진행 중이다.

1.2 국제화와 세계화와 지역화

국제관계란 일반적으로 국가 간의 외교 관계를 말한다. 그러나 그밖에도 국가들 사이에 주고받는 물자와 문화와 영향 등 모든 관계를 말한다. 국제관계는 국가들이 성립되고 주권이 확립되면서 중요한 과제가 되었다. 특히 교통과 통신의 발달로 국가들 사이의 관계가 밀접해지면서 그 중요성이 커지게 되었다.

국제화는 여러 나라들이 교류하는 것을 말하고, 세계화는 지구상의 많은 나라들과 교류하는 것을 의미한다. 국제관계는 국제화와 함께 세계화와 밀접한 관계가 있다.

국제화와 세계화에 대한 내용과 차이를 잘 이해해야 국제관계에 대한 이해를 높일 수 있다. 지역화는 지역의 문제는 지역에서 중심적으로 해결한다는 것이지만 다른 한 편으로는 지역의 정체성이 확실해지면 국제화와 세계화에도 도움이 되기 때문에 관련이 깊다.

(1) 국제화

국제화(internationalization)란 한 나라가 정치, 경제, 사회, 환경, 문화적으로 다른 나라들과 교류하는 것이다. 국제화는 국제사회에서 교류하기 위해서 통용되는 가치, 준칙, 제도, 관행 등을 수용하는 것이다. 국제화 시대에 가장 중시되는 가치는 보편성이므로 국내의 법과 제도, 경제 체제 등을 국제사회에 맞게 정비할 필요가 있다.

전 세계 무대를 발판으로 하는 세계화와 달리, 국제화는 두 나라 이상이면 성립된다.

국제화는 여러 차원에서 변화를 일으킨다. 우선 경제 분야에서 무역은 물론 제조업과 대외 금융 의존도 등에서 변화가 나타난다. 그 외에 정치 분야에서는 민주국가가 왕정국가나 독재국가들과 정치적인 교류를 하는 것이고, 경제 분야 에서는 비교 우위에 있는 원자재와 상품들을 서로 수출입하는 것이고, 문화 분야에서는 영화, 드라마, 음악 등의 교류가 이루어지는 것 등이 있다.

정보 통신 혁명은 인터넷이 세계를 하나로 연결하듯이 국제화의 속도와 범위를 더욱 증대시키고 있다. 그러나 우리는 국제화가 초래할 수 있는 부정적인 결과들에 대해서도 대비해야 한다. 정치, 경제, 문화 분야 등에서의 대외 종속 심화, 문화적 정체성의 약화, 비생산적이고 불건전한 외래문화의 유입 등이 우려된다. 따라서 이러한 문제들의 예방과 해결을 위한 대응책들을 국제화 정책에서 고려해야 한다.

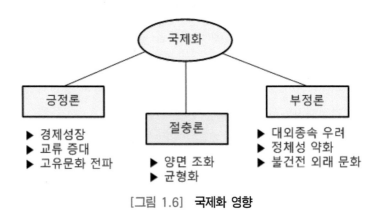

[그림 1.6] **국제화 영향**

[그림 1.6]과 같이 국제화에 대하여 긍정적인 이론과 부정적인 이론 그리고 절충론이 대두되었다. 그러나 국제화를 부정하든 긍정하든 국제화는 꾸준히 진행되고 있으므로 양면을 잘 조화하여 슬기롭게 대처하는 것이 중요하다.

(2) 세계화

세계화(Globalization)는 국제 사회가 상호 의존성을 증대하여 국가 사이의 경계가 희미해지고 약화되면서 세계가 하나로 통합되는 현상이다. 세계화란 기본적으로 사람들의 의식이나 행동이 한 나라의 국경을 초월하여 전 세계를 무대로 활동하는 것이다.

세계화가 진행되면 생활의 질이 세계 수준으로 상향평준화되는 경향이 있다. 세계화는 세계 여러 나라가 서로 영향을 주고받으며 교류가 많아지므로 경제가 성장하는 장점도 있지만 무역 분쟁, 약소국의 피해와 같은 단점도 있다. 세계화와 동시에 일어나는 지역화는 지역의 생활양식이나 사회, 문화, 경제 활동 등이 세계적 차원에서 가치를 보여주는 현상이다.

세계화를 강조하면 세계를 주도하고 있는 국가의 힘이나 문화를 쫓아가기 쉽다.

세계화를 추진할수록 문화적 차이가 해소되므로 정체성이 확립되지 않은 국가의 경우에는 외국 문화의 영향을 많이 받게 된다. 따라서 문화의 정체성을 확립하기 위한 노력이 필요하다. 이를 경계하면서 우리의 문화를 수출하여 세계화시키는 것이 중요하다. 그러기 위해서는 문화 자체의 국제 경쟁력을 키우는 것이 우선적으로 필요하다. 문화 정체성을 확립하기 위해서는 다음과 같은 자세가 필요하다.

1) 국제사회의 보편적 원칙과 가치(인권, 환경, 창의성, 자율성 등)를 지킨다.
2) 다양한 문화를 흡수하고 소화할 수 있어야 한다.
3) 전통 문화와 가치에 대한 자신감을 가진다.
4) 자연의 가치, 세계의식, 다원적 가치, 신구 조화 등 개방성을 기른다.

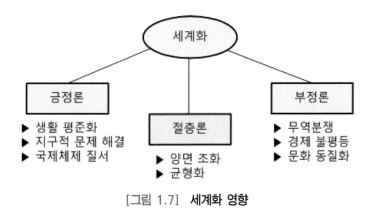

[그림 1.7] **세계화 영향**

[그림 1.7]과 같이 세계화에 대하여 긍정적인 이론과 부정적인 이론 그리고 절충론이 있다. 그러나 세계화를 부정하든 긍정하든 세계화는 꾸준히 진행되고 있으므로 양면을 잘 조화하여 슬기롭게 대처하는 것이 중요하다.

[표 1.3]과 같이 국제화와 세계화는 모두 국제관계의 중요한 수단이다. 국제화가 국내 체제를 해외 체제에 맞추어 해외로 진출하려는 노력이라면, 세계화는 지구촌의 많은 국가들이 하나의 세계가 되도록 통합하려는 노력이다. 국제화를 잘하면 국내 문화가 국제화되어 활성화될 수 있고, 세계화를 잘하면 지역 특성은 감소하지만 세계인들과 잘 어울릴 수 있는 사회가 될 것이다. 결론적으로, 국제화가 국가 간의 양적 교류 증대를 의미한다면, 세계화는 교류 확대를 넘어서 새로운 세계와 환경을 구성하는 것을 의미한다.

[표 1.3] **국제화와 세계화**

구분	국제화	세계화
개 념	• 국제사회의 보편 가치 수용 • 국내체제의 해외 의존성 증가	• 국가와 민족을 세계에 개방 • 세계가 하나의 사회로 동화
지역성	• 지역 특성의 활성화	• 지역 특성의 감소
장 점	• 경제 성장 • 국제 교류 증대 • 고유문화 전파	• 생활의 평준화 • 지구적 문제 해결 • 국제적 체제와 질서 유지
단 점	• 대외 종속 우려 • 정체성 약화 • 불건전 외래문화 유입	• 문화적 차이 소실 • 상호 의존성 증가 • 문화의 동질화

세계화가 진행되면 될수록 경제와 문화 교류가 증대하면서 경제통합이 쉬워진다. 경제가 통합될수록 각 국가들의 국민과 집단들이 점차 가까워지면서 밀착된다. 경제와 문화가 통합할수록 정치도 통합하여 국제통합이 이루어질 수 있다. 이것의 대표적인 예가 유럽경제공동체(EEC)가 발전하여 성립된 유럽 연합(EU)이다.

(3) 지역화

지역화(regionalization)란 지역의 문제는 지역에서 중심적인 역할을 수행하여 해결하는 것을 의미한다. 지역화는 지역의 정체성이 확실할수록 국제적 또는 세계적인 차원에서도 가치를 지닌다. "한국적인 것이 세계적인 것이다"라는 말과 일맥상통한다. 지역의 정체성을 강조하고 증대시킴으로써 하나의 지역이 사회, 경제, 문화적 측면에서 국제적인 가치를 지니게 된다. 지역화는 특정한 국가 내에서만 일어나는 것이 아니라 국제적 차원에서도 이루어진다.

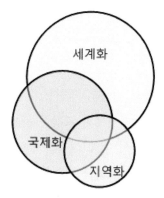

[그림 1.8] **세계화, 국제화, 지역화의 관계**

[그림 1.8]은 국제화, 세계화 그리고 지역화들의 관계를 보여준다. 국제화를 확장되면 세계화로 나갈 수 있고, 지역화를 잘해도 국제화와 세계화를 잘할 수 있는 관계와 영향력을 보여준다. 미국 플로리다주의 오렌지, 프랑스의 보르도 포도주, 한국의 보성 녹차는 지역 특산품으로 국제화와 세계화를 이루었다. 국제화가 잘 될수록 세계화가 잘 되지만 지역화는 국제화보다 세계화에 대한 영향이 적다.

국제화와 지역화를 함께 잘할수록 세계화 확장성이 크다.

1.3 국제관계와 융합

일반인들은 국제관계 업무가 외교에서 전담하는 분야라고 생각하기 쉽다. 실제로 외국과 업무가 발생하면 외교부에서 주로 처리하기 때문에 그렇게 생각할 수 있다. 그러나 외교부에서 모든 분야의 일을 잘 알고 처리하기는 힘들기 때문에 다른 부처의 협조를 받거나 다른 부처를 보조해야하는 경우가 많다. 예를 들어, 외국과 분쟁이 발생하면 국방부가 나서야 하고, 코로나 같은 급성 전염병이 돌면 보건부가 나서야 하며, 노동 문제가 발생하면 노동부에서, 환경 문제는 환경부에서, 젠더 문제는 여성가

족부가 주축이 되어 일을 한다. 이럴 경우에 외교부 창구를 활용하면서 여러 부처가 협동하여 일을 해야 할 경우가 많다. 따라서 국제관계 업무는 여러 분야의 전문 지식들이 조화롭게 융합되어야 하기 때문에 융합에 대한 깊은 이해가 있어야 한다.

1.3.1 융합 개요

국제관계는 대부분 많은 조화와 갈등의 원인들이 혼재되어 있으므로 복잡한 문제가 생기기 쉬운 분야이다. 특히 국제관계의 복잡한 문제들은 역사적으로 유래가 깊고 주변국들과 이해관계가 얽혀 있어서 쉽게 해결하기 어렵다. 따라서 국제관계에는 융합의 특징들이 많이 있으므로 융합 원리를 이해하고 그 원인 단계부터 폭 넓고 깊이 있게 분석하는 자세가 중요하다.

융합이란 여러 가지 사물이나 사상들을 합하여 하나의 사물이나 사상으로 만드는 것이다. 다만 하나로 합했을 때 다시 분해할 수 없을 정도로 새로운 사물이 되는 것이다. 예를 들어, 자전거와 모터를 합하면 모페드(moped)가 되는데 이것을 분리하면 물리적으로 원래의 자전거와 모터로 되돌아 갈 수 있다. 따라서 이것은 단순한 결합이므로 융합이라고 하지 않고 통합이라고 한다. 반면에, 전화와 GPS와 전자지도와 디스플레이를 결합한 스마트폰은 전화와 내비게이션과 여러 가지 기능들이 융합된 컴퓨터이다. 스마트폰을 분해하면 원래의 장치들로 되돌아갈 수 없다. 이와 같이 융합은 통합과 달리 여러 가지 사물들을 화학적으로 결합하여 새로운 사물을 만드는 기능을 말한다.

(1) 왜 융합을 하나?

인류가 도구를 만들고 학문을 시작한지 수천 년이 지났다. 매우 오래된 학문들은 이미 크게 발전해서 더 발전할 여지가 별로 없다. 수학과 토목공학과 어문학 같은 학문들은 수천 년 전부터 시작하여 수백 년 전에 이미 높은 수준으로 발전하였으므로 새롭게 학문 수준을 더 높이는 것이 매우 어렵다. 그러나 다른 학문들과 융합하면 얼마든지 새롭게 발전할 여지가 많이 있다. 요즈음 시대를 인공지능 시대라고 한다. 기존의 학문과 기술들을 인공지능과 융합하면 새롭고 유용한 학문과 기술로 얼마든지 발전시킬 수 있다.

기술력이 부족해서 할 수 없었던 일들도 지금은 얼마든지 가능한 경우가 많다.

수십 년 전에 범죄 현장에서 채취한 쪽 지문이 있는데 당시에는 지문이 너무 작은 부분이어서 신원을 식별할 수 없었다. 그러나 이제는 인공지능 기법으로 그 쪽 지문의 주인을 찾아낼 수 있고 범인도 잡을 수 있게 되었다. 국제관계학은 정치, 경제, 역사, 사회학 등 매우 다양한 분야의 학문들이 융합되어야 하는 분야이다. 따라서 융합을 적용하지 않으면 국제관계학도 더 이상 발전하기 어려운 분야이다.

1) 융합의 정의

융합을 정의하면 다음과 같다.

두 가지 이상의 사물을 분해하여 하나의 사물로 화학적으로 결합하는 것.

여기서 말하는 사물에는 제품과 서비스와 프로세스 등이 모두 포함된다. 융합이 성공하기 위해서는 여러 분야의 지식과 기술, 예술 등이 조화를 이루어야 한다. 즉, 기술 분야뿐만 아니라 인문, 사회, 예술 분야의 전문가들이 서로 협력해야 한다. 융합의 종류에는 [표 1.4]와 같이 여러 가지 형태와 방식이 있다.

첫째, 아날로그 융합과 디지털 융합으로 구분된다. 아날로그 융합은 사물의 물리적인 속성을 이용하여 사물들을 통합하는 것이다. 수치로 변환된 값을 이용하지 않고 연속된 물리량의 속성을 이용하는 방식이다. 과거에 사용하던 눈금 저울이나 바늘이 돌아가는 시계는 모두 아날로그 방식이다.

디지털 융합은 아날로그 융합에 대응되는 개념으로 컴퓨터 기술을 활용하여 새로운 사물을 창출하는 것이다. 컴퓨터의 하드웨어(반도체) 기술과 소프트웨어(프로그램) 기술을 모두 포함한다. 요즈음 사용하는 저울과 시계는 숫자로 표시되는 제품이 많은데 이들은 대부분 디지털 방식이다.

[표 1.4] **융합의 형태와 사례**

기준	융합의 형태	정의 (사례)
매체	아날로그 융합	사물의 물리적인 속성을 이용하여 결합 (금속들의 팽창 속성을 이용하여 만든 온도 조절장치)
	디지털 융합	컴퓨터 기술로 물리적 속성 값을 수치로 환산하여 결합 (전화와 내비게이션과 금융을 컴퓨터로 결합한 스마트폰)
IT	하드웨어 융합	하드웨어 부품들을 분해하여 새롭게 결합 (비행 장치들을 유압기와 센서들로 결합한 비행 제어장치)
	소프트웨어 융합	하드웨어 부품들을 소프트웨어로 제어하여 결합 (비행 장치들을 소프트웨어로 결합한 비행 제어장치)
산업	산업 내 융합	같은 산업 안에서 다른 분야의 사물들을 결합 (복사기, 팩시밀리, 스캐너 등을 결합한 복합기)
	산업 간 융합	다른 산업 간의 사물들을 결합 (인터넷 산업과 금융 산업을 결합한 온라인 금융 시스템)

둘째, 하드웨어 융합과 소프트웨어 융합으로 구분된다. 하드웨어 융합은 하드웨어 수준에서 사물들을 융합하여 새로운 제품을 만드는 것이다. 소프트웨어 융합은 기존 상품에 소프트웨어 기술을 접목하여 새로운 상품을 창출하는 것이다. 기계를 융합할 때는 하드웨어보다 소프트웨어가 유연성이 좋아서 더 섬세하게 제어할 수 있고 경제적이므로 소프트웨어 융합을 선호한다.

셋째, 산업 내 융합과 산업간 융합으로 구분된다. 산업 간 융합은 기존 산업들을 결합하여 새로운 산업을 창출하는 것이다. 유통산업과 인터넷 산업을 융합하여 전자상거래 산업을 만드는 것은 산업 간 융합에 속한다. 금융 산업과 통신 산업을 융합하여 인터넷 은행을 만드는 것도 산업간 융합에 해당한다. 방송과 통신 산업이 융합하여 IPTV를 제공하는 것도 산업간 융합에 속한다.

2) 융합의 종류

융합(convergence)은 물리적인 연결부터 화학적인 결합까지 다양한 수준의 결합을 포함하고 있다. 간단한 융합에서 복잡한 융합까지 크기와 상세한 정도가 매우 다양하다. 가장 간단한 융합의 실례는 지우개가 달린 연필이다. 연필 끝에 지우개를 부착한 것이지만 사용자들에게는 매우 큰 도움을 주었다. 가장 복잡한 융합 중의 하나가 스마트 폰이다. 스마트 폰에는 무선 통신기와 전화기, 사진기, 컴퓨터와 인터넷과 길 찾기 서비스, 금융 서비스, 관광 서비스와 온갖 엔터테인먼트들이 융합되어 있다. 너무 복잡하고 정교한 기계이기 때문에 이것을 만들어서 공급하는 회사를 가진 나라들은 별로 많지 않다. 실제로 많은 선진국들조차 스마트 폰을 제대로 만들지 못하여 외국 기술을 수입해서 사용하고 있다.

[표 1.5] **통합과 융합의 종류**

구분	명칭	내역	실례
통합	결합	다른 상품을 물리적으로 연결	지우개 연필, 모페드
	패키지	상이한 상품을 묶어서 판매	여행권(항공+호텔+관광 등)
융합	하이브리드	독립된 기능의 부품을 결합	하이브리드 자동차(엔진차+전기차)
	융합	독립 상품을 화학적으로 결합	스마트폰(전화+컴퓨터+금융+길 찾기,,,,)

[표 1.5]와 같이 통합과 융합의 개념은 무엇을 결합했다는 점에서는 공통적이지만 내용 면에서는 전혀 다르다. 물리적으로 결합한 것은 통합이라고 하고, 화학적으로 결합한 것은 융합이라고 한다.

(2) 융합의 응용

융합의 목적은 여러 분야의 학문이나 기술을 종합하여 새로운 능력을 갖추자는데 있다. 공부나 연구를 하는 방법도 다른 사람들의 생각과 사고방식을 서로 교류함으로써 더 많은 효과를 얻을 수 있다. 국제관계에도 융합을 활용해야 충분한 효과를 얻을 수 있으므로 반드시 필요한 분야이다.

공부하는 방식과 융합

우리나라는 선진국에 비해 학문이 매우 세분화되어 있다. 예를 들어, 대학의 컴퓨터 분야에는 수십 개의 학과가 비슷한 이름으로 세분화된 전공을 가르치고 있다. 전자공학, 화학공학, 예술 등의 분야에서도 다수의 학과로 전공이 세분화되어 있다. 외국에서는 하나의 학과 이름으로 여러 전공들이 구성된 반면에 한국에서는 학과들이 다양한 이름으로 세분화되어 있다. 학과들이 세분화되었기 때문에 교과과정도 상당히 세분화되어 있다. 교과과정이 세분화되었다는 것은 학문이 매우 전문화되었다는 것을 의미한다. 그러나 학부 과정에서는 기초를 쌓는 것이 중요해서 학문이 전문화될 수 없기 때문에 교육 운영상 어려운 점이 많을 것이다. 이는 학문의 발전을 생각할 때 바람직하지 않다.

　개인이 공부하는 방식도 동료들과 교류하는 것에 따라 그 성과에 매우 큰 차이가 있다. 이스라엘 학생들은 도서관(예시바)에서 그룹으로 모여서 [그림 1.9](a)와 같이 시끄럽게 떠들면서 공부하는데 반하여 한국 학생들은 (b)와 같이 도서관 칸막이 안에서 혼자 조용하게 공부한다. 학생들이 서로 떠들고 질문하고 답변하면서 공부를 하는 것은 서로의 지식을 듣고, 분석하고 이해하고, 공유하고, 융합하는 과정이다. 나의 생각을 동료들에게 표현하고 평가 받고 다른 학생의 주장을 듣는 과정에서 많은 정보가 교류되고 사고의 깊이를 더해준다. 선진국 대학의 도서관에는 여러 학생들이 모여서 토론할 수 있는 유리벽으로 된 방들이 많이 구비되어 있는 것은 대화식 공부를 장려하기 위한 것이다.

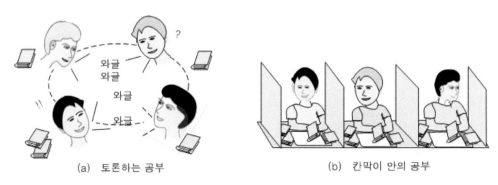

(a) 토론하는 공부　　　　　　　　　　(b) 칸막이 안의 공부

[그림 1.9] **대화식 공부와 조용한 공부**

　토론은 학문을 증진하고 융합을 하기 위한 좋은 방법이다. 한국 학생들의 고독한 공부와 외국 학생들의 시끄러운 공부는 너무 대조적이다. 학생들과 강사 간의 자유로운 토론과 대화는 혼자 공부하는 것보다 교육 효과를 매우 높여 준다. 신분과 남녀노소 가리지 않고 의견을 교환하고 공유하고 토론하는 것은 서로를 믿고 존중하는 민주 사회의 기본 역량이다. 한국 사회가 시급하게 극복해야할 생활양식이며 학습 방식이다.

한국 사회에서는 사석에서 정치나 종교 이야기를 하는 것을 금기시하는 경향이 있다. 동창생들이 만나서 또는 명절 때 친척들이 만나서 정치나 종교 이야기를 나누다 보면 큰 소리가 나는 싸움으로 변질되는 경우가 종종 있다. 이것은 남의 말을 듣는 훈련이 부족하고 자신의 주장만 내세우는 사람들이 많기 때문이다. 자신의 생각을 주장할 때는 상대방의 마음을 불편하게 하지 않으면서 표현하는 훈련이 필요하다. 기본적으로는 자기 생각이 옳다고 생각되면 상대방의 생각은 틀린다는 사고방식에 젖어있기 때문이다. 내 생각이 맞는 것처럼 상대방의 생각도 일리가 있다는 생각을 못하는 것이다. 사람들은 모두 다른 생각을 할 수 있다고 인정할 수 있어야 대화를 나눌 수 있고 민주주의를 구현할 수 있다.

1.3.2 국제관계와 융합

국제관계에서 갈등이 가장 심각하게 발전한 단계가 전쟁이다. 전쟁은 국가와 국민의 존망이 걸린 문제이기 때문에 매우 중요하다. 전쟁에 대비하는 여러 방법 중에서 동맹관계가 있다. 우방국들과 동맹관계를 잘 갖추면 전쟁을 예방할 수 있고 전쟁이 나더라도 피해를 크게 줄일 수 있다. 전쟁을 치르거나 동맹을 잘 만들고 유지하기 위해서는 상대방과 나를 잘 알아야 한다. 적성국의 역사, 정치, 문화, 종교, 언어, 사회, 노동, 환경 등 모든 분야에 대한 이해가 깊어야 적성국의 입장과 행동을 이해하고 예견하고 그들의 행동에 대처할 수 있기 때문이다. 따라서 국제관계를 연구하거나 업무를 하려면 다양한 분야를 융합하고 통찰력을 갖출 필요가 있다.

동맹을 만들고 잘 유지하는 것도 상대방에 대한 이해가 깊어야 하기는 마찬가지이다. "국제사회에는 영원한 적도 영원한 친구도 없고 오직 국익만 있다"라고 말한 영국의 정치가 팔머스톤[9]이 있다. 이 말은 외교가에서 수없이 회자될 정도로 유명한 말이다. 이것은 적이나 친구가 될 수 있는 나라와의 국제관계는 국익에 매우 중요하다는 의미이다. 따라서 국제관계를 위해서는 언제 적이 되고 언제 친구가 될지 모르기 때

---

9 팔머스톤 3세(3rd Viscount Palmerston, 1784-1865) : 영국 총리를 두 번 했음. 외무장관으로 2차 아편전쟁을 지휘.

문에 항상 국제관계를 주도면밀하게 관찰하고 파악해야 한다. 적과 친구를 잘 알기 위해서는 많은 국민들이 융합 능력을 키워야 한다. 그 이유는 지도자들이 국가정책을 논할 때 이견이 많이 발생하므로 그 때마다 현명한 국민들이 잘 판단하여야 하기 때문이다. 적이나 친구의 역사, 정치, 문화 등을 속속들이 알아야 손자의 지피지기(知彼知己)를 할 수 있기 때문에 백전불태(百戰不殆)로 위태로움을 피할 수 있을 것이다.

(1) 스마트 파워

군사력, 경제력 등의 물리적인 힘을 하드 파워(hard power)라고 하며, 소프트 파워(soft power)는 설득으로 상대방의 동의를 얻어내는 힘이다. 하드파워는 경제적인 당근을 빼앗거나 제시하는 한편 군사력인 망치로 위협해서 원하는 것을 얻어내는 방식이고, 소프트 파워는 강제력을 동원하지 않고 매력과 설득을 통하여 상대방과 합의를 이끌어내는 능력이다. 실례로 몽고가 하드 파워를 구사했다면 로마는 하드 파워와 함께 소프트 파워를 구사했다. 국제관계에서 매력이란 다른 나라를 설득하기 위하여 자신의 가치, 문화, 교육, 기술, 예술, 정치와 경제 체제 등을 통해 영향력을 행사하는 능력이다. 이 용어는 국제관계에서 상대 국가를 설득하는 수단으로 하버드 대학의 조지프 나이[10] 교수가 처음 사용한 말이다. 실제로 소프트 파워는 국제관계에 큰 영향을 미친다. 그러나 현실에서는 소프트 파워나 하드 파워 만으로는 문제가 잘 해결되지 않는다. 미국이 탈레반에게 이슬람국가 IS[11]를 축출하라고 아무리 소프트 파워를 구사해도 말을 듣지 않다가 하드 파워를 동원하자 즉시 사태를 해결한 적이 있다.

[그림 1.10]과 같이 소프트 파워와 하드 파워를 적절하게 구사하는 것을 스마트 파워라고 한다.

---

10 조지프 나이(Joseph S. Nye, 1937 ~) : 하버드대학 정치학 교수, 미국 국방부 국제안보담당 차관보. '권력의 미래', '국제분쟁의 이해', '미국의 세기는 끝났는가?' 저자.

11 이슬람국가(IS, Islamic State) : 급진 수니파 무장단체가 시리아와 이라크에서 세력을 넓히고 2014년 개명한 단체. 한때 이라크 모술을 점령하고 5만 병력을 운용함. 2017년 10월 이라크 모술과 시리아 락까를 잃으면서 와해됐다.

소프트 파워가 국제관계에 주는 영향은 다음과 같다.

외교적 영향력 : 소프트 파워를 이용하는 나라는 다른 국가들과의 관계를 개선하고 안정화할 수 있다. 문화, 언어, 예술 등을 통해 다른 나라의 국민과 소통하는 데 도움이 되며, 긍정적인 이미지를 형성한다.

국제 협력 : 소프트 파워는 국제 협력을 촉진하고 다양한 국제 문제에 대한 해결을 지원한다. 이것은 국제기구와의 협력, 개발 원조, 환경 보호, 인권, 교육 등 다양한 분야에서 나타난다.

경제성 : 소프트 파워를 통해 제품, 기술, 예술, 엔터테인먼트 산업 등이 다른 국가에서 더 많은 수요를 얻을 수 있다. 이것은 수출 확대와 관광 산업 활성화를 통해 경제적 이득으로 이어진다.

국가 이미지 : 한 국가의 소프트 파워는 국제적 이미지 형성에 영향을 미친다. 긍정적인 이미지는 다른 국가들과의 협력을 촉진하고, 국제적 위상을 향상시킨다.

스마트 파워

소프트 파워   하드 파워

[그림 1.10] **소프트 파워와 하드 파워의 관계**

중국은 해외로 인구가 유출되어 인구 감소로 고민하고 있는 반면에 미국은 해외에서 인구가 많이 유입되어 고민하고 있다. 중국은 소프트 파워가 부정적이기 때문에 외국인과 외국기업들이 중국으로 들어와 살려고 몰려들지 않는다. 외국인과 외국 기업들이 미국으로 몰려드는 이유는 미국이 살기 좋은 나라라고 알려져 있기 때문이다. 다른 말로 소프트 파워가 좋기 때문이다. 한국은 K-팝, 드라마, 영화, 음식, 의상, 전자제품, 시민의식 등으로 소프트 파워가 해마다 증가하고 있다. 따라서 전 세계에서 한국에 대한 이미지가 좋아지고 한국으로 젊은이들이 몰려들고 있다. 한국 정부는 스필버그 감독의 영화 '쥬라기 공원'의 수익이 현대자동차 수만 대 수출보다 더 큰 가치가 있다는 것을 알고 소프트 파워 증진을 위해 국가 차원에서 노력을 계속하고 있다.

(2) 국제관계 경쟁력

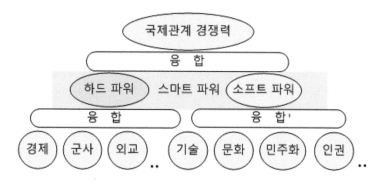

[그림 1.11] **국제관계 경쟁력과 융합**

현재 지구상에는 200여개의 국가가 있고 190여개의 국가가 UN에 가입되어 있다. 지난 100년 동안에도 수많은 국가들이 지도에서 사라지고 새로운 국가들이 등장하였다. 국가가 지도에서 사라지지 않고 생존하기 위해서는 국제관계 경쟁력이 확보되어야 한다. 현실주의자는 힘이 있어야 국제사회라는 자연의 정글에서 생존할 수 있기 때문에 힘을 길러야 한다고 주장한다. 자유주의자는 서로 상부상조할 수 있으므로 대화와 협상을 통하여 상대방과 협력할 수 있다고 주장한다. 국제관계 경쟁력은 하드 파워와 소프트 파워를 조화롭게 갖추는 것이다.

국제관계를 연구하는 목적은 국제관계 경쟁력 증진을 위한 것으로 다시 말하면 하드 파워와 소프트 파워를 증진하는 것이다. 하드 파워는 [그림 1.11]과 같이 경제, 군사, 외교 등을 적절하게 융합하는 것이고 소프트 파워는 기술, 문화, 민주화, 인권 등을 적절하게 융합하는 것이다. 스마트 파워는 국제관계 경쟁력을 높이기 위하여 하드 파워와 소프트 파워를 적절하게 융합하는 것이다. 스마트 파워를 높이기 위해서는 다양한 학문뿐만 아니라 기술과 예술이 융합되어야 하고, 그 기반에는 의사소통이 원활하게 진행하도록 민주화가 선행되어야 한다. 즉, 직업과 신분과 나이 그리고 지연, 학연, 혈연을 떠나서 누구나 쉽게 대화하고 의견을 교환할 수 있는 사회가 되어야 한다.

미국이 패권국의 지위를 유지하는 것은 높은 경제력과 군사력의 하드 파워와 최고의 문화 산업을 이끄는 소프트 파워와 함께 이 두 가지를 적절하게 융합하는 스마트 파워를 구사하기 때문이다. 세계 각국의 젊은 인재들을 받아서 창업을 지원하고 대기업으로 성장할 수 있도록 시장을 개방하기 때문에 IT 기술과 인공지능을 선도하고 있다. IT 기술과 인공지능은 경제력과 군사력을 함께 키우는 기술력이다.

1.4 전쟁과 분쟁

국제관계에서 가장 큰 목표와 노력은 전쟁을 방지하는데 있다고 해도 과언이 아니다. 전쟁 다음으로 심각한 것이 분쟁이다. 작은 갈등을 해결하지 못하면 분쟁으로 발전할 수 있고, 작은 분쟁을 잘못 대처하면 큰 전쟁으로 비화할 수도 있다. 따라서 국제관계에서는 갈등을 효과적으로 관리하는 것이 중요하다. 전쟁과 분쟁 등 관련된 개념을 정리하고 역사적인 사례들을 살펴보기로 한다.

(1) 전쟁의 개념

전쟁에 대한 국내사회의 상식과 국제사회의 상식은 기본적으로 크게 다르다. 국내의 상식대로 국제사회에서 생각하고 행동하는 경우에는 큰 오해가 생길 수 있다.

그 이유는 국내에서 발생하는 문제는 국가마다 정부가 존재해서 국내법에 따라 여러 기관들이 종합적으로 판단하여 합리적으로 해결하려고 한다. 반면에 국제사회에는 전 세계를 관리하는 세계 정부가 없다. 즉, 무정부 상태이다. 무정부 상태에서는 국내와 다르게 강대국들의 이해관계에 따라 사건들이 정리되기 쉽다. 이 과정에서 국내문제처럼 합리적으로 처리되지 않는 경우가 다반사이다. 국제사회에서는 국가들 간에 갈등이 발생하면 외교적(평화적)으로 해결하려고 노력하지만 해결이 잘 안 되고 갈등이 악화되면 무력으로 해결하기도 한다. 따라서 국제 문제를 국내 시각으로 생각하고 처리하다보면 국가적으로 큰 어려움에 빠질 수 있다.

[표 1.6] **전쟁의 정의**

구분	정 의
1	자국의 의사를 상대국에게 강요하기 위한 폭력 행위.
2	자국의 의지를 타국에 관철시키기 위해 적을 굴복시키는 폭력행위
3	정치적 행위자들이 서로에게 가하는 조직화된 폭력.
4	국가들 혹은 국내 세력들 간의 무력을 동원한 싸움.
5	국가 안에서 식민지 지배, 외국의 점령, 인종 차별에 저항하는 싸움.

전쟁(戰爭)을 정의하면 [표 1.6]과 같이 다양하다. 이들의 공통점은 모두 폭력으로 상대 국가를 굴복시키고 자국의 의지를 강요하는 것이다. 유럽에서는 국제분쟁의 평화적 해결과 전시 법규의 제정을 위하여 2차에 걸쳐서 헤이그 평화회의[12]를 열었고 제1차 세계대전 이후에는 전쟁 법규도 제정하였다. 국제법에서는 한 국가 안에서 식민지 지배, 외국의 점령, 인종 차별에 저항하는 민족독립투쟁, 두 개 이상의 무장 집단 간의 폭력 행위도 전쟁에 포함한다. 분쟁과 전쟁의 차이는 피해 규모로 구분하기도 한다. 군사적 충돌에서 사망자가 1,000명을 넘으면 전쟁이고 넘지 않으면 분쟁으로 분류하기도 한다.

전쟁과 관련하여 전쟁의 특징과 전쟁 범죄자, 전쟁의 가해자와 피해자 등 국제사회에서 통용되는 인식과 일반인들의 인식의 차이점을 살펴본다.

---

12 헤이그 평화회의 : 1899년과 1907년에 러시아 황제 니콜라이2세의 제안에 의해 네덜란드 헤이그에서 열린 두 번의 국제회의. 평화를 확보하는 방법으로 전쟁 법규 등을 국제법으로 만들었다.

1) 전쟁의 특징

전쟁의 특징을 정리하면 [표 1.7]과 같이 공통적으로 국가와 국민에게 매우 중대한 영향을 준다는 점이다. 전쟁은 국가와 국민의 존망이 걸린 문제이므로 극한적인 상황으로 치닫는다. 역사적으로 패자는 가해자가 되고 승자는 피해자가 된다. 패자는 사죄하고, 영토를 빼앗기거나 물질적으로 보상해야 한다. 전쟁은 계약에 의해서 수행하는 것이 아니라 전쟁을 수행하려는 자의 의지에 따라 수행된다. 민족이나 국가 사이의 분쟁은 주로 전쟁으로 해결되었다. 그 이유는 국제사회가 무정부 상태이기 때문이다. 전쟁은 국가 존망의 기본 요소이므로 앞으로도 계속될 것이다.

[표 1.7] **전쟁의 특징**

구분	특 징
1	전쟁은 국가의 존망과 국민 생사가 걸린 문제.
2	패자는 승자 앞에서 굴욕적인 대우를 받는다.
3	전쟁은 전쟁을 수행하려는 자의 의지에 따라 수행된다.
4	국가 사이의 분쟁은 주로 전쟁으로 해결되었다
5	전쟁은 앞으로도 계속될 것이다.

전쟁은 상호 합의가 없어도 한쪽의 일방적인 개전 선언에 의해 시작될 수 있다.

국제 관습법상 전쟁 선언이 전쟁의 시작에 필수적인 것은 아니다. 단지 전쟁 의도의 유무만이 문제가 된다. 단 '개전에 관한 협약'은 개전선언 등을 전쟁시작의 요건으로 하고(개전에 관한 협약 1조) 조약 의무와의 관계에서는 전쟁행위에 앞서 이것을 실행하는 것이라고 규정한다. 전쟁의 시작과 함께 전쟁법의 적용 하에 놓인 것이 교전국이며, 중립법의 적용 하에 놓인 국외국(局外國)이 중립국이다. 전쟁 상태 하에서는 교전국이 상대국 영토에 병력을 투입하는 것은 영토를 침범하는 위법에 해당하지 않으며 전쟁법규에 따르는 한 적법한 행위가 된다.

2) 전쟁범죄

일반적으로 전쟁 범죄란 전쟁 법규(law of warfare)[13]에 위배되는 행위로서 군대가 민간인들을 학살하거나, 재산을 약탈 또는 파괴하거나, 독가스 생화학 물질 등의 금지된 병기를 사용하거나, 포로나 상이병을 학대하거나, 전장에서 전리품을 취득하는 일 등이다. 그러나 국제사회에서는 법규대로만 돌아가지 않고 일반인들이 이해할 수 없는 일들이 합법적으로 자주 일어난다.

일반인들은 아편전쟁의 전쟁범죄자(전범)는 아편을 강제로 판매하려고 전쟁을 일으킨 영국이고, 태평양전쟁을 일으켰기 때문에 일본이 전범이 된 것으로 알고 있다. 그러나 국제사회에서 청나라가 아편전쟁의 전범이 된 것과 일본이 태평양전쟁의 전범이 된 것은 두 국가가 모두 전쟁에서 패했기 때문이다. 따라서 청나라가 영국에 사죄하고, 전쟁 배상금을 지불하고, 영토의 일부를 빼앗겼다. 국제사회에서의 전범은 우리가 생각하는 전범과 전혀 다르다. 국제사회의 전범이란 전쟁에서 패배한 자를 말한다. 청나라가 전쟁에서 패했기 때문에 전범이 되었고, 영국은 승리했기 때문에 전쟁범죄의 피해자가 된 것이다.

미국 군대는 일본의 도시 두 곳에 원자폭탄을 투하하여 수십만 명의 민간인들을 죽였으므로 전쟁 범죄를 지었다. 그러나 미국이 전쟁에서 승리했기 때문에 전범으로 간주되지 않았다. 일본은 수십만 명의 민간인들이 미국 군대에 의하여 무고하게 학살되었지만 전쟁에서 패배했기 때문에 전범이 되었다. 일본 정부의 일부 관료와 군인과 군속들은 전승국이 주도하는 전범재판소에서 A급 전범 외에 BC급[14] 전범으로 5,700명이 사형, 금고 등의 처벌을 받았다. 일본의 BC급 전쟁 범죄자들 중에는 조선인[15]들도 많이 있었다.

3) 영토 할양 : 칼리닌그라드

칼리닌그라드(Kaliningrad)는 현재 러시아의 역외 영토이다. 즉 러시아 본토에 연결되어 있지 않고 멀리 떨어져 있는 지역이다. 원래 이 지역은 1256년 프로이센 공국의

---

13 전쟁 법규 : 1949년 제네바 협약 제 3조에 규정. 전쟁도 국제법의 규제 하에 있다.
14 A급 전범 : 제2차 세계대전 이후 연합국의 국제군사재판에서 '국제조약을 위반하여 침략전쟁을 기획, 시작, 수행한 사람들'로 규정되었다.
    B급 전범 : 국제법의 교전 법규를 위반한 통상적인 전쟁 범죄자.
    C급 전범 : 민간인 대량 살해, 포로 학대 등 비인도적 행위 범죄자.
15 조선인 BC급 전범 : 제2차 세계대전 후 연합국 군사재판에서 조선인 BC급 전범은 148명이었고 이 중에서 23명이 처형됐다.

수도로 건설되었다. 독일에서는 쾨니히스베르그(Königsberg)라고 불리었다. 칸트는 쾨니히스베르그 대학 교수로 있었으며 평생 이곳에서만 살았다. 그러나 제2차 세계대전에서 독일이 패배하자 소련이 강력하게 주장하여 포츠담 회담[16]에서 이곳을 소련의 영토로 확정했다. 전승국이 패전국의 국경선을 임의로 설정하면 패전국은 따를 수밖에 없다. 오래전부터 이곳에 거주하던 독일인들은 거의 독일 땅으로 이주하고 지금은 주로 러시아인들이 살고 있다. 아무리 역사적으로, 문화적으로, 인종적으로 자국의 영토라고 해도 전쟁에서 패배하면 전승국의 결정에 따라 영토 할양이 결정되었다.

인류 역사를 보더라도 모든 국경선은 전승국이 정하는 대로 결정되었다.

4) 가해자와 피해자 기준

한국은 과거사와 관련하여 일본에게 가해자가 피해자에게 사죄하고 보상하라고 주장한다. 일본인들도 가해자가 피해자에게 사죄하고 보상해야 한다고 주장한다. 동일한 주장이지만 한국과 일본이 생각하는 가해자와 피해자는 전혀 다르다. 한국은 식민지배를 한 일본이 가해자이고 지배를 받은 한국이 피해자라고 주장한다. 그러나 일본은 전쟁에서 지면 가해자이고 이기면 피해자인데 한국과 일본은 전쟁을 벌인 당사자들이 아니므로 가해자와 피해자에 해당하지 않는다고 주장한다.

2차 세계대전에서 일본이 패배한 것은 연합군에게 패배한 것이고, 당시 한국은 일본의 일부였기 때문에 한국이 전승국이 아니라 패전국의 일부라는 주장이다.

실제로 1951년 샌프란시스코 강화조약에서 51개의 전승국들이 참가하여 서명을 했지만 한국은 참여하지 못했다. 일본은 전승국들에게 사죄하고 보상을 해주었지만(거부한 나라는 제외), 전승국이 아닌 나라에는 사죄와 보상을 하지 않았다.

1965년 한일협정에서 일본이 대일청구권 자금을 한국에게 준 것은 사실이지만 식민지배에 대한 사죄나 보상으로 준 것이 아니었다. 양국의 미래를 위해서 새롭게 출범하는 한국을 협조하는 차원에서 지원한다는 논리였다.

---

16 포츠담 회담(1945.7.26.): 미국, 영국, 소련의 수뇌부가 독일 포츠담에서 개최. 제2차 세계대전의 사후처리 문제를 논의. 일본의 무조건 항복과 조선의 독립, 칼리닌그라드를 소련 지배로 결정 등.

(2) 분쟁의 개념과 사례

분쟁(紛爭, conflict)은 국가 또는 사회 단위에서 주체간의 싸움을 말하며 국제분쟁과 국내분쟁으로 구분한다. 이 책의 주제가 국제관계이기 때문에 여기서는 국제분쟁만을 다루기로 한다. 국제분쟁은 언어, 종교, 경제, 정치 등을 공유하는 과정에서 갈등이 증폭되어 일어나는 일종의 싸움이다. 전쟁과 비교했을 때 분쟁이란 규모가 작은 싸움(사망자가 1,000명 이하)을 의미한다.

국제분쟁을 잘 이해하고 해결하기 위하여 비교적 작은 규모의 분쟁으로 갈등을 겪는 사례들을 살펴본다. 여기에서 예를 든 사건들은 국가 간의 갈등이지만 전쟁이라고 할 수 없을 정도로 규모가 작다.

1) 태국-캄보디아 사원 분쟁

캄보디아와 태국 사이를 가로지르는 산맥 정상에 쁘레아 위히어(Preah Vihear)라는 고대 힌두교 사원이 있다. 1904-1908년 태국과 프랑스령 인도차이나 사이에 국경선을 확정할 때 이 사원이 양쪽의 실수로 캄보디아 영토에 포함되었다. 나중에 태국에서 이 사원이 실수로 캄보디아에 소속된 것을 알았다. 태국은 오류를 알고도 그냥 지내다가 1950년 갑자기 군대를 파견하고 자국의 땅이라고 주장하였고 결과적으로 캄보디아와 국경분쟁이 생겼다. 캄보디아는 국경분쟁을 국제사법재판소(ICJ)[17]에 제소하였다. ICJ는 태국이 국경선이 확정된 지도를 국내에서 널리 사용한 점, 오류를 알고도 공식적으로 오랫동안 문제 제기를 하지 않은 점 등 여러 가지 이유를 들어서 캄보디아의 손을 들어주었다. 따라서 분쟁 지역에 주둔하고 있는 태국 병력은 불법 점령한 것이므로 퇴거 명령을 받았다. 이것은 아무리 역사적으로, 인종적으로 태국의 땅이었고, 실수라고 하더라도 국경선 조약이 확정되면 그 국경선은 국제법의 보호를 받는 것이다. 태국 국민들이 아무리 억울하다고 주장해도 소용없는 것이 국제사회의 규칙이다. 지금도 인터넷 구글 지도를 보면 쁘레아 위히어 사원은 캄보디아 국경 안에 있다.

---

17 국제사법재판소(ICJ, International Court of Justice): 국제연합(UN)의 사법기관으로 1945년 설립. 본부는 네델란드에 있다. UN 가맹국은 물론 비가맹국도 일정 조건 하에 당사자가 될 수 있다.

2) 센카쿠·다오위다오 분쟁

센카쿠열도(せんかくしょとう 尖閣諸島)/다오위다오(釣魚島)는 일본 오키나와에서 410km, 중국 대륙에서 330km, 대만에서 170km 떨어진 6.32km2의 섬들이다. 이 섬들은 위치로 볼 때 [그림 1.12]와 같이 중국과 대만에 더 가깝다. 더구나 오키나와는 원래 독립 국가였으므로 센카쿠 열도를 일본의 영토로 보기는 어렵다. 제3자의 시각으로 볼 때 거리상으로는 중국이나 대만의 영토이다. 그러나 청일전쟁으로 체결한 시모노세키 조약에 의하여 대만과 인근 섬들은 모두 일본 영토가 되었다.

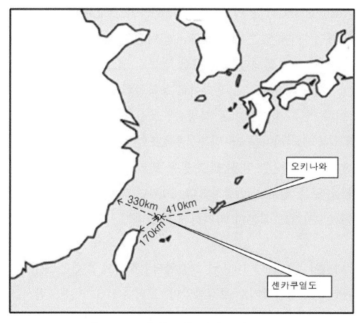

[그림 1.12] **센카쿠/다오위다오 열도의 위치**

제2차 세계대전 중에 미국은 시모노세키 조약으로 일본이 얻은 대만과 부속 도서들을 모두 중국으로 반환시킬 예정이었다. 그런데 1949년 국민당이 공산당에 패하여 대만으로 밀려나자 미국의 생각이 바뀌었다. 이 섬이 중국 소유가 되면 공산권에 포함되므로 이 섬을 자신의 영향권에 있는 일본의 영토로 바꿀 필요가 생겼다. 결과적으로 1951년 샌프란시스코 강화조약에서 이 섬을 일본이 반환해야할 도서에서 제외시켰다. 따라서 이 섬은 국제법적으로 일본의 소유가 된 것이다.

중국과 대만으로서는 중국으로 반환하기로 했다가 일본 영토로 바꾼 것이 억울하겠지만 전승국 미국의 권한이 막강했기 때문에 어쩔 수 없었다. 당시 중국과 대만은 전쟁 중이었으므로 샌프란시스코 강화조약회의에 참여하지도 못했다. 국경선이라는 것은 실체적 사실 여부를 떠나서 국제전쟁 시에는 패권자가 정하는 대로 결정되어 왔다. 국경선에 불만이 있어서 현상을 변경하려면 전쟁을 통해서 승리하고 국제사회의 인정을 받으면 된다.

3) 남쿠릴열도 분쟁

쿠릴열도(Kuril Islands)는 일본 북부의 홋카이도(北海道)와 러시아의 캄차카(Kamchatka) 반도 사이에 있는 약 1,300km에 나열되어 있는 섬들이다. 이 중에서 러시아와 일본 간에 영유권 문제가 있는 곳은 남쿠릴 열도의 4개 섬과 제도이다. 즉 쿠릴열도 중에서 최남단의 2개 섬과 홋카이도 동북쪽의 2개 섬(하보마이 제도, 시코탄)에 대한 갈등이다. 일본에서는 이를 북방4개 도서라고 말하고 있다.

1855년 2월 일본과 러시아는 러-일통상우호조약을 맺고 북방4개 도서를 일본 영토로 하였고, 1875년에 다시 조약을 맺고 공동 관리하던 사할린을 러시아에 양도하고 쿠릴열도 전체를 일본 영토로 변경하였다. 1905년 러-일전쟁에서 일본이 승리한 후에는 남부 사할린 지역도 일본이 차지하게 되었다.

제2차 세계대전이 끝나가던 1945년 2월 얄타협정에서 소련은 일본이 점령한 남부 사할린과 쿠릴열도를 차지하기로 보장받았다. 그러나 1951년 샌프란시스코 강화조약 이후에 소련은 쿠릴열도와 함께 쿠나시리, 에토로후, 시코탄과 하보마이 제도를 점령하였다. 일본은 [그림 1.13]과 같이 쿠릴 열도 최남단의 에토로후, 쿠나시리 2개 섬과 홋카이도 동북쪽의 시코탄과 하보마이 제도는 쿠릴열도가 아니므로 돌려달라고 항의했지만 소련은 무시하는 것으로 일관했다. 이것이 일본과 러시아의 북방 4개 도서 반환 문제이다. 소련은 1956년 일-소 공동선언에서 시코탄과 하보마이 제도를 일본에 반환할 가능성을 제시하기도 했으나 실행하지 않았다. 이후 일본과 러시아 정부는 여러 차례에 걸쳐 2000년까지 국경 문제를 해결하기로 합의하였다. 그러나 실제로 진전된 것은 없었다. 전쟁으로 차지한 땅이기 때문에 전쟁이 아닌 방법으로 해결하기가 쉽지 않은 것이다.

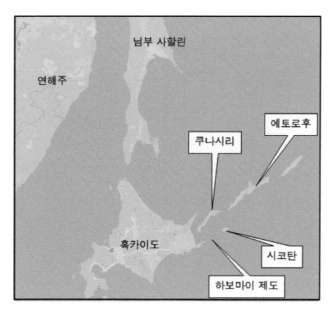

[그림 1.13] **일본의 북방 4개 도서**

일본과 러시아가 1854년에 처음 만났을 때는 국경선을 외교 수준에서 합의하였다. 그러나 그 후에는 전쟁에서 승리한 국가가 계속 국경선을 결정하고 있다. 국경선은 승전국이 결정한다는 역사적 사실이 또 확인된 것이다.

4) 독도

독도(獨島)는 [그림 1.14]와 같이 경상북도 울릉도에서 동남쪽으로 89km에 위치하며 일본 시마네현 오키섬에서 북서쪽 160km에 위치한 섬이다. 한국은 울릉도와의 거리, 역사적, 문화적, 지리적, 생태적 상황 등으로 독도는 한국 영토라고 주장하고, 일본은 일본대로 자국의 영토라고 주장하고 있다. 일본은 독도가 1905년에 시마네현(島根縣)[18]에 소속된 일본 영토이며, 1951년 샌프란시스코 강화조약에서 일본이 반환해야 하는 도서에 포함되지 않았으므로 일본 영토라고 주장한다. 일본은 이 문제를 해결하기 위해서 국제사법재판소에 맡기자고 한다. 그러나 한국은 한국이 실효지배하고

18　시마네현(島根縣) : 일본 혼슈 남서부에 있는 현. 독도에서 가장 가까운 일본 본토. 2005년에 '다케시마의 날'로 조례안을 통과시켰음.

있는 영토이므로 재판할 이유가 없다고 거절하고 있다.

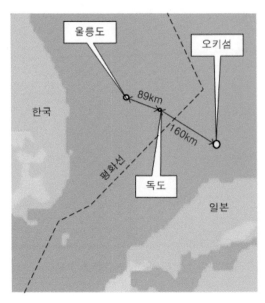

[그림 1.14] **독도와 평화선**

맥아더라인(MacArthur Line)은 1945년 9월 일본 주둔 미군사령관 맥아더장군이 일본 근해에 설정한 해역선이다. 일본 어선들은 맥아더라인 밖으로 나가서 조업하는 것이 금지되었다. 이때 독도는 맥아더라인 밖에 있었으므로 미국은 독도가 일본 땅이 아니고 한국 땅이라는 것을 인정한 것이었다. 맥아더라인은 1952년 4월 샌프란시스코조약 발효와 더불어 소멸되었다.

평화선(이승만라인)은 1952년 1월 18일 이승만 대통령이 한반도 주변수역에 [그림 1.14]와 같이 한국의 주권을 선언한 해양선이다. 평화선은 해안에서 평균 60마일에 위치하기 때문에 독도를 포함하고 있으며 어민들의 어업자원관리를 위하여 선포되었다. 맥아더라인의 소멸에 따른 보완 책이었다. 이승만 대통령은 평화선을 지키기 위해서 300여척의 일본 선박을 나포했고, 이 와중에 4,000여명의 일본인이 형무소에 구금되었으며 그중 40여명이 사망했다. 1952년 9월에는 UN군 사령관인 클라크장군이 한반도 주변에 해상방위수역을 선포하였다. 이 수역은 평화선과 대체로 비슷했으므로 평화선을 간접적으로 지원한 결과가 되었다. 평화선은 1965년 6월 한일조약 체결로 사실상 해체되었다.

안용복과 독도

안용복(安龍福)은 1658년 생이다. 부산 동래부의 노꾼으로 왜관을 드나들어 일본어를 잘했다는 기록이 있다. 조선은 초기부터 울릉도, 독도 등을 비워두어 분쟁의 소지를 막으려는 공도 정책을 폈다. 따라서 사람은 살지 않고 어부들이 가끔 가서 고기만 잡았다. 당시 일본 어민들은 막부의 허가를 얻어 독도에서 어업활동을 하였다.

안용복은 1693년 3월에 어부들과 고기를 잡으러 울릉도에 갔다가 일본 어부들을 만나서 조업권을 놓고 실랑이를 벌였다. 안용복은 일본으로 끌려가서 인질이 되었다. 안용복의 강한 주장으로 일본 태수는 막부에 영토권과 신병 처리를 문의하였다. 막부는 "울릉도는 일본 영토가 아니다"라는 문서를 보내며 안용복을 풀어주라고 하였다. 안용복은 대마도를 거쳐 돌아왔으나 월경죄로 곤장을 맞는 처벌을 받았다.

안용복은 1696년 3월에 어민들과 함께 울릉도에 가보니 일본 어부들이 또 고기를 잡고 있었다. 안용복은 관복을 입고 일본에 가서 항의 했으나 외교 절차 문제(대마도를 경유하지 않은 것)로 목적을 이루지 못하고 돌아왔다. 그러나 막부는 울릉도와 독도의 영속과 어업권을 조선에 인정하는 내용을 대마도를 통하여 조선에 전달했다.

귀국한 안용복은 관리 참칭과 월경죄로 사형을 선고 받았다. 나중에 감형되어 사형은 면하였으나 유배형을 받았다. 조선 정부는 영토 주권에 대해서는 전혀 관심이 없었고 불법 월경에 대해서만 논죄하였다. 조선 조정은 영토보다는 청나라와의 외교 관계를 더 우려했던 것으로 보인다.

한국방공식별구역(KADIZ)은 1951년 미국태평양공군사령부에서 설정하였다. 이때 미국은 독도를 한국의 방공식별구역(ADIZ)[19] 안에 포함시켰다. 이것은 미국이 독도를 한국 국경선 안에 있는 영토로 인정하는 증거였다. 그런데 6.25 전쟁으로 한국군이 부산까지 밀리고 한반도 전체가 공산화될 지경에 이르자 독도를 북한과 공산권에 빼앗길 것을 염려하게 되었다. 미국은 샌프란시스코 강화조약에서 일본이 반환해야 할 도서에서 독도를 제외시켰다.

---

19 방공식별구역(ADIZ, Air Defense Identification Zone) : 영토와 영공을 방어하기 위한 구역으로 국가안보 목적상 영공으로 접근하는 군용항공기를 조기에 식별하기 위해 설정한 임의의 선. 영공은 아니지만 이곳에 진입하는 군용 항공기는 해당 국가에 미리 비행계획을 제출하고 진입 시 위치 등을 통보해줘야 한다.

한국과 베트남의 동해

한국은 한반도의 동쪽 바다를 동해라 부르고 일본은 일본해라고 부른다. 한국과 일본은 서로 자기가 부르는 이름대로 외국에서도 불러주기를 바라며 경쟁하고 있다. 한국의 동해를 심정적으로 지지해주는 나라가 베트남이다. 그래서 베트남인들에게 우리 동해를 'East sea'라고 불러달라고 했더니 안 된다고 했다. 지지하면서 안 된다는 이유를 물었더니 베트남도 자기네 동쪽 바다를 'East sea'라고 부르기 때문에 이름이 중복 되서 곤란하다는 것이다. 베트남의 동해를 중국인들이 남중국해라고 부르는데 베트남은 중국과 싸울 생각도 못하고 가만히 있는데 한국은 바다 이름을 가지고 강대국과 싸우는 것이 몹시 부럽다고 한다.

미국에게 동해를 'East sea'로 불러달라고 했더니 미국인들은 그런 것을 문제 삼는 것이 너무 이상하다고 말한다. 미국의 남쪽 바다를 멕시코만이라고 부르는데 미국인들은 하나도 이상하지 않다고 한다. 멕시코만이라고 부르면 위치 파악도 잘된다고 한다. 그렇다고 그 바다가 멕시코 소유가 되는 것도 아니라고 한다.

우리는 서쪽 바다를 서해(West sea)라고 부르는데 중국은 황해라고 부른다. 그런데 우리는 황해라고 부르는 것에 대해서는 별로 이의를 제기하지 않는다.

국제사회에서는 어느 영토가 자국의 영토라고 주장하려면 언제 자국의 어떤 행정구역에 편입시켰다는 행정 근거를 따진다. 일본은 1905년에 독도를 일본의 시마네현(しまねけん 島根縣)에 편입시켰다고 주장하고, 샌프란시스코 강화조약을 내세우고 있다. 그러나 한국은 1905년에는 일본이 조선을 장악했기 때문에 조선의 의견이나 의지가 반영되지 않았으므로 무효라고 주장하고, 이에 따라 샌프란시스코 강화조약도 전혀 의미가 없다고 주장하고 있다.

제2장

/

패권의 3대 흐름

인류 역사가 청동기 시대[20]를 지나 철기 시대[21]가 되면서 강력한 국가들이 나타났다. 철기 시대의 강력한 국가들이 전쟁을 통하여 지역 세계를 지배하기 시작하면서 제국주의 시대가 열렸다. 당시 세계는 북방의 유목민과 남방의 정착민 세계로 구분되어 대립하고 있었는데 유목민들이 정착민들을 압도하였다. 유목민들의 기병부대가 기동성을 앞세워 정착민들의 보병부대를 누르고 압도하였다. 총과 대포가 개발되고 성능이 향상되면서 유목 국가들은 정착 국가들에게 밀리기 시작하였다. 역사적으로 세계 패권을 잡은 제국들의 지배 유형을 살펴보면 크게 로마식, 몽고식, 이슬람식 등으로 분류할 수 있다. 이들의 국가 운영 방식은 유목민이냐 정착민이냐에 따라서 매우 다르다는 것을 알 수 있다. 이들 문명의 차이는 총과 대포가 발명된 이후에도 여전히 그 전통의 차이를 유지하고 있다. 과거 강대국들이 말이 끄는 전차부대를 앞세워 전투력을 과시했다면 현대 강대국들은 내연기관으로 만든 전차를 앞세워 전투력을 과시하는 점이 다르다. 과거 전통적인 제국들의 국제관계와 구성의 차이를 이해하면 현대 세계의 국제관계를 이해하는데 매우 유용하다.

2.1   유목민과 패권국

유사 이래 제국을 만들고 패권국으로 처음 등장한 것은 주로 유목민들이었다. 유목민의 기동성이 정착민들을 압도했기 때문이다. 그러나 대포와 총기가 개발된 후에는 정착민들이 제국을 만들고 패권을 이어갔다.

---

20 청동기 시대(the Bronze Age) : 메소포타미아와 이집트에서 대략 BC 3,500년경부터 시작되었으나 유럽에서는 BC 1800년경부터, 한국은 BC 1,500년경부터 시작되었으므로 지역마다 다르다.

21 철기 시대(the Iron Age) : 대략 BC 1,200년경부터 히타이트(Hittites)에서 시작되었으나 유럽은 BC 1,000년경부터, 한국은 BC 300년경부터 시작되었으므로 지역마다 다르다.

(1) 유목민과 정착민

세계 패권의 수천 년 역사를 정리하면 대부분 유목민과 정착민들의 전쟁 기록이다. 유목민들은 가축을 기르기 위해 새로운 풀을 찾아 계속 이동하므로 기동성이 발달했다. 그러나 이들은 가축은 가지고 있지만 다른 물자가 부족하다. 정착민들은 주어진 땅에서 농사를 짓기 때문에 기동성은 떨어지지만 필요한 물자들을 한 지역에서 생산하고 보관하므로 세대가 내려갈수록 생활에 필요한 물자와 생산 기술을 발전시킬 수 있었다. 유목민들은 가축을 주고 정착민으로부터 다른 물자들을 교환해야 한다. 그러나 유목민들은 가축 이외에는 제공할 것이 별로 없었기 때문에 정착민들을 약탈하였다. 약탈은 전쟁이다. 유목민들은 전쟁을 통해서 약탈을 계속하다가 아예 정착민 국가를 점령하고 직접 지배하기 시작했다. 수, 당, 요, 금, 원, 청나라 등은 모두 유목민들이 약탈을 자행하다가 중국을 지배하는 제국이 되었다.

초기의 국제관계는 식량과 물자와 인력을 얻기 위하여 정상적인 교류와 약탈로 시작되었다. 진시황[22]이 만리장성을 만든 것도 유목민의 기동성을 막기 위한 것이었다.

[그림 2.1]과 같이 아시아에서는 흉노족, 몽고족, 여진족, 거란족 등의 유목민들이 중국, 조선 등의 정착민들을 공격하였다. 중동 지역에서는 스키타이족(Scythi)이 아나톨리아 반도와 이란 지역의 정착민들을 공격하였고, 유럽에서는 고대 트라키아(Thracia)[23]족, 켈트족 등이 남부 지역의 정착민들을 공격하였다. 476년에는 게르만족의 용병대장 오도아케르(Odoacer)가 반란을 일으켜 서로마를 멸망시켰다. 북쪽의 유목민과 남쪽의 정착민들의 남북전쟁은 주로 유목민들의 승리로 마무리 되었다. 스키타이 유목민들은 BC 8~7세기에 러시아 남부 흑해 지방의 초원지대를 기반으로 이집트, 메소포타미아, 페르시아 등의 정착민들을 위협했다. 페르시아의 다리우스왕과 마케도니아의 알렉산드로스왕도 당할 수밖에 없었다.

---

22 진시황(秦始皇, BC 246-BC 210) : 진秦나라의 36대 군주로 BC 221년에 중국을 통일함. 진시황이 BC 210년에 죽고, BC 206년에 진나라는 한나라에 의해 멸망.

23 트라키아(Thracia) : 발칸반도 동부 현재의 불가리아, 터키, 그리스 일부에 고대 트라키아족과 다양한 이동민족들이 거주하였다.

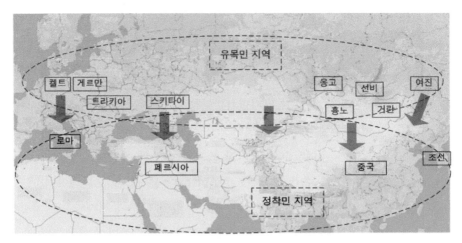

[그림 2.1] **유목민과 정착민의 지역 관계**

흥노[24] 유목민들은 주(周)나라 시절부터 중국 정착민들을 끊임없이 위협했다. 중국은 만리장성을 쌓았지만 쌓은 노력에 비하면 큰 도움이 되지 않았다. 북방 유목민들이 중국을 공격할 때 만리장성을 넘는 것이 크게 어렵지 않았다. 만리장성의 수문 군인들을 뇌물로 매수하거나 유격부대를 보내서 장성의 수문을 확보하면 쉽게 장성을 넘을 수 있었다. 명나라는 만리장성에서 후금과 전쟁하고 있을 때 농민 봉기에 의하여 스스로 무너졌다. 한나라, 송나라 등 정착민 왕조들은 군사력이 부족해서 황실의 공주와 많은 물자를 유목민들에게 바치며 평화를 구걸하기도 했다. 수, 당, 요, 금, 원, 청나라 등 유목민들이 중국을 통치할 때는 오히려 북방 유목민들의 침략을 걱정하지 않아서 좋은 점도 있었다.

중국에서는 9세기에 화약이 사용된 총이 사용되었고, 유럽에서도 15세기부터는 전쟁에서 활용할 수 있는 현대식 총의 원조가 생산되었다. 총이 개발된 이후부터 유목민의 기병부대 전투력은 형편없이 떨어졌다. 유목민의 기병부대가 정착민 보병부대에

---

24 흥노(匈奴) : BC 3세기말부터 몽골고원 일대를 근거지로 중국의 북방을 위협한 유목민족. 흥노는 예니세이강 상류의 키르기스를 정복하고, 서방의 월지(月氏)를 격파하여, 북아시아 최초의 유목국가를 세우고 한나라를 위협했다. 한나라 태조 유방은 흥노에게 포위되어 뇌물을 주고 탈출하는 등의 수모를 당했다. 한나라는 황실의 공주를 화번공주(和蕃公主)라고 하여 흥노 선우(칸)에게 바치고 평화를 구걸했다.

접근하기 전에 원거리에서 격퇴되었기 때문에 유목민들의 위세가 완전히 역전되었다. 이것은 기술력이 국제관계에 미치는 영향력을 실증하는 한 가지 사례이다.

(2) 제국과 패권국

[표 2.1] **패권국의 분류**

구분	사 례	비 고
호의적 패권국	로마 제국	세금을 내면 시민권과 의원 선출권 존속 기간 : 1,000년
착취적 패권국	몽고 제국	군수물자, 소년소녀, 특산물 수탈 존속기간 : 100 ~ 300년
중도적 패권국	이슬람 제국	이슬람을 믿으면 세금 감면 존속기간 : 600년

제국(empire)이란 강한 나라가 무력으로 다른 나라를 간섭하고 통치하는 정치제도이다. 제국이라는 단어는 황제(emperor)가 지배하던 황제국가(imperium)에서 유래되었다. 한 나라의 국력이 넘치면 이웃나라들을 정복하여 다스렸고, 각 나라를 다스리는 왕 위에 여러 왕들을 다스리는 황제라는 지위를 만들고, 황제의 나라를 제국(帝國)이라고 불렀다. 왕의 권력이 한 나라에 국한되는 반면에 황제의 권력은 제국 안의 모든 나라에 적용되었다.

패권국(hegemon)이란 국제질서를 유지하고 관리할 수 있는 의지와 능력을 갖춘 강대국이다. 국제질서를 유지하고 관리하려면 패권국에 도전하는 나라들을 제압해야 하므로 당연히 경제력과 군사력이 강해야 한다. 역사적으로 패권국들은 마케도니아 제국부터 주로 제국의 형태를 띠고 있었다. 패권국을 분류할 때 [표 2.1]과 같이 호의적 패권국과 착취적 패권국으로 분류하기도 한다. 호의적 패권국(benign hegemon)은 자국의 힘을 대부분의 나라들을 위해서 사용하는 국가이고, 착취적 패권국(exploitative hegemon)은 자국을 위해서 공공재의 사용과 비용 지불을 강요하는 국가이다. 역사적으로 볼 때 호의적 패권국은 제국의 존속 기간이 길었고, 착취적 패권국은 존속 기간이 상대적으로 매우 짧았다. 호의적 패권국의 사례는 로마 제국이고 착취적 패권국의 사례는 몽고 제국이다. 로마 제국이 1,000년을 존속한 반면에 몽고

제국은 100년 존속했다. 오스만터키 제국은 중간에 해당하며 존속 기간은 약 600년이었다.

역사적으로 세계의 패권은 [그림 2.2]와 같이 크게 3개의 흐름으로 분류할 수 있다. 정착민이 세운 로마식 패권국과 유목민이 세운 몽고식 패권국 그리고 유목민과 정착민이 혼합된 이슬람식 패권국들로 이어져 왔다. 그림에서 백색의 국가들은 패권국은 아니지만 지역에서 패권을 잡은 나라들이다. 푸른색 국가들은 로마식 패권국들이고, 노란색 국가들은 몽고식 패권국들이고, 붉은색은 이슬람식 패권국들이다. 이들은 자연 환경과 문화 배경이 너무 달랐기 때문에 제국으로 발전하는 과정과 완성된 제국을 통치하는 방식도 전혀 달랐다.

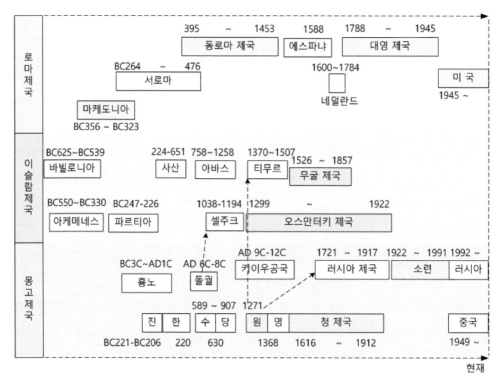

[그림 2.2] 세계 3대 패권의 흐름

역사적으로 많은 나라들을 거느린 대제국들을 찾아보면 로마 제국, 몽고 제국, 오스만터키(Ottoman Turkey) 제국이 대표적인 3대 제국이라고 할 수 있다. 마케도니아제국은 로마 제국과 유사한 방식이었고, 러시아와 중국은 몽고 제국의 지배와 침입을 오랫동안 받는 과정에서 몽고 제국과 유사한 체제를 유지하게 되었고, 오스만터키 제국은 돌궐족이 몽고고원에서 출발하여 아나톨리아 반도까지 이동하여 로마와 경쟁하는 과정에서 몽고 방식과 로마 방식을 자연스럽게 혼합하였다.

[표 2.2] **세계 3대 패권의 특징**

구 분	로마 제국		몽고 제국	오스만터키 제국
기간	서로마	BC264~476	1271~1368 (약 100년)	1299–1922 (약 600년)
	동로마	395–1453		
생활 형태	정착민		유목민	유목민, 정착민
관습과 제도	현지 제도 인정		체제 변환 강요	체제 절충
종교	자유		자유	자유, 이슬람은 감세
관계	친구관계		군신관계	형제관계
정복지 반응	우호적		적대적	중간적
과세	적절		과중	중간
교역	지원		적극 지원	지원
관련 국가	서구 유럽		러시아, 중국	중동 국가

패권이란 한 국가가 국제 정치 경제 관련 규칙과 절차를 압도적인 힘으로 혼자 결정할 수 있는 권력을 말한다. 역사적으로 세계를 지배했던 패권 국가들이 국제관계를 수행하는 방식을 기준으로 나눈다면 [표 2.2]와 같이 크게 세 가지 흐름으로 분류할 수 있다. 세계가 아주 좁았을 당시에는 그리스가 중동지방의 지역 패권자가 되어 마케도니아 제국을 만들었고, 이어서 로마가 그리스의 전통을 이어받아 로마 제국을 건설하였다. 로마 제국은 유럽 전체의 패권을 장악하였으나 동로마와 서로마로 분리되었고 서로마는 476년에 멸망하였고, 동로마는 오스만터키 제국에게 1453년에 멸망하였다. 로마의 전통은 에스파냐를 거쳐 영국이 이어받아 해가지지 않는 대영 제국을 건설하였다. 제1, 2차 세계대전을 거치면서 영국의 패권은 미국으로 넘어갔다.

아시아 동북쪽에서 성장한 몽고족이 세계 최대 규모의 몽고 제국(원나라)을 1271년에 건설하였지만 피정복지의 강한 저항으로 1368년에 단명으로 끝났다. 몽고족의

후예인 티무르가 사마르칸트를 중심으로 티무르 제국을 건설하여 동서무역으로 번영
하였으나 1507년에 단명으로 끝났고, 그의 아들 바부르가 인도에 들어가서 1526년에
무슬림의 무굴 제국을 건설하였다. 무굴 제국의 인도는 힌두교도들의 저항으로 점차
쇠락해지다가 1857년에 영국의 식민지가 되었다. 몽고족 이후에 유목민이 아시아에
대제국을 건설한 것은 몽고족과 비슷한 만주족의 청나라였다.

　　오스만터키의 조상인 돌궐족은 6세기부터 몽골고원에서 활약하기 시작하였다.

　　돌궐족은 내부 분열로 인하여 국력이 쇠약해지자 당나라에게 밀려서 서쪽으로 계
속 이동하였고 아나톨리아 반도에 와서 셀주크터키와 오스만터키 제국을 만들었다.
오스만터키는 1453년에 동로마 제국을 콘스탄티노플에서 축출하고 패권국이 되었다.

　　오스만터키 제국은 아시아, 아프리카, 유럽의 3대륙의 땅을 점유하는 대제국이 되
었으나 높은 자만심으로 국력이 정체하기 시작하였다. 18세기 이후에 유럽과의 경쟁
에서 밀려 제1차 세계대전을 끝으로 사라졌다. 이들 그리스/로마, 몽고, 오스만터키
등 세 가지 형태의 제국들이 세계사의 주도적인 흐름이 되었으므로 이들의 국제관계
방식을 살펴본다.

　　[표 2.2]에서 로마는 서로마와 동로마로 구분된다. 서로마의 활약은 로마가 이탈리
아를 통일하고 포에니 전쟁[25]을 시작하는 BC 264년부터 476년 멸망할 때까지이고, 동
로마는 로마가 분열되는 395년부터 오스만터기 제국에게 멸망당하는 1453년까지이
다. 로마 제국 1,000년이라는 것은 동로마 제국의 기간이다. 몽고는 국제무역을 활성
화시키기 위하여 많은 노력을 했으므로 국제무역 제국이라는 평가를 받았다. 몽고 제
국은 제국의 중심부에서 정복지까지 길을 닦고 역을 만들어서 무역 상인들의 교역을
안전하게 보장해주었다. 과거와 달리 몽고 제국의 역내에서는 상인들이 안전하게 교
역을 활발하게 추진할 수 있었다. 그러나 몽고 제국 이후에 중국의 명나라, 청나라 제
국들은 교역을 제한하고 억제하였다. 명나라와 청나라는 해금정책[26]을 써서 바다에 선

25　포에니 전쟁(Punic Wars) : BC 3C~ BC 2C에 있었던 로마와 페니키아의 카르타고와의 전쟁.
　　3차에 걸친 전쟁으로 카르타고는 사라졌다.

26　해금정책(海禁政策) : 명, 청 두 왕조가 시행한 해상 교통, 무역, 어업 등에 대한 금지 정책. 도
　　중에 정책을 완화한 적도 있으나 1757년 다시 쇄국정책으로 전환하였다. 광저우를 무역항으로
　　지정하였으나 이것으로 인하여 아편전쟁이 일어났고 난징조약으로 여러 항구들을 개항한다.

박을 띄우는 것조차 금지하였다. 명나라와 청나라는 문명이 높은 대국이며 모든 물산을 스스로 생산하므로 외국과 교역할 필요가 없다는 자만심이 높았기 때문이었다.

또 한편으로는 왜구의 피해를 줄인다는 목적으로 바다로 나가지 못하게 하였고 해안 근처에는 살지도 못하게 하였다. 이런 자만심으로 인하여 국제 교류가 단절되었고, 문명의 침체를 불러왔다.

로마와 몽고는 피정복 주민들에게 종교의 자유를 허락했다. 오스만터키는 종교의 자유를 허락하되 이슬람을 믿으면 세금을 감면해주는 방식으로 유도하였다. 로마 제국은 피정복국들과 친구관계를 유지했고, 몽고는 군신관계를 유지했으며, 오스만터키는 로마와 몽고 관계의 중간 형태로 형제관계를 유지했다. 로마는 세금을 적절하게 부과하였고 몽고는 과중하게 부과하였으며 오스만터키는 두 제국의 중간 정도로 부과하였다. 몽고는 강권통치에 대한 피정복지의 저항이 거세어 100년도 못되어 일찍 멸망하였고, 로마는 피정복민과 관계가 원만하여 1,000년 이상 유지되었다. 오스만터키는 처음에는 관대하였다가 국력이 쇠약해지면서 피정복지 주민들을 억압하는 강권통치를 하였으며 약 600년 동안 유지되었다. 오스만터키 제국 이전의 셀주크터키(Seljuks Turkey) 제국(1038~1194) 기간까지 합하면 약 900년 간 지속되었다.

오스만터키와 청나라는 세계 최고 강대국이라는 자만심에 빠져서 대외 교류를 안하면서 발전이 점차 정체되었다. 결국 서구 유럽 문명과의 경쟁에서 뒤쳐지게 되었고 1800년대 후반부터는 서구 열강들에게 짓밟히고 멸망하였다.

2.2 로마식 국제관계

로마식 국제관계에는 그리스가 포함된다. 그리스 문명은 BC 2000년경 그리스 땅에서 시작하여 BC 8세기 중엽부터 발달하기 시작하였고 4~5세기에 전성기를 이루었다. 그리스 문명은 도시국가(폴리스)의 시민들이 이룩한 것으로 폴리스의 발전과 매우 밀접하다. 이는 정치적으로 귀족정치, 과두정치[27], 참주정치[28]를 거쳐 민주정치를 연출한

---

27 과두정치((寡頭政治) : 소수의 집단이나 사람이 정치권력을 독점하고 행사하는 정치.

역사였다. 농업을 기반으로 하면서 상공업이 발달하였고, 동(東)지중해를 중심으로 한 통상무역이 성행하고, 화폐경제가 발전하였다. 폴리스를 기반으로, 철학, 과학, 문학, 미술 등의 문화가 매우 다채롭게 꽃피었다. 그 중심은 아테네였다. 이것은 후일 유럽문화의 원류가 되었다. 그리스 문명의 전성기는 알렉산드로스 대왕의 정복 기간이었다. 알렉산드로스 대왕의 제국건설 이후 고대 그리스의 뒤를 이어 나타난 헬레니즘[29] 문명은 약 300년간 이어졌다.

　　로마 문명은 BC 5세기부터 AD 5세기에 이르기까지 고대 로마를 중심으로 하는 로마 제국을 건설하여 문화의 꽃을 피웠다. 특히 로마의 문화는 일찍이 이탈리아 반도로 이주해 온 에트루리아인의[30] 미술과 반도 남부에 많은 식민지를 가지고 있었던 그리스인의 미술 두 요소를 받아들여 이것들을 융합하여 발전시켰다. 로마의 미술은 그 형식의 대부분을 그리스 미술에 힘입고 있으나, 실용적이고 현실적이라는 점에서는 지극히 에트루리아적이다. 로마는 기원전 146년에 그리스를 제국에 통합하면서 그리스 문명을 받아들여 로마 문명을 발전시켰다. 이런 까닭으로 그리스 신화와 로마 신화는 매우 유사하다. 기원전 129년에는 소아시아(터키)를, BC 64년에는 폼페이우스의 지휘 아래 아르메니아와 레바논, 시리아, 유대를 정복했다. 기원전 31년에는 옥타비아누스가 클레오파트라의 이집트를 정복했다.

　　옥타비아누스는 원로원으로부터 '존엄한 자'라는 뜻의 아우구스투스(Augustus)라는 칭호를 받으면서 황제가 되었고 로마는 제정기(帝政期)로 들어간다. 로마 제국은 영토를 더욱 확장하고 5현제를 거치면서 역사상 인류가 가장 행복했던 시기라고 평가하는 팍스 로마나(Pax Romana)를 실현했다. 로마 제국은 정복지의 문화와 신을 인정하는 다문화, 다신교 정책으로 제국의 통합과 번영을 누렸다. 로마 제국은 395년에 서로마와 동로마로 분리되었으며, 서로마 제국은 476년에 게르만족 출신 용병 오도아케

28　참주정치(僭主政治, Tyrannos) : BC 7~BC 3세기 그리스에서 하층 민중의 불만을 이용하여 그들의 지지를 얻어 무력으로 정권을 장악한 후 독재 정치를 펴는 것. 선정을 베푼 참주도 있었음.

29　헬레니즘(Hellenism) : 그리스 문화와 정신을 의미. 그리스 문화와 오리엔트 문화가 서로 영향을 주고받아 질적 변화를 일으키면서 새로 태어난 문화.

30　에트루리아(Etruria) : 9세기에 소아시아 지방으로부터 해상으로 이탈리아에 상륙한 지역. 고대 이탈리아에 거주하는 종족의 이름. 지금의 토스카나 지역.

르에게 멸망당했다. 동로마 제국은 476년에 콘스탄티노플로 천도하고 1453년 수도가 오스만터키의 메흐메트 2세에게 함락될 때까지 1,000여 년간 존속했다.

2.1.1 그리스식 국제관계

알렉산드로스 대왕[31]은 마케도니아 왕 필리포스 2세의 아들이다. 그는 당시의 대학자인 아리스토텔레스에게 3년 동안 그리스 학문을 포함한 교육을 전수받았다. 필리포스 2세는 그리스 도시국가들을 포함하여 주변 국가들을 정복한 후에 암살당했으므로 알렉산드로스는 20세의 젊은 나이에 왕이 되었다. 젊은이가 왕이 되었다고 하자 각지에서 반란이 일어났고, 알렉산드로스가 전사했다는 소문이 들리자 테베시가 반란을 일으켰다. 각지의 반란을 진압하고 돌아온 알렉산드로스는 테베시를 토벌하고 테베시의 전 시민을 노예로 팔아버렸다.

BC 334년 알렉산드로스는 마케도니아군과 그리스 연맹군을 거느리고 페르시아 원정길에 올랐다. 그는 소아시아 지방에서 여러 전투에서 승리하였으며, BC 333년 이소스 전투(Battle of Issus)에서 아케메네스 왕조[32]의 다리우스 3세의 군대를 격파하였고 페르시아 해군기지인 티루스 등을 점령하였다. 그리고 시리아와 페니키아를 정복하고 이집트를 공략하였다. 이집트에서는 나일강 하구에 자신의 이름을 딴 알렉산드리아시(市)를 건설하였다.

BC 330년 다시 페르시아로 출병하여 가우가멜라 전투에서 다리우스 3세를 격파하였고, 다리우스 3세는 도주하였으나 자기 신하의 손에 죽임을 당하였다. 알렉산드로스는 계속 동쪽으로 진군하여 이란 고원을 정복하고 인도의 인더스강에 다다랐다.

그러나 장마가 계속되었고 병사들에게 질병이 퍼져서 더 이상 진군할 수 없게 되자 BC 324년 페르세폴리스로 돌아왔다. 그는 바빌론을 제국의 수도로 정하고 아라비아 원정을 준비하던 중에 갑자기 병으로 사망하였다. 그의 나이 33세였다.

---

31 알렉산드로스 대왕(Alexandros the Great, BC 356 ~ BC 323): 마케도니아의 왕 필리포스 2세의 아들. BC 336년 즉위하여 대제국을 건설하고 33세에 사망.

32 아케메네스 왕조 : BC 550년~ BC330년까지 220년간 존속한 이란의 고대 왕조. 최초로 중동 문명권을 통일한 페르시아 제국.

[그림 2.3] 알렉산드로스의 정복 세계

알렉산드로스는 [그림 2.3]과 같이 정복한 지역에 그리스 도시를 70개 건설하고 문명을 전파하였다. 그는 그리스, 페르시아, 인도에 이르는 대제국을 건설하였으며 문화를 동쪽으로 전파하는 거점들을 만들었다. 그가 죽은 뒤 대제국 영토는 마케도니아, 시리아, 이집트의 세 나라로 갈라졌다. 그러나 그 과정에서 그리스 문화와 오리엔트 문화를 융합시킨 새로운 헬레니즘(Hellenism) 문화가 탄생하였다.

알렉산드로스 군대는 보병 3만과 기병 5천 명이었다. 알렉산드로스는 포로로 잡은 박트리아 왕의 딸과 결혼하였다. 그는 부하들에게도 현지 여성을 아내로 맞이하도록 하는 등 현지인들과 융합하려고 노력하였다. 알렉산드로스는 인도에 진입하여 편잡 지방에서 포루스 왕과의 전투에서 승리하였다. 그러나 포루스 왕이 그 지역을 계속 다스리도록 허용하였다. 알렉산드로스는 전쟁할 때는 잔인하였지만 정복지를 다스릴 때는 관대하게 종교와 제도와 관습을 허용했기 때문에 반발이 적었다. 페르시아가 정복지를 지배할 때는 종교와 관습에 자유를 준다고 하였지만 나중에는 조로아스터교[33]를 비롯한 페르시아의 제도를 강제하였으므로 반발이 갈수록 커졌다. 그리스와 페르

---

33 조로아스터교 : 예언자 Zoroaster의 가르침에 기반을 두고 있으며, 유일신 Ahura Mazda를 믿는 고대 페르시아 종교

시아의 정복지 관리 방식이 전쟁의 승패에 큰 영향을 준 것이다.

결과적으로 그리스의 국제관계는 문명 교류에 많은 영향을 주었고 문명의 교류로 인하여 문화의 발전까지 이루었다. 그리스가 전달한 예술은 간다라 미술[34]이 되어 중국을 거쳐 조선에도 전달되었다.

2.1.2 로마식 국제관계

로마는 BC 275년 북부를 제외한 이탈리아 반도 전체를 통일하면서 세 번에 걸친 카르타고와의 전쟁(포에니 전쟁)으로 서쪽 지중해의 패권자가 되었다. BC 2세기에는 마케도니아와 페르가몬[35] 왕국을 병합했다. 이어서 이베리아 반도를 점령했으며, BC 1세기에는 갈리아, 시리아, 유대, 이집트까지 수중에 넣어 지중해의 패권자가 되었다. 이어서 BC 55년에는 브리타니아(오늘의 영국)까지 통합했다.

로마 제국은 BC 27년 아우구스투스가 사실상 공화정을 폐지하면서 등장하였고, 이후 3세기의 군인 황제 시기까지 여러 속주들을 통합한 형태로 국가 원수가 통치하는 체제였으며 이탈리아 반도의 로마를 유일한 수도로 두고 있었다.

로마 제국은 계속하여 수많은 전쟁에서 승리하여 서기 200년경에는 [그림 2.4]와 같이 유럽과 아시아와 아프리카에 대제국을 건설하였다. 로마 제국은 전쟁하기 전에 상대국과 협상을 한다. "로마 제국과 친구(동맹)가 될 것인가, 아니면 적국이 되겠는가?" 상대국은 자신이 전쟁을 해서 이길 수 있다면 싸우겠지만 이길 자신이 없다면 동맹이 되는 것도 나쁘지 않다고 생각할 수 있다. 일단 동맹이 되면 우호적인 관계를 유지하고 자율적인 통치를 허락했기 때문에 상대국의 불만이 적다. 더구나 로마 제국의 동맹이 되면 외부 침략으로부터 안전을 확보할 수 있었다.

---

34 간다라 미술(Gandhara Art) : BC 1세기~AD 5세기, 고대 인도북서부 간다라 지방(現 파키스탄 페샤와르)를 중심으로 발달한 불교 미술과 그리스와 로마의 미술이 결합된 양식. 대승불교와 함께 중국, 한국, 일본으로 전해졌다.

35 페르가몬(Pergamon) : 소아시아에서 번영을 누린 헬레니즘 왕국의 하나.

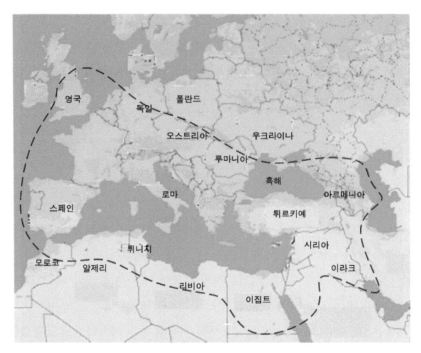

[그림 2.4] **로마 제국의 영토**

로마 제국은 이베리아 반도를 정복한 이후 경제, 법률, 행정, 문화 등 각 영역에 로마 제국의 모든 요소들을 이식하여 이베리아 사회에 많은 영향을 주었다. 로마화는 도시의 건설, 토지 사유제, 노예 제도, 가부장 가족 제도, 화폐 경제, 신앙, 사상 및 교육 기관까지 다방면에 걸쳐 다양하게 실시되었다. 로마 제국은 이미 세계적 언어가 된 라틴어를 보급하여 모든 이베리아 반도인 들에게 의사소통을 가능하게 해주었다. 또한 로마법을 통하여 이베리아 사회를 체계적으로 문명화시키는 데 큰 공헌을 하였다. 로마법은 현대 대륙법계 민법에 지대한 영향을 주었으며, 국제법은 로마 만민법[36]을 기초로 고안되었다. 대륙법을 받아들인 일본을 통하여 한국 민법에도 로마법 개념이 많이 남아있다.

---

36 로마 만민법(law of nations) : 로마에서 로마 시민권을 가지지 못한 외국인들에게 적용하기 위해 제정한 법. 여러 민족들에게 동일하게 적용되는 만민법 사상을 일반화해 국적이 다른 민족들 에게 적용한 법. 만민법은 현대 국제법의 모태이다.

로마 제국의 노력으로 이베리아 반도는 완전히 로마화 되었고, 이베리아 인들은 로마 제국에 충성하게 되었다. 로마 제국은 소규모의 군대만 스페인에 주둔시키고 이베리아 인에게 모든 것을 맡겼다. 이렇게 이베리아 반도가 로마화 되면서 스페인은 로마 제국의 속국이기보다는 로마 제국의 일원이 되었으며, 유럽 세계의 일원이 될 수 있었다. 로마 제국의 스페인 통치에서 나타난 특징은 절대적인 전제정치를 결코 강요하지 않았다는 것이었다.

로마 제국은 로마 안에서뿐만 아니라 정복지에서도 로마식으로 도시와 도로를 건설했다. 로마 제국의 모든 도시들은 넓은 도로로 연결되기 때문에 상업 발전에 유리하여 경제적으로 크게 성장할 수 있었다. 도로뿐만 아니라 수십 km 떨어진 곳으로 물을 공급하기 위하여 수로와 다리도 많이 만들어 생활환경과 경제 발전에 도움을 주었다.

로마 제국은 세계를 세 번 정복했다고 말한다. 첫째 무력으로, 둘째 법률로, 셋째는 종교를 통해서 세계를 정복했다. 그리스인의 교과서가 호메로스라면 로마인의 교과서는 '12표법'[37]이다. 그만큼 로마법이 끼친 영향이 현대에까지 미치고 있어서 대부분의 현대 국가들은 영국법과 함께 로마법 체계를 채택하고 있다. 로마의 법은 로마의 시민법으로 출발했다. 로마 제국이 지배하게 된 민족과 지역이 확장됨에 따라 로마 시민법이 널리 개방되어 모든 민족과 지역에 보편적으로 적용되었다.

로마 제국이 영국을 400여 년(BC 55~AD 410)간 통치하다가 게르만 민족의 대이동으로 로마가 위협을 받자 영국 주둔 로마군을 철수하게 되었다. 영국인들은 철수하는 로마군을 나가지 말라고 사정하였다. 로마의 지배를 받은 나라들은 로마의 고급문화를 받아들인 것을 고맙게 여기고 있었다. 로마의 지배를 받았던 나라들 중에 일부 지역은 지금도 로마를 잊지 못하고 로마를 칭송하는 축제를 열고 있다.

영국과 미국은 로마 제국에서 배운 대로 로마식 국제관계를 기본으로 유지하고 있다. 영국은 제국주의 시대의 패권자였음에도 불구하고 당시의 식민지들이 아직도 영국연방을 이루는 50여개 국가의 지도자가 되고 있다. 영국의 왕은 영연방 16개 국가

---

37 12표법 : 로마법의 기초를 이룬 고대 로마의 성문법. 로마 공화정과 전통의 근간이 되었다.

들에서 국가 원수로 인정받는다. 중국과 러시아가 주변국들을 강압적으로 지배하려다가 늘 갈등과 전쟁을 치르는 것과 대비된다.

2.3 몽고식 국제관계

몽고족을 포함한 대부분의 유목민(스키타이족, 거란족, 여진족,)들은 국가를 세우지 못하고 유목민 부족들의 연합체로 살았다. 우리가 아는 몽고족도 실제로는 타타르족, 메르키트족, 케레이트족, 나이만족, 옹기라트족, 몽고족 등 잘 알려진 부족 외에도 수십 개의 부족과 씨족들로 구성되어 있었다. 몽고족은 많은 부족들 중의 하나였으며 다른 부족들에 비해 월등하게 강하지도 않았다. 몽고족의 테무진[38]은 서기 1206년 몽골 초원에서 유목민들을 통합하고 다른 유목민들과 정착민들을 정복하여 유럽과 아시아에 대제국을 건설하였다. 몽고군이 전투력을 강화한 것은 다른 유목민들을 약탈하기 위한 것도 있지만 궁극적인 목적은 정착민들을 약탈하는 것이었다. 몽고 제국은 점령지역에서 끊임없이 약탈을 자행했기 때문에 피 정복지의 저항이 많을 수밖에 없었다. 피 정복지 주민들의 저항을 막으려면 점령지역을 더욱 강경하고 무자비하게 다스려야 했다. 따라서 저항을 누르는 에너지가 너무 많이 들어서 제국은 오래가지 못하고 무너졌다.

몽고족의 납치혼

테무진(징기스칸의 이름)의 아버지 예수게이는 보르지긴 씨족장이었다. 테무진의 어머니 호엘룬은 신혼부부가 되어 신랑과 함께 본가로 돌아가다가 예수게이 무리를 만난다. 호엘룬은 옹기라트족이고 신랑은 메르키트족이었다. 비 우호적인 무리를 만나면 여자는 빼앗기고 남자는 죽일 것이었다. 호엘룬의 남편이 목숨 걸고 아내를 지키려고 하자 호엘룬은 남편의 말 엉덩이를 때려서 도망

---

38   테무진(鐵木眞) : 1162년경 출생(아버지 예수게이, 어머니 후엘룬(메르키트족의 아내였으나 약탈해서 결혼을 했다). 예수게이가 타타르족에게 독살 당하자 씨족은 흩어지고 테무진은 인질로 잡혔다. 인질에서 탈출하여 부족을 모으고 통합하여 1206년 몽고 부족들을 통일한 징기스칸이 되었다.

치게 한다. 호엘룬은 살기 위해 예수게이의 부인이 되어 테무진과 함께 네 명의 아들을 낳는다. 예수게이는 테무진을 장가보내기 위해 신부집에 데려다주고 오다가 타타르족을 만나서 그들이 주는 독주를 마시고 죽는다. 테무진 씨족은 뿔뿔이 흩어 지고 테무진은 타이치우드 씨족에게 잡혀서 노예가 되었다가 탈출에 성공한다. 그는 보르테를 만나서 결혼을 하고 가족을 이룬다. 메르키트족이 예전에 호엘룬을 빼앗긴 복수로 보르테를 납치해갔다. 테무진은 케레이트족과 손잡고 메르키트족을 공격하여 보르테를 찾아온다. 돌아온 보르테는 임신 중이었고 돌아와서 낳은 아이가 맏아들 주치였다. 주변 사람들이 남의 아이라고 꺼려했을 때 테무진은 자신이 부인을 못 지킨 것이 잘못이지 보르테와 아이는 잘못이 없다고 부인과 아들을 감싸주었다. 주치는 킵차크한국의 시조가 되었고 그의 아들 바투는 1241년 폴란드를 침공하고 유럽 연합군을 격파하여 황화론이라는 단어의 원조가 되었다.

몽고 제국이 고려를 지배했을 때 끊임없이 어린 소녀와 각종 특산물을 요구하였다. 고려에서는 어린 딸을 공녀로 빼앗기지 않으려고 조혼 풍속이 생길 정도였다. 몽고 제국과 피지배국의 관계는 살벌한 주종관계였다. 상국에서 명령하면 속국은 명령을 수행하는 수직체제였다. 따라서 몽고의 지배는 여러 지역에서 강한 저항에 부딪쳐 오래가지 못했다. 테무진이 몽고 부족들을 통일하고 징기스칸에 즉위한 것이 1206년이므로 60여 년간 정복 전쟁을 치르고 1271년에 원나라를 세웠다. 그리고 1368년에 명나라에게 멸망당했다. 테무진이 대칸에 즉위하고 170년 정도 존속했지만 원나라를 세우고 97년 만에 멸망한 것이다.

[그림 2.5]와 같이 몽고 제국은 기병대의 속도전을 이용하여 역사상 최대 제국을 건설하였다. 동쪽에는 태평양까지, 남쪽으로는 중국 남부까지, 서쪽으로는 우크라이나까지, 북쪽으로는 러시아까지 영토를 확장하였다. 몽고는 국제무역을 원활하게 수행하기 위하여 제국 전체에 역을 세우고 교통로를 확보하여 상업을 진흥하였다. 동서무역을 하던 무역상들은 비단길을 따라서 위험한 길을 다녔으나 이제는 강력한 몽고 제국 군대의 보호 하에 어느 곳이든지 안전하게 여행을 할 수 있게 된 것이다.

몽고 제국은 러시아와 중국을 지배하기 이전과 이후에도 끊임없이 침략을 거듭하였기 때문에 러시아와 중국은 몽고 제국의 영향을 크게 받았으며 자신들도 몽고 제국처럼 주변국들을 가혹하게 다스렸다. 러시아와 중국은 자신의 주변국들을 군신/부자 관계로 다스렸으므로 국제관계가 좋을 수가 없었다. 러시아는 북쪽에서 내려온 바이킹의 지배도 받았으므로 러시아 역사는 가혹한 피지배의 연속이었다.

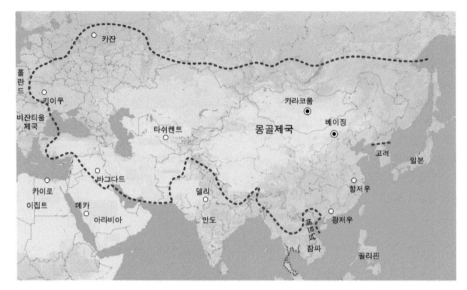

[그림 2.5] **몽고 제국 전성기의 최대 영토**

2.2.1 러시아식 국제관계

러시아는 몽고족의 침략과 지배를 오랫동안 받았기 때문에 몽고식 국제관계에 익숙하다. 러시아는 강력한 군주제를 시행하여 차르(황제)와 귀족들이 국민들을 노예로 부렸으며 주변 국가들을 종속관계로 다스렸다. 러시아는 볼셰비키[39] 혁명에 성공하여 1922년 소련을 세우고 동유럽과 중앙아시아의 많은 공산국가들의 맹주가 되었다. 소련은 몽고 방식으로 주변 국가들을 지배했으므로 대부분의 주변 국가들이 피해를 입었다. 소련이 붕괴되자 소련의 위성국가였던 동유럽 국가들은 러시아를 멀리하고 NATO 가입을 시도하였고, 중앙아시아 등 다른 지역에서도 러시아에 등을 돌리게 되었다. 현재 진행되고 있는 우크라이나 전쟁도 따지고 보면 같은 언어와 뿌리를 가진 같은 슬라브 민족끼리의 싸움이다. 러시아의 몽고식 국제관계가 주변국의 반발을 불러온 것이다.

---

39 볼셰비키(Bolsheviki) : 1898년에 설립한 소련 공산당의 별칭. 다수파라는 뜻으로 소수파 맨셰비키에 대립되는 말. 과격파라는 뜻으로도 쓰임.

(1) 크림 반도

몽고군이 유럽에 쳐들어왔을 때 지휘관은 징기스칸의 손자 바투[40]였다. 바투는 유럽 원정군 사령관이 되어 러시아부터 침공하였다. 그는 킵차크 한국을 세우고 칸이 되어 우랄강 서쪽에서 볼가강 유역에 걸친 지역을 지배하였다. 사령관은 몽고족의 바투였지만 주력 부대는 몽고족과 원한이 있는 타타르족이었다. 몽고가 망했을 때 타타르족의 상당수는 돌아가지 않고 크림반도 지역에 남아서 크림칸국(타타르 제국)을 세우고 그 지역을 지배하였다. 이들을 크림타타르족이라고 한다. 몽고 제국이 러시아를 혹독하게 다루었기 때문에 당연히 러시아인들이 타타르족을 증오했다.

몽고족이 물러가고 러시아는 점차 성장하였고 부동항을 얻기 위하여 남진하는 과정에서 [그림 2.6]과 같이 크림 반도를 공략하게 되었다. 크림타타르족은 러시아가 두려워 오스만터키에 복속하였다. 러시아는 18세기 말에서 19세기 말까지 남진하는 과정에서 6차례에 걸쳐서 오스만터키 제국과 전쟁을 하였다. 러시아의 예카테리나 2세[41]는 1783년 제1차 러시아-터키 전쟁에서 승리하고 크림반도를 할양받는다. 러시아는 계속 남하해서 1853년에 제5차 러시아-터키 전쟁인 크림 전쟁[42]을 치르며 흑해에서 터키함대를 전멸시켰다. 영국과 프랑스는 러시아의 남하정책을 패권자에 대한 도전으로 간주하고 참전하여 러시아의 남진을 막았다. 러시아는 영국의 방해로 흑해에 자신의 함대를 배치할 수 없게 되었다. 크림 지역까지 내려온 러시아는 크림타타르족을 지배하게 되었으며 당연히 박해를 하였다.

---

40 바투(拔都, Batu, 1207~1256) : 몽고 킵차크 한국의 초대 칸(재위 : 1227~1256). 칭기스칸의 맏아들 주치의 아들. 유럽 원정군 사령관. 러시아를 정복하고, 1241년 폴란드와 헝가리를 대파하였고, 러시아를 지배하였다.

41 예카테리나 2세 : 남편인 러시아 황제 표트르 3세를 폐위시키고 스스로 황제가 되어 1762년부터 1796년까지 34년간 러시아를 통치한다. 크림반도 등 영토를 확장하고, 통치 체제를 근대화했고, 학문과 문화 예술을 발전시켰다.

42 크림 전쟁(Crimean War, 1853~1856) : 1853년 11월 러시아 함대가 오스만터키 함대를 전멸시키자 영국, 프랑스 등이 오스만터키를 도와서 러시아의 남진을 막아냄. 이때 '백의의 천사 나이팅게일'의 활동이 세상에 알려지고 간호학의 발전을 가져왔다.

[그림 2.6] **크림반도와 부동항 세바스토플과 노보로시스크**

제2차 세계대전이 일어났을 때 독일군이 소련을 침공하자 크림타타르족은 러시아의 박해를 피해서 독일을 응원하였다. 그러나 소련의 승리로 전쟁이 끝났을 때 소련의 스탈린은 크림타타르족을 용서할 수 없었다. 크림타타르족 수십만 명을 전부 잡아서 먼 오지로 강제 이주시켰다. 거칠게 이주하는 과정에서 상당수가 죽었거나 이주한 다음에 오지에서 죽었을 것이다. 이것으로 크림타타르족은 크림 지역에서 거의 사라졌다.

1921년 우크라이나가 소련 연방에 편입되었다. 어릴 때 우크라이나에서 자랐던 후루시초프가 1953년에 공산당 서기장이 되어 소련의 권력을 잡았다. 그는 1954년에 크림반도를 우호 차원에서 우크라이나에 편입시켜주었다. 당시에는 지방 행정구역 정리 차원이었지만 1991년 우크라이나가 독립하면서 크림반도는 러시아에서 떨어져 나가서 큰 문제가 되었다. 당시 러시아 흑해 함대가 주둔하고 있던 크림 반도의 세바스토플도 떨어져나가 우크라이나 땅이 되었기 때문이다. 흑해의 세바스토플과 노보로시스크는 러시아가 외부 세계로 나아가는 중요한 부동항[43]이었다.

2014년 러시아는 크림반도를 강제로 합병하여 세바스토플을 점령하였다. 돈바스 지역도 합병하기 위하여 돈바스를 은밀하게 지원하였다. 크림반도를 합병하였지만 러시아에서 크림반도로 가려면 바다를 건너가야 한다. 러시아는 육로로 크림반도를 연결하기 위하여 우크라이나 남부 지방을 점령하려고 한다. 2022년 2월에 러시아가 우크라이나를 침공하여 러시아-우크라이나 전쟁이 시작되었다. 러시아는 우크라이나 수도 키이우 점령에 실패하자 우크라이나 남부를 점령하는 것으로 작전을 바꾸었다. 러시아가 원하는 것은 흑해를 장악하는 것이다. 우크라이나는 흑해가 유일한 바다이며 지중해와 세계로 나가는 길목이다. 따라서 흑해를 양보할 수 없으므로 전쟁 해결이 어렵다.

2.2.2 중국식 국제관계

중국은 북방 유목민들의 침략과 영향을 많이 받아서 몽고 제국과 유사한 방식으로 국제관계를 유지하였다. 1700년대의 청나라는 중국 역사상 가장 넓은 영토를 차지했으며 전 세계에서 가장 강력한 제국이었다. 중국 왕조의 평균 존속 기간은 약 200년이었다. 중국식 외교 방식을 늑대처럼 난폭하다고 해서 전랑외교(戰狼外交)[44]라고 하는데 중국도 이 표현에 반대하지 않는다. 중국이 대만을 통일하겠다고 큰 소리를 치고 있지만 대만인들은 중국과의 통일을 반대하고 있다. 대만인들은 중국 내전이 끝났을 때는 모두 자신들이 중국인이라고 했지만 날이 갈수록 중국인이라고 말하는 사람들이 줄고 대만인이라고 말하는 사람들이 늘어서 이제는 거의 대부분 중국인이 아니라고 한다. 그 이유는 중국과 홍콩의 강압 통치를 보면서 점차 중국과 거리를 두게 되었다. 대만은 전묘외교(戰貓外交)[45]를 시행하고 있다. 대만이 아무리 중국과 같은 민족이라도 중국과 같은 독재 국가와는 함께 살 수 없다고 생각하는 것이다. 대만은 동

---

43 러시아 부동항 : 북해에 있는 무르만스크와 흑해에 있는 노보로시스크가 부동항이다. 발트해의 칼리닌그라드와 태평양의 블라디보스토크는 겨울에 얼음이 어는 경우가 많아서 부동항이라고 할 수 없다. 세바스토폴항은 부동항이지만 우크라이나 영토였는데 2022년에 러시아가 점령한 상태에서 전쟁 중이다.

44 전랑외교(Wolf Warrior Diplomacy): 경제력과 군사력을 바탕으로 무력과 보복 등 늑대처럼 힘을 과시하는 중국의 외교 전략. 남중국해와 홍콩에서의 무력 행사 등이 대표적인 사례.

45 전묘외교 : 자유와 평화를 사랑한다는 메시지로 우방국가를 확대한다는 대만의 외교 전략.

족인 중국과 거리를 두는 반면에 이민족인 일본과는 매우 가까운 관계를 이어오고 있다. 대만에 큰 행사가 있을 때는 일본 황실의 가족을 초청하여 축하를 받고, 대만 총통이 일본을 방문하면 야스꾸니신사(やすくにじんじゃ)를 참배하고 우호를 다진다.

(1) 원나라와 부속국가

몽고 제국은 [그림 2.7]과 같이 서쪽으로 진군하여 킵차크한국을 세워 우크라이나와 러시아 등 동유럽을 지배했고, 서남쪽으로 진군하여 일한국을 세워 터키, 이란 이라크 등을 지배했으며, 중앙아시아로 진군하여 오고타이한국을 세워 카자흐스탄 등을 지배했으며, 중앙아시아 남부로 진군하여 차카타이한국을 세워 우즈베키스탄 등을 지배했고, 남쪽으로 진군하여 금나라와 송나라와 서요[46]를 멸하고 원나라를 세워 중국을 지배했다.

킵차크한국은 티무르[47]의 공격을 받아 약화되었고 카잔[48], 크림, 아스트라한[49] 등 3개의 한국으로 분열되면서 점차 사라졌다. 일한국에서는 티무르가 일어나 티무르 제국을 세우고 중앙아시아 일대를 휩쓸면서 일한국과 차카타이한국이 멸망하게 된다. 오고타이한국은 오고타이와 그의 아들이 원나라의 대칸이 되어 카라코룸으로 갔고 그의 일족이 계속 남아서 다스렸으나 차카타이한국에게 공격을 받아 멸망하였다.

원(元)나라는 1271년에 건국해서 1368년 멸망했으므로 97년간 존속하였다. 다른 나라들도 대부분 100년을 못 채우고 멸망하였고 킵차크한국만 여러 나라로 분열되어 그 중 일부가 1502년까지 존속하였다.

---

46 서요(西遼) : 거란족 야율아보기가 916년에 세운 요(遼)나라를 금나라와 송나라가 협공하여 1125년에 멸망시켰다. 요나라의 야율대석(耶律大石)이 중앙아시아에 1132년에 서요를 세웠으나 징기스칸에 의하여 1218년에 멸망하였다.

47 티무르 : 일한국에 살던 몽고인의 후손으로 몽고족이 쇠약해지자 몽고를 되살리자는 운동을 시작하였다. 사마르칸트에 도읍을 정하고 페르시아의 여러 나라들과 러시아의 모스크바 그리고 인도까지 휩쓸어 15세기 중앙아시아의 최강자가 되었다. 티무르는 오스만터키 제국과의 전투에서 바예지드 1세 황제를 사로잡았다. 티무르는 명나라를 치러 원정을 가던 도중에 병사하였고 티무르 제국도 끝이 났다.

48 카잔(Kazan) : 러시아 타타르스탄 자치공화국의 수도.

49 아스트라한(Astrachan) : 러시아 서남단에 위치한 아스트라한주의 주도. 볼가강 하류 지역에서 가장 오래된 경제와 문화의 중심지. '러시아 최남단 전초기지'라고 불린다.

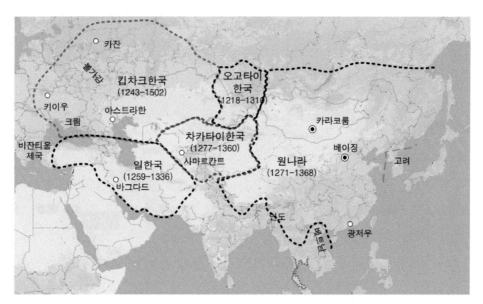

[그림 2.7] **몽고 제국과 부속국가들의 흥망**

청(淸)나라는 1616년에 건국해서 1912년 멸망했으므로 296년간 존속했다. 청나라가 원나라보다 3배 정도 오래 존속한 이유는 무엇일까? 원나라의 몽고족과 청나라의 여진족은 모두 중국 북방의 비슷한 유목민이다. 유목민이 정착민을 다스렸다는 점에서는 같은데 제국의 존속 기간이 3배 차이가 나는 이유는 통치 방식에 있다.

몽고족은 원나라를 건국하고 거란족 출신의 야율초재[50]를 재상으로 삼아서 세계를 통치하였다. 징기스칸과 장수들이 말을 타고 세계를 정복했다면 정복지를 다스린 것은 행정가 야율초재였다. 야율초재는 요나라 출신의 유능한 행정가로 징기스칸부터 3대 황제를 보좌하며 신임을 받았지만 전쟁을 승리로 이끌었던 몽고 장수들의 횡포를 막지는 못했다. 원나라는 민족 차별이 심하였다. 몽고족이 1등 국민이었고, 2등 국민은 색목인[51]이었고, 3등 국민은 중국인 등이었다. 유목민을 통치하는 방식으로 정착민

---

50 야율초재(耶律楚材, 1190~1244) : 요나라(거란족) 황족 출신으로 금나라 관리였던 몽골 제국의 지식인이며 정치가. 중국 역사상 최고의 재상이라는 평가도 있다. 군정과 민정을 구분하여 민정을 안정시켰다. 세제를 정비하여 몽고 제국의 경제 기초를 세웠다.

51 색목인(色目人) : 중국 원(元)나라 때 몽골 정권에 귀순한 서방계 민족의 총칭. 주로 중동인들이었다.

의 중국을 다스렸다. 몽고의 통치방식은 강권통치였으므로 제국전체에서 저항이 크게 일어났다. 몽고 제국의 칸국들은 대부분 100년을 넘기지 못하고 피 정복지의 반란에 의하여 무너졌다.

(2) 청나라

여진족의 누르하치는 만주지역의 여진족을 통일하고 1616년에 후금국[52]을 세웠다. 1636년 태종은 국호를 대청으로 변경하였다. 청나라는 명나라가 내란으로 무너지는 틈을 타서 중국에 침공하였다. 청나라는 명나라의 지도자(사대부)들을 회유하여 백성들을 설득하였으며 상당한 효과를 보았다. 명나라 백성들은 먹고 살기 힘들었기 때문에 명이든 청이든 먹고 살게만 해준다면 누가 황제가 되어도 상관하지 않았다. 명나라 백성들은 그 정도로 생존이 어려웠다. 명나라의 환관 정치가 너무 부패했기 때문에 백성들의 생활은 도탄에 빠져있었다. 청나라는 초기에 명나라의 삼번(三藩)의 난, 대만의 정씨(鄭氏) 등을 평정하고 전국 지배에 성공하였다.

청나라 조정은 중국인들을 대거 등용하여 중국 방식으로 정복지를 다스렸다. 청나라는 강경책과 온건책을 병행하였다. 청나라는 모든 부서와 관직에 한인을 같이 등용하고 유교방식으로 지배하였다. 결과적으로 청나라 말기에는 여진족들이 모두 중국화되어 만주어를 잊어버리고 중국어만 사용했다. 현지 제도와 관습과 종교를 모두 인정해준 덕분에 한족 등 현지 원주민들의 저항을 크게 받지 않았다.

---

52 후금국 : 금나라는 생여진 완안부의 추장 아골타(阿骨打)가 1115년에 세운 나라이다. 1234년 남송과 몽골연합군이 수도인 북경을 공격하여 멸망하였다. 누르하치는 같은 여진족의 후예로 금나라를 따라서 후금을 건국하였다.

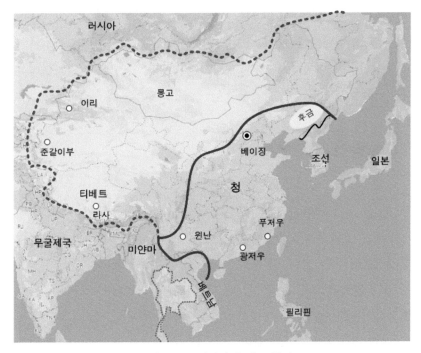

[그림 2.8] **청나라의 영토 확장**

여진족은 유목민이었기 때문에 중국 주변의 유목민들을 쉽게 제압하고 [그림 2.8]과 같이 영토를 대폭 확장시켰다. 그림에서 청색 실선 안쪽은 1차로 점령한 중국 지역이고, 적색 점선 안쪽 지역은 청나라가 이민족에게서 빼앗은 땅이다. 중국을 괴롭히던 몽고족, 티베트족, 서하족, 서요족 등 주변 유목국가들을 모두 정복하였다. 강희재, 옹정제, 건륭제의 3대 130여 년 간 영토를 크게 확장하여 중국 역사상 최대 영토를 확보하였다. 그 이외에도 여러 제도의 정비, 대규모의 편찬 사업을 추진하여 학술을 장려하였다.

청나라는 최대의 영토를 확보하고 자만에 빠졌다. 광활한 땅 중국에는 없는 것이 없을 정도로 자원이 풍부하고, 인구가 많고, 학술이 발달하여 다른 세계와 교류하거나 교역할 필요가 없다고 생각했다. 명나라와 마찬가지로 해금정책을 펴서 바다로 나가는 것 자체를 금지시켰다. 청나라는 점차 정체되고 서구 유럽에 비하여 과학기술과 문명이 뒤처지게 되었다. 건륭제 말기부터 정치가 부패하고 군대 기강이 해이해졌다. 사회 모순도 깊어져 백련교의 난[53] 등이 발발하고, 아편 전쟁과 태평천국의 난을 계기로 제국주의 열강의 침략을 받아 식민지화가 진행되었다. 양무운동과 변법자강운동 등 개혁 운동이 일어났지만 보수 세력의 역공으로 개혁은 좌절되었다. 혁명 운동이 고양되어 신해혁명이 일어나 1912년 청나라는 약 300년 만에 멸망하였다.

2.4 이슬람식 국제관계

돌궐(Doğu Gök-Türk Khaganate)은 6세기부터 [그림 2.9]와 같이 예니세이강과 알타이산맥과 몽골 고원과 바이칼호를 중심으로 중앙아시아까지 활약한 튀르크계 유목 민족이다. 돌궐이란 튀르크(Türk)를 한자로 바꾸어 부른 이름이다. 터키 민족은 몽골 고원에 살던 돌궐족이었다. 돌궐족은 한 때 페르시아의 사산왕조[54]와 동맹하여 에프탈[55]을 멸망시키는 등 중앙아시아에서 큰 활약을 하였다.

돌궐은 583년에 [그림 2.9]와 같이 동돌궐과 서돌궐로 분열하여 서돌궐은 중앙아시아로 깊이 진출하였고 동돌궐은 몽골고원을 지배하였다. 동돌궐은 수(隋)나라 말기와 당(唐)나라 초기에 중국의 혼란을 틈타 세력이 강대해졌으나, 당나라의 공격과 다른 부족들의 독립 등으로 630년에 멸망하고 당나라의 지배를 받았다. 서돌궐은 동로마 제국과 동맹하여 사산왕조 페르시아를 토벌하기도 하였으나 분열을 거듭하여 당나라에게 멸망하였다.

---

53 백련교의 난 : 명·청 시대에 관리와 지주들의 수탈에 대한 백련교도 농민들의 저항. 석가모니 이후 미륵불이 나타나면 지상에 극락세계를 건설한다는 비밀결사 단체. 백련교도를 거칠게 단속하는 과정에서 농민 저항이 더 강해졌음.

54 사산왕조(Sasan 王朝) : 208~224년에 아르다시르 1세가 파르티아(Parthia) 왕국을 점령하고 세운 고대 이란 왕국. 651년 아랍 인들이 멸망시킴.

55 에프탈(Ephtalites) : 5세기 중엽부터 7세기 중반까지 투르키스탄과 아프가니스탄을 통일한 유목 민족. 567년 사산조와 돌궐 연합군에 의하여 멸망하였다.

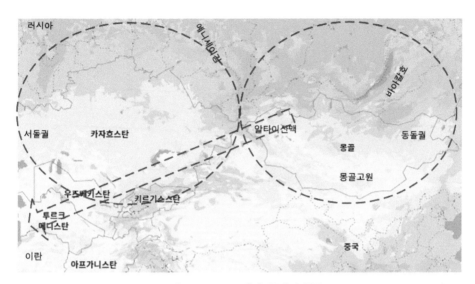

[그림 2.9] 6~8세기 돌궐의 활동

　돌궐족은 당나라와 주변국에 밀려서 서쪽으로 이동하면서 여러 부족들을 통합하고 다른 국가들과 외교적 군사적 교류를 통하여 세력을 확장하였다. 계속 서쪽으로 세력을 확장하여 지금의 터키 지역인 아나톨리아(Anatolia) 반도에 이르렀다. 돌궐족은 이동하는 동안 많은 민족과 만나서 인종적으로 문화적으로 또한 종교적으로 영향을 주고받으며 성장하였으므로 큰 변화를 겪게 되었다.

　돌궐족은 몇 백 년에 걸쳐서 아나톨리아 반도로 말을 타고 걸으며 이주하였고 현지인들과 어울리며 자신들이 오래전부터 믿어왔던 텡그리[56]를 떠나 이슬람을 종교로 받아들였다. 11세기에는 셀주크 터키 제국(The Great Seljuks, 1037-1194)을 건설하였다. 셀주크 제국은 이슬람 세계를 통일하여 황제를 술탄이라 불렀으며, 비잔틴 제국과 대결하고 십자군에 맞서 싸우기도 하였다. 셀주크 제국이 쇠퇴하면서 셀주크에서 갈라져 나온 오스만족이 13세기 말 셀주크 제국과 비잔틴 제국의 접경 지역에서 성장하고 있었다.

56　텡그리(Tengri) : 터키, 몽골, 퉁구스 민족들이 믿었던 최상위 신. 이들은 정령과 자연을 숭배하였다. 샤머니즘 신앙을 통해서 천국의 신들과 자연의 힘을 경배하였다. 하늘을 텡그리 라고 하는데 샤머니즘에서 무당들이 행하는 굿은 바로 하늘의 명령을 받드는 행위이다.

(1) 오스만터키 제국

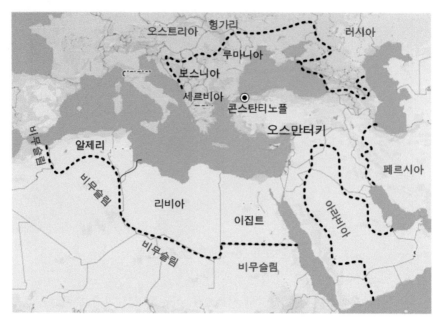

[그림 2.10] **오스만터키의 최대 영토(검은색 점선 안쪽의 국가)**

오스만족은 비잔틴 제국의 쇠퇴와 함께 계속 성장하여 오스만터키 제국(Osman Turk Empire, 1299-1922)을 세웠다. 오스만터키 제국은 아바스 왕조[57]와 셀주크 왕조의 전통을 이어받았다. 그러나 몽골 제국과 비잔티움 제국의 영향도 함께 받았으므로 서양과 동양의 문화를 혼합한 국가를 건설하였다. 오스만터키 제국은 광대한 영토를 거느림에 따라 여러 민족들과 여러 종교들이 있었으나 각 종파들을 인정하여 비이슬람적인 문화에 대해서 너그러웠다. 통치에 있어서도 발칸반도와 아나톨리아 중심부를 제외하고는 총독이나 그 지방의 세력가에게 정치를 맡겼다.

오스만터키 제국은 영토 확장을 계속하여 유럽의 마케도니아, 불가리아, 세르비아 등을 정복했다. 오스만터키 제국의 메흐메드 2세는 1453년 콘스탄티노플(이스탄불)을 점령하고 동로마 제국을 소아시아에서 축출하여 당시 세계에서 가장 강력한 제국

---

57 아바스 왕조 : 이슬람 예언자 무함마드를 계승한 세 번째 칼리파국. 750년 건국하여 바그다드를 중심으로 성장하였으며 1055년 바그다드를 점령한 셀주크 터키에 의해 위축되었고 오스만터키 제국의 성장과 함께 1258년 몽골족 침입으로 멸망함.

이 되었다. 동로마를 멸망시키고 헝가리 제국과 아프리카 북부 지방을 정복하면서 유럽의 많은 기술과 문화를 받아들이고 번영하였다.

오스만터키 제국의 10대 술탄 슐레이만 1세의 1,500년대에는 [그림 2.10]과 같이 서부 아시아와 동부 유럽과 북부 아프리카를 다스리는 가장 크고 강력한 제국으로 확장하였다. 이 그림에서 붉은 색은 비 무슬림 지역이었다. 노예도 장군과 대신이 될 수 있고, 노예도 황후가 되는 등 신분을 가리지 않고 인재를 등용하였다. 슐레이만 1세의 총리 이브라힘은 노예 출신이었고, 황제의 황비도 노예 출신이었다. 사유재산을 보호하고 상업과 무역을 지원하여 경제적으로 번영하였고, 해군을 건설하여 지중해를 지배하였다. 정복지에도 현지 제도와 관습과 종교의 자유를 허락하였으며 이슬람을 믿으면 세금을 감면해주었다. 이슬람의 국제관계는 몽고식으로 출발했지만 로마와 싸우는 과정에서 로마식으로 바뀌었기 때문에 비교적 안정된 국제관계를 유지할 수 있었다. 법률을 정비하고 법관제도를 두어 황족이라도 죄를 지으면 법정에서 재판을 받았다. 동양에서는 중앙이나 지방이나 모두 권력자들이 재판을 주관하였으나 이슬람에서는 유럽과 마찬가지로 전문 법관제도를 마련하여 법관이 재판을 주관하였다.

승승장구하던 오스만터키 제국은 1571년 레판토해전[58]에서 베네치아, 로마, 에스파냐의 신성동맹함대에게 격파 당하였다. 이것으로 지중해에서 서진하려던 오스만터키는 유럽에 의하여 저지당하였다. 15세기 말부터 지리상 신대륙의 발견이 널리 알려지면서 지중해 무역이 쇠퇴하고 대서양 무역이 크게 번성하였다. 그 결과 오스만터키 제국의 무역 이득이 줄어들어 재정을 어렵게 하였고 스페인은 무역 이득의 증가로 강대국으로 부상하게 되었다. 유럽 문명의 발전과 경제적 번영으로 인하여 오스만터키 제국의 위상은 점차 낮아졌고 쇠퇴의 길을 걷게 된다.

---

58 레판토 해전(Battle of Lepanto, 1571.10.07) : 지중해를 제압하고 있던 터키가 베네지아넝 키프로스섬을 점령하고 서 지중해로 진출하자 로마와 스페인이 연합하여 승리한 해전. 역사상 최초로 화력으로 승패가 결정된 해전. 양쪽 모두 대포로 무장하였으나 유럽측 함대의 대포가 더 많았다. 결정적인 승리는 유럽 해군이 화승총으로 무장하여 활로 무장한 이슬람군을 격퇴시킨 것이다. 살라미스 해전과 칼레 해전과 트라팔가 해전과 함께 세계 4대 해전으로 꼽힌다.

오스만터키 제국의 반 유대인 폭동 진압

슐레이만 1세[59] 때 이스탄불에서 무슬림에 의한 반유대교도 폭동이 일어났다. 이 때 슐레이만 1세는 상비군을 파견하여 폭동을 신속하게 진압하였다. 이것은 이교도와의 상호공존을 위해 정부군이 같은 무슬림 폭도들을 진압한 것이다. 역사적으로 중세에서 근세까지 세계 여러 나라와 도시에서 반 유대 폭동이 일어났으나 모든 나라들은 자국의 국민들을 진압하지 않고 방치하였다. 슐레이만 1세의 조치는 다른 왕조들과 매우 대조를 이루는 사건이다. 이것은 오스만터키 제국이 비이슬람권 문화에 대해 매우 관대했다는 의미이다.

대부분의 나라들은 이 민족에 대한 폭동이 발생했을 때 국민 불만 해소책으로 삼아 적극적으로 대처하지 않은 경우가 많았다. 대신 자국민을 보호하는 차원에서 문제를 마무리하려고 노력했다. 특히 1500년대의 일이었으므로 매우 진보적인 조치였다고 할 수 있다.

러시아가 팽창하면서 크림반도 남쪽 카프카스로 남진하는 과정에서 오스만터키와 충돌하게 된다. 러시아와 오스만터키는 1768년 제1차 전쟁부터 1878년 전쟁까지 6차례의 전쟁을 치렀는데 대부분 러시아의 승리로 끝났다. 그 결과 그리스, 루마니아, 세르비아, 몬테네그로 알바니아 등이 독립하였고, 흑해 서부 일부와 아나톨리아 동부의 일부를 러시아에 할양하였고, 막대한 배상금도 지불하였다. 오스만터키는 대내적으로 대대적인 개혁을 약속하였지만 큰 성과는 없었다. 오스만터키 정부는 수도 이스탄불의 서쪽까지 러시아군이 진주하도록 허용했다. 다만 제5차와 6차 러시아-터키 전쟁에서 오스만터키 함대가 패배하자 영국과 프랑스가 참전하여 러시아의 남진을 대신 막아주었다.

제1차 세계대전에서 오스만터키는 독일 쪽에 가담하여 어려운 전쟁을 치렀다. 당시에 전쟁에서 패배하면 가해자가 되어 승전국에게 영토도 빼앗기고, 배상금도 물고 전쟁범죄 처벌도 받아야 했다. 심하면 나라가 없어지고 전승국에 편입될 수도 있다.

다행히 케말 파샤가 갈리폴리 전투[60]에서 상륙하는 영국 등 연합군 25만 명을 격멸

59　슐레이만 1세(1494~1566) : 오스만터키 제국 기간 중에서 가장 크게 영토를 확장하였으며, 법률을 제정하고, 상업과 무역을 지원하였다. 법률, 문학, 예술, 건축 등의 분야에서 큰 업적을 이룩하여 제국의 절정기를 이루었다.

60　갈리폴리 전투(Gallipoli Campaign) : 제1차 세계대전 중 연합군이 1919년 2월 19일에 터키를 통과하여 러시아와 연결하려고 갈리폴리 반도 상륙을 감행한 전투. 연합군이 25만 명 이상의 사상자 를 발생하고도 패배한 전투.

시키고 중요한 승리를 거두었다. 그러나 제1차 세계대전에서 패배하자 연합국들은 세브르 조약[61]을 통하여 터키를 공중분해하기로 결정하였다. 이때 케말 파샤(Mustafa Kemal)가 다시 나타나서 1922년부터 그리스군을 앙카라에서 격파하고 다시 이스탄불에서 대파하여 연합군 쪽으로 진군하였다. 영국, 프랑스, 이탈리아 3국이 이스탄불 주변을 경계하고 전투태세를 갖추었지만 각자 국내의 반전 여론에 따라 후퇴하고 말았다.

연합국과 터키는 세브르 조약을 무효화하고 로잔 조약[62]을 체결하여 현재의 터키 영토를 보존할 수 있었다. 케말 파샤가 신생 터키의 대통령이 되었고 오스만터키 제국의 술탄 제도는 600여 년 만에 폐지되었다.

오스만터키 제국 문화의 주류는 다음과 같이 크게 4가지이다.

첫 번째 동로마 제국의 비잔틴 문화.
두 번째 아라비아 반도의 아랍 문화.
세 번째 이란 지방의 페르시아 문화.
네 번째 돌궐 민족의 유목 문화.

이상의 네 가지 문화가 오스만터키 제국의 주축을 이루고 있었다. 여기에 대표적인 전통적 관습법이 '형제 살해법'이다. 오스만터키 제국은 유목 민족의 전통에 따라 적자상속을 따랐다. 적자상속이란 황제의 여러 아들 중에서 가장 능력 있는 황자를 황제로 책봉하는 제도이다. 한 아들이 황제가 되면 정권의 안정을 위하여 나머지 아들들을 모두 죽이는 형제살해법이 실행되기도 했다. 형제 살해법이 실행될 때마다 작은 내전이 벌어졌으므로 적지 않은 국력을 소모시켰다. 여러 문화들이 융합을 잘할 때는 매우 번성하였으나 융합이 부실할 때는 갈등하면서 분열되었다. 특히 오스만터키 제국이 아랍인들보다 유럽인들을 상대적으로 우대한다고 생각했을 때 내부적으로 분열과 갈등이 고조되었다.

---

61 세부르 조약(Treaty of Sèvres) : 1920년 제1차 세계대전 후 오스만터키 제국의 처리 방안을 담은 연합국들과 오스만터키 제국 사이의 평화 조약. 오스만터키 제국을 폐지하고 그 영토를 분할하기로 결정함.

62 로잔 조약(Treaty of Lausanne) : 1923년 7월 24일 스위스 로잔에서 제1차 세계대전 연합국과 터키공화국 사이에 체결된 조약. 케말 파샤의 전쟁 승리로 인하여 세브르 조약을 무효화함.

유럽과 중동과 동양 황실의 인사법

유럽

유럽의 왕과 신하들은 같은 귀족의 입장에서 서로 평등한 위치에서 인사를 나눈다. 서로 마주보며 서서 인사를 하기도 하고, 서있을 때도 서로 팔짱을 낀 자세로 대화를 하기도 한다. 유럽의 왕들은 대개 여러 지역의 권력자인 귀족들 중에서 실력 있는 자가 선발되었기 때문에 서로 대등하다는 입장이 있다.

동양

중국 신하들은 황제 앞에 가면 삼궤구고두법[63]으로 인사를 드린다. 황제 앞에서 세 번 무릎을 구부리고 그때마다 세 번씩 머리를 땅에 닿게 인사를 한다. 지금도 태국에서는 총리나 장관들이 방바닥을 기어가서 길게 누운 채로 왕에게 인사를 드리고 대화를 나눈다. 조선 임금은 의자에 앉아 있고 신하들은 바닥에 안자서 인사를 드린다.

중동

이슬람의 신하들은 왕을 만나면 한쪽 무릎만 땅에 대고 왕의 옷자락에 입을 대고 인사를 한다. 유럽의 신하들이 서서 인사를 하는 것과 중국의 신하들이 바닥에 머리를 닿게 하며 인사를 하는 것의 중간 방식이다.

유럽의 신하들은 당당한데 비하여 아시아 신하들은 너무 비굴해 보인다. 중동의 신하들은 유럽과 아시아의 중간에 해당하는 것으로 보인다. 인간관계도 국가관계와 비슷할 것이다.

오스만터키는 초기에 강력했을 때는 이민족들에게 관대했지만 제국이 몰락할 때는 자신의 힘을 보여주기 위하여 주변 속국들에게 무력을 휘두르고 잔인하게 다루었다. 아르메니아인, 아나톨리아 그리스인, 아시리아인, 쿠르드인, 아랍인들에게 집단 학살을 가하여 원한을 사는 경우가 많았다. 자신들이 강했을 때는 관대했지만 전쟁에서 계속 패배하고 몰락하면서 자존심이 무너지자 속국들을 심하게 탄압해서 더 원성을 불러왔다.

서양 세계사를 대략적으로 요약하면 로마 1,000년과 이슬람 1,000년이라고 한다. 로마와 이슬람이 각각 천년씩 세계를 지배할 수 있었던 것은 국제관계를 동맹과 친구

---

63 삼궤구고두법(三跪九叩頭): 무릎을 꿇고 양손을 땅에 댄 다음 머리가 땅에 닿을 때까지 숙이기를 3번, 이것을 한 단위로 3번 되풀이하는 청나라 인사법. 1636년 병자호란 때 인조는 삼전도에서 청나라 황제에게 삼궤구고두법으로 절을 하며 항복하였다.

관계에서 수평적으로 유지했기 때문이다. 반면에 몽고, 중국, 러시아 등은 제국의 평균 수명이 200년도 되지 않는다. 그 이유는 국제관계에서 주변국들을 종속적으로 유지하고 경제적으로 수탈했기 때문이다.

　세계 패권의 흐름은 이상과 같이 세 갈래로 나뉘어 전통을 유지하면서 내려오고 있다. 교통이 발달하여 전 세계가 같은 생활권으로 연결되어 있어도 세 가지 패권의 흐름의 전통은 사라지지 않고 국제사회 저변에 남아서 유지되고 있다.

몽고제국과 로마제국의 현대판 패권 경쟁

1991년 소련이 해체되고 미국이 유일한 초강대국이 되었다. 러시아와 중국은 침체한 경제를 일으키기 위해 미국이 구축한 자본주의 체제에 동참하였다. 미국 등 G7 국가들은 러시아를 초청하여 G8을 만들었고, 중국은 미국의 지원 하에 WTO에 가입하고 경제 성장을 계속할 수 있었다. 미국은 러시아와 중국이 경제가 발전하면 권위주의 체제에서 벗어나 민주적인 국제사회의 일원이 될 것을 기대하였다. 2008년 미국이 금융위기를 맞아서 경제가 흔들렸을 때 러시아는 석유와 천연가스로 경제가 일어나기 시작했고 중국은 부동산 경기를 중심으로 경제가 성장하기 시작했다.

미국 경제가 금융위기에서 벗어나고 있을 때 러시아와 중국은 경제가 성장하면서 미국에 대해 자신감을 갖게 되었다. 2010년대에 러시아가 우크라이나의 크림 반도를 점령하고, 중국이 남중국해를 영해로 만들고 주변국들과 충돌하면서 미국 패권에 도전하기 시작했다. 이후부터 세계는 러시아와 중국의 무력 진출과 이를 경계하는 미국 등의 유럽 세력으로 양분되어 패권을 다투기 시작하였다.

2022년 초에 러시아가 우크라이나를 침공하면서 국제 전쟁으로 확전될 것으로 우려되고 있다. 이와 함께 중국이 대만을 통일하겠다고 선언하면서 아시아에서 전쟁 위협이 증가하고 있다. 세계는 분명하게 두 개의 세력으로 양분되기 시작하였다. 하나는 러시아와 중국을 규탄하는 나라들이고, 다른 하나는 러시아와 중국을 옹호하는 나라들이다. 러시아와 중국을 옹호하는 나라들은 중국과 벨라루스 그리고 사우디아라비아 등의 중동 국가들이고, 이들을 비난하는 나라들은 미국과 서구 유럽국가들 그리고 아시아의 한국, 일본, 대만 등이다.

러시아를 옹호하는 나라들은 주로 몽고제국의 영향을 받은 러시아와 중국 그리고 사우디아라비아와 이란 등 이슬람제국의 후예들이 포함되어 있다. 러시아와 중국을 비난하는 나라들은 로마제국의 영향을 받은 서유럽 나라들이 포함되어 있다.

세계는 지금도 로마제국과 몽고제국의 국가들이 패권을 다루는 양상이 재연되고 있다.

제3장

/

전략과 병법

전쟁이란 국가 사이의 갈등이 심각하게 악화될 때 나타나는 현상이다. 모든 수단을 다 써서 갈등을 해소하려고 노력해도 해결이 안 될 때 사용하는 최후 수단이다. 전통적으로는 영토와 자원을 확보하기 위해 국가들이 벌이는 무력 투쟁이다. 국제사회는 무정부 상태이므로 아무리 갈등이 커져도 문제를 해결할 수 있는 권력체제가 없다. 따라서 국가 간의 갈등 해결의 최종적인 수단으로 군사력이 사용되었다. 군사력을 잘 갖추기만 하면 무력을 행사하지 않아도 전쟁을 예방할 수 있고, 전쟁 발생 시에는 승리할 수 있으므로 군사력은 국제관계에서 매우 중요하다. 그러나 주어진 군사력을 잘 활용하기 위해서는 전략과 병법을 잘 구사해야 한다. 국력과 군사력이 월등해도 전략과 병법이 부실하면 전쟁에서 패배할 수 있다. 전략과 병법은 국가를 위기에서 구할 수 있는 중요한 기술이다.

전략은(strategy) 전쟁 목적을 달성하기 위해 수행하는 전체적인 방법론이고. 병법(兵法)은 전쟁 목적을 달성하기 위해 군대를 지휘하는 방법론이므로 비슷한 개념이지만 분명한 차이가 있다. 그리스어 strategia에 어원을 둔 전략은 전쟁에서 적을 속이는 술책이라는 뜻이다. 전략은 전쟁을 수행하는 서양의 개념이고, 병법은 병사를 움직이는 동양의 개념이다. 동양의 병법은 전략(strategy)과 전술(tactics)을 포함하고 있으나 서양의 전략은 전술을 포함하지 않는다.

전략과 병법은 전쟁에만 관련이 있을 것으로 생각하기 쉽다. 그러나 국가 전략을 다루는 병법서들은 군사 문제 이전에 국제관계의 기본적인 문제들을 함께 다루고 있고, 전략가들은 정치외교 이외에도 경제, 문화, 환경 등 종합적으로 국제문제를 다루고 있다.

손자병법은 BC 5~6 세기 중국 대륙에 있던 여러 나라들을 대상으로 전쟁 중심의 국제 문제들을 다루고 있어서 국제관계의 지침서로 활용되고 있다. 국제관계 외에도 일반인들의 처세학으로 사용되고 있다. 춘추시대[1] 중국 대륙에는 한족 중심의 7개 대국 외에 여러 국가들이 경쟁하고 있었고, 중국 북부에도 여러 유목민족들이 중원을 침략하고 있었다. 중국 남부에서도 심심치 않게 도발을 하고 있었기 때문에 국제관계가 매우 복잡했다. 손자병법은 이들의 국제관계와 대책을 깊이 있게 다루었기 때문에

---

1 춘추시대(春秋時代) : BC 700-BC500. 춘추시대 초기에는 주나라에서 봉한 140개의 제후국이 있었으나 말기에는 진(秦), 초(楚), 연(燕), 제(齊), 한(韓), 위(魏), 조(趙)의 7개국이 남았다.

국제관계학의 고전이 되었다.

펠로폰네소스(Peloponnesos) 전쟁은 BC 5~6 세기 그리스의 도시국가들이 전쟁을 통하여 통일되는 과정이다. 스파르타는 주변의 도시국가들을 모아 펠로폰네소스 동맹을 맺었고, 아테네도 같은 방법으로 델로스 동맹을 만들어서 대립하였다. 민주정치를 했던 아테네가 과두정치를 했던 스파르타에게 패배한 것은 지금도 우리에게 전하는 의미가 크다. 펠로폰네소스 전쟁사는 투키디데스(Thukydides)[2]가 당시 도시국가들의 국내 정세와 국제관계를 상세하게 기술하여 국제관계학의 좋은 사료가 되었다.

클라우제비츠(Clausewitz)의 전쟁사는 독일 통일 과정에서 겪은 전쟁의 역사를 통해서 전쟁 자체에 관심을 가지고 전쟁에서 승리할 수 있는 방법을 연구한 것이다. 따라서 국제관계보다는 개별 전쟁 자체에 무게를 두고 전쟁 방법을 연구하였다.

3.1   전쟁과 전략

전쟁은 주권을 가진 국가들 사이의 무력 충돌이고 국제사회는 무정부 상태이기 때문에 갈등을 해결하기 어렵다. 전쟁은 국가와 국민의 존망이 걸려있는 중대사이므로 절대 일어나서는 안 되지만 불가피하게 일어난다면 가능한 한 자국에 유리하도록 해결하려고 한다. 각 시대와 국가마다 일어나고 있는 전쟁에 대해 살펴본다.

3.1.1 전쟁

전쟁의 정의는 [표 3.1]과 같이 다양한 의미를 내포하고 있다. 이들의 공통점은 무장을 갖춘 권력 집단들끼리 폭력을 행사하여 상대방을 굴복시킨다는 점이다. 합법적으로 무장을 갖춘 집단은 국가이고 비합법적인 집단은 해적, 반란군, 비인가 국제단체

---

2 투키디데스(Thukydides, BC 465년경~BC 400년경): 고대 그리스 아테나의 장군, 역사가. 아테나와 스파르타의 전쟁을 다룬 '펠로폰네소스 전쟁사' 집필. '역사는 영원히 되풀이 된다'는 명언을 남김.

(국가) 등을 의미한다. 전쟁을 수행하는 것과 마찬가지로 전쟁을 예방하는 것도 무력을 관리하는 일종의 정치 행위이다.

[표 3.1] **전쟁의 정의**

구분	정 의
1	자국의 의지를 실천하기 위해 적을 굴복시키는 폭력행위
2	국가나 정치집단이 무력으로 상대방을 굴복시키는 행위
3	경쟁관계에 있는 무장 집단 간의 무력 행위
4	무력을 이용하는 정치 행위

(1) 전쟁의 형태

전쟁의 종류를 살펴보면 [표 3.2]와 같이 여러 가지 형태가 있다. 그러나 이들은 복합적으로 같이 발생할 수도 있고, 소수지만 전혀 새로운 형태의 전쟁도 있다.

내전(civil war)은 한 국가 안에서 권력 획득을 위한 무력투쟁이다. 다른 국가와 싸우는 대외전쟁의 반대 개념이므로 내란이라고 한다. 내전은 피지배계급이 지배계급의 권력을 쟁취하려는 내전과, 서로 다른 정치 목적을 달성하기 위한 세력들의 권력 쟁취를 위한 내전으로 구분할 수 있다. 영국의 크롬웰 내전은 의회파가 왕당파를 물리치고 공화정을 수립한 전쟁으로 전자에 속하고, 미국의 남북전쟁은 공업화를 추진하는 세력과 농업화를 유지하려는 세력 간의 싸움으로 후자에 속한다. 한국전쟁은 민주화를 유지하려는 세력과 공산화를 추진하려는 세력 간의 싸움으로 역시 후자에 속한다.

재래식 전쟁(conventional war)은 국가의 정규군들이 핵무기가 아닌 총과 대포 등 전통적인 무기들을 들고 싸우는 전쟁이다. 대부분의 전쟁들이 재래식 전쟁이다.

전면전(total war)은 전쟁의 목적, 지역, 수단 등에 제한을 두지 않는 전쟁이다. 다른 말로, 한 국가가 다른 국가를 정복하고 점령하기 위해 벌이는 전쟁이다. 전면 전쟁의 대표적인 사례가 제1차, 2차 세계대전이다.

[표 3.2] **전쟁의 형태**

전쟁 형태	내 역	비 고
내전	한 국가 내 분리된 세력들 간의 전쟁	한국 전쟁
재래식 전쟁	정규 군대들이 재래식 무기[3]로 싸우는 전쟁	대부분의 전쟁
전면 전쟁	한 국가가 다른 국가를 점령하기 위해 벌이는 전쟁	나폴레옹 전쟁
제한 전쟁	적국의 항복이나 점령보다 낮은 수준의 목적을 달성하기 위해 벌이는 전쟁	걸프전쟁
패권 전쟁	전 세계 질서 주도권을 놓고 벌이는 전쟁	제2차 세계대전
게릴라 전쟁	전선이 없는 전쟁	베트남전쟁
대리 전쟁	분쟁 당사국을 대신하여 동맹국이 싸우는 전쟁	욤키푸르 전쟁[4]

제한전쟁(limited war)은 한정된 목적에 부합되도록 지역, 무기, 병력, 목표 등에 일정한 제한을 두면서 수행하는 전쟁이다. 적국의 항복 또는 점령보다 낮은 수준의 목적을 달성하기 위해 벌이는 전쟁이다. 제한전쟁의 대표적인 사례가 걸프 전쟁(Gulf War)이다. 이라크가 쿠웨이트를 점령했을 때 미군 주축의 다국적군은 쿠웨이트를 탈환한 후에 이라크 수도까지 진격하지 않았다. 작전 지역을 쿠웨이트와 이라크 일부 지역으로 제한하고 이라크 후세인 정권을 유지시켰다.

패권전쟁(hegemonic war)은 전 세계 질서의 통제권을 놓고 벌이는 전쟁이다. 소규모로는 주변 국가들을 지배하거나 특정 지역을 배타적으로 지배하기 위한 목적의 전쟁이다. BC 2~3세기에 지중해 무역을 독점하기 위하여 로마와 카르타고가 지중해 지역 패권을 놓고 전쟁을 벌였다. 냉전은 미국과 소련이 세계 질서 주도권을 놓고 벌였던 패권 전쟁이었다.

게릴라 전쟁(guerilla war)은 전선이 없는 전쟁이다. 적군이 지배하고 있는 지역에서 비정규군이 주축이 되어 열세한 장비로 적군을 기습하고 피해를 주려고 한다.

---

3   재리식 무기 : 핵무기, 화학무기, 생물학무기, 방사선무기 등 대량파괴무기를 제외한 모든 무기.

4   욤 키푸르전쟁: 1973년 제4차 중동전쟁. 이집트와 시리아가 6일 전쟁의 패배를 만회하기 위해 이스라엘과 싸운 전쟁. 소련과 미국을 대리하여 중동 국가들이 수행한 전쟁. 소련과 미국 무기의 시험장이 됨.

나폴레옹군이 스페인에 침입했을 때 스페인 국민들이 소부대를 편성하여 각지에서 일으킨 저항이 대표적이다. 베트남 전쟁도 일종의 게릴라 전쟁이다. 게릴라전은 전선이 없으므로 낮에는 정부군이 밤에는 게릴라가 점령하는 등 일반 국민들은 동시에 두 개의 군대로부터 지배를 받아야 하기 때문에 매우 고통스럽다.

대리전쟁(proxy war)은 강대국들이 직접 싸우면 서로 큰 피해가 예상되므로 동맹국을 전쟁에 참여하게 하여 강대국들의 위험 부담을 줄이는 목적이 있다. 아르메니아와 아제르바이잔 전쟁은 러시아가 지원하는 아르메니아와 터키가 지원하는 아제르바이잔의 대리전쟁이다. 러시아는 슬라브 민족을 위해서, 터키는 터키 민족을 위해서 군사 무기를 지원하고 실제 전쟁은 약소국 군대들이 벌이는 것이다.

(2) 전쟁의 원인

전쟁이 발생하는 다양한 원인들을 잘 이해하면 예방이나 문제 해결도 가능하기 때문에 전쟁 원인과 대책에 대한 연구가 많이 수행되었다. 그러나 전쟁마다 각각 역사적 환경적 요인이 다르기 때문에 일률적으로 원인을 밝히고 대비하는 것은 쉽지 않다. 일부 국제정치학자들은 모든 시대와 사회 환경에 적용할 수 있는 전쟁의 원인에 대해 적용할 수 있는 기본적이면서도 깊이 있는 설명이 가능하다고 주장한다. 케네스월츠[5]는 전쟁의 원인을 인간의 본성, 국가의 내부 특징, 구조적인 체계에 의한 압력 등 세 가지로 분류하였다. 투키디데스는 전쟁의 원인을 '이기심과 탐욕에 의한 힘의 욕구'라고 주장했다.

인간의 이기심과 탐욕은 무한하지만 인간의 욕구를 충족시킬 자원은 한정되어 있기 때문에 전쟁은 끊임없이 일어난다. 자원이 남아돌아도 독점하고 싶은 욕구가 있기 때문에 전쟁은 얼마든지 일어날 수 있다. 어떤 동물의 세계에서는 가장 힘 있는 수컷이 모든 암컷을 소유하기 때문에 나머지 수컷들이 자기 암컷들에게 접근하지 못하게 한다. 다윈의 진화론과 스펜서(Herbert Spencer)[6]의 사회진화론에 의하면 인간의 이

---

5 케네스 월츠(Kenneth Neal Waltz, 1924~2013): 미국 국제관계학자, 버클리대학과 컬럼비아대학 교수. 경제학과 정치학 전공. 제2차 세계 대전 과 한국 전쟁의 베테랑. 국제관계이론의 신현실주의 창시자.

6 스펜서(Herbert Spencer, 1820~1903): 영국의 철학자 , 심리학자 , 생물학자 , 사회학자 , 인

기심은 본능의 일부이다. 로렌츠(Konrad Lorenz)[7]와 같은 진화심리학자들은 공격성이 생물의 본성이며, 모든 동물의 수컷에서 나타나는 영역 확보와 성적 본능의 결과라고 주장한다. 결론적으로 이들은 전쟁이란 인간의 욕구 본능의 공격적 충동을 외부로 표현하는 물리적인 수단이라고 주장한다. 이상과 같은 많은 가설들이 모여 전쟁 원인에 대한 다양한 이론들이 [표 3.3]에서 보는 바와 같이 연구되었다.

[표 3.3] 전쟁의 원인

주 장	내 용	비 고
현실주의	인간의 이기심과 탐욕에 의한 집단적 욕구와 자원 부족	제국주의 전쟁
군사주의	내부 문제의 외부적 해결과 국제적 노력의 부족	아르헨티나전쟁
신현실주의	무정부 상태이므로 해결할 중앙 권위체제 부재	소말리아 내전
사회구성주의	이념과 문화적 요소들이 국제 정세를 불안하게 간주	1차 세계대전
마르크스주의	자본주의 계급이 경제적 이득을 위해 침략	아편전쟁

가. 현실주의

현실주의(realism)는 인간의 이기심과 탐욕에 의해 집단적 욕구가 분출하지만 자원 부족으로 인하여 욕구 충족이 않될 때 전쟁이 발생한다는 이론이다. 진화론과 본능에 대한 이론들이 인간의 본성을 지나치게 강조하였으므로 교육과 조화를 너무 경시했다는 평가가 있다. 사회적, 문화적, 경제적 정치적 요인들이 모두 합하여 인간의 행위를 구성하므로 본능적인 욕구도 사회적 도덕에 의하여 절제된다는 점을 고려해야 한다. 이들의 영향으로 전 지구적인 국제기구를 구성하고 많은 국가들이 따를 수 있는 국제법을 강화함으로써 점차 국제적인 문제들을 해결할 수 있다. 제국주의 전쟁들은 모두 탐욕스러운 강대국들의 욕망의 표현이라 여기에 속한다.

류학자. 다윈의 진화론 영향을 받아 '적자생존'을 주장. 진화론을 사회학과 융합하여 사회진화론을 연구.

7 로렌츠(Konrad Lorenz, 1903-1989): 호주 생물학 및 의학박사. 비교생물학으로 노벨 생리학·의학상 수상.

나. 군사주의

군사주의(militarism)는 국내 문제를 해결하기 위해서 국민의 시각을 외부로 돌리려는 정치 논리이다. 정치적 행위자들에게는 두 가지 내면성이 있다. 국가의 헌법과 정부의 강제 조치들에 대해 저항하려는 사람들이 있고, 헌법과 규약들을 긍정적으로 수용하려는 사람들이 있다. 민주주의 국가들은 가급적 전쟁을 하지 않으려고 하는 반면에 권위주의 국가들은 국가를 위한다는 명분으로 쉽게 전쟁을 하려는 경향이 있다. 권위주의 국가들은 국민들이나 집단들을 종속시키고 단합시키기 위하여 군사력에 강하게 의존하고 국내 질서에 활용한다. 내부 문제가 불거졌을 때 외부와의 전쟁을 통하여 국내 문제를 해결하려 한다.

대표적으로 1900년대 초 러시아 황제 니콜라이 2세는 국민의 불만이 혁명 수준에 이르자 군 수뇌부의 의견을 묵살하고 서둘러 러일전쟁을 추진했다. 러시아 함대를 발트해에서 아시아의 쓰시마 해협까지 3만 3천 km를 보내서 승산이 희박한 전쟁을 추진했다. 1982년 아르헨티나 군사정권의 갈띠에리(Galtieri) 장군은 물가 폭등과 정치 불안에 대해 국민의 시각을 돌리기 위해 영국의 포클랜드 섬을 침공하였다. 실패로 끝났지만 이런 전쟁을 '주의 돌리기 전쟁(diversionary war)'이라고 한다.

다. 신현실주의

신현실주의(neo-realism)는 전쟁의 원인을 국제사회의 무정부 상태에서 찾는다. 국가들은 스스로 자원을 확보하고 생존하기 위해서 전쟁이 불가피하다고 본다. 국가들 사이에 여러 가지 이유로 갈등이 생겼을 때 이를 해결해줄 수 있는 중앙 권위체제가 없기 때문에 스스로 무력으로 방위를 하든지 공격하든지 해야 한다는 주장이다. 이런 경향이 안보 딜레마(security dilemma)를 야기할 수 있다는 것이다. 안보 딜레마는 자국의 방위를 위해서 군사력을 증강하는 것이 다른 국가에게는 안보 불안을 야기하여 또 군사력을 증강함으로써 상호 긴장이 확장될 수 있다는 이론이다.

대표적인 예로 소말리아는 무장 권력 집단들을 국가적으로 통제할 정부가 없기 때문에 서로 견제하기 위하여 군비를 증강하고 전쟁을 벌인다. 이것으로 인하여 국가 간의 전쟁도 발생한다.

라. 사회구성주의

사회구성주의(social constructionism)[8]는 이념적이고 문화적인 요소들이 전쟁의 원인이 된다고 본다. 이들은 국제환경을 위협적이고 불안정한 것으로 보고, 군사적으로 팽창하는 이미지를 갖고 있다고 주장한다. 예를 들면, 사회적 진화론[9]은 제1차 세계대전을 야기하는 국제적 긴장을 유발하였고, 냉전은 미국의 공산주의 팽창에 대한 우려와 소련의 자본주의에 대한 우려 때문에 발생했다고 주장한다.

마. 마르크스주의

마르크스주의(Marxism)는 전쟁의 원인을 자본주의 체제의 국제적 확장 여파로 본다. 자본주의 국가들은 시장, 원자재, 노동력을 통제하여 자신의 이익을 극대화하는 과정에서 국가들 사이의 충돌을 야기한다는 것이다. 따라서 모든 전쟁은 아편전쟁처럼 자본가 계급의 경제적 이익을 위하여 수행된 약탈 전쟁이라고 보았다. 즉, 전쟁 원인을 경제 이론에서 찾았다. 그러나 제2차 세계대전 후에는 국제 무역이 세력 확장이나 정복보다는 국가들의 번영을 위한 수단이라는 점이 수용되면서 전쟁에 대한 경제 이론들의 영향력이 감소되었다.

3.1.2 전략

전략이라는 용어는 다양한 분야에서 폭넓게 사용되기 때문에 이 책에서는 국제관계 분야에서 전쟁을 다루는 개념을 중심으로 설명한다.

---

8 사회구성주의(社會構成主義) : 사회적 환경과의 상호작용이 인간의 인지발달에 큰 영향을 준다는 것을 강조한 사상. 지식을 고정 불변으로 보는 객관주의와 달리 지식을 상대적으로 인식하는 입장.

9 사회진화론(social evolutionism) : 인간사회를 진화론에 유추하여 설명하는 이론. 스펜서(Herbert Spencer)가 이론을 확립하였다. 이것이 발전하여 우생학으로 나타남. 제1차 세계대전까지 영향을 줌.

(1) 전략과 전술의 개념

전략은 전쟁을 위한 계획을 세우고 운영하는 기술이고 전술은 전투 계획을 세우고 운영하는 기술이다. 전략은 큰 규모이고 전술은 작은 단위지만 전술이 취약하면 전략이 성공하기 어렵다. 전략과 전술은 같이 사용되는 경우가 많으므로 [표 3.4]와 같이 개념을 정리한다. 전쟁은 국가의 존망을 걸고 수행하는 국가 간의 싸움이고, 전투는 전쟁의 일부이거나 국지적으로 영향을 주는 싸움이다. 작전이란 전쟁이나 전투 목적을 달성하기 위하여 임무를 수행하는 일련의 군사 행동이다. 전력이란 전쟁이나 전투에 동원할 수 있는 군사력이다. 국가의 최종 목표는 전쟁의 승리이고 전쟁은 전투의 집합이다. 모든 전술이 훌륭해도 전략이 미흡하면 전쟁에서 승리하기 어렵다. 전쟁을 위해서는 모든 전략과 전술이 조직과 편제에 맞게 조화롭게 운영되어야 한다.

[표 3.4] **전략, 전술, 전투, 작전, 전력의 개념**

용 어	개 념
전략(戰略)	전쟁의 목적을 달성하기 위해 전투들을 결합하고 수행하는 일 전쟁의 승리를 위하여 작전을 운영하는 계획
전술(戰術)	전투를 배치하고 전투력을 운용하는 기술 전투 승리를 위하여 병력을 운영하는 계획
전투(戰鬪)	적을 섬멸하거나 승리하기 위하여 싸우는 행위 군사 작전 성공을 위하기 위하여 싸우는 행위
작전(作戰)	전쟁과 전투의 목적에 맞게 전투력을 사용하는 일 전쟁과 전투 목적을 달성하기 위하여 임무를 수행하는 군사 행동 주어진 군사 임무를 달성하기 위한 군사 행위
전력(戰力) (전투력)	전장에 동원할 수 있는 군사력 전쟁이나 전투를 수행할 수 있는 무력 수준

[그림 3.1]과 같이 전쟁을 수행하려면 승리할 수 있는 전략을 세우고, 효과적인 작전 계획을 수립하고, 작전마다 전투를 잘 수행하고, 전투마다 전술을 잘 수행해야 한다. 전투에서 모두 승리한다고 해서 전쟁에서 승리한다는 보장은 없다. 나폴레옹 군대는 러시아와 전쟁할 때 전투마다 승리했지만 전쟁에서 패배했다[10].

---

10 나폴레옹의 러시아 원정 : 1812년 6월 나폴레옹은 60여만 명의 병력으로 러시아를 침공하여

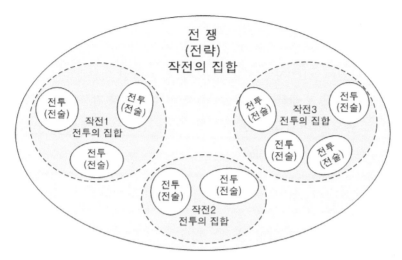

[그림 3.1] **전략과 전술과 작전의 관계**

3.2 손자병법

손자병법(孫子兵法)은 병법서라서 실전에서 군대 운용 사항들이 기술되어 있을 것으로 생각되지만 실제로는 부대 전술 운용 이야기는 별로 나오지 않는다. 손자병법의 저자 손무(孫武)[11]는 전략가로서 전쟁에서 싸우지 않고도 이기는 방법을 주로 연구하였다. 손자병법 제3편 모공(謨攻)에서 '백 번 싸워 백 번 이기는 것은 최선이 아니다. 싸우지 않고 적을 굴복시키는 것이 가장 최선의 방법이다(百戰百勝 非善之善者也 不戰而屈人之兵 善之善者也)'라고 주장하였다. 손무는 전쟁에 대해 매우 신중한 태도를 가지고 있다. 싸워서 이기는 것이 목적이 아니라 어떻게 이길 것인지를 더 중요하게 생각한 것이다. 손무는 상대방의 몸을 망가트리고 승리하여 적개심을 갖게 하는 것보다 상대방의 마음을 얻어서 승리하면 더 큰 일을 도모할 수 있다고 주장하였다.

전투마다 이겼고 모스크바를 점령했다. 그러나 겨울에 추위가 밀려오자 후퇴하면서 40여만 명이 죽고 10여만 명이 포로로 잡혔고 돌아온 것은 3천여 명이었다.

11 손무(孫武) : BC 6세기 춘추시대 제나라 출신 병법가. 오왕(吳王) 합려(闔廬)의 군사(軍師).

3.2.1 국가 전력의 비교

손자병법은 13편에 6,109자로 구성되었으며, 전쟁 관련 이론과 대책을 기술하였다. 모든 사람들이 전쟁을 반대하겠지만 현실에서는 국가 간의 갈등을 해결하기 위한 마지막 수단으로 유사 이래 수없이 전쟁이 일어났다. 손무는 전쟁을 시작하기 전에 아군과 적군의 전력을 정확하게 비교하라고 했다.

(1) 국가 전력 비교 원칙

손무는 도(道), 천(天), 지(地), 장(將), 법(法) 등의 5가지 국가 전력 비교 원칙을 제시하였다.

1) 도(道)

도는 백성과 군주가 같은 마음, 동일한 목표를 갖도록 하는 것이다. 백성들이 군주와 함께 죽고 함께 살 각오를 하도록 만들어야 한다는 것이다. 군주와 백성들이 화합하지 않으면 아무리 병력과 장비가 많아도 충분한 전력이 나오지 않는다.

2) 천(天)

사시사철의 날씨와 환경을 관찰하여 아군이 전략을 유리하게 펼 수 있을 때를 활용하라고 한다.

3) 지(地)

적군과 아군의 지리 상태를 관찰하여 아군이 전략을 유리하게 펼 수 있는 지형을 활용하라고 한다.

4) 장(將)

장수들이 충분한 자격을 갖추도록 살펴야 한다. 장수들의 지혜와 용기와 성격에 따라서 전략과 전술의 성공여부가 결정된다.

5) 법(法)

전쟁을 수행하기 전에 조직관리가 최선이 되도록 준비한다.

(2) 승리의 5가지 원칙

손자는 모공편에서 승리의 다섯 가지 조건을 다음과 같이 제시하였다.

1) 때를 기다림

장수는 싸워야 할 때와 싸워서는 안 될 때를 아는 것이 중요하다. 이길 수 없는 싸움은 피하고 이길 수 있을 때까지 기다린다. 이길 수 없으면 방어하고, 이길 수 있으면 공격한다.

2) 용병술

병력이 많고 적음에 따라 용병술을 바꾸어야 한다. 전술은 항상 전투에 투입되는 병력과 무기에 맞추어 수립되어야 한다.

3) 일치단결

군주와 장수와 백성 등 상하가 일치단결해야 한다. 일치단결은 모두가 똑같은 것을 원하고 추구할 때 가능하다.

4) 준비와 대기

전투 준비를 끝내고 적을 기다린다. 전술 계획을 수립하고 무기를 개발하고 훈련하는 것이 전투 준비다.

5) 역할 분담

군주와 장수의 역할을 확실하게 구분한다. 군주가 개입하면 안 되는 부분은 전술과 전투이다. 전투력의 배치와 수행 방법은 장수의 몫이다. 군주는 전쟁의 목적을 계속 알려주고 전투를 맡겨야 한다.

3.2.2 전쟁 수행 절차

손무는 모공(謨攻)에서 '싸우지 않고 적을 굴복시켜야 한다'는 주장을 실현하기 위해서 전쟁 수행 방법을 다음과 같이 구체적으로 제시하였다.

1) 벌모(伐謨)

벌모는 지략을 이용하여 적을 공격하는 것이다. 지략을 이용하면 무기를 사용할 필요가 없으므로 다툴 필요가 없다. 그렇게 하기 위해서는 적의 의도와 모략을 깨뜨리는 전략을 수립한다. 전쟁이 일어날 수 없는 상황을 미리 만들어 나가야 한다.

2) 벌교(伐交)

벌교는 국가 간에 갈등이 있을 때 주변 국가와의 외교 관계를 이용하는 방법이다. 외교는 자국과 주변 국가들의 관계를 돈독하게 하고, 상대국의 동맹 관계를 와해시키는 것이다. 이것이 전쟁을 수행하지 않고도 이기는 방법이다. 국제적으로 균형 상태를 유지하려면 국내적으로도 균형 상태가 유지되어야 한다.

3) 벌공(伐攻)

벌공은 지략과 외교를 모두 동원했어도 대결해야 하는 상황이 왔다면 군대로 공격하는 것이다. 중요한 것은 싸우기 전에 승리할 수 있는 모든 준비를 갖추는 것이다. 승리할 수 있는 모든 준비를 갖추면 전쟁은 일어나기 어려울 것이다.

4) 공성(攻城)

공성은 적군의 성을 공격하여 격파함으로써 적군의 항복을 받아내는 방법이다.

이것은 가장 하책이어서 부득이한 상황이 아니면 사용하지 말아야 한다고 주장한다.

군대에게 적군의 성벽을 오르라고 하면 수많은 병력을 잃을 것이기 때문에 사전에 적군을 고립시키고 고사시키는 다양한 수단과 함께 충분한 공성 장비를 갖추는 것이 우선되어야 한다.

황포군관학교와 손자병법

중국 국민당 군대는 외국의 지원을 많이 받았기 때문에 군비가 빈약한 모택동 군대를 쉽게 이길 줄 알았다. 그런데 전황이 부진한 것을 보고 유럽의 군인들이 국민당 군대의 황포군관학교[12]를 방문하였을 때 어떤 병법서로 교육하는지 물었다. 중국군 장교가 "우리는 서양의 최신 병법서로 가르칩니다"라고 대답하였다. 유럽의 장교가 "손자병법도 가르치지요?"하고 묻자 "우리는 손자병법 같은 낡은 병법서는 오래 전에 내다버렸습니다"라고 대답하였다. 방문자들이 매우 놀라서 "아니 유럽에서는 세계 최고의 손자병법을 열심히 공부하고 있는데 그것을 버리다니요?"라고 말했다는 후일담이 전해진다.

중국에서는 예로부터 병법을 중시하여 많은 연구를 하고 손자, 오서, 육도, 삼략 등 병법서들이 많이 발행되었다. 특히 명나라는 북로남왜(北虜南倭)의 침범에 대비하여 병법과 훈련을 중시하였다. 그러나 청나라는 중국을 평정한 후에 한족들의 병법에 관심이 없었으므로 별로 발전하지 않았다. 반면에 유럽과 미국의 고급 군사학교에서는 장군들이 손자병법을 최소한 몇 번씩 읽고 숙지했다고 한다.

손무의 병법은 국제관계에 중심을 두고 전쟁에 의존하지 않고 승리하는 방법을 추구하는 전략이다.

모택동과 미군

모택동은 징강산(井冈山)[13]에서 클라우제비츠의 전쟁론을 학습하여 전략적 방어 개념을 수립하고 국공내전에서 승리하였다. 장개석도 서양의 군사학으로 군대를 양성하였다. 반면에 서양인들은 손자병법과 공자의 논어를 읽었다.

어느 날 공자에게 자공(子貢)이 물었다.
'선생님, 나라에 중요한 것을 세 가지만 말씀해주십시오.'
공자 왈, '국방을 튼튼히 하고, 식량을 충분히 마련하고, 국민의 신망을 얻어야 한다'
자공이 그 중에서 한 가지를 제외한다면 어떤 순서로 제외해야 하느냐고 물었다. 공자는 '우선 무기를 버리고, 다음에 식량을 버려라. 옛날부터 죽음이란 모든 사람들에게 다 있어왔다. 국민들이 위정자를 믿지 않으면 정치를 해나갈 수 없는 것이다'라고 말씀하셨다.

---

12 황포군관학교: 정식 명칭은 '중국국민당육군군관학교'로 1924.6.16 개교하였으나 지역 이름을 따라 흔히 황포(黃埔)군관학교라고 불렀다. 군벌세력 타도와 국민혁명을 목표로 하였다.

흥남철수작전[14]에서 10여만 명의 북한 피난민들의 철수 요구를 들어주려면 미군은 25만 톤의 군사 장비를 폐기해야 했다. 막대한 군사 장비를 폐기하고 피난민을 살려준 미군 장성은 공자의 논어와 손자병법을 실천한 것이었다.

3.3 클라우제비츠

클라우제비츠(Carl von Clausewitz, 1780~1831)는 프로이센의 장군이자 전략가이다. 12살에 군사학교에 입학하였고, 21살에 베를린 군사학교에 입학하여 23세에 수석 졸업하였다. 1812년에 프랑스의 나폴레옹 군대에 대항하기 위해 러시아 군대에 들어갔다가 1814년에 프로이센으로 복귀하였다. 군단 참모장을 지냈고, 12년간 군사학교 교장으로 근무하고, 1831년 질병으로 사망할 때까지 군인으로 살았다. 군사학교에 근무할 때 '전쟁론'을 집필하다가 완성하지 못하고 사망하였다. 원고 작성을 도와주던 부인이 남편의 유작을 편집하여 1832년에 자비로 출간하였다. 그가 남긴 전쟁론은 손자병법과 마찬가지로 세계적으로 인정받는 병법서가 되었다. 동양인들이 클라우제비츠의 전쟁론을 읽고 감명을 받았을 때 서양인들은 손자병법을 읽고 감명을 받았다.

전쟁론은 손자병법과 마찬가지로 전 세계 거의 모든 군사학교에서 교재로 사용하고 있다. 군사학뿐만 아니라 정치학, 경영학에서도 많이 인용되지만 너무 어려워서 제대로 이해하기 쉽지 않다. 이와 달리, 손자병법은 내용이 간략하면서도 풍부하고, 쉬우면서도 심오하고, 간략하게 요약되어 있으면서도 깊이가 있으므로 군주와 최고사령관을 위한 전쟁 기술서로 사랑받고 있다. 반면에 클라우제비츠는 최종 결론에 이르는 논리적 과정을 중시하므로 깊이 사고하면서 읽어야 하는 어려움이 있다.

클라우제비츠는 예전의 서적들처럼 구체적인 전략, 전술 측면에서 보던 전쟁 시각

13　징강산(井冈山) : 중국 장시성 남부, 호남성과의 접경에 있는 험한 산지. 1927년 모택동(毛澤東)이 건설한 공산당 근거지로 공산당 혁명의 발상지.

14　흥남철수작전 : 1950.12.15~24일까지 10일간 국군과 유엔군이 흥남항구를 통해 해상으로 철수한 작전. 6.25 전쟁 때 유엔군이 함경도 북쪽으로 진격했다가 장진호 전투에서 중공군에 밀려 함흥으로 내려와 철수한 작전.

에서 벗어나 거시적 안목으로 조망하였기 때문에 전쟁론은 출간 후 다양한 반응을 불러왔다. 클라우제비츠의 깊이 있는 통찰에 감탄하는 사람들이 있는가 하면, 이해하기 어려운 설명과 앞뒤가 맞지 않는 내용을 비난하는 사람도 있었다. 오랜 시간 집필하면서 시대적 상황이 변화하는 상황에서 원고를 완성하지 못하고 사망하였으므로 어쩔 수 없는 일이었다.

클라우제비츠는 두 가지 측면에서 사기가 중요하다고 보았다. 하나는 한 국가의 군대와 국민의 사기이고 다른 하나는 적국의 사기이다. 그는 "적의 물리적 그리고 정신적 전투력을 격멸하지 않고서는 전장을 장악하더라도 승리를 달성할 수 없다"고 말했다. 베트남전쟁에서 미국이 패배한 이유는 미국 국민들이 단합하지 못했고 미군의 사기가 낮았기 때문이다.

많은 사람들이 클라우제비츠를 전쟁광 또는 공격의 화신이라고 생각했다. 하지만 그는 방어가 더 중요하다고 생각했다. 방어를 하다가 적의 공격을 포병의 화기로 무력화 시킨 다음에 백병전으로 적을 무력화 시키는 것이 효과적이라고 보았다. 나폴레옹처럼 그도 포병을 중요시 했으므로 포병으로 자기가 원하는 장소에서 강력한 화력으로 적을 격멸하는 것이 필요하다고 생각했다.

클라우제비츠는 전쟁의 원칙을 정립해 나가고자 했다. 물론 과거의 전쟁은 최대한 배제하고, 30년 전쟁부터 나폴레옹 전쟁까지만 서술했고, 그마저도 1827년경 자신이 임명한 장군의 천재성, 우연, 마찰, 중점 등의 개념이 정치적 목적에 의해 제한된다는 개념을 자각하고 나서 수정에 들어갔다. 그러나 1830년에 콜레라로 사망했기 때문에 개념 수정에 한계를 갖게 되었다.

클라우제비츠는 전쟁을 기술이나 학문의 영역이 아니라 사람들이 서로 부딪히면서 사는 사회생활에 속한다고 보았다. 즉 전쟁은 이론에 따라 전개되지 않으며 현장성과 의외성이 중요하다는 점을 지적한 것이다. 전략과 전술 그리고 작전은 상대가 예측하지 못해야 성공 가능성이 높다는 점에서 양측 지휘부의 치열한 머리싸움에 승패가 달렸다고 하겠다. 예를 들면, 1453년 동로마제국의 수도 콘스탄티노플의 공략에 나섰던 오스만터키 제국의 메흐메트 2세는 군함들을 보스포루스해협으로 진입시키지 않고, 군함들을 언덕 위로 끌어올려 반대편 수로로 진입시켰다. 그는 기발한 전술을 구사하였으므로 동로마제국군을 속일 수 있었고 난공불락의 콘스탄티노플 성을 함락시킬 수 있었다.

3.3.1 손자병법과 전쟁론 비교

손자는 적과 싸우지 않고 승리하는 것이 최고라고 하는 부전승 사상이 주류를 이루고, 클라우제비츠는 전쟁에 의한 승리만이 진정한 승리라고 하는 결전추구 사상이 주류로 보인다. 그러나 실제로는 클라우제비츠도 싸우지 않고 이기는 것을 우선시하였는데 일단 싸움이 나면 결전에서 승리해야 한다는 주장을 강하게 한 것이다. 손자는 싸우지 않고 이기는 법을 가르쳤다면, 클라우제비츠는 싸우면서 이기는 법을 가르친 것이다.

(1) 전쟁 분석 기준

리델 하트(Liddell Hart)[15]에 의하면 손자가 평화적이라면 클라우제비츠는 전쟁광이라는 오해를 불러일으킬 수 있다. 그 이유는 손자가 전쟁 전부터 주제를 다룬데 반하여 클라우제비츠는 전쟁이 발발한 이후부터 다루었기 때문이라고 기술하였다.

[표 3.5]는 손자와 클라우제비츠가 전쟁을 분석하는 기간과 방법을 비교한 자료이다. 손자가 포괄적이라면 클라우제비츠는 군사적 측면에 집중되었다.

[표 3.5] **손자와 클라우제비츠의 분석 기준**

구 분	손자	클라우제비츠
분석 수준	• 외교에서 전술까지 포괄적 • 정치적, 전략적	• 전쟁 시작부터 작전까지 • 전략적, 작전적
우선적 수단	• 비군사적 수단 　외교적, 경제적, 정치적 • 병력 보존 선호	• 군사 전략 • 군사 작전 • 전쟁 승리를 위한 결정적 전투

(2) 중심 개념

전쟁에서 중심이란 적을 섬멸하기 위한 가장 취약한 지점을 뜻한다. 소방관들이 불이 났을 때 화재의 발화점을 찾아서 우선적으로 진화하는 화점과 같은 의미이다.

---

15 리델 하트(Liddell Hart, 1895~1970) : 영국 군사학자 및 집필가. 제1차 세계대전 참가. 1939년 '전략론' 출판. 제2차 세계대전에서 독일 전격전의 이론적 기반.

중심이란 클라우제비츠가 전략을 논의하기 위하여 독자적으로 발전시킨 개념이다. 클라우제비츠의 중심에 해당하는 손자의 개념은 적의 강점과 약점 다루기이다.

손자는 전쟁에서 가장 중요한 것은 계략을 써서 적의 전략을 공격하는 것이고, 중심이란 적의 전략이므로 적의 전략을 파악하는 것이 전쟁의 핵심이라고 생각했다.

손자는 정보의 가치를 중시해서 간첩 활용을 적극적으로 주장했고, 계략을 써서 적의 전략을 공격하라고 했다.

클라우제비츠의 중심은 작전 수준에서 적의 군대라고 생각했다. 그 다음으로 중요한 중심은 적의 수도라고 생각했다. 1805년 울름 전투[16]에서 울름 지역을 함락한 것이나, 1806년 예나 전투[17]에서 베를린을 함락한 것은 모두 그의 중심 중시 전략이 적중한 것이다.

[표 3.6]은 중심 개념에 대한 손자와 클라우제비츠의 병법을 비교한 것이다. 손자는 중심을 은유적으로 간접적으로 표현하고, 클라우제비츠는 구체적으로 중심을 정의한다.

[표 3.6] **손자와 클라우제비츠의 중심 비교**

구 분	손자	클라우제비츠
중심 개념	• 은유적 표현 • 분석은 직관과, 경험적 증거에 근거 • 행동을 위한 일반적 지침	• 상세하고 체계적으로 전개 뉴톤의 물리학이 근거 • 개념은 명확히 정의
중심의 우선순위	• 전쟁 전 전략/계획을 공격 • 전쟁 전에 적의 동맹 와해 • 적군과 적의 도시 공격	• 적 군대 파괴, 적 수도 함락 • 적의 주요 동맹에 타격 • 기타: 적의 지도자, 적국 여론

---

16 울름 전투(Battle of Ulm, 1805.10.16.-10.19) : 나폴레옹 군대의 공격을 받아 제3차 대불 동맹군이 울름(독일 서남부 도시)에서 전군이 생포된 사건. 이 전투의 패배는 러시아의 달력(율리우스력: BC45년 제정)이 오스트리아와(그레고리우스력: 1582년) 달랐기 때문이기도 했다.

17 예나 전투(Battle of Jena, 1806.10.14) : 나폴레옹 군대가 베를린에서 프로이센 군대를 대파한 사건. 이것으로 영국 중심의 제4차 대불 동맹이 와해되었다.

(3) 정보의 가치

손자병법에서 가장 많이 인용되는 말이 '적을 알고 나를 알면 백번 싸워도 위태롭지 않다 知彼知己 百戰不殆'일 것이다. 손자는 적과 나를 잘 아는 것을 매우 중요하게 취급하였다. 따라서 용간(用間)편에서 첩자와 정보를 비중 있게 다루었다. 그는 정보를 통해 서로 간의 전투력 비교가 가능하고, 계획 수립이 가능하다고 했다. 손자는 승리의 비결을 첩보와 정보를 바탕으로 전쟁 전에 양쪽 군대의 강약을 판단하는 것이라고 했다.

클라우제비츠는 손자와 달리 정보무용론을 주장하였다. 그는 전쟁할 때의 정보는 불확실하고 불완전하다고 판단했다. 그러나 정치적 전략적 정보의 가치는 인정했다. 완벽한 정보가 있어도 충분한 군사력이 없으면 소용없다고 주장했다. 그는 정보에 의해 계획을 수립하는 것은 매우 어렵다고 했다. 즉, 정보에 기반을 둔 예측은 거의 불가능하다고 생각했다. 클라우제비츠는 승리의 비결은 합리적 계산보다는 군사적 천재의 직관 또는 혜안이라고 생각했다. [표 3.7]은 두 전략가의 정보 가치에 대한 견해를 비교한 것이다.

[표 3.7] **손자와 클라우제비츠의 정보 가치에 관한 비교**

구 분	손자	클라우제비츠
범위	• 모든 수준의 전쟁	• 주요 작전과 전장 정보
정보의 출처	• 간첩과 관찰	• 적과 직접 접촉, 지휘관의 직접 관찰
정보에 대한 태도	• 긍정적, 낙관적 • 전쟁 승리의 주요 요소	• 부정적, 비관적 • 승리에 불필요

(4) 기만과 기습

손자는 기만과 기습을 매우 중요시한 반면 클라우제비츠는 기만과 기습을 낮게 평가하였다. 그 이유는 정찰 기술이 발달해서 대병력을 은밀하게 이동하는 것이 현실적으로 불가능해졌고, 기술 수준이 낮아서 지휘 통신과 기동에서 비효율적이라고 생각했기 때문이다. [표 3.8]은 두 전략가의 기만과 기습에 대한 견해를 비교한 것이다.

[표 3.8] **손자와 클라우제비츠의 기만과 기습 비교**

구 분	손자	클라우제비츠
기만과 기습	• 기만은 모든 작전의 기본 • 선택 가능한 무기의 하나	• 기만은 시간 낭비, 무가치 • 최후 수단으로 사용
정비와 기만	• 모든 계획은 정보에 근거 • 광범위한 기만 사용	• 지휘관의 직관 이용 • 주도권 유지로 불확실성 창출
문제점	• 정보와 기만을 만병통치약 간주 • 마찰을 과소평가, 작전계획 가치를 과대평가	• 정보와 기만의 가치를 무시 • 지휘관의 직관에 지나치게 의존 • 전장 상황에 대한 통제가 거의 불능

1) 기만

적을 분산시키면서 아군을 집중시키려면 기만deception을 해야 한다. 기만과 양동은 기습을 위한 수단이다. 손자는 기만이 전쟁 승리를 위한 열쇠라고 주장했다. 따라서 능력이 있어도 없는 것처럼 하고, 군대를 보내면서도 안 보내는 것처럼 하라고 했다. 더 나아가 비굴함을 보여서 적을 교만하게 하라고 했고, 기만당하지 않도록 조심하라고 했다.

반면에 클라우제비츠는 양동과 기만의 효과가 미약하다고 주장했다. 기만은 승리할 가망이 없는 자가 선택하는 최후 수단이라고 생각했다.

2) 기습

클라우제비츠는 손자와 달리 기습을 평가절하 했다. 원래 독일은 전통적으로 정보의 잠재력과 기만을 과소평가하는 편이었다. 그러나 손자는 정찰 기술이 발전하기 이전이라 그랬는지 기만과 기습이 가능했다고 보았다. 하지만 기술이 발전할수록 지휘, 통제, 통신의 발달로 상위 수준의 기습이 가능해졌다. 실제로 제2차 세계대전과 그 이후 전쟁에서는 각 국가의 군대들이 기만을 여러 번 성공적으로 수행하였다. 제1차 세계대전의 갈리폴리 상륙작전은 철저하게 실패한 사례지만 제2차 세계대전의 노르망디 상륙작전과 6.25 전쟁의 인천 상륙 작전은 모두 기만이 성공한 사례이다.

3.4 비대칭 전략

비대칭 전략(asymmetric strategy)이란 상대방이 우위에 있는 전략을 피하면서 상대방을 약점을 공격하는 전략이다. 비대칭 전략은 경쟁자나 전쟁 당사자라면 누구나 구사하고 싶어 하는 전략이다. 따라서 비대칭 전략은 인류의 전쟁 역사와 함께 시작되었다고 할 수 있다. 상대방이 방어할 수 없는 전략을 내가 구사할 수 있다면 승리는 당연히 나의 것이다. 상대방과 내가 동일한 전력만 가지고 싸운다면 승패를 가리지 못하고 시간만 끌 수도 있다.

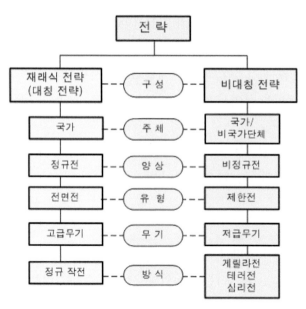

[그림 3.2] **대칭전략과 비대칭전략의 구성 요소**

상대방의 강점을 피하면서 상대방의 약점을 공격할 수 있는 나의 강점을 구사하는 것이 비대칭 전략이다. 비대칭 전략은 여러 가지 방식으로 구현할 수 있다. 예를 들어, 비대칭 무기를 사용하거나, 사이버 작전이나, 게릴라 전술이나, 정보 작전 등을 구사하는 것이다. 상대방이 수상함 전력을 많이 갖고 있어서 해상권을 장악하고 있을 때는 잠수함 전력이 비대칭 전력이 된다.

[그림 3.2]는 전쟁을 수행하는 전략의 종류와 구성요소들을 설명한 것이다. 전략은 재래식 전략과 비대칭 전략으로 구분된다. 국가는 대칭전략과 함께 비대칭전략을 준비해야 한다. 적국뿐만 아니라 비 국가단체와도 전투를 할 수 있고, 게릴라를 만나서 비정규전을 치를 수도 있으며, 혁명으로 내전을 겪을 수도 있고, 고급 무기와 저급 무기를 다 상대해야 하고, 정규 작전뿐만 아니라 테러전과 심리전에도 항상 대비를 해야 하기 때문이다.

(1) 비대칭 전략의 정의

비대칭 전략은 대칭 전략의 반대 개념이다. 대칭 전략(symmetric strategy)은 적군과 아군이 동일한 무기와 전술과 작전을 구사하는 것이다. 예를 들어, 국력도 비슷하고 무기도 활, 창, 칼, 기마대, 전차 등 재래식 전투 장비가 비슷하고 전술과 전략이 비슷하다면 대칭 전략이라고 한다. 그러나 이 세상에 어느 나라도 완벽하게 대칭인 나라는 없다. 모든 것들이 유사하다면 전쟁은 승부가 쉽게 나지 않고 시간이 많이 소요되는 소모전이 계속될 것이다. 다소라도 비대칭적인 부분이 있을 것이다.

[표 3.9] **비대칭 전략의 정의**

구분	정 의
1	적의 강점을 피하고, 자신의 장점으로 적의 약점을 공격하는 것
2	적의 약점을 노출시키고 자신의 강점을 극대화하는 것
3	상대방이 보유하지 않은 전혀 다른 수단을 이용하는 전략
4	적이 예상하지 못한 수단을 사용하는 전략
5	상대국의 약점만 골라서 공격하는 전략

비대칭 전략이란 [표 3.9]와 같이 전략가마다 다양하게 정의하고 있다. 이들 정의의 공통점은 상대방의 약점을 찾아서 공격할 수 있는 수단을 활용하는 것이다.

[표 3.9]의 정의 1에서는 적의 강점과 약점을 알아야 하고, 적의 약점을 공략할 수 있는 장점이 나에게 있어야 한다는 것이다. 정의 2에서도 자신의 강점과 적의 약점을 활용하고 적과 다르게 행동할 수 있는 아이디어(전략)와 능력이 필요하다. 정의 3에서는 상대방이 보유하지 않은 새로운 수단을 개발해야 한다. 정의 4에서는 상대국이

예상할 수 없는 수단을 비밀리에 미리 개발해야 한다. 정의 5에서는 상대국의 약점들을 속속들이 파악하는 정보력이 뒷받침되어야 한다.

손자가 주장한 '적을 알고 나를 알면 백번 싸워도 위태롭지 않다(知彼知己 百戰不殆)'는 이 말은 정보의 중요성을 강조한 것인데, 사실은 정보를 아무리 많이 잘 알아도 구체적인 전력과 전술이 없으면 전쟁에서 소용이 없다는 것이 클라우제비츠의 주장이다.

BC 431년에 발생한 제1기 펠로폰네소스 전쟁에서 아테네는 지상군이 스파르타보다 현저하게 약했고, 해상전력은 상대적으로 우수했다. 아테네는 지상전투는 철저하게 회피하고 농성전에 몰두하였다. 대신 해상전략을 적극적으로 구사하는 비대칭 전략을 구사하여 위기를 모면했다.

몽고군이 1231년에 강력한 기병대를 끌고 베트남을 침공했을 때 베트남은 청야작전[18]으로 모든 것을 불태우며 후퇴를 거듭한다. 몽고군은 보급부대가 없으므로 현지에서 식량과 물자를 공급해야 한다. 베트남은 야간에 게릴라부대를 동원하여 굶고 있는 몽고군을 습격하여 지치게 만들었고 결과적으로 퇴각시켰다. 베트남의 청야작전과 게릴라 기습은 비대칭 전략이 성공한 대표적인 사례이다.

3.4.2 비대칭 전략의 실제

비대칭 전략을 구사하는 방법은 다양하다. 비대칭 무기를 만들어 사용하거나, 비대칭 전술을 사용하거나, 컴퓨터 기술을 사용하거나, 기만 기습을 사용하는 등 여러 가지 방법들이 있다.

(1) 비대칭 무기

대량살상 무기, 핵무기, 장거리 미사일, 잠수함 등은 다음과 같이 비대칭 전략에 사용하는 무기에 해당한다.

---

18 청야작전(淸野作戰) : 방어하기 힘든 강한 적군이 침입했을 때 농작물, 주택, 시설물 등 지상에 있는 모든 것들을 철저하게 불태워버리고 후퇴하여 적군이 이용하지 못하게 하는 군사작전.

- 연합국이 강력한 수상함 전력으로 공격할 때 독일이 잠수함으로 반격한 것
- 이라크가 크루드족을 공격할 때 사용한 화생방 무기
- 러시아가 기갑부대로 공격했을 때 우크라이나가 드론과 대전차 미사일로 반격한 것.
- 아테네가 스파르타의 육군을 피하고, 해군으로 승부를 거는 것
- 나폴레옹과 독일군이 강력한 군대로 쳐들어왔을 때 러시아군이 청야작전으로 후퇴하면서 상대방의 전력이 소진되었을 때 역공한 것

과학기술이 발전하면서 비대칭 무기는 계속 개발되고 있다. 특히 인공지능이 무기에 적용되어 자율주행 무기가 비대칭 무기로 등장하고 있다. 우크라이나 전쟁에서 러시아군 장군들과 고급 장교들이 자주 전사하고 있다. 그 이유는 통신망 감청을 통하여 인공지능으로 통신량을 분석하고 통신 신호가 집중되는 곳을 탐색하면, 탐색된 좌표가 야전 사령부라고 판단할 수 있다. 이 좌표에 포격을 가하면 전방 사령부 지휘관과 장교들이 살상 당하는 것이다.

(2) 게릴라 전술

게릴라(guerrilla)는 스페인어로 소규모 전투라는 말에서 유래되었다. 일단의 무리가 진지 없이 비정규적이고 비조직적인 방식으로 수행하는 유격전을 의미한다. 제1차 세계대전까지는 게릴라전은 정규전의 보조적인 규모였는데 제2차 세계대전부터 규모가 확대되고 조직화되어 정규군과 협동작전하는 수준에 이르렀다. 게릴라전은 나폴레옹이 스페인 침공 당시에 국민들이 유격대를 형성한 것으로 시작되었다. 이후에도 알제리 독립전쟁이나 베트남 전쟁에서 큰 성과를 보았다. '빨치산'은 러시아어 'partizan'에서 유래한 말로 한국전쟁에서 북한이 남한의 지리산에서 활용했던 전술이다.

(3) 사이버 공격

사이버 공격은 컴퓨터가 광범위하게 보급된 현대 전쟁에서 적국 정부와 적군의 컴퓨터 시스템을 공격하여 적군의 전투 능력을 마비시키거나 기능을 현저하게 저하시키는 것을 말한다. 적국의 컴퓨터에 바이러스를 침투시켜 필요한 시간에 통신을 마비

시키면 적군은 아군의 공격에 대처할 수 없게 된다.

예를 들면 1990년 걸프 전쟁에서 미군이 이라크군 통신망에 침투하여 방공부대의 통신망을 교란시킨 덕분에 미군 항공기들이 안심하고 이라크에서 제공권을 장악했다. 또한 이스라엘이 이란 핵개발연구소와 공장 컴퓨터에 침투하여 중요 정보를 파괴한 것 등이다.

EMP(ElectroMagnetic Pulse)탄은 원래 핵폭탄이 폭발할 때 나오는 전자기 충격파 이다. 그런데 핵폭탄에 의하지 않고도 같은 효과를 내는 EMP 폭탄이 개발되었다. EMP 폭탄을 적군 지역에 투하하면 엄청난 에너지의 전자기 충격파로 인하여 그 지역 적군의 컴퓨터와 전자 장비를 갖춘 무기들이 무용지물이 된다. 현대전에서 사용하는 고급 군사 장비들은 모두 전자장치를 갖추고 있으므로 매우 위협적이다.

(4) 정보 작전

정보 작전이란 적군의 정보를 미리 파악하거나 적군에게 변조된 정보를 제공함으로써 적군의 판단력을 흐리게 하는 작전이다. 태평양전쟁에서 미군이 일본군의 암호를 해독하여 작전을 수행하였다. 일본군은 미군이 일본어를 변형하면 모를 줄 알고 약한 암호를 사용했으나 미국은 이미 많은 나라에서 다양한 언어를 사용하는 이민을 받아왔고 여러 인디언 부족들의 언어까지 연구하였으므로 일본군 암호를 쉽게 해독하였다. 더구나 미군은 아파치족 같은 인디언 부족들이 사용하던 언어를 암호화해서 사용했으므로 일본군이 해독하기 힘들었다.

제2차 세계대전에서 영국군은 수학자들을 모집하여 봄베(Bombe)라는 컴퓨터를 개발하고 독일군의 암호를 해독하였다. 독일군은 매일 아침에 잠수함대에게 날씨를 예보해주는데 날씨 정보의 성격상 같은 단어가 주로 사용되었으므로 날씨 정보부터 해독하기 시작하여 모든 암호들을 컴퓨터로 해독할 수 있었고 독일군 잠수함대에 큰 피해를 주어 전쟁을 승리로 이끌 수 있었다.

현재 세계의 모든 나라들은 적국이나 우방국을 막론하고 주요 국가들의 정보를 수집하는데 열중하고 있다. 손자의 知彼知己 百戰不殆라는 말 때문에 상대방과 함께 우방의 정보를 알기 위하여 부단히 노력하고 있다. 이것은 민간분야에서도 예외가 아니다. 상대 기업의 전략과 정보를 빨리 알아야 시장에서 살아남을 수 있기 때문이다.

대만군 복무 기간

대만 군대는 국민개병제이고 복무기간은 4개월이라고 한다. 중국이 대놓고 무력 통일을 하겠다고 나서는데 28만명의 병력을 유지하면서 방위가 어떨지 의문이 간다. 영국의 군사잡지 제인연감에서는 국민개병제로 전력을 유지하려면 최소한 2년은 복무를 해야 전력을 유지할 수 있을 것이라고 주장하였다. 대만도 2000년까지는 2년간 복무를 했는데 민진당 정권이 들어서면서 1년에 1달씩 줄이다보니 이제는 4개월만 복무하게 된 것이다.

민주국가에서는 한 정당이 포퓰리즘을 주장하면 다른 정당에서도 따라가지 않을 수 없다. 군인이 4개월 복무한다는 것은 기초 훈련만 받고 제대하는 것이므로 훈련 효과가 거의 없을 것이다.

군대 훈련은 기초 훈련과 특기 훈련으로 나뉜다. 기초 훈련은 제식 훈련과 행군, 사격 등 기본적인 것이고, 특기 훈련은 방공포부대, 레이더 부대, 전차 부대 등 현지부대에서 사용할 전문 기술을 배우는 것이다.

특기 훈련을 열심히 받는 이유는 훈련이 끝나면 현지 부대에 가서 훈련 받은 기술을 사용해서 근무를 해야 하기 때문이다. 그러나 훈련만 받고 제대하는 경우에는 훈련 받은 것을 써먹을 일이 없기 때문에 훈련의 의미가 없을 것이다. 우리나라도 대만보다는 낫다고 하지만 1년 반의 복무기간은 정예군 양성에는 부족한 기간이다. 우크라이나 전쟁의 영향으로 대만은 2024년부터 군대복무기간을 1년으로 늘렸다.

3.4.3 비대칭 전략과 대응

현대 사회는 정보 기술의 발달로 인하여 비대칭 전략을 구사할 수 있는 수단이 다양하게 발전하고 있다. 컴퓨터와 함께 인공지능이 발전함에 따라 비대칭 전략의 가능성이 더욱 증가하고 있다. 상대방의 비대칭 전략을 막기 위해서는 먼저 자국의 취약점이 무엇인지부터 파악해야 한다. 상대방은 비대칭 전략의 목적상 나의 취약점을 적극적으로 파고들기 때문이다. 손자의 지피지기(知彼知己)라는 말처럼 나의 약점을 잘 파악하고 상대방이 나의 약점을 공격할 수단을 잘 파악할 수 있다면 크게 위태롭지 않을 것이다. 비대칭 전략은 약점을 공격하는 것이므로 항상 자신의 약점을 방어할 수 있는 수단을 준비하는 것이 비대칭 전략의 대책이다.

중국 지도부가 2027년까지 대만 침공을 준비한다는 소식이 보도되고 있다. 중국군의 약점은 상륙작전을 실전에서 한 번도 수행해본 적이 없다는 점이다. 중국군의 약점을 공략하는 것이 대만군의 비대칭 전략이다. 중국군이 대만에 상륙하기 위해서는 많은 수상함대가 동원되어 수십만 군대를 대만 서해안에 상륙시켜야 한다. 수상함대를 저지하기 위해서는 수상함대가 중국 해안에 집결할 때부터 중장거리 대함 미사일로 공격하고, 공격에서 살아남은 수상함대를 수중에서 잠수함대가 공격하고, 살아남은 함정들이 해안에 근접하면 자폭 드론과 자주포대가 공격하고, 해병대가 해안에 상륙하면 교두보를 확보하기 전에 공격 드론과 중전차부대로 방어하고, 토치카에서 소이탄 공격으로 해안을 불바다로 만드는 것이다. 여기서 언급하는 중장거리 미사일과 잠수함과 자폭 드론 등이 비대칭무기라고 할 수 있다.

　중국군은 대만군의 비대칭전략을 무너뜨리기 위하여 대 미사일 방어, 대 잠수함 방어, 대 드론 방어, 대 자주포 방어, 대 중전차 방어, 대 토치카 방어 등에 대한 준비를 철저히 할 것이다. 상륙군과 상륙방어군 사이에 치열한 준비가 대칭과 비대칭전략의 완성 여부로 판가름 날 것이다.

3.5　전투력과 기술력

　유사 이래 전쟁 수행 능력은 과학기술과 매우 밀접하다. 아무리 전략과 전술이 뛰어나도 이를 뒷받침할 수 있는 마땅한 무기가 없다면 전쟁 수행이 곤란하다. 전략과 전술도 군사 무기와 병사들의 능력에 따라 다르게 적용해야 한다. 청동 무기를 가지고 철제 무기를 가진 군대를 대적하기는 매우 어렵다. [표 3.10]과 같이 큰 전쟁이 있을 때마다 과학기술을 이용한 전쟁 무기가 대량으로 개발되었다. 이 무기들은 전쟁 후에 민수용으로 전환되어 유용하게 사용되고 있다.

　1346년에 크레시 전투[19]에서 1만6천 명의 영국군이 5문의 화포로 8만 명의 프랑스군을 격파하였다. 1893년 짐바브웨에서 수십 명의 식민지 경비대가 맥심 기관총 4정으로 4천여 명의 원주민 공격을 물리쳤다. 태평양전쟁에서 920마력의 일본 제로 전투기는 1,500마력의 미국 무스탕 전투기를 만나면 싸워보지도 못하고 추락했다. 공업 기술력에서 앞선 선진국 군대가 기술력이 뒤떨어진 후진국 군대를 제압하는 것은 손바닥을 뒤집는 것처럼 쉬운 일이다. 국제관계 경쟁력을 갖추려면 공업 기술력을 갖추고 그 기

19　크레시 전투(Battle of Crécy) : 백년전쟁 초기 프랑스군이 대패한 전투. 1346년 노르망디에 상륙한 영국왕 에드워드 3세와 프랑스왕 필리프 6세가 벌인 전투.

술력을 바탕으로 산업화를 추진해서 경제력을 갖춘 이후 군비를 갖추어야 한다.

[표 3.10] **전쟁을 위해 개발된 대표적인 민수용 제품**

품명	적 요
GPS	미국 국방부가 폭격의 정확성을 높이기 위해 개발
로켓	독일이 원거리 공격을 위해 개발
항공기	제1, 2차 세계대전에서 정찰기와 전투기로 개발
원자력	제2차 세계대전에서 폭탄으로 개발
인터넷	미국 국방성에서 군사 통신용으로 개발
컴퓨터	제2차 세계대전에서 적군의 암호 해독을 위해 개발
터보 엔진	제2차 세계대전에서 고공에서 높은 출력을 위해 개발
드론	정찰용으로 시작되어 무인 전투기로 개발

3.5.1 공업기술과 군사 무기

과학기술은 전쟁 기간 동안에 혁신적으로 발전해왔다. 전쟁은 국가와 국민의 존망을 결정하는 중차대한 일이므로 온 국민이 힘을 합치고 전력을 다하기 때문이다.

제2차 세계대전에서 독일과 소련이 전차전을 벌였을 때 독일과 소련의 전차 설계 기술자들은 목숨 걸고 기술을 발전시키며 전차를 개발했다. 실제로 T34를 개발하던 소련 기술자들은 개발과정에서 스트레스를 이기지 못하고 숨지기도 했다. 공산당 지도부의 압력은 엄청난데 아무리 기술을 개발해도 독일 Tiger와 Panther 전차를 따라 갈 수 없었기 때문이었다.

[그림 3.3]은 과학기술이 발전함에 따라 신무기가 개발되어 전쟁의 양상이 변화하는 과정을 보여준다. 청동 제련기술이 개발되자 농기구와 함께 칼, 창, 화살 등의 무기가 대폭 개량되었다. 청동제 무기를 가진 국가들은 돌도끼로 무장한 석기 시대 국가들을 누르고 강대국으로 등장하였다. 제철 기술을 가진 국가들은 무기가 더욱 강해짐에 따라 강대국으로 부상하였다.

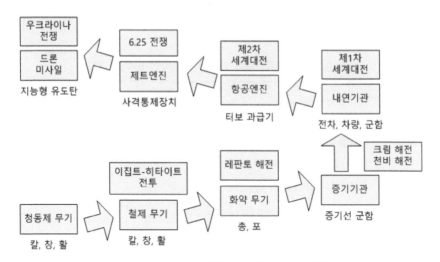

[그림 3.3] **기술 발전과 전투 무기의 변화**

기원전 1275년 히타이트의 무와탈리 왕과 이집트의 람세스 2세는 시리아의 카데쉬에서 전투를 치른다. 두 나라는 각각 3~4만 명의 병사와 3천여 대의 전차를 동원하여 전차전을 벌였다. 이집트는 청동제 무기를 사용했고 히타이트는 철제 무기를 사용했다. 전투가 끝나고 서로 승리했다고 기록했지만 실제로 이집트는 시리아에서 철군하였고 히타이트가 시리아를 차지한 것을 보면 히타이트의 철제 무기가 승리한 것이다.

1571년 지중해 레판토에서 오스만터기 함대와 에스파냐의 신성동맹 함대가 격돌했다. 당시 해전은 살라미스 해전과 동일하게 배끼리 부딪치고 서로 배에 올라서 칼을 휘두르는 것이 전부였다. 그러나 에스파냐군은 적의 군함에 접근하여 화승총으로 사격을 가하고 기선을 제압하였다. 오스만터키 함대를 지휘하던 알리 파샤를 사살하고 기세를 몰아서 해전에서 승리하였다. 레판토 해전은 화승총을 사용하여 중세에서 근대로 넘어가는 기점이 되었다.

1853년 크림 전쟁에서 증기엔진을 장착한 영국 함대가 범선으로 무장한 러시아 함대를 전멸시키고 러시아의 남진을 좌절시켰다. 1937년 아편 전쟁의 천비해전에서 영국의 증기선 군함 2척이 청국의 범선 군함 29척을 만나서 26척을 침몰시키고 3척을 대파시켰다.

제1차 세계대전에서 영국은 석유를 때는 내연기관 함대를 동원하여 석탄을 때는 독일 해군의 증기선 함대를 격파했다. 증기기관 엔진의 효율은 10%를 넘기 어렵지만 내연기관 엔진은 효율은 40% 정도이다. 제1차 세계대전은 석탄과 석유의 싸움이었다. 이후부터 석유와 내연기관을 잘 확보하는 나라가 군사 패권을 쥐었다.

제2차 세계대전에서는 전투기와 폭격기들이 전장을 주도하였다. 전투기는 먼저 고공에 올라가서 아래에 있는 적기를 공격하는 것이 유리하다. 그러나 고공에는 공기가 희박해서 엔진 출력이 잘 나오지 않는다. 따라서 엔진에 고압의 공기를 불어넣는 터보 과급기(turbo charger)가 필수적이다. 영국과 미국은 터보 과급기 공업기술이 발달했지만 소련과 일본은 기술력이 부족했다. 소련 전투기들은 늘 독일 전투기에게 꼬리가 잡혀 추락하였고, 일본 전투기들도 미군 전투기에게 꼬리가 잡혀 쉽게 추락했다. 제공권을 잃으면 제해권도 잃고 전쟁에서 패배한다.

6.25 전쟁에서 소련의 Mig-15기와 미국의 F-86 제트 전투기가 북한 상공에서 결전을 벌였다. 제트 엔진의 성능은 미국보다 소련이 우세하다고 했으나 문제는 사격통제장치였다. F-86 전투기는 전자식 사격통제장치로 사격을 했고 Mig-15 전투기는 조준경으로 사격했으므로 공중전에서 10:1로 미그기가 격추되었다.

2022년 우크라이나 전쟁에서 우크라이나군이 러시아군 전차를 드론이나 재블린 대전차 미사일로 격파하여 큰 공을 세웠다. 드론과 대전차 미사일은 기계공장이 아니고 전자공장에서 반도체와 소프트웨어로 만든다. 우크라이나 전쟁에서 러시아 고급 지휘관들이 야전 사령부에서 많이 전사했다. 러시아군의 통신장치를 감청하여 인공지능 분석을 하면 유난하게 통신신호가 집중되는 곳이 나타난다. 이곳이 바로 야전 사령부일 가능성이 크므로 이곳의 좌표를 포병에 전달하면 즉시 지능형 유도탄이 날아와서 목표물을 파괴하였다. 인공지능 기술을 선점하는 나라가 전장을 장악할 것이다.

우크라이나 전쟁과 러시아 무기

세계 2위의 군사 무기대국 러시아가 우크라이나 전쟁으로 그 실체가 세상에 드러났다. 그동안 제2, 제3 세계에서 인기를 끌었던 러시아제 군사 무기의 허상이 전 세계에 알려진 것이다. 우크라이나군의 T-60 계열 구형 전차가 러시아군의 T-70 계열 신형 주력 전차를 격파한 것은 아이러니다. 러시아는 1984년에 만든 T-64BV 전차를 개량하여 2010년대에 T-72 진치를 만들었고 2015년과 2022년에 계속 개량하여 신형 T-72B3 전차를 만들었다. 2023년 5월 바흐무트 전투에서 우크라이나의 T-64BV 전차가 러시아의 T-72B3 전차를 일대일로 만나서 격파하였다. 최신 자동조준장치를 갖춘 러시아 전차가 먼저 보고 먼저 사격했어야 했지만 오히려 피격을 당하였다.

피격을 당했더라도 반응 장갑이 포탄을 막아주어야 했으나 막지 못하고 유폭되어 불기둥이 솟았다. 스펙 상으로는 T-64BV 전차의 포탄이 T-72B3 전차의 장갑을 뚫을 수 없는데 실제로 뚫어버린 것이다. 러시아는 실제 전차는 개량하지 않고 스펙만 개량한 것이다. 전투에서는 전차 성능보다도 전차병들의 숙련도가 중요하다는 것을 보여준다.

러시아가 제공하는 무기들이 실제 전쟁에서 사용되는 것을 확인하게 되자 동구권과 중동, 아시아의 제3 세계 국가들이 무기 계약을 취소하고 있다. 선진국들이 러시아에 반도체 등을 수출 통제하기 때문에 러시아는 첨단 무기 생산을 포기해야 한다. 그 이유는 러시아의 반도체 산업이 전무하기 때문이다. 러시아 무기의 빈자리를 한국이 차지할 것이라는 전망이 우세하다.

3.5.2 군사 무기와 인공지능

선진 공업국들이 군사력에서 앞 설수 있는 이유는 군사 무기들이 점점 현대 과학기술의 결정체로 발전하고 있기 때문이다. 기술력이 뒤떨어지면 경제도 국방도 모두 힘든 시대가 온 것이다. 현대 군사 무기는 산업혁명의 진척과 더불어 발전하였다. [그림 3.4]와 같이 산업혁명이 진행되면서 물리 기계장치였던 군사 장비(하드웨어)에 전기/전자장치가 추가되고, 이어서 컴퓨터와 소프트웨어가 추가되고, 인공지능이 추가되면서 성능이 혁신적으로 발전하였다.

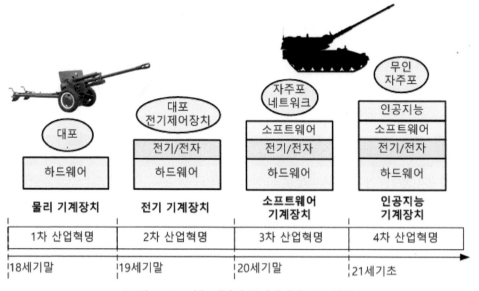

[그림 3.4] 기술 개발과 군사장비의 구조 변화

그림에서 대포의 예를 들면, 과거의 대포는 거리와 바람과 온도 등을 기준으로 사거리를 계산해서 쏘았다. 제2차 세계대전에서 미국은 포탄에 진공관으로 만든 VT 신관[20]을 넣어서 쏘았다. 이 포탄은 전투기에 정확하게 맞지 않아도 근처에 가면 폭발하여 전투기를 격추시켰다. 현재는 자주포에 컴퓨터 네트워크를 연결하여 드론이 목표물을 관측하면 좌표가 전송되어 발사한다. 미래에는 무인 자주포가 인공지능에 의하여 스스로 전투 임무를 수행할 것이다. 유목민 시대에는 칼과 창을 가지고 혈기와 용맹으로 세계를 장악했었지만 이제는 기술력과 경제력이 높은 선진국들만 우수한 군사 장비를 만들 수 있고 세계를 지배할 수 있게 되었다.

1차 산업혁명은 18세기 말에 증기기관과 방적기 등의 기계 발명으로 시작되었으며 하드웨어를 기반으로 군사 무기가 발전하였다. 총, 포, 차량, 군함 등의 군사 무기가 순전히 물리적인 기계장치인 하드웨어만으로 발전하였다.

2차 산업혁명은 전기와 석유가 산업에 보급되기 시작하였다. 따라서 군사 무기에도 전기장치가 사용되었고, 군사 장비들은 석유를 이용하는 내연기관을 사용하였다.

전투장비에 통신장치가 설치되어 다른 부대와 교신을 할 수 있었고 각종 장비들을 조작할 때 전기식 제어장치를 사용할 수 있었다.

소련을 구원한 3대 병기

1941년 6월 22일 독일은 180만 명의 병력과 전차 5,000대를 투입하여 소련을 공격하였다. 독일은 2개월 만에 소련을 굴복시키려는 계획으로 파죽지세처럼 소련으로 진격하였다. 소련은 후퇴를 거듭하면서 방위력을 증가하여 독일군의 침공에 저항하였다. 소련군은 약 1,000만 명의 전사자를 낼 정도로 밀렸지만 다음과 같은 세 가지 병기를 개발하여 독일군을 물리칠 수 있었다.

T34 탱크
소련은 최초로 전면 장갑을 경사지게 만들어서 방어력을 강화하였으며 구조가 간단하여 생산과 수리가 쉽고 조작이 편리하였다. 독일의 Tiger, Panther보다 성능은 못했지만 8만 여대를 대량 생

---

20 VT 신관(Variable Time Fuse) : 포탄에서 전파를 발사해서 목표물에 수신되면 폭발하는 신관. 제2차 세계대전에서 미군이 일본의 가미가제 공격을 피하기 위하여 만든 포탄. 당시 지프차 한 대 가격으로 매우 고가였음. 미국은 전쟁 기간 동안에 VT 신관의 비밀을 철저하게 지켰음. 그러나 다른 나라들이 비밀을 알았어도 돈이 너무 많이 들어서 만들 수가 없었다고 함.

산하였기 때문에 질을 양으로 극복하여 전차전에서 승리할 수 있었다. 독일 전차의 성능은 우수했으나 구조가 복잡하여 수천대만 생산할 수 있었다. 제2차 세계대전 이후에는 세계 각국에서 널리 이용되었다. 6.25 전쟁에서 북한이 남침할 때 선봉에 서서 전차가 없는 국군을 무력화시켰다.

슈트루모빅 IL2 대지 공격기
소련의 일류신에서 설계하여 만든 대지 공격기이다. 기체를 철판으로 둘렀기 때문에 지상군의 대공사격에 견딜 수 있었다. 따라서 조종사들이 자신 있게 저공비행으로 지상군을 공격하였다. 독일군이 나르는 T34라고 부를 정도였다. 전쟁 기간에 36,000대를 생산하여 독일군 공격에 큰 공을 세웠다.

카츄사 다연장 로켓
다연장 로켓은 다수의 로켓포를 묶어서 트럭에 싣고 이동하면서 공격하는 무기이다. 스타린그라드 방어전에서 소련이 처음 사용하여 크게 효과를 본 무기이다. 제2차 세계대전 이후에도 계속 발전하여 현재에도 사용되고 있다. 우크라이나 전쟁에서 미국의 HIMARS가 사용되어 러시아에게 큰 피해를 주고 있으며 한국군도 천무 다연장 로켓을 개발하여 수출하고 있다.

3차 산업혁명은 컴퓨터와 더불어 정보혁명으로 시작되었다. 군사 무기에 컴퓨터와 함께 소프트웨어가 설치되었으므로 소프트웨어가 무기의 성능을 결정하였다. 전투기를 조종할 때 조종사는 비행제어 소프트웨어(FCS, Flight Control Software)의 도움을 받아 임무를 수행한다. 우수한 반도체와 소프트웨어를 개발할 수 있는 선진국들이 군사적 우위를 가지게 되었다.

4차 산업혁명은 인공지능과 함께 시작되었으므로 일부 군사장비에 인공지능이 설치되고 있다. 미래에는 군사장비들이 인공지능에 의하여 스스로 전투 임무를 수행할 것이다.

인공지능의 목표는 컴퓨터라는 기계가 인간처럼 동작하게 만드는 것이다. 과거에는 목표물 하나를 파괴하기 위하여 수천발의 포탄을 발사해야 했지만 지금은 단 한발로 목표물을 파괴할 수 있다. 과거에는 조종사가 정찰기를 타고 수십 시간 임무를 수행해야 했지만 이제는 무인 정찰기가 임무를 대신하고 있다. 한국은 2023년 첫 정찰위성 발사에 성공하였고 2025년까지 5기의 정찰위성을 띄울 계획이다. 5개의 정찰위성이 가동되면 [그림 3.5]와 같이 목표물을 위성으로 탐지하고 인공지능으로 분석하여 포병과 드론에 연결되어 실시간으로 공격 능력을 강화할 것이다. 전쟁 중에는 지상

통신망이 모두 파괴될 것이므로 인공위성망을 이용하여 야전 지휘소에서 전장을 지 휘할 것이다. 미국 공군의 목표는 모든 전투기를 무인기로 대체하는 것이다. 지금까지 사용하던 모든 군사 무기에는 인공지능이 설치되어 사용될 것이다. 따라서 인공지능 에서 뒤처지는 나라는 앞서가는 나라에게 군사적으로 밀릴 수밖에 없을 것이다.

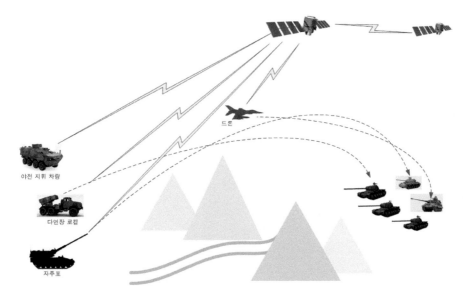

[그림 3.5] **인공위성과 드론과 포병의 합동전투**

미국을 구원한 3대 병기

태평양전쟁 초기에 미군 전투기는 일본군 제로전투기의 기동성에 밀려서 고전을 했고, 전쟁 후기 에는 가미가제 공격으로 고전을 했다. 그러나 무스탕 전투기가 나와서 제로 전투기를 압도했고, VT 신관의 포탄이 개발되어 가미가제 항공기의 공격을 피할 수 있었다. 특히 레이더로 일본군의 동태를 미리 파악할 수 있었으므로 전쟁에서 승리할 수 있었다.

무스탕 전투기

일본이 제로전투기는 기체 크기에 비하여 장거리 비행과 기동성이 좋아서 미군은 제로전투기의 엔진 출력이 2,000마력 정도로 추정하였다. 미군은 본국에 출력이 높은 엔진의 전투기를 만들어 달라고 요구하여 나온 것이 1,500마력의 무스탕전투기였다. 실제 제로전투기의 출력은 920마력 정도였는데 기체 구조를 경량화 했기 때문에 기동성이 좋았던 것이다. 경량화 과정에서 장갑을 제거했기 때문에 교전 중에 쉽게 조종사가 피해를 입었다. 무스탕전투기가 공중전의 우세를 가져 와 해전의 승리를 가져왔다.

VT 신관

미군은 포탄 안에 무선기를 장착하여 포탄이 항공기 근처에 가면 반사 전파를 인식하여 폭발하도록 만들었다. VT 신관의 포탄을 쏘면 항공기에 정확하게 맞지 않아도 격추할 수 있었기 때문에 가미가제의 피해를 줄일 수 있었다. 다만 무선기의 가격이 당시 지프차 한 대 가격이었으므로 매우 비쌌기 때문에 부자 나라가 아니고서는 만들 수가 없었다.

레이더

미군은 레이더를 만들어서 일본군의 동태를 24시간 파악할 수 있었다. 반면에 일본군은 눈으로만 바다를 감시해야 했으므로 감시 범위가 좁았다. 특히 밤에는 밤눈 밝은 병사의 눈에 의지하여 전장 상황을 파악했으므로 미군의 동향을 파악하기 어려웠다. 미군은 일본군의 움직임을 파악하고 있는데 반하여 일본군은 미군의 움직임을 파악하지 못했으므로 미군을 당할 수가 없었다.

제4장

/

국제사회 쟁점

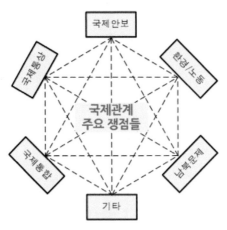

[그림 4.1] **국제사회의 쟁점들**

국제관계에서 문제를 야기하고 영향을 주는 요소들은 매우 많으나 대표적인 사항들을 추려보면 [그림 4.1]과 같이 분류된다. 국제관계는 안보, 경제, 환경, 문화/예술, 보건/의료 등 다양한 분야에서 협력과 영향을 주는 긍정적 측면과 불화와 갈등을 야기하는 부정적 측면이 함께 존재한다. 국제관계에서는 정부 간의 안보(정치, 외교, 국방)가 가장 중요하지만 넓은 시각에서 보면 다른 부분들도 크고 작은 차이는 있지만 안보에 많은 영향을 주고 있다.

4.1   국제안보

국제안보는 정치학의 일부로 정부가 외국정부에 대한 협력과 갈등에 대한 조정과 결정을 다루는 분야이다. 국가 간의 정치 관계는 외교, 전쟁, 무역, 환경, 노동, 문화 등 다양한 활동을 모두 포함한다. 그 중에서 국제안보가 중요한 주제로 떠오르게 된 이유는 국가들이 형성되었기 때문이다. 국가는 15세기와 16세기 유럽에서 모든 조직과 단체들을 종속시키면서 중앙 집중화된 지배체제이다. 베스트팔렌 조약(1648년)이 현대적인 국가체제와 국제사회를 처음으로 만들었다. 국가들이 주권을 보유함에 따라 국제사회의 중요한 행위자인 국가체제가 되었다. 국가체제는 유럽에서 북미로 이어서

남미와 일본으로 전파되었으며 20세기에 전 세계적으로 전파되어 국가체제와 함께 국제체제가 성립되었다. 2009년에 UN은 192개 국가를 승인했는데 아직도 팔레스타인, 쿠르디스탄, 대만 등 여러 나라들이 국가로서 승인을 받으려고 노력 중이다. 이밖에도 다른 나라에 소속되어 있으나 독립하려고 하는 지역의 수가 상당히 존재한다. 국제체제가 구축되면서 국가 간의 갈등과 협조가 더욱 긴밀하게 진행되고 있다. 특히 과학기술의 발전으로 인하여 지구촌이 점점 좁아지고 있기 때문에 갈등 해소와 함께 국가 간의 협력이 더욱 중요하게 되었다.

과거에는 영해[1]의 범위가 해안에서 12해리(약 22km)로 지정되었지만 지금은 경제적 배타수역(EEZ)[2]이 생겨서 이웃 나라와 EEZ가 겹치는 경우가 많아서 갈등이 발생하고 있다. 하늘에도 나라마다 자국의 영토와 영공을 방어하기 위하여 방공식별구역(air defense identification zone)을 설정하여 관리하고 있다. 국제법상 인정된 영공은 아니지만 이곳에 진입하는 군용 항공기는 해당 국가에 미리 비행계획을 제출하고 진입 시 위치 등을 통보해줘야 한다. 한국은 KADIZ, 중국은 CADIZ, 일본은 JADIZ라는 방공식별구역을 설정하였다. 그러나 이 구역들은 서로 상대방 구역과 겹치고 있어서 수시로 갈등이 생기고 있다.

4.1.1 국제 정치

국제정치를 넓게 보면 국제사회에서 국가들 사이에 발생할 수 있는 모든 일들을 다룬다. 그러나 국제정치를 협의로 보면 주로 정치, 군사, 평화 등의 안보 관련 문제이다. 국제정치 행위자들을 좁게 보면 국가 정부로 볼 수 있으나 넓게 보면 국가 외에도 국제기구, 다국적기업, 비정부기구 등이 포함된다. 국제정치학은 국제사회에서 정치, 군사, 안보, 경제, 사회, 문화 관계를 다루는 학문이다. 따라서 학제적(學際的, inter-disciplinary) 성격을 가지므로 여러 분야들이 잘 융합되어야 한다. 국제정치가 경제와

---

1 영해(territorial sea) : 1982년 유엔해양법회의에서 12해리로 정의됨. 영해는 한 나라의 주권이 미치는 해양 지역.

2 경제적 배타수역(EEZ, exclusive economic zone) : 1995년 발표된 유엔해양법 협약. 연안국이 영해기선(영해가 시작되는 선)으로부터 200해리(약 300km) 범위 안에서 배타적으로 사용 가능.

함께 역사, 법학, 사회학, 철학 등 다른 분야들과 긴밀하게 연결되어 있기 때문이다.

국제정치의 접근방법은 전통적 접근법과 행태적 접근법으로 구분할 수 있다. 전통적 접근법은 국제관계를 주로 규범적으로 접근한다. 규범적(normative)이란 국가들이 마땅히 가치 있는 일을 해야 한다는 가치론적인 입장이다. 행태적(behavioral) 접근법은 전쟁, 환경, 인권, 빈곤 등 시급히 해결해야 하는 현실 문제를 다루는 입장이다.

(1) 국제 정치의 힘과 구조

국가 안보의 핵심은 전쟁과 평화를 다루는 문제로 세 가지 이론이 있다. 첫째는 세력균형론이고 둘째는 세력전이론이며, 셋째는 공포론으로 주요 내용은 다음과 같다.

1) 세력균형론

세력균형론(power balance theory)은 각 국가들의 세력이 균형을 이루면 전쟁을 할 수 없을 것이라는 이론이다. 자국의 군사력이 약하다고 판단하면 자국의 국력을 극대화하려고 노력할 것이다. 각 나라들은 상대방이 패권적인 힘을 갖지 못하도록 최선을 다해서 막으려고 노력할 것이다. 즉 자신의 힘을 증가시키든지 상대국의 힘을 약화시키든지 할 것이다. 이를 위해서 군비를 증강하거나, 전력상의 요충지를 미리 점령하거나, 완충지대를 설정하거나, 동맹을 결성하는 등 각종 수단을 동원할 것이다. 따라서 각 나라마다 힘의 균형 상태를 이루려고 노력하기 때문에 전쟁을 쉽게 일으키지 못할 것이라는 주장이다.

세력균형론의 실례를 들면, 제2차 세계대전 이후의 세계평화는 미국과 소련 간의 냉전 상태 유지로 이루어졌다. 한반도 평화도 주변 4대 강국들 간의 그리고 남북한 간의 세력균형이 유지되었기 때문에 가능한 것으로 본다. 6.25 전쟁의 원인은 북한의 군사력에 비하여 남한의 군사력이 너무 약해서 세력균형이 깨졌기 때문이고, 우크라이나 전쟁의 원인도 러시아의 군사력과 우크라이나의 군사력 차이가 너무 컸기 때문이다. 자력으로 세력 균형을 이루지 못하면 동맹을 통해서 이루려고 한다. 현재 우크라이나 전쟁이 답보 상태에 있는 것은 나토(NATO)가 우크라이나군에게 러시아군과 비슷할 정도로만 군사지원을 하기 때문이다. 다만 강력한 군사 장비를 더 많이 지원하면 확전되어 핵전쟁 위험이 예상되기 때문에 삼가는 것이다.

2) 세력전이론

세력전이론(power transition theory)은 국내적으로 산업화를 통하여 국력을 극대화하는 등 동맹과 같은 외적 요인보다 내적 요인을 강화하여 전쟁을 대비하는 것이다. 국제체제에서 현존체제에 만족하지 못하는 국가가 있을 수 있다. 따라서 불만족 국가의 불만이 커지고 군사력 차이가 크지 않다면 체제를 깨는 전쟁이 일어날 수 있다는 주장이다. 역사적으로 보면 신흥 강대국이 기존 강대국과 힘겨루기를 하다가 전쟁을 거쳐 패권국의 지위를 바꾼 사례들이 있다. 그러나 대영제국이 쇠퇴하면서 미국이 강대국으로 부상하였고 패권국이 되었지만 군사적 충돌은 없었다. 중국도 이것에 주목하여 경제 성장을 계속하면 기존 패권국인 미국을 따돌리고 자연스럽게 새로운 패권국이 될 수 있다고 생각한 것이다. 이것을 신형대국관계라고 부른다.

세력전이론에 의하면 동맹이 쉽게 이합집산하지 못할 것이라고 한다. 국가들마다 나름대로 이념적으로 결속하기 때문에 힘의 균형이 바뀌었다고 쉽게 동맹을 벗어나기 어렵다는 주장이다. 힘의 균형 상태에서는 오히려 불만이 많은 나라가 패권국에 도전하여 전쟁이 발생할 수 있다는 것이다. 힘의 균형이 아니고 압도적인 힘의 불균형 상태에서 오히려 더 평화가 유지된다는 주장이다.

3) 공포론

공포론은 공포균형론이라고 한다. 예를 들어 핵무기를 가지고 있으면 오히려 평화를 유지할 수 있다는 주장이다. 특히 경쟁하고 있는 인접 국가들이 핵무장을 했다면 전쟁 가능성이 오히려 감소된다는 것이다. 제2차 세계대전 이후의 평화는 미국과 소련이 핵무장을 통하여 핵무기 공포론을 야기했기 때문에 유지되었다는 것이다. 따라서 북한이 핵무장을 하기 때문에 남한도 핵무장을 해야 힘의 균형과 평화를 유지할 수 있다는 주장의 근거이다.

국제정치 이론은 앞에서 설명한 것처럼 같은 주제와 같은 목표를 가지고 상이한 논리와 대책을 제시하고 있다. 이것은 국제관계에는 정답이 없음을 의미한다. 국가 간의 모든 분쟁이나 전쟁은 유사한 경우는 있으나 실제로는 매우 상이한 상황이 연출되고 있으므로 이론들을 쉽게 적용하기 어렵다. 따라서 과거 역사적 사실들을 철저하게 분석한 후에 현재 상황을 충분히 연구하고 준비하는 것이 국제관계의 정답일 것이다.

4.1.2 국제기구

국제기구는 국가 간의 조약에 의하여 생성되는 기구이므로 국제법상의 산물이고, 정부 간 기구 또는 비정부기구들을 모두 포함한다. 국제정치를 수행하는 행위자들은 국가 행위자(state actor)와 비국가행위자(nonstate actors)로 구분된다.

[표 4.1] **국가 및 비국가 행위자**

	형태	해당자	비고
1	정부	각국 정부	국가 행위자
2	정부간기구	각국 정부	UN, NATO, 아랍연맹
3	비정부기구(NGO)	개인 또는 집단	국제적십자사, 국제사면위원회, 로터리클럽 라이온스클럽, 국경없는의사회
4	다국적기업	여러 국가의 사업자	엑손, 도요타, 월마트
5	기타	개인, 지역, 집단	에릭 크립톤[3], 쿠르드족, 알카에다

[표 4.1]과 같이 각 나라의 정부들이 주요 행위자이고, 각 국가의 정부들이 필요에 따라 만든 국제기구들이 있다. UN, NATO, 아랍연맹과 같은 국제기구들은 상당한 영향력을 행사하고 있다. 비정부기구(NGO)는 국가 정부가 담당하는 것은 아니지만 경우에 따라서 큰 역할을 한다. 적십자기구는 전쟁 중에도 활동을 하면서 중재도하고 난민 문제를 해결한다. 다국적기업은 경제 규모 면에서 웬만한 나라의 크기를 능가하기 때문에 국제사회에서 큰 역할을 수행할 수 있다. 그 외에도 개인, 지역, 미 독립 민족과 같은 경우에도 국제 분쟁에서 큰 역할을 할 수 있다. 알카에다(Al-Qaeda)[4]와 IS[5]는 국가 간의 전쟁을 일으키기도 하고, 쿠르드(Kurd)족[6]은 국제분쟁의 한 편을 지원

---

3 Eric Clapton(1945~) : 영국의 가수 겸 기타 리스트. 1981년 발표한 앨범 'Another Ticket'이 대히트하였음.

4 알카에다(Al-Qaeda) : 사우디아라비아 출신의 오사마 빈 라덴(Osama bin Laden)이 조직한 국제 테러단체. 2001.09.11 미국 뉴욕시 맨하탄에 있는 110층 건물 등을 폭파한 단체.

5 IS(Islamic State) : 2006년 시리아 동북부와 이라크 모술 지역에 결성된 이슬람 수니파 무장단체. 지도자는 아부 바크로 알바그다디. 조직원은 8천-2만여 명.

6 쿠르드(Kurd)족 : 튀르키예, 이라크, 이란에 걸친 지역에서 생활하는 민족. 인구는 약 2,000만

하여 전세를 바꾸기도 하면서 독립을 모색하고 있다.

(1) 정부간기구

국제기구란 여러 국가들이 국경을 초월하여 설립한 상설 단체이며, 구체적으로는 국가 정부 간 조약에 의하여 설립된 국제조직이다. 국제기구의 회원자격은 통상 주권 국가로 제한한다. 국가들의 공통 사항인 안보, 경제, 사회, 문화 등의 상호협력을 촉진하기 위하여 만든 기능적인 조직이다. 회원 국가의 주권적 존재는 인정되지만 그 국가의 의사와 행동은 조약 내용에 따라서 규율과 제한을 받는다.

국제사회에서 영향력이 높은 정부간기구(IGO, Inter-Governmental Organization)는 국제연합(UN), NATO, 미주기구(OAS) 등이 있다. 국제기구들을 분류하면 [표 4.2]와 같이 지역적으로 구성된 것도 있고 경제적으로 구성된 것도 있으며, 기능적으로 구성된 기구들이 있다.

[표 4.2] 국제기구들의 유형 분류

	유형	국제기구	비고
1	지역적	NATO, OAS[7], ASEAN, NAFTA[8]	
2	경제적	EU, USMCA[9], LAFTA[10], OPEC, WTO[11]	
3	기능적	UN, IMF, IBRD[12], WHO, IMO[13]	

명이지만 독립을 하지 못하고 있다.

7 미주기구(OAS, Organization of American States) : 1951년 아메리카 대륙의 지역적 협력을 위하여 설립한 기구. 35개국 가입

8 북미자유무역협정(NAFTA, North American Free Trade Agreements) : 1992년 미국, 캐나다, 멕시코 등 북미 3개국이 자유무역지대를 창설하기 위해 추진한 협정.

9 미국·멕시코·캐나다 협정(USMCA) : 2020년 북미 3국이 NAFTA를 개정해 새롭게 추진하는 다자무역협정.

10 중남미자유무역연합(LAFTA, Latin American Free Trade Association) : 1960년 결성된 중남미 11개국의 지역적 경제통합조직.

11 세계무역기구(WTO, World Trade Organization) : GATT 체제를 대신하여 세계무역질서를 세우고 우루과이 라운드 협정의 이행을 감시하기 위해서 1995년에 만든 국제기구.

12 국제부흥개발은행(IBRD, International Bank for Reconstruction and Development) : 1946년

1) 국제연합(UN)

국제연합은 1945년 10월 24일 샌프란시스코강화회의에 참석한 51개 국가로 창립되었다. 국제연합의 설립 목적은 전쟁 방지, 평화 유지, 정치, 경제, 사회, 문화 등 모든 분야의 국제협력을 증진하는 것이다. 국제연합의 주요활동과 업무는 평화유지활동, 군비축소활동, 국제협력활동 등이다. 국제연합 가입국은 2021년 193개 국가로 늘었다. 제1차 세계대전을 거치면서 국제평화의 중요성을 실감하고 국제연맹을 만들었으나 결과적으로 실패하였고, 제2차 세계대전이 끝났을 때는 국제연맹의 실패를 감안하여 충분히 준비하고 연구하여 국제연합(UN)을 만들었다.

국제연합의 조직은 총회를 비롯하여 사무국, 안전보장이사회, 경제사회이사회, 신탁통치이사회, 국제사법재판소 등의 주요 기구와 그 산하에 많은 보조기구와 전문기구들로 구성되어 있다. 국제연합은 총회에서 각 회원국은 1개의 투표권을 행사한다. 안전보장이사회(Security Council)는 5개의 상임이사국(미국, 러시아, 영국, 프랑스, 중국)과 10개의 비상임이사국으로 구성된다. 상임이사국은 표결에서 거부권을 행사할 수 있다. 비상임이사국은 총회에서 3분의2 이상의 찬성을 얻어 임기 2년으로 선출된다. 현재 상임이사국에 참여하려는 나라들이 있는데 이들은 인도, 일본, 독일, 브라질 등 4개 국가로 다른 말로 G4라고도 부른다. 독일과 일본의 입장에서는 국력이 크기 때문에 상임이사국이 되어야 하고, 인도와 브라질은 인구가 많고 국토가 크다는 점에서 선정되어야 한다고 주장하고 있다.

2) 북대서양조약기구(NATO)

북대서양조약기구 나토(NATO, North Atlantic Treaty Organization)는 1949년 4월에 유럽의 여러 국가와 미국, 캐나다 등이 서유럽에 대한 경제 및 군사 원조를 목적으로 만든 조직이다. 제2차 세계대전 후 미국과 소련의 냉전이 시작되면서 동구권에 대

UN 산하의 국제 금융기관. 세계은행(World Bank)이라고도 함. 정부 또는 기업에 융자하여 경제, 사회 발전에 기여하고, 국제무역의 확대와 국제수지의 균형을 도모.

13 국제해사기구(IMO, International Maritime Organization) : 선박의 항로, 교통규칙, 항만시설 등을 국제적으로 통일하기 위하여 설치된 유엔 전문기구. 1958년 스위스 제네바에서 조약 발표.

항하는 자본주의 동맹이다. 최초 가맹국은 미국, 영국, 프랑스, 이탈리아, 벨기에, 네덜란드, 룩셈부르크, 포르투갈, 덴마크, 노르웨이, 아이슬란드, 캐나다 등 12개 국가이다. 그 후 그리스, 터키, 서독, 스페인이 가입하여 16개국이 되었으며, 소련이 무너진 후에 옛 공산권인 체코, 폴란드, 헝가리 등이 가입하여 19개국으로 늘어났고, 이어서 발트 3국 등이 가입하여 2023년 4월에 핀란드가 31번째 회원국이 되었다. 스웨덴과 우크라이나 등이 가입 신청을 하고 있다.

서독이 1955년에 나토에 가입하자 소련을 축으로 하는 동구권은 바르샤바조약기구(WTO)를 창설하여 나토에 대응하였다. 최초 가맹국은 소련, 폴란드, 동독, 헝가리, 루마니아, 불가리아, 알바니아, 체코슬로바키아 등 8개국이었다. 그러나 소련이 해체되고 동유럽이 자유화됨에 따라 1991년에 해체되었다.

(2) 국제비정부기구(INGO)

국제비정부기구(INGOs: International Non-Governmental Organization)는 민간조직이 국가를 통하여 간접적으로 국제정치에 관여하거나, 국가를 제치고 직접 국제적인 행동을 함으로써 국제사회 문제에 참여한다. INGO는 국가 정부가 아니므로 국가 정부 차원의 지원이 없다는 단점이 있으나 국가적인 제약으로부터 자유로울 수 있는 장점이 있다. 따라서 제약 없이 국제문제에 참여할 수 있으므로 영향력이 확대되고 있다.

INGO는 국내의 NGO들이 국제적으로 연계하여 활동하는 조직이다. INGO는 시민들의 자발적인 사적 단체로서 비영리적이고 국제적인 활동을 하는 시민들의 조직이다. 이윤을 추구하지 않는다는 점에서 다국적기업과 차이가 있다.

INGO의 자격은 최소한 3개 국가에서 활동하고, 최소한 3개의 회원국이 있어야 하고, 국제적인 목표를 추구하고, 본부와 더불어 공식적인 구조가 구성되고, 직원은 선출되고, 재정은 최소한 3개 국가에서 나오고, 비영리기구여야 한다. 국제협회연합(Union of International Association)에서 이런 조건을 부여하는 이유는 국제연합을 만들 때부터 INGO가 일정한 자격을 갖추면 경제사회이사회(ECOSOC)로부터 산하기관들과 협의할 수 있는 지위를 부여했기 때문이다. 국제연맹에서는 INGO에게 발언권을 주지 않았었다. 1968년 국제연합 경제사회이사회는 결의안을 통하여 INGO의 자격을 심사하여 세 가지 단계의 지위를 부여하고 단계별로 협의할 수 있는 자격을 부여하였다.

4.2 국제통상

애덤 스미스[14]는 '국부론'을 발표하고, 노동 분업의 효과와 국제 자유 무역의 필요성을 강조하였다. 이것을 고전 경제학이라고 하는데 1929년에 발생한 미국의 대공황으로 인하여 고전 경제학에 문제가 생겼다. 케인즈는 정부가 경제에 적극적으로 참여하여 해결할 것을 주문하여 성과를 보았기 때문에 많은 국가들이 케인즈주의를 받아들였다. 그러나 1970년대 오일 충격으로 세계 경제가 흔들리자 대안으로 신자유주의가 대두되었다. 이와 같이 세계 경제 흐름에 따라 국제적으로 협조하고 경제 대책을 함께 세울 일들이 많아지게 되었다. 그러나 국가마다 처해있는 경제 상황에 따라 적용해야할 경제정책과 요구 사항들이 다르므로 국제관계가 점점 복잡해지고 있다.

'보이지 않는 손'

애덤 스미스 어록

애덤 스미스는 자기 이익을 추구하는 열정과 행위는 사회 전체의 이익과 조화를 이루는 방향으로 나아가며, 그렇게 이끄는 것이 이른바 "보이지 않는 손이다"라고 말했다. '보이지 않는 손'이 바로 시장경제와 자유주의의 핵심이다.
"우리가 저녁 식사를 기대할 수 있는 것은 푸줏간 주인, 술도가 주인, 빵집 주인의 자비심 덕분이 아니라, 그들이 자기 이익을 챙기려는 노력 때문이다. 우리는 그들의 박애심이 아니라 자기애에 호소하며, 우리의 필요가 아니라 그들의 이익만을 그들에게 이야기할 뿐이다."라고 주장했다.
우리가 애덤 스미스를 기억하는 것은 경제학자의 '국부론'이 크지만 본인은 1759년에 집필한 철학자의 '도덕감정론'을 가장 아꼈다고 한다. 심지어 그가 요청해서 묘비명에 국부론 대신 '도덕감정론의 저자'라고 새겼다.

---

14 Adam Smith(1723~1790): 영국의 철학자, 경제학자, 글라스고 대학 교수. '도덕감정론'과 '국부론' 저자. 고전 경제학과 자유주의 경제학의 원조.

4.2.1 국제경제체제

산업혁명 이전에는 국내 경제 규모가 작았기 때문에 국제경제의 역할이 크지 않았다. 비단길이라는 것은 극소수 부유층들을 위한 작은 무역이었다. 유목민이나 정착민들에게 전쟁은 물자를 약탈하기 위한 수단이었다. 산업혁명 이후에 자본이 축적되어 산업이 발전하고 자본주의 경제가 성장하였으나 빈부 격차 등 성장과 함께 많은 문제점들이 발생하였다. 사회주의는 자본주의의 모순을 지적하고 사회주의 혁명을 통하여 문제를 해결하려 하였다. 자본주의는 사회주의를 적대시하고 경계하며 치열하게 경쟁하였다. 19세기와 20세기에 걸쳐서 다양한 경쟁이 전쟁을 치르면서까지 이어졌는데 결과적으로 공산주의는 붕괴하고 자본주의가 살아남았다.

국제 분업의 효과

분업의 효과

애덤 스미스는 사람들이 옷핀을 만드는 공장에서 일하는 것을 보고 새로운 사실을 발견했다. 숙련된 일꾼이 하루에 20개 정도밖에 못 만드는데, 철사를 운반하는 사람, 알맞은 길이로 자르는 사람, 끝을 날카롭게 다듬는 사람 등 작업 과정을 20단계로 나누어 일을 하니 하루에 일꾼 한 명당 4,800개의 핀을 생산할 수 있었다. 노동자가 한 가지 일에 전념하면 전문가가 되고, 작업을 위해 이동하는 시간이 절약되며, 작업 과정이 단순해져 기계를 발명하고, 공장 자동화가 쉬워지기 때문이라고 설명했다.

분업의 장점

일을 효과적으로 빨리 할 수 있어서 생산성이 높아진다. 일의 종류가 많아지므로 직업의 종류가 많아진다.

분업의 단점

한 가지 일만하면 지루하고 실수하기 쉽다. 실수하면 전체적인 문제로 커질 수 있다.

국제 분업

나라마다 비교 우위에 있는 상품들이 다르기 때분에 국세 분입은 국제적으로 전체 생산성을 향상한다. 국제 분업은 상품무역 뿐 아니라 자본, 금융, 서비스 무역이나 해외직접투자 및 기술이전을 포함하는 다양한 형태로 나타나고 있다. 다국적기업들이 성장하는 원인이기도 하다.

(1) 자본주의와 자유주의

자본주의는 개인의 사유 재산을 인정하고, 이윤을 목적으로 상품을 생산하는 시장 중심의 경제체제이다. 민주주의는 국가의 주권이 국민에게 있고 국민을 위하여 나라를 운영하는 정치체제이다. 1215년에 영국의 존왕이 서명한 대헌장(Magna Carta)[15]은 많은 조항들을 갖추고 있으나 대표적인 것은 의회의 승인 없이는 과세할 수 없고 자유민의 인신을 구속할 수 없다는 점이다. 이것은 개인의 인권과 재산권을 확립하는 문서로 자본주의와 민주주의의 초석이 되었다.

초기 자본주의는 16세기부터 봉건제도 속에서 농업의 상업화로 시작되었으며, 시장이 형성되고 상공업이 발전하면서 농노 대신 노동자들이 성장하였다. 시장제도는 기술혁신에 대한 요구가 커서 생산능력의 확대를 가져왔다. 자본주의는 18세기 중엽부터 영국과 프랑스 등을 중심으로 본격적으로 발달하였으며 산업혁명에 의해서 확립되었고, 19세기에 독일과 미국 등으로 파급되었다. 영국에서 시작된 산업혁명은 유럽과 미국으로 전파되었고 이어서 전 세계로 확산되었다. 산업혁명은 기계를 기반으로 공장 생산능력이 확장되었고, 노동의 분업화가 이루어지고, 농촌에서 도시로 인구가 유입되어 사회 구조를 새로운 방식으로 바꾸어 놓았다.

자본주의는 사유재산을 인정하는 것을 계기로 개인의 자유를 존중하는 제도로 발전하였다. 개인이 재산을 갖는다는 것은 권력자에게 저항할 수 있는 힘을 기를 수 있기 때문에 민주주의의 기반이 된다. 자유주의는 개인의 자유와 자유로운 표현을 중시하는 사상이므로 국가의 간섭을 가급적 줄이려고 한다. 자본주의는 민주주의 그리고 자유주의와 밀접하게 성장 효과를 공유하면서 발전하였다.

애덤 스미스는 '보이지 않는 손'을 강조해서 유명한 경제학자가 되었다. 자본주의는 전체적으로 볼 때 생산이 무계획적으로 이루어지는 것 같지만 시장 원리에 의하여 생산과 소비가 조화를 이룬다. 산업혁명의 파급으로 인하여 전 세계적으로 경제가 발전하였다. 그러나 1929년 미국에 대공황이 와서 세계 경제가 추락하였고 이와 함께 자유주의 경제체제도 추락하였다. 미국은 공황의 원인을 생산 과잉과 구매력 저하로 인

---

15 대헌장(Magna Carta) : 1215년에 귀족들의 압력에 의하여 영국의 존왕이 서명한 칙허장이다. 본래 귀족들의 권리를 재확인한 것이었지만 왕권의 횡포에 대하여 국민의 권리를 옹호하는 민주주의의 전형이 되었다.

식하고 재정정책으로 공황 해결을 시도하였다. 즉 공공 건설을 대폭 확장하여 총수요
를 증가시킴으로써 실업자 수를 줄이고 구매력 증가를 통하여 공황을 해결하고자 했
다. 자본주의 정부가 시장경제에 강력하게 간섭하는 것은 시장 경제학에 위배되지만
상황이 어려워지자 어쩔 수 없이 재정정책을 수행하였다. 이것을 수정 자본주의라고
부른다.

자본주의는 [표 4.3]과 같이 개인주의, 민주주의, 시장경제, 자유주의와 관련하여
다음과 같은 특징이 있다.

[표 4.3] **자본주의의 특징**

구분	내 용	비 고
1	사유 재산을 인정한다.	개인주의, 민주주의
2	모든 재화에 가격이 있다	시장경제
3	이윤을 목적으로 상품을 생산한다.	시장경제
4	노동력이 상품화된다.	시장경제
5	생산은 전체적으로 무계획적으로 이루어진다.	개인주의, 자유주의

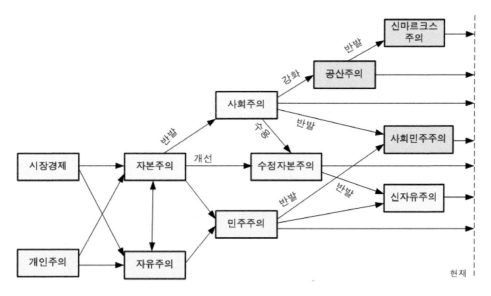

[그림 4.2] **자본주의와 사회주의 그리고 민주주의의 관계**

자본주의는 [그림 4.2]와 같이 시장경제와 개인주의와 자유주의가 조화를 이루며 발전되었다. 자본주의와 자유주의는 민주주의의 토대가 되었으며, 자본주의 문제점에 대한 반발로 사회주의가 나왔고 사회주의 영향으로 수정자본주의가 나왔다.

생산 수단의 공유를 프롤레타리아 독재로 실현하려는 공산주의가 사회주의에서 나왔으나 지금은 거의 소멸하였다. 공산주의에 대한 반발로 신마르크스 주의가 나와서 공산주의를 공격하였다. 사회주의의 문제점을 개선한 사회민주주의는 생산수단의 공유화를 민주적인 방식으로 실현하려는 주장이다. 대공황에서 위력을 보였던 수정자본주의(케인즈주의)가 1970년대 이후 에너지 위기 등을 겪으면서 경제위기를 겪자 정부의 간섭을 줄이고자 신자유주의가 보급되기 시작하였고 결국에는 승리하게 되었다. 푸른색은 경제, 노란색은 정치, 연두색은 경제와 정치의 혼합된 사상이다.

(2) 수정자본주의(케인즈주의)

자유주의 경제학자들은 자원의 수요와 공급은 시장 경쟁을 통해 자율적으로 조정하는 것이 정부의 계획과 통제와 간섭을 통한 자원 배분보다 훨씬 우수하다고 생각했다. 따라서 정부의 경제적 역할을 최소한으로 제한하려고 한다. 이들이 작은 정부를 주장했던 가장 큰 이유는 실제 경제 현실에서 정부가 간섭하고 통제했을 때 더 나쁜 결과가 나오는 것을 많이 보았기 때문이다. 시장 경제체제가 완전하지는 않지만 정부가 저지르는 잘못에 비하면 폐해가 아주 적은 것이라고 생각하였다.

고전 경제학자들은 개인의 자유와 책임을 중요시하는 자유주의자 였으므로 경제가 침체에 빠지더라도 그것은 자본주의 시장 경제가 스스로 이겨나갈 수 있다고 생각했다. 따라서 정부가 나서서 그런 상황을 개선하기 위해 인위적으로 간섭하고 통제하지 말라고 권고하였다. 정부가 간섭할수록 더 큰 문제를 야기할 수 있다는 것이다. 그러나 불황으로 도산하는 기업이 속출하고 실업률이 대폭 증가하고 있는데도 그냥 두면 저절로 회복될 것이라면서 국민의 어려움을 방치하는 것은 정부가 너무 무책임하고 무능력한 것으로 여겨졌다. 자유주의 경제학자들에게는 그냥 내버려두는 것 이외에 다른 대책이 없었던 것이다.

경기 불황으로 모두 고생하고 있을 때 케인즈(John Keynes)[16]가 나와서 자본주의 시장 경제 문제를 원만하게 해결할 수 있다는 주장했다. 이 주장은 많은 사람들에게 매우 솔깃하게 들렸다. 케인즈는 국민 소득, 고용, 물가, 이자율, 임금, 소비, 저축, 투자 등 국민 생활과 밀접하게 연관된 제반 경제 현상을 일목요연하게 분석할 수 있는 거시 경제학을 창시하였다.

케인즈는 공황이나 불황을 총수요의 부족으로 인식하고 정부의 재정정책을 통하여 총수요를 늘려주면 실업자도 구제하고, 공장도 살려주고, 사회기반 시설도 동시에 확충할 수 있는 좋은 기회라고 역설하였다. 결과적으로 케인즈의 주장이 성공하자 케인즈 이론은 자본주의의 문제점을 치유할 수 있는 훌륭한 치료약이라고 찬사를 받았다.

많은 국가들이 케인즈 이론의 영향을 받아 정부의 역할을 크게 강화하였다.

정부 지출을 증가시켰고, 걷은 세금의 범위 안에서 지출해야 한다는 고전 경제학파의 재정 원칙을 바꾸었다. 정부는 조세를 징수할 수 있으므로 지속적인 적자 재정을 운용해도 좋다는 확장 재정 원칙으로 바뀐 것이다. 자립정신으로 가능하면 모든 일을 스스로 해결하는 것이 좋다는 고전학파의 개인주의가 퇴조하고, 실업과 빈곤은 사회의 책임이므로 정부가 복지정책을 적극 추진하도록 전환되었다.

[표 4.4] **고전 경제학과 케인즈 경제학**

비교 사항	고전 경제학(자본주의)	케인즈 경제학(수정 자본주의)
기본 이념	자율과 자유주의	통제와 관리주의
정부 기능	시장 불개입, 작은 정부	시장 적극 개입, 큰 정부
재정 지출	세수 범위 내로 제한	적자 재정 확대 가능
실업과 빈곤	개인 문제	사회와 정부의 책임
복지정책	최소한	최대한

[표 4.4]는 고전 경제학과 케인즈 경제학을 비교한 것이다. 고전 경제학이 애덤 스미스의 자본주의 경제학이라면, 케인즈 경제학은 자본주의로 야기되는 독점의 횡포, 빈부 격차, 실업, 공황 등의 사회적 모순을 극복하기 위하여 제시한 수정 자본주의이다. 고전 경제학이 개인의 자유주의를 강조한다면 케인즈 경제학은 정부의 관리주의

---

16 John Maynard Keynes(1883~1946) : 영국의 금융경제학자, 케임브리지대학 교수. 금본위제도를 반대하고 관리 통화제를 제창. 미국의 뉴딜 정책에 영향을 주었음.

를 강조한다.

(3) 신자유주의

1차 세계대전 이후에 세계적인 공황을 겪은 나라들은 케인즈 이론을 도입하여 재정 지출을 확대함으로써 경제를 활성화시켜 소득 평준화를 이룩하고 완전 고용을 목표로 복지국가를 지향하였다. 케인즈 이론의 황금기를 맞은 것이다.

1970년대 이후 오일 충격과 함께 세계적인 불황이 오면서 케인즈 이론에 대한 반론이 제기되었다. 장기적인 스태그플레이션은 케인스 이론에 기반한 경제정책이 실패한 결과라고 지적되었다. 이 문제를 해결하기 위해서 도입된 것이 신자유주의(Neoliberalism) 이론이다. 시카고학파로 대표되는 신자유주의자들의 주장은 영국과 미국 행정부의 경제정책에 반영되었다.

1980년대 이후 경제발전은 신자유주의가 세계 각 지역으로 확산되며 이루어졌다. 신자유주의는 애덤 스미스의 고전경제학인 시장 근본주의를 바탕으로 성장하였다.

20세기에 팽배했던 큰 정부와 국가 개입을 크게 감소하게 하였다. 신자유주의를 대표하는 하이에크[17]와 프리드먼[18]이 주장하는 국가의 재정정책이었다. 신자유주의는 대처리즘(영국 대처 수상 1979-1991)과 레이거니즘(미국 레이건 대통령 1981-1989)의 형식으로 미국, 영국, 캐나다, 호주, 뉴질랜드 등으로 삽시간에 확대되었다. 신자유주의는 워싱턴 합의(세계은행, IBRD)와 국제통화기금(IMF) 등에서의 회의로 더욱 확장되었고, 워싱턴 합의는 동유럽 혁명 이후에 러시아, 폴란드 등의 국가들이 자유시장 자본주의로 전환하는 계기가 되었다.

신자유주의는 자유시장과 규제완화, 개인의 재산권을 중시한다. 공공복지 제도를 확대하는 것은 '복지병'을 야기한다는 주장도 폈다. 신자유주의 자들은 자유무역과 국제적 분업을 위하여 시장개방을 주장한다. '세계화'나 '자유화'라는 용어도 신자유주의의 산물이다. 이는 세계무역기구(WTO)나 우루과이라운드 같은 다자간 협상을 통

---

17 Friedrich Hayek(1899~1992): 영국 신자유주의 경제학자, 시카고대학 교수. 케인즈식 총수요 관리정책의 실패를 예견한 공로로 1974년 노벨경제학상을 수상.

18 Milton Friedman(1912~2006): 미국 신자유주의 경제학자, 시카고대학 교수. 1976년 노벨 경제학상 수상.

한 시장개방 압력으로 나타난다. 신자유주의는 시장의 효율성과 경쟁력 강화 같은 긍정적 효과가 있는 반면, 불황과 실업, 빈부격차 확대, 시장개방 압력으로 인한 선진국과 후진국 간의 갈등 초래라는 부정적인 측면도 있다.

워싱턴 합의(Washington consensus)

냉전시대 붕괴 이후 미 행정부와 국제통화기금(IMF), 세계은행(IBRD) 등 워싱턴의 정책 결정자들 사이에서는 '위기에 처한 국가' 또는 '체제 이행 중인 국가'에 대해 미국식 시장경제를 이식시키자는 모종의 합의가 이뤄졌다. 미국의 정치 경제학자 존 윌리엄슨은 1989년 자신의 글에서 이를 'Washington consensus'라고 불렀다.

합의 내용
사유재산권 보호
정부규제 축소
국가 기간산업 민영화
외국자본에 대한 제한 철폐
무역 자유화와 시장 개방
경쟁력 있는 환율제도의 채용
자본시장 자유화
관세 인하와 과세 영역 확대
정부예산 삭감
경제 효율화

4.2.2 국제무역

전 세계 경제활동 중에서 국제무역이 차지하는 비중이 1/6에 이르며, 이것은 전 세계 군사비의 약 12배에 달한다. 국제무역의 규모가 큰 이유는 무역이 많은 수익을 내기 때문이다. 그러나 한 때 중국의 명나라와 청나라는 나라가 워낙 크고 물산이 많이 나기 때문에 무역을 할 필요가 없다고 주장하였다. 명나라는 왜구에 대한 피해를 막기 위하여 해금정책을 추진하여 배를 타고 바다로 나가는 것을 금지하였다. 청나라도 해금정책을 유지했는데 그만큼 무역의 필요성을 절감하지 못했던 것이다. 그 결과 청나라는 세계의 흐름을 따라가지 못하고 스스로 자족하며 살다가 서양세력의 침략에 사분오열되어 역사에서 사라지고 말았다.

산업혁명 이후에는 산업이 다양한 분야로 발전하여 아무리 큰 나라라고 하더라도 모든 물자와 원자재를 스스로 공급하고 생산할 수는 없다. 국제 분업이 활성화되어 있으므로 국제 공급망을 잘 구축하고 활용하지 못하면 생존조차 어려운 상황이다.

특히 한국처럼 천연자원이 부족한 섬나라(사방이 막혀 있는 나라)는 국제무역을 잘 하지 못하면 생존이 위태롭다.

각 국가들은 무역을 효과적으로 수행하기 위하여 지리적으로 인접한 국가들끼리 동맹을 결성하고 상호 간에 자유 무역을 통하여 경제적 발전을 도모하고 있다. 이를 위하여 다양한 형태의 국제조직들을 결성하고 역외 국가들에게 배타적으로 무역을 진행하려고 한다. 이것은 일종의 국제경제통합이라고 할 수 있다.

(1) 국제경제통합

여러 국가들이 하나의 국가처럼 경제활동을 허용하는 국제경제통합의 유형에는 다음과 같은 방식이 운영되고 있다.

1) 자유무역지대 (FTZ, Free Trade Zone)

자유무역지대는 정부방침에 의하여 일반 관세지역에서 분리된 항구의 일정지역으로 선박이 세관 수속 없이 입항, 하역, 환적, 재포장, 가공, 재수출할 수 있는 지역을 말한다. 이것은 외국과의 협정에 의해서 하는 것이 아니라 한 국가에서 스스로 설정하고 외국의 참여를 기대하는 정책이다.

2) 자유무역협정 (FTA, Free Trade Agreement)

자유무역협정은 국가 간 상품의 자유로운 이동을 위해 모든 무역 장벽을 완화하거나 제거하는 협정이다. EU(유럽연합)나 NAFTA(북미자유무역협정)처럼 처음에는 인접 국가들 끼리 시작하였다. 한국은 칠레, 싱가포르, 인도, 중국, 호주, 미국, 영국 등 많은 나라와 FTA를 맺고 있다.

3) 관세 동맹 (CU, Customs Union)

관세 동맹은 이해관계가 깊은 나라끼리 관세협정을 체결하여 교역을 촉진하는 제도이다. 1958년에 설립된 유럽경제공동체 EEC(European Economic Community)는 프랑스, 서독, 이탈리아, 벨기에, 네덜란드, 룩셈부르크 등 6개국이 관세동맹을 시작으로 유럽경제통합을 위하여 만든 기구이다. NAFTA(북미자유무역협정), LAFTA(중남미 자유무역연합) 등 지역적으로 관세동맹이 많이 있다.

4) 공동시장 (CM, Common Market)

공동시장은 상품과 자본과 노동의 자유로운 이동을 보장하고 경제정책을 공통으로 추진하고 공동의 관세제도를 설정하는 국제조직이다. 1967년에 설립된 유럽공동체 EC(European Community)가 대표적인 사례이다. EC는 EEC, ECSC[19], Euratom[20] 등이 통합하여 설립된 기구이다. 처음에는 EEC 6개 국가로 시작되었고 이어서 덴마크, 아일랜드, 영국, 그리스, 1986년에 포르투갈, 스페인 등이 가입하여 12개국이 되었고, 다시 스웨덴, 핀란드, 오스트리아 등이 가입하여 15개국이 되었다.

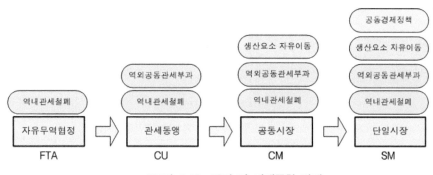

[그림 4.3] **국가 간 경제통합 단계**

---

19 ECSC(European Coal and Steel Community) : 유럽석탄철강공동체
20 Euratom(European Atomic Energy Community) : 유럽원자력공동체

5) 완전경제통합 (SM, Single Market)

단일시장은 자유무역지대와 관세동맹과 공동시장과 함께 회원국 간 공동으로 경제 정책을 추진하는 완전경제통합 조직이다. 이것은 초국가적 기구로 설치하고 운영하는 것이다. 유럽 연합(EU)이 대표적인 사례이다. EU는 1993년에 유럽공동체(EC) 12개 국 정상들이 네덜란드 마스트리흐트에서 합의하고 1994년 1월 1일부터 유럽단일시장 이 탄생하였다. 현재 가입 국가는 영국이 2020년에 탈퇴하여 2021년 9월 기준으로 27개국이다.

[그림 4.3]과 같이 전 세계 국가들이 무역을 진흥하기 위하여 다른 나라들과 경제 협정을 맺고 경제시장 통합을 추진하고 있다. 우리나라는 FTA를 열심히 맺으며 관세 동맹과 공동시장을 구축하려고 노력하는 상태이고, 유럽연합(EU)은 관세동맹과 공동 시장을 거쳐서 단일시장을 완성하였다. [표 4.5]는 지역별 국제경제통합 사례이다.

[표 4.5] **지역별 국제경제통합 사례**

지역	명칭	내 역
유럽	EU	유럽연합 27개국
북미지역	USMCA	예전의 NAFTA
중남미지역	MERCOSUR	남미 공동시장
동남아지역	ASEAN	동남아국가연합
	AFTA	아시아자유무역지대
아 · 태지역	APEC	아시아태평양경제협력체
	CPTPP	포괄적 · 점진적 환태평양경제동반자협정
동아시아지역	RECP	연내포괄적경제동반자협정

[표 4.5]에서 AFTA(ASEAN Free Trade Area)는 싱가포르, 말레이시아, 인도네시아, 필리핀, 브루나이, 태국으로 구성되어 1993년에 출범하였다. ASEAN 지역을 앞으로 15년 이내에 완전한 자유무역지대로 만든다는 구상이다. APEC(Asia-Pacific Economic Cooperation)은 아시아, 태평양 지역의 경제협력 증대를 위한 역내 21개국 정상들의 협의기구이다. 1989년 호주 캔버라에서 제1차 회의를 시작으로 2016년까지 24 차례의 정상회의가 개최되었다. CPTPP(Comprehensive and Progressive Agreement for Trans-Pacific Partnership)는 일본 주도로 아시아, 태평양 11개국이 출범시킨 경제 협정으로, 제품에 대한 역내 관세를 전면 철폐하는 것을 목적으로 한다. 2018년 12월 30일 발효되었으며 2023년 7월 영국이 추가로 가입하면서 총 12개국이 참여하고 있다. RECP(Regional Comprehensive Economic Partnership)는 ASEAN 10개국과 한국, 중국, 일본, 호주, 뉴질랜드 등 아시아 태평양 지역 15개국 사이에 맺은 세계 최대 규모의 자유무역협정(FTA)이다.

(2) 다자간 무역협상

국제사회는 국제경제 활성화를 위하여 세계무역기구(WTO)가 중심이 되어 다자간 무역협상을 추진하여 왔다. WTO는 GATT(관세 및 무역에 관한 일반협정)[21] 체제를 대신하여 우루과이 라운드(Uruguay Round) 협정의 이행을 감시하는 국제기구이다. GATT는 관세장벽과 수출입 제한을 제거하고, 국제무역과 물자교류를 증진시키기 위하여 1947년 제네바에서 23개국이 조인한 국제적인 무역협정이다. 그러나 너무 오래 전에 만들었기 때문에 경제가 발전한 현대 시점에는 맞지 않다는 개발도상 국가들의 요구가 많아서 GATT를 폐기하고 우루과이 라운드로 대체하게 되었다.

1) 우루과이 라운드(UR, Uruguay Round)

각국의 시장개방 확대, GATT 체제 강화, 서비스, 지적재산권, 무역관련 투자 등 새로운 분야에 대한 국제규범 마련을 목표로 1986년에 116개국이 참가하여 시작되었다. 당시 우루과이에서 개최된 GATT의 특별 총회를 거쳐 출범한 제8차 다자간 무역협상이다.

각 나라의 각료급으로 구성된 무역협상위원회가 있고 그 산하에 관세, 비관세, 농산물, 긴급수입제한 등 14개 분야의 상품협상그룹과 서비스협상그룹 등 모두 15개 협상그룹을 구성했다. 출범 당시에는 1990년 12월까지 종결하기로 하였으나 선진국과 개발도상국간 대립 및 이견으로 타결되지 못하였다. 1991년 12월 교착상태에 빠진 우루과이 라운드 협상을 타개하기 위해 전 GATT 사무총장 둔켈이 최종협정문(둔켈 초안)

---

21 GATT(General Agreement on Tariffs and Trade) : 제2차 세계대전이 끝나자 세계 경제 복구를 위하여 미국을 중심으로 무역 활성화를 위하여 만들어진 국제 조직.

을 제시해 이후 협상의 틀을 마련했다. 1992년 11월에 미국과 EC 간에 농산물 분야의 쟁점이 타결되어 실마리가 풀렸고, 1994년 4월 15일 모로코에서 열린 각국의 각료급 회의에서 완전 타결되었다.

(3) 국제통합

국제통합이란 국가가 가진 주권을 국가보다 더 큰 단위의 국가 체제로 상향 이동하는 것이다. 국가들이 통합한 최종 결과는 몇 개의 국가들이 하나의 국가로 합치거나 모든 국가들이 하나의 세계 정부로 통합하는 것이다. 국가의 주권들이 상향 이동하여 통합된다면 기존의 각 국가들은 일정한 범위에서 독자적 권한을 가지게 될 것이며, 통합된 주권을 가진 정부는 연방정부의 형태가 될 것이다. 이것은 미국의 경우에서도 볼 수 있고 유럽 연합(EU)에서도 볼 수 있다. 유럽 연합은 오랫동안 전쟁을 치르며 적대적 행동을 보였던 여러 나라들이 점차 시간을 두고 고민하면서 통합한 경우이고, 미국은 새로운 나라를 하나씩 편입하면서 연방정부에 주권을 제공하는 형태로 발전되었다는 점이 다르다. 결과적으로는 비슷하게 보일지 몰라도 국제통합의 대표적인 사례는 유럽 연합이다.

전쟁의 원인이 주로 경제 문제이듯이 국제통합의 원인도 주로 경제 문제다. 국민이 잘살기 위해서는 경제를 부흥시켜야 하고, 경제가 부흥하기 위해서는 국가 간의 경제 교류를 증진해야 하며, 국제 경제 교류가 증진되면 문화와 정치가 가까워지면서 점차 국제통합의 수준이 향상된다. 국제 통합 수준이 향상될수록 평화가 가까워지는 것을 볼 수 있다.

4.2.4 국제금융구조

국제 무역이 활발해지려면 국제금융이 적절하게 뒷받침되어야 한다. 이를 위해 글로벌 거버넌스(세계적 통치)의 필요성이 대두되었다. 국가들 사이의 상호의존성이 높아가는 가운데 1945년 이후에 다자협정, 공식제도와 비공식 네트워크를 통하여 국제 통화 금융 체제를 구축하려는 노력들이 선진국을 중심으로 추진되었다. 가장 중요한 제도는 제2차 세계대전 종전 직전에 협의된 브레튼우즈 협정이다.

(1) 브레튼우즈 체제

브레튼우즈(Bretton Woods)는 미국 뉴햄프셔주의 작은 마을이다. 제2차 세계대전 중인 1944년 8월 미국 등 42개국이 모여 국제연합의 통화금융회의를 개최하고, 전후 국제금융 통화체제를 만들기로 합의하였다. 여기서 '브레튼우즈 체제'로 알려진 아래의 3개 조직을 설립하고 운영하기로 하였다.

- 국제통화기금(IMF): 1947년 3월 설립.
- 국제부흥개발은행(IBRD): 세계은행이라고 하며 1946년 6월 설립.
- 관세 및 무역에 관한 일반협정(GATT): 1995년 세계무역기구(WTO)로 대체되었다. GATT는 국제연합 무역고용회의에서 1948년 1월 설립.

미국이 주도적으로 브레튼우즈 체제를 만든 이유는 두 가지이다. 첫째 전쟁이 끝난 후에도 미국의 경제성장 수준을 유지하기 위하여 안정된 국제경제체제 수립이 필요했다. 둘째 소련의 공산주의 위협에 대비하기 위하여 전쟁으로 폐허가 된 유럽과 독일과 일본을 재건할 필요가 있었다.

IMF가 새로운 통화질서를 확립하여 안정된 환율을 유지하려고 했다. 미국 달러 가치를 기준으로 모든 화폐들을 연결하여 미국 달러를 기축통화로 인정하고, 금 1온스를 35달러로 설정하였다. 세계은행과 GATT가 새로운 통화질서를 보완하여 새로운 국제금융질서와 국제무역질서를 수립하였다. 세계은행은 재건에 필요한 자금을 국가들에게 대출해주고, GATT는 관세장벽을 낮추어 자유무역의 기반을 확립하는 것이었다.

(2) 스미소니언 체제

1960년대에 유럽 국가들의 경제성장이 빨라짐에 따라 국제유동성 부족 문제가 심각하게 대두되었다. 브레튼우즈 체제가 전제로 하고 있는 미국경제와 미국 달러화의 절대적 우위와 신인도가 흔들리게 되었다. 브레튼우즈 체제의 구조적 모순이 나타나기 시작한 것이다. 통제 불가능한 단기국제금융시장의 급속한 성장과 각 국가 간의 생산력 구조의 변화는 국제수지 불균형을 심화시키고 국제통화 불안을 조성하는 요인이 되었다.

브레튼우즈 체제에서 겪게 된 문제점들은 세 가지로 요약할 수 있다.

첫째, 경제성장으로 인한 국제유동성부족
둘째, 고정환율제도와 국제수지 조정상의 경직성
셋째, 기축통화(미국 달러) 신인도 저하

1971년 8월 15일 닉슨 미국 대통령은 금태환정지를 선언하였다. 국제통화질서가 혼란에 빠지자 이를 수습하기 위해 선진 10개국의 재무장관과 중앙은행 총재회의를 1971년 12월에 워싱턴 소재 스미소니언(Smithsonian) 박물관에서 열었다.
이 회의의 주요 대책은 다음과 같다.

첫째, 고정환율제를 유지하되 기준율을 신축성 있게 조정한다.
둘째, 미국 달러의 금에 대한 평가를 금 1온스에 35달러에서 38달러로 인상하고, 이에 따라 다국 간 평가를 조정한다.
셋째, 환율 변동 폭의 기준율을 상하 2.25%로 확대한다.

이것을 스미소니언체제라고 한다. 그러나 이 체제는 근본적인 대책이 되지 못했다. 스미소니언 체제가 환율 변동 폭을 확대하여 고정 환율을 유지하려 하였으나 많은 국가가 계속 평가절하를 단행하고 변동환율제를 실시함으로써 스미소니언 체제는 끝났다.

(3) 킹스턴 체제

스미소니언 체제를 대체하기 위한 회의가 1972년 9월 IMF 연차총회에서 20개국 위원회가 주동이 되어 열렸다. 그 결과 1976년 1월 자마이카의 킹스턴(kingston)에서 열린 5차 회의에서 신통화제도로 향하는 최종 보고서가 작성되어 킹스턴 체제가 출범하였다. 킹스턴 체제의 내용을 보면 다음과 같다.

첫째, 각 국가가 스스로 고정 또는 변동 환율제를 선택한다.
둘째, 금을 대신하여 SDR[22]을 통화의 가치 평가 기준으로 삼는다.

셋째, SDR의 사용범위를 대폭 확대하여 IMF의 승인 없이 또는 국제수지와 관계없이 가맹국 간에 SDR 거래를 할 수 있게 한다.

킹스턴 체제 하에서는 달러와 금의 관계가 단절되었고 특별인출권(SDR)이 사용되었다. 그러나 미국 레이건 행정부의 재정지출과 대규모 무역적자로 인하여 어려운 상황에서 달러가 강세를 유지하였으므로 새로운 대책이 필요하게 되었다.

(4) 플라자합의(Plaza agreement)

플라자합의는 1985년 9월 G5[23]의 재무장관들이 뉴욕 플라자 호텔에서 외환시장 개입에 의한 달러화 강세를 시정하도록 결의한 조치이다. 이 조치로 독일 마르크화와 일본 엔화가 인상되기 시작하였다. 달러 약세로 미국은 가격 경쟁력이 높아져서 경제가 회복되었고, 일본은 엔화 강세로 인해 버블 붕괴로 타격을 받아 그 후유증이 2010년대까지 지속되었다. 이것을 일본의 30년 경제 침체라고 한다.

1995년 9월에 G7 경제장관과 중앙은행 총재 회의에서 엔화의 약세(엔저)를 유도했는데 이것을 역플라자 합의라고 한다. 엔고로 인한 문제점을 부분적으로 해소하기 위한 조치였다.

(5) 국제금융시장의 자유화

1991년 소련이 붕괴되고 냉전체제도 사라졌다. 금융에 관해서도 동서 진영 간 국가 간 장벽이 사라지고 세계 금융시장이 등장하였다. 1980년대부터 국제금융시장이 자유화되고 개방되더니 세계 금융시장으로 변화하면서 여러 나라가 변화에 잘 적응하지 못하여 어려움을 겪었다.

국제금융시장 변화의 배경은 다음과 같다.

---

22 SDR Special Drawing Rights 특별인출권: IMF가 국제준비통화인 달러와 금의 문제점 보완을 위해 도입해 1970년에 정식 채택한 가상 통화이자 보조적인 준비자산.

23 G5: 미국, 영국, 독일, 프랑스, 일본 등 선진 5개국의 재무장관과 중앙은행 총재 회의.

첫째, 유럽과 일본, 중국 경제의 부상 그리고 신흥공업국들의 등장, 석유수출국기구(OPEC)의 역할 증대, 유로와 달러 외에 위안화권과 엔화권이 형성되었다. 중동 석유 달러의 집중과 이들의 국제 시장에 투자가 국제금융시장의 흐름을 바꾸어놓았다.

둘째, 신자유주의의 영향으로 영국 대처 수상과 미국 레이건 대통령 때부터 국제금융시장의 규제를 본격적으로 완화하기 시작하였다. 즉, 국제금융시장이 정부관리체제에서 벗어나 시장경제 원리로 돌아가기 시작한 것이다.

셋째, 컴퓨터와 통신에 의한 정보혁명으로 인하여 금융거래가 실시간으로 운영되었고 세계가 하나의 금융시장으로 통합되었다.

결론적으로 국가의 관리 기능에 앞서서 시장의 자율 기능에 의하여 금융시장이 돌아가기 시작한 것이다. 세계 금융시장에서 민간부문의 기능이 확장되어 국가 간 정책 조정과 협력이 더욱 절실하게 되었다. 전 세계가 하나의 금융시장으로 통합되면서 한 나라의 금융 위기가 다른 나라로 빠르게 전이되는 부정적인 현상이 나타나기 시작했다. 세계 경제를 논의하기 위하여 예전과 달리 G7 대신에 G20를 만들어서 20개국 정상들이 주기적으로 모여서 대책 회의를 하기 시작하였다.

4.3 환경과 노동

산업혁명으로 경제발전을 이루는 대신 부작용으로 도시집중, 환경오염 등이 몰려왔다. 공장 굴뚝과 자동차 매연, 공장 폐수, 생활 폐수, 쓰레기 등이 하늘의 공기와 땅과 더불어 강과 바다를 오염시키고 있다. 이러한 오염은 지구의 대기 온도를 상승시켜 기후 변화를 몰고 와서 환경 재앙이 우려되고 있다. 국제사회에서는 다양한 분야와 기구에서 환경 문제를 거론하고 대책을 세우고 있다.

산업화가 이루어지면서 노동인력의 이동이 활발하게 이루어지고 있다. 일자리가 부족한 지역에서 인력이 부족한 지역으로 노동 인구가 이동하는 것은 자연스러운 일이다. 그러나 지역마다 노동 환경과 임금과 대우가 열악한 곳이 많기 때문에 문제가 되고 있다.

4.3.1 녹색정치

산업혁명 시대에는 경제발전과 기술부족 문제로 분주했기 때문에 환경문제는 상대적으로 주목을 덜 받았다. 경제와 기술이 발전된 후에도 국가적인 쟁점들(전쟁, 안보, 군비 경쟁)에 밀려서 큰 관심을 받지 못했다. 경제개발이 환경보전보다 더 큰 가치로 다루어졌기 때문이었다. 환경문제가 국제적으로 쟁점이 된 것은 1970년대로 미국 스리마일 아일랜드[24]와 소련 체르노빌[25] 등에서 환경 재앙이 터지면서 환경이 주목을 받기 시작했다.

1980년대 이후 환경문제는 녹색정당들에 의하여 정치화되었는데 환경운동은 다음과 같이 세 가지 문제들을 다루고 있다.

* 자원 문제: 바람, 파도, 조류, 햇빛과 같이 재생 가능한 자원을 많이 사용하고, 재생이 불가능한 자원의 소모를 줄인다.
* 폐기물 문제: 재활용을 확대하여 폐기물을 줄이고, 폐기물의 오염 수준을 낮추어 폐기물로 인한 피해를 감소시킨다.
* 윤리 문제: 사람 이외의 생물을 존중하고, 자연을 존중하여 인간과 자연 사이의 균형을 회복한다.

산업화가 진행될수록 경제적 여력이 생겨서 환경문제가 점차 해결되고 있으나 가난한 지역일수록 환경 문제를 개선하지 못하고 있다. 아프리카와 아시아 빈곤 지역에서는 마시는 물조차 더러워서 많은 사람들이 고통을 받고 있다. 이에 범세계적인 지원이 요구된다. 특히 2011년 3월 후쿠시마 원자력 발전소가 지진과 해일로 인하여 방사선 누출 사고가 발생한 이후에 더욱 녹색운동이 활발해졌다.

---

24 Three Mile Island : 1979년 발생한 최초의 원자력 발전소 사고. 미국 펜실베이니아주에 있는 스리마일섬의 원자력발전소 2호기에서 사고 발생하여 핵연료가 외부로 누출된 사고.

25 Chernobyl : 우크라이나 북부 도시. 1986년 4월 원자력 발전소 4기 중에서 4호 원자로 사고 발생. 국토의 20%가 방사능에 오염되었고, 피해로 인하여 인구 5만 명의 도시를 비웠음.

4.3.2 기후변화

날씨(weather)가 매일 또는 주간 단위로 비, 온도, 구름, 바람 등을 나타나는 기상 상태라면 기후(climate)는 넓은 지역에서 매년 비슷한 시기에 출현하는 평균적이며 종합적인 대기상태를 말한다. 날씨가 단기적이고 좁은 지역의 기상 상태라면 기후는 장기간 광범위한 지역의 날씨 조건이라는 점에서 차이가 있다. 동식물은 기후의 영향을 많이 받는데 기후는 오랜 지구 역사 동안 거세게 변화하여 왔다.

여러 번의 빙하기를 거쳤고, 마지막 빙하기는 10,000년 전에 끝났다. 그 이후 지구는 더워지고 있으며 이에 따라 여러 가지 변화가 수반되고 있다. 지난 몇 십년간 지구의 온도가 급상승하였고, 급격한 기후 변화가 인간의 생활환경을 변화시키고 있다.

전문가들은 그 원인을 산업화에 따르는 과도한 인간 활동의 결과라고 보고 있다.

(1) 기후 변화 영향

기후변화가 인간에게 미치는 영향은 점차 심각해지고 있다. 어떤 지역은 가뭄이 심하고 어떤 지역은 비가 너무 많이 와서 홍수로 피해를 입는다. 해마다 가뭄이 심해져서 농사가 힘들어지다가 갑자기 홍수가 들면 그나마 농사짓던 땅과 사람들이 살던 가옥들이 물에 다 떠내려가는 것을 자주 볼 수 있다. 특히 치수 사업에 소홀하던 저소득국가일수록 가뭄과 홍수에 더 큰 고통을 겪는 것을 볼 수 있다. 태평양 남서부의 태풍, 인도양에서 발생하는 싸이클론, 오스트레일리아 동북부의 윌리윌리, 북대서양의 허리케인, 미국 중남부의 토네이도 등의 발생 빈도와 규모가 점차 커지고 피해 또한 커지고 있다.

여러 나라를 흐르는 큰 강들은 국제관계의 중요한 쟁점이 되고 있다. 가뭄이 심하여 상류 지역에 댐을 만들어서 물을 보관하면 하류 지역에서는 가뭄이 더욱 심해진다. 이것은 실제로 전쟁의 원인이 된다. 아프카니스탄이 가뭄에 대비하여 댐을 지으면서 하류 지역에 있는 이란과 분쟁이 생겨 전쟁도 불사하겠다고 한다. 중국이 남부 메콩강 상류에 11개의 댐을 지으면서 태국, 캄보디아, 베트남 등 남지나해 국가들은 수자원 부족으로 큰 피해를 보고 있다. 더구나 중국은 계속 댐을 더 지을 계획이다.

지구 온난화로 인하여 북극과 남극의 빙하가 녹는 것은 오래 전부터 예측되어왔다. 빙하가 녹을수록 해수면이 상승하여 육지가 바다가 되는 것을 경험하는 나라들이 늘고 있다. 빙하가 사라지고 바닷물이 증가하지만 오히려 사막화와 함께 담수가 줄고 있어서 심각하다. 자신이 살고 있는 육지가 사라지거나 대폭 줄어들면 다른 나라로 이주해야 하는데 이것도 역시 국제관계의 중요한 문제가 아닐 수 없다.

(2) 기후변화와 국제협력

국제사회가 기후변화에 대응하려는 노력 중의 하나가 오존층[26] 회복이다. 1987년 몬트리올 의정서는 오존층 회복을 위하여 CFC(염화불화탄소)[27]의 배출을 2030년까지 없애기로 하고, 2050년까지 오존층을 회복하기로 하였다. 1992년 리우 '지구정상회의'는 기후변화 대응을 위한 국제회의였다. 여기서 기후변화협약(FCCC)[28]를 추진하고 온실가스를 안정화시키기로 합의하였다.

기후변화협약은 다음 사항들을 추진하고 있다.

- 각국의 온실가스 현황에 대한 국가통계 및 정책이행에 관한 보고서 작성
- 온실가스 배출 감축을 위한 국내 정책 수립 및 시행
- 온실가스 배출량 감축 권고

지구온난화를 발생시키는 온실가스에는 탄산가스, 메탄, 이산화질소, 염화불화탄소 등 여러 가지 물질이 있는데, 이 중 탄산가스의 인위적인 배출이 가장 많이 이루어지기 때문에 탄산가스 배출량을 규제하는 것에 초점을 맞추고 있다.

---

26 오존층(ozone layer) : 지구 상공 25~30km에 있는 오존 밀집층. 태양에서 오는 자외선을 흡수하여 산소로 바꿔주는 역할을 함. 오존층이 얇아지거나 없어지면 피부병이나 피부암이 발생한다.

27 염화불화탄소(Chlorofluorocarbon) : 염소(Cl), 불소(F), 탄소(C) 원자를 포함하는 화합물의 집합적 명칭. 냉각제, 발포제, 세정제로 사용되었다.

28 FCCC(Framework Convention on Climate Change): 정식 명칭은 '기후변화에 관한 유엔 기본협약'. 1994년 3월 발효.

1) 교토의정서 발효

기후변화협약(UNFCCC)을 이행하기 위해 만들어진 국가 간 이행협약으로, '교토기후협약'이 있다. 1997년 12월 일본 교토에서 열린 기후변화협약 제3차 당사국총회는 선진국으로 하여금 2008~2012년 온실가스 배출량을 1990년 기준으로 5.2% 감축하기로 하는 교토의정서를 만들었다. 그러나 중국, 미국, 일본 등이 이탈하여 별 효과가 없었으므로 다시 2015년에 파리에서 다음과 같이 새로운 협약을 추진하기로 하였다.

- 공동이행제도: 어떤 선진국이 개발한 온실가스 감축 실적을 다른 선진국 실적으로 인정하는 제도
- 청정개발체제: 어떤 선진국이 개발도상국에 투자하여 개발한 온실가스 감축 실적을 그 선진국 실적으로 인정하는 제도.
- 배출권거래제: 온실가스 감축 의무가 있는 국가에 배출쿼터를 부여하고, 국가 간 배출 쿼터의 거래를 허용하는 제도.

2) 파리기후변화협약 발효

2015년 프랑스 파리에서 추진한 이 협약은 장기목표로 산업화 이전 대비 지구 평균 기온 상승을 2℃보다 상당히 낮은 수준으로 유지키로 하고, 1.5℃ 이하로 제한하기 위한 노력을 추구하기로 했다. 또 국가별 온실가스 감축량은 각국이 제출한 자발적 감축목표를 그대로 인정하되 2020년부터 5년마다 상향된 목표를 제출하도록 했다.

이와 함께 정기적인 이행 상황 및 달성 경과보고를 의무화하고, 이를 점검하기 위한 국제사회의 종합적 이행 점검 시스템을 도입해 2023년에 최초로 실시한다는 원칙에 합의했다.

(3) 그린라운드(Green Round)

환경보호를 위하여 국제사회에서 합의된 환경기준을 만든 다음 이에 미달하는 무역상품에 대해서는 각종 제재조치를 가하자는 주장이다. 1992년 6월 브라질의 유엔 환경개발회의, 오존층 파괴물질 규제인 몬트리올 의정서, 중금속 산업폐기물 수출입 규제를 위한 바젤협약, 세계기후협약 등이 1992년에 다자간 협정에 의하여 발효되었

다. 1994년 GATT 각료회의에서 채택된 '무역과 환경에 관한 각료 결정'에는 WTO 발효 후 열리는 첫 이사회에서 무역환경위원회를 설치해 무역에 영향을 주는 환경장치를 검토하여 필요시 제어할 수 있도록 하였다.

우루과이 라운드는 자유무역을 보장하기 위한 국제협약이고, 그린라운드는 환경문제를 이유로 무역을 규제하기 때문에 한국 등 신흥개도국들에게는 일종의 무역장벽으로 작용할 가능성이 크다

4.3.3 노동

산업혁명은 국제 분업을 몰고 왔다. 따라서 각 나라가 전체 산업의 일부분을 맡아서 생산하고 한 곳에서 조립하여 완성하고, 각 소비지역으로 공급되는 공급망을 구축하게 되었다. 따라서 인력이 많이 필요한 지역과 적게 필요한 지역으로 구분되었고, 지역마다 고급 인력과 저급 인력의 수요와 공급에 차이가 발생한다. 이를 극복하기 위해서 노동 인구의 이동이 많아지기 시작하였다.

경제가 세계화되면서 여성들의 이주가 증가하고 있다. 선진국 아이들을 돌보기 위하여 가난한 나라의 여성들이 가정부로 이주하고 있다. 동남아시아 국가에서 잘사는 중동 국가 또는 싱가포르 등으로 이주를 한다. 중남미에서는 미국으로, 아프리카에서는 유럽으로 이주하고 있다.

(1) 노동 이주

미국이 서부를 개척할 때 도로 개설과 철도 개설 등으로 절대 다수의 노동력이 부족하여 중국에서 많은 노동자들이 미국으로 이주하였다. 이들을 비하하여 쿠리(coolie)[29]라고 불렀다. 1800년대 하와이 섬에 사탕수수 농장이 성업했을 때 노동자가 부족하여 중국에서 이민을 많이 받았다(약 7만 명). 그러나 독점으로 인한 문제로 중국인의 이민을 금지시키고, 일본에서 이민(약 9만 명)을 받았다. 시간이 지나자 역시

---

29 쿠리(coolie) : 중국과 인도에서 19~20세기 초 미국으로 넘어온 노동자들을 비하하여 부르는 말. 저임금에 힘든 일을 시켰으며 약 10만 명으로 추산됨. 아시아인을 비하할 때 사용.

독점으로 인하여 노동을 거부하는 등 불편이 생기자 일본 이민을 중지하고 조선에서
이민(7천여 명)을 받았다. 이와 같이 산업화에 따르는 노동력 수요 변화로 인하여 노
동 인구의 이동은 계속 증가하고 있다.

인도 출신 미국 대기업 CEO

미국 IT 대기업에는 인도 출신 CEO가 많다. 이들은 모두 인도에서 대학을 나와 미국에 가서 공
부하다가 취직을 해서 CEO가 된 것이다. 미국 이민자 출신의 자제들이 CEO가 된 것이 아니다.
그런데 한국인들도 상당한 수가 미국에 유학 가서 공부를 했는데 왜 CEO가 된 사람이 별로 없
는가?
인도인들이 미국 대기업에서 성공하는 요인들은 다음과 같다.

- 한 직장에 오래 근무한다.
- 인도로 귀국할 생각을 하지 않고 미국에서 살려고 노력한다.
  한국인들은 소정의 과정을 마치면 귀국하려고 한다.
- 직장에서 소통을 잘하려고 노력한다.
- 주변 사람들과 융화하면서 지낸다.
  한국인들은 외톨이로 지내거나 한국인끼리만 어울린다.
- 자기 자신을 적극적으로 소개하고 자랑한다.
  한국인들은 열심히 일하면 다 알아주겠지 하며 말없이 지낸다.
- 파티 같은 모임에 자주 참석하고 잘 어울리며 대화한다.

　한국이 산업혁명에 성공하면서 노동집약적인 일손이 부족해지자 동남아에서 많은
노동자들이 와서 일을 하고 있다. 공업단지의 공장과 농장에서는 외국인들이 없으면
공장과 농장을 운영할 수 없는 지경에 이르렀다. 이들은 산업연수생 형식으로 수년간
일하다가 다시 고국으로 돌아간다.
　한국에서는 1960년대에 산업화를 위한 외화벌이를 위하여 서독에 광부와 간호사들
을 파견하였고, 중동 건설 현장에 수만 명의 노동자들을 파견하여 경제발전에 도움이
되었다. 북한은 지금도 외화벌이를 위하여 수만 명의 노동자들을 중국, 러시아, 중동
등에 파견하고 북한 정부가 집단으로 거주시키며 중노동을 시키고 임금을 착취하여
문제가 되고 있다.

(2) 블루라운드(Blue Round)

인류 노동의 역사에는 가혹하고, 불합리하고, 착취에 해당하는 부당한 일들이 수없이 있어왔다. 블루라운드는 불합리한 노동 환경을 개선하려고 노동 조건을 국제적으로 표준화하기 위한 다자간 협상이다. 1994년부터 국제 노동 기구(ILO)를 중심으로 본격적으로 논의하고 있다. ILO는 노동자의 노동조건 개선 및 지위 향상을 위해 설치된 국제연합의 전문기구이다. 이 협상은 국제 노동 기구 협약을 위반하여 노동자들에 대한 부당한 착취를 하는 국가나 기업에 대하여 규제를 가하려고 한다. 특히 폭력에 의한 강제 노역이나 미성년자 노역을 막으려고 한다. 노동 규정에 위반한 상품에 대하여는 무역 제재를 가하도록 하고 있다. 블루라운드의 취지는 노동자들의 기본권을 보장하여 인간다운 삶을 살 수 있도록 하자는 것이다. 하지만 노동 비용이 비싼 선진국들이 저개발국들에 대하여 합법적인 무역 제재를 통하여 자국 산업의 생산력을 확보하자는 의도가 있다는 비난도 있다.

4.4　남북문제

남북문제의 기본은 북반구에 위치한 공업국과, 남반구에 위치한 농업국가 사이의 산업화 격차에서 생기는 경제적인 문제이다. 이 문제를 해결하기 위하여 선진국들과 UN은 함께 노력하고 있다. 세계은행 발표에 의하면 1990-2008년 사이에 남반부 전체의 1인당 소득이 약 3,000달러에서 5,500달러로 늘었다. 그러나 같은 기간 북반구에서는 20,000달러에서 31,000달러로 늘었다. 남반부의 소득 상승률이 북반부보다 높았으나 절대 금액의 차이는 더 커진 것을 알 수 있다.

제2차 세계대전 이후에 유럽 선진국들이 빈곤한 국가들에게 많은 원조를 주었으나 개선된 결과는 아주 미미했다. 막대한 원조 금액에 비하면 경제 성장 효과가 너무 미미해서 결과적으로 큰 도움을 주지 못했다. 원조가 국가 경제에 도움이 되지 못했던 원인을 잘 연구해서 실제로 도움이 되는 원조를 해야 한다. 선진국들의 원조 자금은 후진국 권력자들의 개인 주머니로 들어갔고 민생을 위한 산업화에는 사용되지 않았던 것이다. 제2차 세계대전 후에 독립한 수많은 나라들 중에서 유일하게 한국만 산업화에 성공하여 선진국이 되었다. 따라서 한국의 경제 원조와 개발 사례를 연구하여 후진국들에게 적용하려는 연구가 진행되고 있다.

4.4.1 빈곤

UN의 빈곤 대책 중의 하나는 '극빈' 인구를 절반으로 줄이는 것이다. 극빈이란 하루 1.25달러 미만의 소득을 말한다. 전 세계에서 매 5초마다 한 명의 어린이가 굶어죽고 있다. 한 시간에 720명, 하루에 17,280명, 한 해에 어린이 630만 명이 굶어죽고 있다. 전 세계의 식품 생산량과 소득으로 보면 이들을 죽이지 않고 모두 먹일 수 있으나 가난한 부모나 국가에서는 이를 해결하지 못하고 있다. 전 세계에서 사용하는 군사비는 2020년 기준으로 1조 9,800억 달러이므로 이 돈의 수 천분의 일만 어린이 빈곤에 사용해도 해결될 수 있는 규모이다.

(1) 매춘

세계화는 전 세계적으로 국제 분업을 통하여 산업을 위한 교류를 증가시켰다. 국제 인적 교류 증가는 부수적으로 성 산업을 발전시켰고, 수많은 소녀와 여성들이 매매되고 노예로 팔려가는 계기가 되었다. 태국에는 50만~100만 명의 매춘부가 있고 이들의 5%가 노예상태라고 한다. 태국 북부 산악지대의 가난한 어린 소녀들이 노예로 팔려서 매춘부가 되었다. 국제간의 예를 들면, 소련권역의 여성들이 서유럽과 북미 지역 남성들에게 통신으로 판매되어 여성 배우자가 되고 있다.

이 과정에서 가난한 나라 여성일수록 잔인하고 악랄한 인신매매의 대상이 된다.

네팔에서는 해마다 5천명에서 7천명의 소녀들이 인도로 팔려가고 있다.

2000년대 초 한국 여성들이 관광비자로 캐나다에 들어가서 미국 국경을 넘어서 뉴욕 등 대도시 유흥가로 돈을 벌러 가는 여성들이 해마다 수천 명을 넘는다는 미국 방송의 보도가 있었다. 북한에서는 굶주림을 면하기 위하여 중국에 인신매매로 팔려가는 여성들의 수가 많다고 하는데 중국과 북한의 정보 통제로 인하여 정확한 자료가 없다. 그러나 적어도 수십만 명의 북한 여성들이 굶어죽지 않기 위하여 북한을 탈출하였으나 인신 매매 조직에 잡혀서 중국 오지의 농촌이나 유흥가로 팔려갔다는 보도가 나오고 있다. 실제로 인신매매로 중국 농촌에 팔려갔다가 탈출하여 한국으로 입국한 탈북 여성들의 증언을 국내 방송에서 많이 청취할 수 있었다.

(2) 빈곤 대책

남반부는 원자재를 생산하여 북반구에 공급하고, 북반구는 완제품을 만들어서 세계에 공급하는 과정에서 소득 격차가 크게 발생한다. 대표적인 사례가 인도네시아 니켈 광산이다. 니켈을 광석 상태로 수출하면 부가가치가 작지만 공장에서 전기 자동차용 배터리 완제품을 만들어 수출하면 부가가치가 높다. 따라서 산업화도 이루어지고 일자리도 늘어나는 만큼 국가적으로 이익이 되기 때문이다. 인도네시아는 니켈을 원광 상태로는 수출하지 않겠다고 발표했고, 한국 등 공업국들이 인도네시아에서 니켈을 이용하여 배터리 공장을 짓기로 하였다.

한국이 경제발전 과정에서 일본의 중간 부품을 수입하여 완제품으로 조립한 다음 수출하는 단계를 거쳐서 산업화되었듯이 중국도 한국과 같은 방식으로 산업화에 성공하고 있다. 산업화할수록 고용이 증대되고 부가가치가 높아지므로 빈곤에서 탈출할 수 있다.

4.4.2 보건/의료

1347년 몽고군에 의하여 아시아 지역에 있던 페스트(흑사병)가 유럽에 전파되었다. 페스트는 야생의 설치류를 통하여 전염되는 아시아 지역 풍토병이었다.

이후 유럽에는 수년에 걸쳐 대규모 피해를 보게 되어 당시 인구가 1/5로 줄어들었다. 이와 같이 대규모의 피해를 야기하는 전염병들은 역사적으로 많이 있었다. 1918년에 발생하여 2년 동안 2,500만에서 5,000만 명의 목숨을 앗아간 스페인 독감이 있었다. 당시 1차 세계대전에 참전 했던 미군이 감염되었고 이들이 귀국하여 총 50만 명의 미국인이 죽었다. 1968년 100만 명이 사망한 '홍콩 독감'과 2009년 '신종플루' 등이 많은 피해를 주었다. 2019년 12월 중국 우한에서 시작된 코로나바이러스(COVID-19)는 아시아를 넘어서 전 세계로 전파되었다. 수많은 나라 사람들이 코로나에 감염되었고 효과적인 치료제(팍스로비드, 몰누피라비르 등)가 나오기 전까지 상당

수가 사망하였다. 아직도 이 질병은 진행 중에 있다.

과학기술이 발전하여 세계가 점점 좁아지는 가운데 전염병이 점차 인류에게 위협이 되고 있다. 과거에는 특정 지역의 숲속에서만 존재하던 바이러스들이 삼림 개간에 의하여 노출되고 고속도로와 항공기에 의하여 외부세계로 전파되었다.

이 바이러스들은 다른 지역 사람들에게는 전혀 익숙하지 않은 병균이기 때문에 많은 피해가 발생할 수 있다. 특히 가난한 나라일수록 의료시설이 부실하여 큰 피해를 보고 있다. 빈곤은 삶을 힘들게 할 뿐만 아니라 목숨까지 대량으로 앗아간다. 따라서 빈곤 때문에 의료 사각지대에 있는 사람들을 지원하는 것도 국제관계에서 중요한 요소가 되었다. 왜냐하면 간단하게 예방할 수 있는 전염병을 빈곤한 나라에서 막지 못하면 전 세계를 위험에 빠뜨릴 수 있기 때문이다.

4.5 인권과 부패와 페미니즘

국제사회에서 문제가 되고 있는 사항들 중에서 국제관계가 악화되는 사건들 중에 인권과 부패와 젠더 등이 있다.

4.5.1 인권

인권이란 사람이 개인 또는 나라의 구성원으로 마땅히 누려야하는 기본적인 자유와 권리이다. 인권에 관한 관념과 제도는 근대시민혁명을 계기로 하여 정립되었다.

인간과 시민을 권리의 주체인 인격으로 인정하여 모든 인간의 이름으로 인권을 선언, 제도화한 것은 근대시민사회에서 이룩된 위대한 진보이다. 인권이 처음 보호되기 시작한 것은 1215년 영국의 존왕이 서명한 대헌장이다. 대헌장에는 법률에 의하지 않고는 자유민의 인신을 구속할 수 없다는 구절이 있다. 시간이 지남에 따라 자유민은 노예를 포함하여 모든 계급의 사람들에게 적용되었다.

자말 카슈끄지와 바이든 대통령

자말 카슈끄지는 사우디의 언론인으로 알카에다의 오사마 빈 라덴과의 인터뷰와 생생한 필력으로 세계에 이름을 알렸다. 미국 인디애나주립대를 나와서 언론계에서 활동했다. 개혁 성향 일간지의 편집장을 지내면서 사우디 정부의 눈 밖에 나기 시작했다. 미국 워싱턴 포스트에 사우디를 비판하는 글을 게재해 왔다.

그는 2018년 10월 2일 터키 주재 사우디 영사관을 방문했다가 피살되었다.

사우디 왕세자 빈살만의 지시로 암살되었다는 의혹이 있었지만 사우디 왕실은 전면 부정했다.

당시 미국 대통령이었던 트럼프와 달리 대통령 후보였던 바이든은 이 사건을 인권과 결부하여 격렬하게 사우디 정부를 비난했다. 바이든은 대통령이 된 후에도 빈살만 왕세자를 비난했다. 자연스럽게 빈살만과 사우디 정부는 미국과 멀어졌다.

우크라이나 전쟁으로 석유 값이 치솟았을 때 미국은 러시아의 전쟁 자금줄을 죄기 위해 석유 가격을 낮추기를 원했다. 그러나 사우디는 감산정책으로 러시아를 돕는 처신을 했다. 미국은 셰일가스가 충분하므로 석유 가격에서 자유롭지만 중동 국가들은 석유가 유일한 수입원이므로 석유 가격을 낮추기 어려웠다.

바이든 대통령이 자존심을 죽이고 사우디를 방문하여 석유 증산을 요청했지만 돌아온 답변은 감산이었다. 빈살만은 바이든을 냉대하고 러시아의 푸틴을 정중하게 대하는 모습을 TV로 전 세계에 보여줬다. 빈살만은 미국이 가장 싫어하는 이란과 국교를 재개하고 가까운 모습을 보였다. 미국의 대 중동정책이 인권 문제로 난항을 겪고 있다.

4.5.2 부패

부패(corruption)란 사적 이익을 얻기 위하여 타인을 속이는 것이다. 타인을 속이는 것도 공적 권력을 이용하는 정치적 부패와 개인적으로 남을 속이는 도덕적인 부패로 구분할 수 있다. 정치적 부패는 행정 규칙을 위반하는 것이므로 사회적으로 광범위하게 규칙을 왜곡시키는 문제점을 야기한다. 도덕적인 부패는 권력과 관계가 없는 것으로 보이지만 남을 속이거나, 재산권을 침해하거나, 뇌물 수수 등으로 타인에게 피해를 준다는 점에서 같은 문제이다.

(1) 국제투명성기구의 부패지수

독일 베를린에 본부를 둔 국제투명성기구((TI, Transparency International)는 국제 반부패 NGO의 대표적인 기구로 1993년 설립되었다. 국제투명성기구는 다음과 같이 두 가지 목표를 추구하고 있다.

첫째, 부정부패의 피해가 얼마나 심각한지를 공표한다.

둘째, 국내외적으로 투명한 사회를 건설한다.

국제투명성기구는 부정부패를 퇴치하기 위하여 국제적으로 효율적인 제도를 만들고 연대를 강화해가고 있다. 또한 UN, EU, OECD, 국제개발은행 등과 긴밀한 협력 체제를 갖추고 있다. 반부패운동의 일환으로 부패에 대한 국가별 우선순위를 지표로 만들어서 국가별부패지수(CPI, Corruption Perception Index)를 1995년부터 매년 독일의 괴팅겐대학과 공동으로 조사하여 발표하고 있다. CPI는 주로 기업인과 정치가의 부패에 대한 주관적인 평가를 취합하여 100점 만점으로 환산하여 국가별로 발표하고 있다(점수가 높을수록 부패가 적다).

2022년도 한국의 CPI는 63점으로 전체 180개국 중에서 31위를 차지하였다.

한국의 CPI 지수는 1999년 38점에서 시작해서 계속 개선되고 있으나 시간이 지날수록 개선 비율이 약해지고 있다. 덴마크가 90점으로 1위, 핀란드와 뉴질랜드가 87점으로 공동 2위, 노르웨이가 84점 4위, 싱가포르와 스웨덴이 83점으로 공동 5위를 차지했다. 아시아태평양 국가들 중 홍콩(76점, 12위), 일본(73점, 18위), 타이완(68점, 25위) 등이 한국보다 좋은 평가를 받았다. 최하위는 12점을 받은 소말리아, 시리아와 남수단은 13점으로 공동 178위에 자리했다. 한국은 G7 국가 중에서는 매우 낮고 G20 국가들 중에서는 중간에 위치하고 있다. CPI 지수만 보면 한국의 민주화 정도와 경제/교육 수준에 비하여 부패가 많은 편이다.

부패인식지수 70점대는 '사회가 전반적으로 투명한 상태'이고, 50점대는 '절대부패로부터 벗어난 정도'이다. 60점대는 절대 부패에서 벗어났지만 전반적으로 투명하지는 못한 정도이다. 부패인식지수의 세계 평균은 43점이다. 세계 3분의 2 이상의 나라가 심각한 부패 문제를 안고 있다.

(2) 반부패라운드(anticorruption round)

부패(corruption)란 주로 사적 이익을 위하여 공적 권력을 오용시키는 것을 의미한다. 반부패라운드는 부패로 인하여 왜곡된 무역 관행을 바로잡기 위하여 WTO에서 새롭게 거론된 다자간 협상이다. OECD에서도 국제상거래에 있어 외국 공무원에 대한 뇌물방지를 위한 협약을 만들었다. 부패를 없애고 국가 간에 공정한 무역질서를 확립하려는 다자간 노력을 말한다.

해외에서 공사를 수주하거나 물건을 납품하기 위해 그 나라의 관리들에게 뇌물을 줄 경우 국내법에 따라 처벌하도록 하는 '해외뇌물방지법'(한국은 2000년 1월 제정)이 발효되었다. 해외뇌물방지법은 범세계적 차원에서 추진되고 있는 반부패 라운드의 첫 번째 구체적인 조치로 해외에서의 상거래 관행이 상대적으로 투명하지 못한 나라의 기업들에게 큰 부담이 될 것이다. 해외뇌물방지법은 특히 뇌물을 주고 공사를 따거나 물건을 팔아 얻은 이익금의 2배까지 벌금을 물리도록 하고 있다. 사실상 해외에서의 모든 주요 거래가 반부패 라운드의 국제 감시 아래에 놓이게 되었다.

4.5.3 페미니즘과 젠더

페미니즘(feminism)은 남성중심 사회에서 여성이 억압받는 현실에 저항할 것을 주장한다. 젠더(gender)는 생물학적으로 남녀를 구별하는 것과 달리 사회문화적으로 성별에 따라 역할이 다르다는 것을 주장한다. 페미니즘은 라틴어로 '여성스러움'을 표현하는 어원에서 파생한 반면에 젠더는 언어학에서 기존에 사용하던 남성, 여성, 중성 등의 용어에 성 정체성 개념을 부여하여 사용하기 시작한 용어이다. 기존에 사용하던 생물학적인 성별을 섹스(sex)라고 하고, 사회문화적으로 성별을 구분하는 것이 젠더라고 한다.

페미니즘이 처음 등장한 것은 20세기 전후에 미국과 영국에서 여성 참정권 운동을 주장하면서 부터이다. 이와 함께 교육권, 노동권, 출산권 등을 주장하며 남성과의 평등을 주장하였다. "여성은 여성으로 태어나는 것이 아니라 여성으로 만들어진다"라고 말한 시몬느 드 보봐르(Simone de Beauvoir)의 영향이 컸다. 그들은 여성의 평등권에서 더 나아가 보다 적극적으로 여성의 '해방'을 주장했다.

페미니즘이 국제정치에 등장한 것은 1990년대 초반이다. 국제관계학의 주요 과제는 정치, 군사, 안보와 국제체제에 있었으므로 여성 문제와는 거리감이 컸다. 그러나 1990년대 냉전이 해소됨에 따라 국제관계학은 전통적인 방식을 떠나 새로운 방식을 추구하게 되었고 이때 포스트모더니즘[30], 탈식민주의[31], 비판이론[32] 등이 등장하였다. 이와 함께 페미니즘과 젠더를 이용하여 국제관계학을 분석하기 시작하였다. [표 4.6]은 다양한 페미니즘과 국제관계에서의 역할을 보여준다.

[표 4.6] **페미니즘과 젠더와 국제관계**

종 류	내 용
자유주의적 페미니즘	여성이 남성과 동일한 권리와 기회를 가지고 국제정치에 참여해야
사회주의적 페미니즘	자본주의의 탐욕과 야만성을 제거해야 한다. 그러나 현실에서는 사회주의 사회에서 여성 인권이 더욱 열악하다.
포스트모던 페미니즘	기존의 남성과 여성의 역할을 검토하여 새로운 역할 부여
주도적 페미니즘	남성과 다른 여성의 경험을 국제정치에 반영해야

국제정치학에서 페미니즘과 젠더를 받아들이는 방식에는 다음과 같이 다양한 주장들이 있다.

첫째, 자유주의적 페미니즘은 여성들이 국제정치에 참여하고 있는 역할이 너무 미미하기 때문에 여성들도 남성들과 동일한 권리와 기회를 가지고 국제정치에 참여해야 한다. 기존의 역할이란 외교관 부인의 회식 지원이나, 매춘 여성들의 외화벌이, 외국 식당에서 출연과 노동, 외국 공장에서 어린 여공들의 열악한 노동 등이 계속 되어서는 안 된다는 주장이다.

둘째, 사회주의적 페미니즘은 여성들이 겪는 억압과 소외는 자본주의 사회의 구조적 모순의 결과라는 주장이다. 특히 가부장제 사회에서 여성들의 교육 수준이 상대적으로 낮고, 기업의 이익을 극대화하려는 자본가들의 횡포와 수탈로 인하여 여성들이

---

30 포스트모더니즘(postmodernism) : 이성과 합리성에 기반을 둔 계몽주의적 신념을 부정하고, 하나의 고정된 실체가 존재한다는 발상을 거부하는 접근 방법.

31 탈식민주의 Postcolonialism: 제국주의 시대 이후, 독립을 한 후에도 여전히 남아있는 제국주의의 잔재를 탐색해서 그것들의 정체를 드러내고 극복하자는 문예사조

32 비판이론 : 자본주의와 민주주의라는 이름으로 숨어 있는 전체주의적 요소를 찾아서 고발하고, 인간성을 회복하자는 이론. 마르크스주의가 고무한 가장 영향력있는 국제관계이론. Ex. 그람시 Antonio Gramsci) 프랑크푸르트학파.

불평등을 겪는다는 것이다. 그러나 실제로 여성의 인권은 자본주의 사회보다 사회주의나 공산주의 사회에서 더 열악한 것이 현실이다. 이슬람권에서도 여성의 인권은 매우 부정적이다.

셋째, 포스트모던 페미니즘은 여성이라는 이유로 차별을 받는 것에 주안점을 두고 있다. 기존의 고착된 남성과 여성의 역할에 의문을 제기하고 포스트모던하게 여성의 새로운 역할과 기능을 주장한다.

넷째, 주도적 페미니즘은 여성의 경험을 국제정치학에 적극적으로 포함하자는 주장이다. 여성의 경험이 남성과 다르므로 상대적으로 호전적인 남성들이 국제관계에서 역할을 할수록 물리적인 충돌 등 부정적인 요인이 증가한다는 주장이다. 따라서 국제정치의 기본적 가설을 크게 후퇴시키지 않으면서 여성들의 활동을 강화하자는 주장이다.

제5장

/

국제관계와 전쟁

국제관계에서 국가 간의 갈등이 가장 심각하게 악화된 현상이 전쟁이다. 전쟁은 국가와 국민의 존망을 좌우하기 때문에 국제관계에서 가장 중요하게 취급된다.

한국인들에게는 태어나면서 갖게 되는 몇 가지 콤플렉스가 있다. 모두 한국을 둘러싸고 있는 지정학적인 문제이기 때문에 어쩔 수 없는 현상이다. 한국인들은 한때 마음에 안 드는 외국인들을 되놈[1], 쪽발이[2], 코쟁이, 빨갱이라고 얕잡아 부르기도 했지만 이는 일종의 두려움의 표현이다. 강대국을 비하하는 것은 정신승리일수는 있어도 현실에서는 별 도움이 되지 못하고 오히려 손해이다.

세계 각국은 역사적으로 인접 국가와 사이좋게 지내는 경우도 있지만 숙적인 관계가 더 많다. 역사적으로 숙명적인 관계에 있는 나라들이 어떻게 국가 간의 갈등을 해소했는지 또는 악화했는지 강대국 중심으로 살펴본다.

5.1 중국의 국제관계와 전쟁

중국은 세계의 모든 정착민들과 마찬가지로 오래전부터 북쪽 유목민들의 침략에 시달렸다. 중국을 통일한 진시황은 흉노족의 침입을 막기 위해서 만리장성을 쌓았다. 만리장성을 쌓았어도 흉노족과 몽고족 등 다른 유목민들의 침략을 막지는 못했다.

진나라가 무너지고 한나라가 들어섰지만 한나라 태조 유방[3]도 흉노에게 포위되어 포로가 될 처지에서 뇌물을 바치고 간신히 탈출한 적이 있다. 만리장성에 수많은 돈대와 진지가 있어도 유목민들은 쉽게 만리장성을 넘었다. 선비족이나 거란족이나 여진족이 중국을 공격할 때 만리장성은 큰 장애가 되지 못했다.

한나라 무제는 만리장성으로 흉노를 막을 수 없어서 서역의 대월지국과 동맹을 맺기 위하여 장건[4]을 보냈다. 장건이 대월지국과 동맹을 맺지는 못했지만 서역과 외교

---

1 되놈: 만주 지방에 살던 여진족을 낮잡아 이르던 말. 중국인을 경멸하는 말.
2 쪽발이: 앞부분이 둘로 갈라진 짐승의 발인 '쪽발'에서 유래. 일본인들이 신는 조리에서 생긴 말.
3 유방(劉邦, 재위 BC 202~BC 195): 한나라 1대 황제. 진나라 말기에 군사를 일으켜 진나라를 멸하고, 초나라의 항우와 4년간의 쟁투 끝에 항우를 패배시키고 천하 통일하여 한나라를 세웠다.
4 장건(張騫, ? - BC 114): 한나라 무제가 흉노족을 견제하기 위하여 대월지국(흉노에 밀려서

관계를 시작하고 비단길을 열게 한 것은 경제적으로나 문화적으로도 매우 중요한 일이었다. 명나라는 여진족이 만리장성을 넘기도 전에 이자성[5]의 난에 의하여 스스로 무너졌고, 만리장성은 명나라 오삼계 장군이 스스로 청나라 군대에게 문을 열어주었다.

중국은 역사적으로 주변 강대국들과 전쟁을 피하기 위하여 많은 노력을 했다.

그 노력 중의 하나가 화번공주(和蕃公主)다. 화번공주는 중국이 강성한 이민족 국가와 화친을 맺기 위하여 이민족 군주에게 시집보내는 황실의 공주였다. 대표적으로 한나라 원제는 왕소군[6]을 흉노족 왕(호한야)에게 시집보냈고, 당 태종은 문성공주[7]를 토번(티베트) 송찬간포(松贊干布)에게, 수나라 문제는 의성공주[8]를 돌궐 칸(의리진두계민가한)에게 시집을 보냈다. 화번공주들은 황제의 정치적 목적에 따라 낯설고 야만스러운 오랑캐 왕에게 시집을 간 것이다. 화번공주 외에도 많은 중국 여인들과 진상품들이 주변 강대국에 보내져 유목민들의 환심을 샀다.

서쪽으로 쫓겨 갔음)과 동맹을 맺기 위하여 BC 139년에 장건을 파견했다. 장건은 흉노족에게 잡혀서 흉노 여인과 결혼하고 살다가 10년 만에 탈출하여 대월지국에 갔지만 동맹을 맺지는 못했다. 대월지국은 이미 정착해서 주변국들을 다스리며 잘 살고 있었기 때문에 흉노와 다시 싸울 마음이 없었다. 돌아오는 길에 또 다시 흉노에게 잡혀서 1년 동안 머물다가 흉노인 아내와 함께 탈출하여 귀국했다. BC 126년 13년 만에 돌아온 장건은 서역에 대한 많은 정보와 함께 비단길을 개척하는 수확을 얻었다. 장건은 서역에 한나라의 위상을 알리고 많은 나라와 교역과 외교관계를 시작하게 되었고, 다른 나라인 오손과 동맹을 맺게 되어 흉노를 견제할 수 있었으므로 결과적으로 성공을 인정받았다.

5 이자성(李自成, 1606~1645) : 명나라 말기 농민 반란군 지도자. 1644년 대순(大順)을 세우고 북경을 점령하여 명나라를 멸망시켰다. 그러나 오삼계(吳三桂)와 청나라 군대에 패배하였다.

6 왕소군(王昭君, BC 52~BC 20 추정) : 중국 고대 4대 미녀(양귀비, 서시, 초한, 왕소군) 중의 하나. 서한시대 한나라 원제 때 BC 33 흉노의 왕 호한야에게 시집을 갔다.

7 문성공주(文成公主, 625 ?~680) : 당태종 때 티베트왕 송찬간포(松贊干布)에게 출가한 당나라 황실의 딸. 티베트로 갈 때 시녀들과 많은 혼수품과 함께 농업기술과 건축, 공예 등 중국문화를 전파하여 문명의 교류 역할을 함.

8 의성공주(義成公主) : 수나라 문제의 4녀. 599년 동돌궐의 칸 의리진두계민가한, 시필가한, 처라가한, 힐리가한 등과 결혼하였다. 돌궐 풍속에 따라 왕이 죽으면 왕비를 다음 왕이 차지했기 때문에 여러 명과 결혼을 했다. 615년 목숨을 걸고 수양제를 위험에서 구해주었다.

5.1.1 중국과 러시아

중국과 러시아는 지리적으로 멀리 떨어져 있었기 때문에 과거에는 접촉할 기회가 별로 없었다. 1600년대 중엽에 러시아 코샤크(Cossack)[9]들의 동진이 시작되었고 드디어 헤이룽강(黑龍江, 아무르강)에 이르러 알바진(Albazin)에 성을 쌓고 나서 청나라와 충돌하게 되었다. 이때 청나라의 요구에 의해 조선에서 수백 명의 조총부대를 보내 러시아와 전투를 벌였다(나선정벌)[10]. 1685과 1686년 두 차례 알바진 전투에서 러시아는 청나라 군대에 무참하게 패배하고 항복했다. 러시아는 아무르강 유역에 대한 야심을 포기했다. 당시 청나라는 매우 강성했기 때문에 대포와 장총으로 포위 공격하여 알바진성을 빼앗고 러시아를 위협하면서 1689년에 네르친스크(Nerchinsk) 조약을 맺었다.

[그림 5.1]과 같이 스타노보이 산맥(외흥안령 산맥)과 아르군강을 경계로 러시아의 전진을 막은 네르친스크 조약은 중국이 서양과 맺은 최초의 평등한 조약이다. 러시아는 아르군강 근처에 설치했던 알바진성을 허물고 철수하였고, 청나라와 통상을 하게 된 것으로 만족해야 했다. 러시아는 수백 년에 걸친 동진이 좌절되는 순간이었고, 청나라는 수십 년의 고민이 해결되는 순간이었다. 청나라는 춥고 거친 북쪽 땅에 관심이 없었으므로 러시아의 남진을 막는 것으로 만족했다. 청나라는 러시아의 남진을 확실하게 막기 위하여 1727년에 캬흐타조약을 체결하여 현재 몽골과 러시아 국경선과 같은 저지선을 만들었다.

1800년대 중엽에 청은 국력이 쇠퇴하였기 때문에 태평천국의 난과 아편전쟁을 겪으면서 러시아의 남진을 막지 못하였다. 1858년 5월에 아이훈 조약을 맺고 [그림 5.1]과 같이 아무르강 좌안을 러시아에게 넘겨주었다. 1860년에는 러시아가 아편전쟁의 마무리를 잘 중재해주었다는 이유로 베이징 조약을 체결하고 우수리강 동쪽에서 태평양까

---

9   코샤크(Cossack) : 현재 러시아와 우크라이나에 해당하는 지역에 있었던 동슬라브계 민족 집단. 이들은 강대국들 사이의 힘의 공백으로 생긴 무법지대에서 나라를 건설하지 못하고 흩어져서 경쟁하고 싸우던 집단이었다.

10   1차 나선정벌(羅禪征伐, 1654) : 조선 효종 때 연해주 흑룡강 방면으로 남하하는 러시아 세력을 막기 위하여 청나라의 요구에 의하여 총수병 중심의 조선군사 150명이 동원됨. 2차 나선정벌(1658) : 같은 이유로 총수병 중심의 조선군사 260명이 파견되었다.

지의 연해주를 러시아에게 할양해주었다. 러시아는 드디어 꿈에 그리던 태평양 항구 (블라디보스톡)를 얻게 되었고, 청나라는 만주에서 바다로 나가는 길이 막혀버렸다.

[그림 5.1] **청과 러시아 국경 조약**

네르친스크 조약의 배경

표트르 대제[11]와 강희제[12]는 모두 제국의 4대 황제였고, 어린 나이에 제위에 올랐으므로 섭정이 정치를 하였다. 알바진 요새에서 충돌이 있었을 때 러시아는 크림반도 부근에서 오스만터키와 전쟁을 하고 있었고, 청나라는 몽고에서 오이라트족의 반란을 진압하느라 서로 힘든 시기였으므로 두 나라 모두 충돌을 빨리 마무리해야할 시점이었다. 네르친스크는 모스크바에서 8,000km였고 북경에서는 1,500km였다. 협상을 할 때 러시아는 거리가 너무 멀어서 1,000명을 보냈고 청나라 는 15,000명의 군사를 보냈다. 따라서 군사적 압력에 의하여 청나라에게 유리하게 조약이 추진되

> 었다.
> 청나라 조약 담당자들은 북경에 있는 예수교 선교사들이었고 조약문은 라틴어로 작성되었고 각각 만주어와 러시아어로 번역되어 서명되었다. 한문으로 작성하지 않은 것은 청나라가 중국의 화이 사상을 배제하려는 입장을 잘 대변하고 있다.
> 네르친스크 조약은 중국이 서양과 맺은 최초의 평등한 조약이라는 점에서 의미가 있다. 그러나 그 이후에 맺은 아이훈조약, 북경조약 등은 모두 청나라에게 불평등한 조약이었다. 그 이유는 표트르 대제 이후에 러시아는 근대화를 추진했지만 청나라는 세계 최강국이라는 자만심으로 정체되었기 때문이다.
> 중국이 근대화하면서 국력이 성장하자 네르친스크 조약을 내세워 아무르주와 연해주를 내놓으라고 러시아에게 요구하였고 러시아와 국경 충돌을 벌였다. 1990년대 내내 영토협정이 이어지다가 러시아가 강가의 몇몇 섬을 중국에게 넘기는 것으로 최종 합의되었다. 중-러 국경분쟁은 2005년에 완전 종결되었다. 이미 국제 조약에 문서로 서명한 것을 되돌릴 수는 없었던 것이다.

네르친스크 조약 당시의 청나라 황제는 강희제였고 러시아 황제는 표트르 대제였다. 표트르 대제는 러시아의 후진성을 탈피하기 위하여 선진 유럽의 문물을 도입하려고 노력할 때였고, 강희제는 청나라의 강력한 힘으로 중국 역사상 최대의 영토로 확장할 때였다. 이후에 중국이 몰락하면서 많은 땅을 러시아에게 빼앗겼다. 중국이 산업화하고 경제적으로 성장하면서 러시아에게 빼앗긴 연해주 등을 내놓으라고 하면서 국경 충돌을 벌였지만 스스로 서명한 국제조약을 바꿀 수는 없었다.

5.1.2 중국과 베트남

진시황이 죽고 진(秦)나라가 BC 206년에 멸망하자 베트남에 있던 진나라 현령 조타(趙佗)가 독립하여 남월(남비엣)을 세웠다. 그러나 BC 111년 한 무제가 침공하여

---

11 표트르 대제(Pyotr Ⅰ, 1682~1725) : 1697년 사절단과 함께 네덜란드, 영국, 독일 등지를 순회하며 선진 유럽의 문물을 직접 배웠다. 1711년 터키 전쟁에서 패배했으나, 1723년 페르시아와 싸워 카스피해 서안을 얻었다. 역법을 율리우스력으로 바꾸는 등 러시아 근대화 역할을 했다.

12 강희제(康熙帝, 1654~1722) : 청나라 4대 황제. 재위 기간이 가장 길다. 삼번의 난을 평정하였고, 재정적, 내정적으로 안정되었다. 대외적으로 대만과 몽고를 정복하고 러시아의 진출을 막는 등 중국의 영토를 크게 확장하였다. 민족 차별을 철폐하고 만주족과 한족의 동화를 위해 노력했다. 아들 옹정제와 손자 건륭제까지 청나라의 전성기를 누렸다.

남비엣을 정복하였고, 이후 1,000여 년간 중국의 직접 지배를 받는다. 베트남은 938년 바익당강(江) 전투에서 중국군을 물리치고 독립한다. 이후 베트남은 중국 왕조들의 침략을 모두 격퇴하고 독립을 유지한다. 베트남의 생존 전략은 중국과는 조공 외교로 안보를 도모하고, 주변국에는 황제라 칭하고 조공을 받았다.

(1) 송나라 침입

송나라가 2차에 걸쳐서 베트남을 침공하였으나 모두 격퇴되었다.

1) 송의 1차 침입

980년 송나라는 후인보를 사령관으로 3만 병력이 베트남을 침공하였다. 베트남은 거짓으로 항복하고 기습을 가하여 후인보가 전사하고 송군은 패퇴한다. 베트남은 송나라 장군 포로들과 함께 사신을 보내서 송나라와 화친을 맺는다.

2) 베트남의 북진과 송의 2차 침입

왕안석[13]의 개혁으로 국력이 충실해진 송나라는 주변국에 간섭을 시작하였다. 베트남은 1075년 말 10만 병력으로 북진하여 광동성 옹주를 함락시켰다. 각지의 군수물자를 불태우고 포로 수천 명을 잡아서 다음 해 3월에 돌아와 개선하였다.

1076년 송나라 신종이 곽달을 지휘관으로 복수의 침공을 시작하였으나 홍강에서 도강 준비를 하다가 베트남군의 기습을 받아 패퇴하였다.

---

13 왕안석(王安石, 1021~1086) : 북송(北宋)의 문필가, 정치인. 산문과 서정시로 '당송팔대가(唐宋八大家)'의 한 명. 신법(新法)이라는 개혁 입법을 입안하고 추진한 개혁적 정치 사상가.

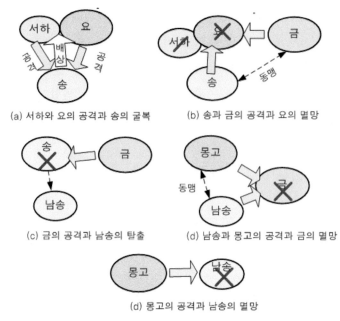

(a) 서하와 요의 공격과 송의 굴복   (b) 송과 금의 공격과 요의 멸망

(c) 금의 공격과 남송의 탈출   (d) 남송과 몽고의 공격과 금의 멸망

(d) 몽고의 공격과 남송의 멸망

[그림 5.2] **송의 국제관계와 멸망**

(2) 몽고 침입

몽고는 베트남을 세 차례 침공하였으나 모두 격퇴되었다.

1) 몽고의 1차 침입

1257년 말 몽고군이 베트남을 침공했다. 몽고군은 보급부대를 두지 않았기 때문에 현지에서 식량을 빼앗었어야 했다. 그러나 베트남군은 청야작전으로 싸우지 않고 후퇴할 때마다 모든 가옥과 농작물들을 불태웠기 때문에 몽고군은 굶게 되었다. 굶주린 몽고군 진지를 베트남군이 밤마다 기습 공격하자 몽고군은 견디지 못하고 철군하였다.

2) 몽고의 2차 침입

1284년 20만 병력으로 베트남을 침공했을 때 몽고는 청야작전에 대비하여 보급부대를 끌고 왔다. 일정한 거리마다 보급기지를 두어서 전진하는 부대에 군수물자를 보급하였다. 베트남군은 청야작전으로 후퇴하면서 밤에 기습 공격하여 보급기지들을 불태워버렸다. 몽고군은 굶주리다가 다시 철수하였다.

송나라 멸망의 원인

당나라가 망하고 5대10국의 혼란을 거쳐서 송나라는 960년에 건국하고 979년에 중국을 다시 통일하였다. 송이 중국을 통일했을 때 중국 북방에는 서하[14]와 요나라[15]가 성장하여 송에 압박을 가하고 있었다. 송은 군사력이 약해서 번번이 전투에서 패배를 거듭하였다. 패배한 대가로 송은 [그림 5.2](a)와 같이 서하에 해마다 은 5만냥, 비단 13만필, 차 2만근을 바쳐야 했고, 요나라에는 은 20만냥과 비단 30만필을 바쳐야 했다(1044년).

요나라가 지배하는 만주 땅에서 여진족이 성장하여 1115년에 금나라를 세우고 요나라와 경쟁하게 되었다. 송나라는 좋은 기회라고 생각하고 금과 동맹을 맺고 요나라를 공격하여 [그림 5.2](b)와 같이 1125년에 멸망시키고 서하를 복속시켰다. 요는 금나라의 땅이 되었고 이제는 금나라가 송을 공격하여 1127년 카이펑을 점령하고 황제를 포로로 잡고 멸망시켰다. 송 황제의 동생이 [그림 5.2](c)와 같이 남쪽으로 도망가서 임안에 남송을 세웠다.

징기스칸이 몽고를 통일하고 금나라를 공격하기 시작하였다. 남송은 좋은 기회라고 생각하고 몽고와 동맹을 맺어 금나라를 공격하여 [그림 5.2](d)와 같이 1234년에 멸망시켰다. 금나라를 멸망시킨 몽고는 금나라 땅을 모두 차지하고 송나라를 공격하기 시작하였다. 몽고군의 압력이 점점 심해지더니 1276년 임안이 함락되었고, 1279년 애산 전투에서 패배하여 남송은 [그림 5.2](e)와 같이 9대 152년 만에 완전히 멸망했다.

[그림 5.2]와 같이 송이 금을 도와서 요를 멸망시키고, 몽고를 도와 금을 멸망시킨 것은 결과적으로 송의 멸망을 촉진시킨 것이다. 아무리 송을 괴롭혔던 요가 싫었고, 금이 싫었어도 국익을 위해서는 잘못한 것이다. '영원한 적도 영원한 친구도 없고 국익만 있다'는 말이 실감나는 사례이다.

3) 3차 침입

1287년 쿠빌라이의 아들 토곤이 침공했다. 몽고군은 청야작전에 대비하여 해상으로 군량을 보급하였다. 선박에 식량과 보급품을 가득 싣고 강과 해안을 따라 내려왔다. 베트남 수군은 하롱베이에 숨어 있다가 군수함대를 기습하여 대승을 거두었다. 몽고군은 보급선단이 불타버리자 철군하면서 베트남 침공을 포기했다.

---

14 서하(西夏) : 티베트 계통의 탕구트족이 1038년에 중국 서북부 감숙성 지역에 세운 나라. 싱기스칸에 의하여 1277년 멸망. 독자적인 언어와 문자를 사용.

15 요(遼) : 거란(契丹)족의 야율아보기(耶律阿保機)가 중국 북방에 세운 왕조(916~1125). 위구루와 탕구트족을 제압하고, 발해를 점령하여 서역에서 만주까지 통치다. 유목민과 정착민을 이중 방식으로 통지하였으며, 거란 문자를 만들어 사용.

(3) 명나라 침입

명나라는 2차에 걸쳐 베트남을 침공하고 20년 동안 지배했으나 격퇴되었다.

1) 명의 1차 침입 : 영락제

1406년 11월에 영락제가 20만 대군으로 침공하였다. 베트남은 왕조 교체기에 분열된 상태라서 패배하고 400년 만에 명나라의 지배를 받는다. 명나라는 10만 군대를 주둔시키고 전국을 장악하였다. 베트남 점령 사실은 조선에 알려져 조선이 명나라에 굴복하도록 영향을 주었다.

1424년 베트남의 봉기군이 출병하여 독립 전쟁이 시작되었고 명군은 연전연패하였다. 돗동-죽동 전투에서 명군 6만 명이 봉기군에게 학살당하였다. 베트남은 다시 명군을 축출하고 다시 독립을 쟁취하였다.

2) 명의 2차 침입

1425년 명군은 유승의 지휘 하에 15만 명이 침공하였으나 유승이 베트남 장군을 추격하다가 역습을 받아서 전사하였다. 명군은 이어진 전투에서 10만 대군이 전멸한 후에 즉시 철수하였다. 명나라는 원정군 주요 지휘관들에게 사형을 선고하고 재산을 몰수하였다.

3) 남북조 분열과 명의 북부 지배

베트남 왕조에 내분이 생겨서 1527년 남조와 북조로 분열되었다. 북조는 남조에 밀리게 되자 1539년 명나라에 토지대장과 인구대장을 바치고 투항하였다. 명나라의 지배는 북조가 남북을 통일할 때까지 수십 년 간 지속되었다. 남조는 북조와 명나라 군대를 축출하고 1592년에 다시 독립하였다.

(4) 청나라 침입

1788년 청나라는 29만 대군을 동원하여 베트남을 침략했다. 베트남은 청나라 장군들이 스스로 자결할 정도로 청나라 군대를 대패시키고 모두 몰아냈다. 청나라는 여러 지역의 반란을 진압하기 바빴기 때문에 더 이상의 침략을 단념했다.

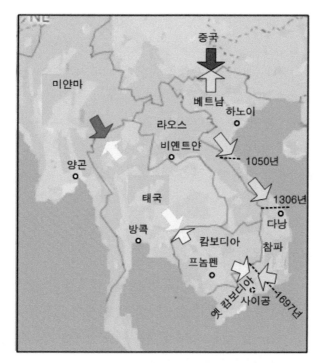

[그림 5.3] 베트남의 확장과 주변 정세

[그림 5.3]와 같이 베트남은 1050년 이전에는 중국 접경에 있는 작은 나라였다.
베트남은 남쪽으로 확장하면서 참파왕국을 남쪽으로 밀어내어 1697년에는 참파를
완전히 멸망시켰다. 참파왕국 아래 지역은 캄보디아가 1,000년 이상 자리를 잡고 있
었는데 베트남이 계속 침공하여 남해안 끝까지 점령하였다.

캄보디아는 9-13세기에 크메르제국을 건설한 강대국이었으나 태국과 계속되는 전
쟁으로 약해졌기 때문에 베트남을 당할 수가 없었다. 미얀마가 강국이 되어 태국을
압박했을 때는 태국이 약화되었다. 태국이 약해졌을 때는 다시 캄보디아가 강력해져
서 베트남을 막아냈다. 이와 같이 국제관계는 서로 물고 물리는 싸움의 연속이었다.
캄보디아와 참파는 베트남을 견제하기 위하여 중국과 동맹을 유지하였지만 베트남을
막지 못했다.

(5) 중화민국 침입

제2차 세계대전이 끝나고 일본군이 베트남에서 철군했다. 그러나 1946년에 프랑스

와 중화민국(Republic of China)이 서로 종주국이라며 권력을 찾으러 왔다. 이때 베트남은 독립 전쟁에 돌입하고 있었다. 호치민이 돌연 프랑스군의 귀국을 지지하자 중국군은 포기하고 물러갔다. 베트남인들은 호치민에게 따졌다. "우리는 독립을 해야 한다. 이제 와서 왜 우리 스스로 프랑스 식민지가 되어야 하는가?" 사람들은 호치민이 비겁하다고 생각했다. 호치민은 대답했다. "우리가 두 나라를 상대로 싸우기는 힘들다. 둘 중에서 하나를 떼어내야 하는데 중국이 더 두렵기 때문에 프랑스를 선택한 것이다. 중국이 물러갔으니 이제부터 프랑스만 물리치면 된다" 호치민은 국민들의 힘을 모아 프랑스를 물리치고 북베트남을 세웠다.

(6) 중화인민공화국 침입

1975년에 미군이 철수하자 베트남은 전쟁 종료와 함께 통일되었다. 베트남은 무력분쟁이 있었던 캄보디아를 침공했다. 중국은 베트남에게 철군을 종용했으나 거절당하자 1979년 2월 베트남을 침공했다. 이때 중국은 베트남 전쟁에서 베트남을 적극 지원했던 중화인민공화국(People's Republic of China)이다. 베트남 정규군은 캄보디아에서 크메르 루즈군과 전쟁 중이었으므로 중국군과 싸운 것은 지역 예비사단과 민병대였다. 중국군은 소기의 목적을 달성했다고 주장하면서 3월에 철군하였다. 베트남 예비사단과 민병대가 중국 정규군을 물리친 것이다.

5.1.3 중국과 한국

중국은 고조선 때부터 조선반도를 침략하기 시작하여 한, 수, 당, 요, 원, 청, 중공 등이 수없이 쳐들어 왔고 조선은 그 때마다 힘들게 저항하다가 굴복했다.

(1) 한의 침입

BC 108년에 한(漢)나라가 침공하여 고조선을 멸망시켰다. 한나라는 한사군(낙랑군, 현도군, 진번군, 임둔군)을 두어 400년간 조선을 지배하였다. 한사군은 313년 고구려 미천왕에 의해 격퇴되어 사라졌다.

(2) 수의 침입

수(隋)나라 2대 황제 양제(煬帝)는 국내가 안정되었다고 판단하고 주변국들을 정복하기 시작하였다. 수나라는 서북 지역 정벌에 앞서 배후 안정을 위해 고구려를 두 번 침공하였다.

1) 수의 1차 침입

612년 고구려 영양왕 때 수 양제가 우문술(于文述)과 우중문(于仲文)의 30만 대군으로 평양을 향하여 진격하였다. 수나라 군대는 을지문덕에게 살수에서 패하여 철수하였다.

2) 수의 2차 침입

613년 2차 원정은 양현감(揚玄感)의 반란으로 인해 철수하면서 실패하였다. 대규모 원정이 실패하면서 수가 멸망하는 계기가 되었다.

(3) 당의 침입

618년 선비족 이연(李淵)이 중국을 재통일하고 당(唐)을 건국하고 [그림 5.4]와 같이 주변국들을 정복하기 시작했다. 돌궐(突厥)[16]을 동돌궐과 서돌궐로 분리시켰고, 약화된 동돌궐을 630년에 공격하여 복속시켰다. 635년에는 토욕혼(吐谷渾)[17]을 공격하여 복속시켰다. 638년에 토번(吐蕃, 티베트)[18]을 공격하여 승리하였다. 640년에는 투르판의 고창국(高昌國)[19]을 공격하여 멸망시켰다. 646년에는 돌궐의 동북쪽에 있는 설연타(薛延陀)[20]를 공격하여 세력권 안에 가두었다. 거란은 이미 당에 기울었다.

---

16 돌궐(突厥) : 6세기 중반부터 8세기 중반까지 몽골고원을 중심으로 활약. 당에 밀려 동돌궐과 서돌궐로 나누어지고, 서쪽으로 이동하여 현재 터키가 되었다.

17 토욕혼(吐谷渾) : 4세기 - 7세기까지 칭하이성[青海省] 및 간쑤성[甘肅省] 남부를 지배한 몽골계 선비족(鮮卑族)이 세운 나라. 635년에 당에 예속되었고, 663년 토번에게 멸망당함.

18 토번(吐蕃) : 7세기 - 9세기까지 현재 티베트 지역에서 활약. 한 때 강성하여 당이 문성공주를 토번왕 송찬간포(松贊干布)에게 시집보냄.

19 고창국(高昌國) : 신장 위구르 자치구의 투르판에 5-7세기에 번창한 나라. 동서 문물이 교차하던 지역.

　주변국들을 모두 정복하거나 복속시킨 것은 고구려 침공을 위한 준비 작업이었다. 수가 고구려를 먼저 정복하고 주변을 공격하려던 것과 달리 당은 주변을 공략하고 마지막으로 고구려를 공격하였다.

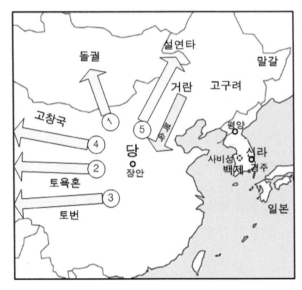

[그림 5.4] **당 초기의 주변국 공략**

1) 1차 당의 침입

　당 태종은 신라와 손을 잡았고 백제는 고구려와 손을 잡았다. 고구려는 말갈, 백제, 왜와 협동하여 전쟁을 준비했다. 고구려는 당의 침략에 대비하여 요하강을 따라 천리장성을 구축하면서 당과 유화적인 외교를 유지하였다. 그러나 642년 연개소문이 정권을 잡으면서 당과 긴장이 고조되었다.

　645년 4월에 당군은 개모성, 신성, 요동성, 백암성을 점령하고 이어서 안시성 전투가 3개월간 지속되었다. 안시성은 치열한 전투 끝에 당군을 격퇴하였다.

20　설연타(薛延陀) : 돌궐계의 한 부족으로 605년에 독립. 당과 협력하여 돌궐을 공격하여 와해시켰으나, 646년 당 토벌군에 복속됨.

2) 2차 당의 침입

647년에 당군은 고구려를 침공했으나 해안 전투에서 실패하였다. 648년에 당은 수군을 주력으로 다시 침공하였다. 당 육군은 국내성을 공격하는 한편 수군은 평양성으로 침공하였다. 당군의 공격이 지지부진하자 당은 전략을 바꾸어 공격 목표를 백제로 변경하였다.

3) 3차 당의 침입

660년 당의 소정방[21]이 지휘하는 13만 명의 당 함대는 신라와 함께 백제를 침공하였다. 나당 연합군은 황산벌에서 계백장군의 결사대 5천명을 격퇴하고 백제의 수도 사비성을 점령하였다. 소정방의 나당연합군은 661년에 평양성을 포위 공격하다가 전세가 불리하여 철군하였다.

666년 연개소문이 죽고 큰 아들 남생이 태막리지가 되었으나 형제들 사이에 권력투쟁이 벌어졌다. 동생들에게 쫓겨난 남생은 당에 투항하였고, 남생은 당 군대의 길잡이가 되어 고구려를 공격하였다. 668년 고구려는 독재정치의 결과로 지배층이 분열되고 지방 세력들이 이탈하여 스스로 멸망하였다.

(4) 거란족의 침입

거란족(契丹)은 요하(遼河) 상류에 916년 거란국(契丹國)을 건국하였고 938년에 요(遼)로 이름을 바꾸었다. 거란은 중국 점령을 목표로 삼고, 후환을 없애기 위해 고려를 침공하였다.

1) 거란의 1차 침입

993년 거란의 소손녕이 고려를 침공했다. 고려 조정은 항복하거나 서경(西京) 이북을 할양하고 전쟁을 막아보려고 했다. 그러나 서희[22]가 할양 안에 반대하고 자진해서

---

21 소정방(蘇定方, 592~667) : 당의 장군으로 태종의 명령을 받아 동·서돌궐을 침공하여 안서도호부에 예속시킴. 당 고종(실제로는 측천무후(則天武后 : 690~704)의 명령을 받아 신라와 함께 백제를 멸망시키고, 고구려 평양성을 공격했으나 전세가 불리하여 철군함.

22 서희(徐熙, 942~998) : 고려의 문신. 자진해서 거란을 담판으로 물리치고 평북 일대의 국토를

거란과 담판을 하여 거란군을 철군시켰다. 거란의 주장은 거란이 고구려의 후신이므로 고려가 차지한 고구려의 땅을 달라고 하는 것이었다. 서희의 주장은 "고려는 나라의 이름과 같이 고구려의 후신이므로 압록강 유역도 고려의 땅인데 여진족이 살고 있어서 거란과 수교를 할 수 없었다. 여진을 내쫓고 그 땅을 내주면 송과 단교하고 거란과 수교하겠다"라고 거란과의 화의를 요청하였다.

소손녕은 국경에서 고려군의 성을 공격하고 있었으나 오히려 역공을 당하게 되어 피곤한 상태였다. 더구나 송과 대치중이라 고려에 전념할 수 없어서 서희의 주장을 받아들이고 철군하였다. 덕분에 고려는 강동 6주라는 커다란 영토를 획득하였다.

서희의 담판은 한국 외교사에 길이 빛나는 대사건이다. 국제현실을 정확하게 파악하고 상대방이 원하는 것이 무엇인지 잘 알 수 있다면 줄 것은 주고, 받을 것은 받으면서 국제관계를 잘 해결할 수 있다는 것을 보여주었다.

2) 거란의 2차 침입

고려는 거란과의 약속을 어기고 송과의 외교를 단절하지 않았으며 거란과의 외교관계를 미루었다. 거란은 약속 불이행을 이유로 다시 고려를 침공했다. 고려군이 패배하여 개경이 함락되고 현종은 나주까지 피난을 갔다. 그러나 양규 장군이 국경에서 거란의 후방을 공격하였고, 거란은 보급로가 끊어질 것을 우려하여 철군하였다.

3) 거란의 3차 침입

소배압이 10만 병력을 이끌고 침입하여 개경 부근까지 이르렀다. 강감찬 장군이 1019년에 귀주에서 거란군을 크게 격파하자 철군하였다(귀주대첩).

(5) 몽고족의 침입

1217년 고려에 침입한 거란족을 몽고와 고려가 협동하여 토벌한 것을 계기로 고려는 몽고와 외교관계를 맺었다. 몽고는 다루가치[23]들을 파견하여 고려에 간섭을 시작하

완전히 회복했다.

23 다루가치 達魯花赤 : 몽골제국에서 정복지의 감독관으로 두었다가 지방장관으로도 사용된 직명. 고려에는 1232년(고종 19)에 처음 설치. 고려가 몽골에 항복하여 개경으로 환도한 후인

였고 1231년부터 29년 동안 6차례나 침공하였다.

1) 몽고의 1차 침입

몽고의 사신 저고여가 고려에 왔다가 귀국하는 길에 압록강에서 살해되었다.

몽고는 이 사건을 구실로 1231년 살례탑이 쳐들어왔다. 몽고군은 귀주성에서 박서 장군의 항전과 군민의 단합된 저항으로 1232년 강화를 맺고 철군하였다. 몽고가 간섭을 계속하자 무신정권의 최이(崔怡)는 1232년 6월 수도를 강화도로 옮기고 항전을 계속했다.

2) 몽고의 2,3,4,5차 침입

1232년 몽고는 2차 침공을 했다. 고려가 전쟁의 의지를 대장경에 두고 있다는 사실을 알고 대장경을 파괴하기 시작했다. 이 때 대구 팔공산 부인사(符仁寺)의 초조대장경[24]이 소실되었다. 승병 김인후 장군이 용인에서 몽고 사령관 살리타를 화살로 쏘아 죽였고 몽고군은 철군하였다.

몽고는 제3차, 4차, 5차 침입을 하고도 강화도를 침공하지 못하였으므로 전국을 다니면서 백성들에게 복수를 가했다. 1255년의 제5차 침공 때는 대구, 수성, 해인 주변의 백성들이 공산성에 입주하여 버텼는데 모두 살해를 당하였다.

3) 몽고의 6차 침입과 항복

오랜 전쟁으로 주민들의 피해가 커지자 고려 조정에서 몽고와 강화하려는 온건파가 등장하였다. 몽고의 6차 침입이 시작되자 1258년 온건파 김인준이 정변을 일으켜 최의 장군을 퇴진시켰다. 1259년 고려는 몽고와 강화를 맺음에 따라 몽고군은 철군하였고, 고려 조정은 개경으로 환도하였다.

무신정권이 29년 동안 저항한 결과 고려국 자체는 유지할 수 있었다. 몽고제국도 벌인 전쟁이 많아서 고려를 완전 정복할 때까지 전투를 계속할 여유가 없었다.

고려는 굴복 후에 몽고의 간섭을 받으며 자주성을 크게 잃었다.

1270년부터 1278년까지 개경에 상주하였다.

24 초조대장경(初雕大藏經) : 고려 현종 때에 간행된 고려 대장경의 초간본.

(6) 청의 침입

여진족 누르하치[25]가 후금을 세우고 거란족과 몽고족까지 복속시키고 명과 전쟁을 시작하였다. 명의 요청으로 광해군[26]은 1619년 강홍립 장군과 군대를 만주로 파병하였다. 동시에 전황을 보고 후금이 강하면 후금에 투항하라고 중립외교 능력을 구사했다. 광해군의 실리 정책으로 후금과의 전쟁을 피할 수 있었다. 하지만 광해군을 몰아낸 조선 조정은 '친명배금' 정책으로 전환하였다. 후금은 조선의 정책 전환을 파악하고 후환을 없애기 위해 조선 침공에 나섰다.

1) 청의 1차 침입: 정묘호란

1627년(인조 5년) 후금은 조선을 침공했다. 조선군은 곳곳에서 후금군을 막았으나 모두 실패하였다. 후금군은 평양을 거쳐 황주까지 진출하였고, 인조는 전란을 피해 강화도로 들어갔다. 이 때 배후에 위협을 느낀 후금이 강화를 요청하더니 조선과 형제의 맹약을 맺고 철군하였다.

2) 청의 2차 침입 : 병자호란

1636년 청 황제 홍타이지가 병력을 이끌고 침공해왔다. 청군은 순식간에 한양까지 쳐들어 왔고 인조는 남한산성으로 들어가 45일간 싸웠다. 청군의 포위 공격으로 지원군은 차단되고, 먹을 것은 떨어지고, 전투할 때마다 패배하고, 왕실 가족들이 들어간 강화도가 함락되었다는 소식을 듣자 조선 조정은 항복을 결정하였다. 인조는 삼전도에서 땅바닥에 머리를 찢으며 삼궤구고두법[27]으로 항복을 했다.

청은 명과의 전쟁에 필요한 인력을 위해 조선인 50여만 명을 노예로 끌고 갔다.

조정에서 대신들이 척화파와 주화파로 나뉘어 죽도록 싸웠지만 백성들의 불행을 막지는 못했다.

---

25 누르하치(努爾哈赤, 1559~1626) : 청나라 초대 황제. 1616년 여진족을 통일하고 후금의 칸에 오르다. 여진문자를 발명하고 팔기제도를 정비하였다.

26 광해군(光海君, 1575~1641) : 조선 15대 왕. 임진왜란 중에 평양에서 세자에 책봉되어 전쟁 중에 민심을 수습하고 분조활동을 하였다. 1608년에 보위에 올라 1623년 폐위되었다.

27 삼궤구고두법(三跪九叩頭法) : 淸 황제에 대한 경례법. 3번 무릎을 꿇고 9번 머리를 땅에 박는 인사법.

(7) 중화인민공화국의 침입

1950년 6월 25일 새벽에 북한군의 남침으로 시작된 한국전쟁은 한국군의 연이은 패배로 서울을 빼앗기고 낙동강까지 밀렸다. 낙동강에서 밀리면 대한민국은 멸망하고 사라진다. UN군의 참전으로 힘을 얻은 한국군은 인천상륙작전 성공으로 북진하여 북한 전역을 확보하고 통일을 눈앞에 두고 있었다. 11월 25일 만주에 대기하던 중국군이 대거 남침하여 한국군은 다시 후퇴하고 서울을 빼앗겨 평택, 장호원, 삼척까지 밀렸다. 한국군은 재정비하고 다시 북진하여 서울을 되찾고 38° 이북 근방에서 전선이 고착되었다. 지루한 고지 공방전이 계속되는 가운데 1953년 7월 27일 휴전 협정이 발효되었다. 현재는 중국과 북한을 대적하는 전쟁이 계속되는 휴전 상태이다.

오키나와 후방기지

외교관을 지냈던 분의 책[28]에 다음과 같은 내용이 있었다.

"일본의 방위비 분담 현황을 파악하기 위해 오키나와의 주도 나하를 방문한 적이 있었다. 그때 공항 인근 지역에 지평선 너머로 끝없이 펼쳐진 광활한 평야가 녹슨 철조망으로 둘러싸인 채 방치되어 있는 광경이 꽤 인상적이었다. 2천 만m2가 넘는 땅이라고 했다. 일본 정부 안내원에게 그 넓은 땅을 왜 놀리는지 물었더니, 그 땅은 한국에서 전쟁이 나면 미국에서 공수되어 올 증원군의 1차 집결지로 사용될 땅이라고 했다. 갑자기 마음이 숙연해짐을 느꼈다. 한국에도 그런 땅이 없는데 웬 일본에."

한국전쟁에서 특기할 만한 일은 일본이 한국군의 후방기지 역할을 했다는 점이다. 후방기지는 군대의 집결지와 재편성 기능을 하고, 훈련을 하고, 군수물자를 공급하는 기능을 한다. 일본이라는 후방기지가 없었다면 한국전쟁은 금방 끝나고 말았을 것이다. 후방기지가 없다면 계전 능력[29]이 없는 것과 같다. 어떤 나라든 전쟁을 하려면 인접한 국가에 후방기지가 있어야 전쟁 수행이 가능하다. 대만이 중국의 침공을 받으면 거리 상 필리핀이 후방기지 역할을 하면 효과적일 것이다. 미사일이 발달한 요즘에는 모든 지역이 적군의 미사일 사정거리에 들기 때문에 더욱 그렇다. 한국전쟁이 다시 시작되면 후방기지의 확보와 역할이 매우 중요하다.

---

28 이용준 지음, "대한민국의 위험한 선택", 기파랑, 2019
29 계전 능력(繼戰 能力) : 전쟁을 계속할 수 있는 능력. 전장에서 소요되는 병력과 장비와 군수물자를 계속 공급할 수 있는 능력. 전쟁의 승패는 계전 능력에 달려 있다고 함.

[표 5.1] **중국 침략에 대한 베트남과 조선의 대응**

중 국	베트남	한 국
진나라 BC221-BC206	BC206년 찌에우다 남비엣 건국	BC ? 기자조선 건국
한나라 BC202-AD220	BC111년 한나라 침공: 남비엣 멸망	BC108년 한사군 설치: 기자조선 멸망 AD313년 한사군 격퇴 삼국시대 개막(한반도 독립)
수나라 581-618	중국 절도사 지배	612년, 613년 2차 고구려 침입 실패
당나라 618-907	중국 절도사 지배	645년 1차 고구려 침입 660년 백제 멸망 661년 2차 고구려 침입 668년 3차 침입 : 고구려 멸망
5대10국 907-960	중국 절도사 지배 938년 바익당강 전투 승리: 독립	918년 고려 건국 935년 신라 멸망
송나라 960-1279	980년 1차 침입 1075년 2차 침입 : 모두 격퇴	993년 요나라 1차 침입 1010년 요나라 2차 침입 1018년 요나라 3차 침입 : 모두 격퇴
몽고 1206~1271원 1271~1368	1257년 1차 침입 1284년 2차 침입 1287년 3차 침입 : 모두 격퇴	1231년 1차 침입 : 다루가치[30] 설치 1254년 ~5차 침입 : 격퇴 1259년 6차 침입 : 고려 항복.
명나라 1368-1644	1406년 1차 침입 : (20년 지배) 1425년 2차 침입 : 모두 격퇴 1539년 남북분열: (수십년 지배)	1388년 위화도 회군 명군의 베트남 침공을 보고 굴복
청나라 1616-1912	1788년 1차 침입 : 완전 격퇴	1627년 1차 침입 : 타협 1637년 2차 침입 : 조선 항복
중국 1949~	1979년 2월 침공 : 격퇴	1950년 11월 침공 : 휴전

---

30 다루가치(達魯花赤) : 몽골의 정복지 총독(감독) 또는 지방장관. 고려에는 1232년 처음 설치.
처음에 정복지의 군정관에서 정복 후에는 민정관으로 바뀜.

5.1.4 중국의 침략과 베트남과 조선의 대응

중국 주변국들 중에서 중국 유교 문화를 받아들인 나라는 베트남과 한국과 일본이다. 그 중에서도 베트남과 한국은 중국과 국경을 마주하고 있어서 많은 영향을 받았다. 그러나 중국의 고압적인 태도를 대하는 두 나라의 대응 자세는 매우 달랐다.

[표 5.1]과 같이 베트남은 중국에서 독립한 이후에도 계속되는 중국의 모든 침략을 격퇴하고 독자성을 유지하였다. 반면에 한국은 저항을 하기는 하였으나 주로 패배했고 굴복하여 위기를 모면하는 방식으로 생존했다. 베트남은 영락제의 공격을 받아서 20년간 지배를 받았지만 즉시 단합하여 명나라 군대를 물리치고 독립을 회복했다는 점에서 조선과 큰 차이를 보였다.

베트남은 3차례의 몽고군의 침입을 완벽하게 격퇴하고 몽고의 침략 의지를 포기하게 만들었다. 고려가 수도를 옮기며 방어에 치중하다가 항복한 후에는 몽고군의 손발이 되어 끌려 다닌 것과는 차원이 달랐다.

5.1.5 중국과 영국

명나라에 이어 청나라도 해금정책을 펴서 해외 무역을 제한하는 것은 물론이고 선박을 타고 나가는 것 자체를 금지했다. 청나라 건륭제(乾隆帝, 1711~1799) 시절에 "중국은 물자가 풍부하여 외국과 무역을 할 필요가 없다"라고 공공연하게 주장했다. 실제로 1842년에 영국은 중국에 각종 물품을 920만 달러어치 수출한 반면에 중국은 영국에 차와 비단 등 2,570만 달러어치를 수출했다. 심각한 무역 역조 해결책으로 등장한 것이 아편이었다.

(1) 아편전쟁

아편의 폐해를 잘 아는 중국은 아편의 수입을 금지하였다 1773년에 1천 상자였던 것이 1839년에는 4만 상자의 아편이 들어왔으므로 중국인들의 건강과 경제는 심각할 수밖에 없었다. 청나라는 아편 수입을 금지하였고 영국은 무력으로 대응했다.

1) 1차 아편전쟁

1840년 임칙서[31]가 아편밀매업자들을 처형하고 영국의 아편 수입을 금지하고 압수한 아편을 불태워버리자 영국이 강력하게 반발하였다. 청국이 반발하는 외국 선박에게 항구에서 물과 물자 공급을 중단하자 영국 상선들이 아편밀매 금지 서약서를 쓰고 항구에 입항하였다. 영국 군함 2척이 광주항에 입항하려고 하자 청국 군함 29척이 나와서 전투가 벌어졌다. 결과는 중국 군함 29척 중에 26척이 격침되고 3척이 대파되었다. 영국 군함 2척은 별 이상이 없었다. 이 전투가 천비해전[32]이다. 이어서 계속 전투가 벌어졌으나 광동이 함락되고 영국 해군이 남경까지 도달하고 북경을 노리게 되었다. 청나라는 놀라서 영국이 원하는 대로 1842년에 난징조약[33]을 체결하였다.

2) 2차 아편전쟁

1856년 10월에 광저우항(廣州港)에서 애로우호 사건이 벌어졌다. 이 배의 주인은 중국인이고 선장은 영국인이었다. 중국 관헌이 해적 혐의로 선원을 체포하자 영국이 '국제법 위반'이라며 반발하였다. 1차 아편전쟁의 결과로 얻은 이득이 너무 적다고 불평하던 일부 영국인들에 의하여 이 사건은 전쟁으로 확대되었다. 영국의 파머스턴(Palmerston, 1784~1865) 수상은 의회의 반대를 무릅쓰고 하원까지 해산하면서 전쟁을 추진했다. 이 과정에서 프랑스, 미국, 러시아의 동조를 얻어 군대를 보냈다. 영국 등 4개국의 군대가 북경 쪽으로 가면서 위협을 가했다. 연합군의 대포를 얻어맞은 중국은 할 수 없이 1858년에 톈진조약[34]을 체결하였다. 이 조약의 결과로 러시아는 흑룡강 유역의 아무르주를 빼앗고 연해주를 공동 관리한다.

청나라는 톈진조약에 불만이 많았던 차에 연합군 선발대가 청 포대에 저지되자 다시 전쟁이 시작되었고 북경의 코앞까지 연합군이 들어왔다. 연합군들은 점령지에서

---

31 임칙서(林則徐, 1785~1850) : 1839년 아편 단속 흠차대신이 되어 영국 아편 상자를 불태우는 등 아편 근절에 노력했다. 태평천국의 난의 진압 명령을 받고 부임 도중에 병사했다.
32 천비해전(穿鼻之战, Battle of Chuenpee) : 1839.11.03. 제1차 아편전쟁에서 발생한 해전.
33 난징조약(南京條約) : 1842년 8월 아편전쟁 종결을 위한 영국과 청의 강화조약. 주 내용은 홍콩 할양, 5개 항의 개항, 배상금(1,800만달러) 지불, 상품 관세 제한 등이다.
34 톈진조약(天津條約) : 1858년 중국 톈진에서 중국과 외국 간에 맺은 조약들. 주요 내용은 아편 무역 합법화, 배상금 지불, 개항장 증가 등이다.

살육, 방화, 강간, 약탈 등 야만적인 행동을 저질렀다. 영국은 결국 1860년 10월에 베이징조약[35]을 체결하여 배상금을 인상하는 등 더욱 가혹한 요구를 관철시켰다.

3) 아편전쟁의 의미

아편전쟁에서 전쟁 범죄자를 찾는다면 당연히 영국이다. 남의 나라에 마약을 팔기 위해 전쟁을 벌였고 점령지에서 야만적인 약탈을 했기 때문에 당연히 영국이 가해자이다. 피해자는 당연히 억지로 마약을 수입하고 약탈당한 청이다. 그러나 국제법에 의하면 전쟁에서 지면 가해자가 되고, 이기면 피해자가 된다. 따라서 아편전쟁에서 패전한 청은 가해자가 되어 피해자 영국에게 사과하고, 영토를 빼앗기고 배상금을 물어야 했다.

5.1.6 중국과 대만

우크라이나 전쟁이 계속되는 가운데 세계의 관심은 중국이 언제 대만을 침공할 것인가에 집중되었다. 푸틴의 우크라이나 침공이 성공하면 중국이 대만 침공을 쉽게 생각할 것이라는 견해가 돌았다. 과연 중국은 대만을 침공할 것인가?

(1) 중국과 대만의 관계

대만 거주민들은 2%의 고산족을 제외하고 모두 중국에서 건너온 한족(漢族)들이다. 이들 한족(중국인)들은 1945년을 기준으로 이전부터 거주하던 본성인(本省人)들과 이후 본토에서 들어온 외성인(外省人)들로 구성된다. 국민당이 1949년 공산당에 패했을 때 국민당과 함께 많은 사람들이 대만으로 들어와 외성인이 되었다. 그러나 외성인은 18%를 차지하는 소수이고, 본성인들이 80%를 차지한다. 청일전쟁으로 일본이 1895년부터 대만을 지배했으므로 본성인들은 50년간 중국 본토와 격리되어 있었다. 외성인들은 본성인들이 일제 치하에서 친일파가 되어 부역을 했다고 멸시했다.

---

35 베이징조약(北京條約) : 1860년 청국이 베이징에서 외국과 맺은 조약들. 주요 내용은 배상금 지불, 연해주를 러시아에 할양 등.

그러나 본성인들은 청나라가 대만을 일본에게 넘겨버린 것이 잘못이지 자신들의 죄가 아니기 때문에 억울하다고 생각했다.

대만이 해방되자 국민당 군대가 대만에서 생산된 쌀을 중국 본토로 가져갔으며 본성인들을 차별하기 시작했다. 1947년 2·28 사건[36]이 발생하자 국민당 군대가 수많은 본성인들을 죽이고 소요 사태를 진압하였다. 그 이후 1987년까지 국민당 정부는 약 40년간 계엄 통치를 계속하였다. 외성인들의 국민당은 중국 통일을 위해 중국 공산당과 가까운 관계가 되었고, 본성인들의 민진당은 국민당과 공산당을 다함께 멀리하게 되었다.

2000년 민진당의 천수이벤[37] 총통이 정권을 잡으면서 본성인들은 중국과 거리를 두고 대만 독립을 추구하였다. 중국 공산당 독재와 홍콩 민주화 탄압 과정을 지켜본 본성인들은 자신들은 중국인이 아니고 대만인이라고 주장하기 시작했다. 중국 공산당은 민진당을 격렬하게 비난하면서 무력 통일을 주장하고 있다. 2022년부터 대만은 여권에 'Republic of China'라는 국가 이름을 작게 인쇄해서 잘 보이지 않게 하고 'TAIWAN' 문자를 크게 인쇄하였다. 더 이상 중국과 묶이기를 거부한 것이다.

본성인과 외성인의 임금 차별

국민당이 대만에 자리 잡았을 때 본성인과 외성인의 임금에 차별을 두었다. 외성인에게 시간당 100원을 준다면 본성인에게는 50원을 주었다. 외성인 임금의 50%를 본성인에게 지급한 것이다. 일제 치하에서는 일본인에게 100원을 줄 때 본성인에게 60원을 주었다. 본성인들은 동족이 이민족보다 더 차별이 심하다고 분개하였다.

본성인들은 1895년에 일본이 들어왔을 때 일본은 선진국이었으므로 미개했던 대만보다 앞서 있었기 때문에 임금에 차별을 두는 것을 보고 참고 지냈다. 그런데 1945년 일본이 물러갔을 때 대만인들은 50년간 근대화 과정을 겪어서 수준 높은 국민이 되었고, 중국인들은 아직도 수준이 낮은 상태라고 생각하고 있었다. 그런데도 불구하고 국민당 정부가 수준이 낮은 외성인들에게는 100원을 지급할 때 본성인들에게는 50원만 지급하는 것을 보고 모멸감과 참담함을 느꼈다.

---

36 2·28 사건 : 1947년 전매청 직원(외성인)이 밀수 담배를 팔던 좌판 여인을 구타하며 단속하는 과정에서 격렬한 항의와 데모가 이어졌고 본성인 한 명이 사망하였다. 이 사망 사건이 확대되어 군대가 동원되어 약 3만여 명의 본성인들이 학살되었다.

37 천수이볜(陳水扁, 1950~) : 대만 민진당 소속 정치가. 2000년부터 2008년까지 총통. 타이베이 시장 때 퇴폐이발소와 매춘 등 8대 부패 업종을 일소하는 행정력을 보였음.

대만의 차이잉원[38] 총통은 일본을 방문할 때는 야스쿠니 신사에 가서 참배를 한다. 대만에 즐거운 행사가 있을 때는 일본 황실 가족을 초빙한다. 대만인들은 일본에 대해 매우 우호적이다. 미개했던 대만을 50년 동안 근대화를 시켜준 은인으로 일본을 존경하고 있다. 그 대신 본성인들은 중국인과 외성인에게 친일파라는 비난을 받고 있다.

대만인들은 같은 동족인 중국을 적대시하고 자신들을 식민지배 했던 일본과 손잡고 우호적인 관계를 유지하고 있다. 대만의 세계적인 반도체 제조회사 TSMC는 미국에 앞서서 일본에 대형 반도체 공장을 지으며 경제협력을 강화하고 있다.

5.2   일본의 국제관계와 전쟁

일본은 섬나라이기 때문에 상대적으로 대륙의 영향을 덜 받았다. 과거에는 교통수단이 미비했기 때문에 더욱 관계가 적었다. 그러나 근대에 들어서 교통과 통신의 발달로 대륙의 영향과 교류가 크게 증가했다.

5.2.1 일본과 중국

일본은 척박한 섬나라 땅이어서 늘 물자 부족에 시달렸으므로 물자를 얻기 위해 대륙 국가와 통상을 하는 것이 매우 중요하였다. 이에 비해 중국은 땅이 넓고 자원이 풍부하여 외국과 교역할 필요가 없다고 판단했고, 국가가 해금정책을 펴고 있었다.

무역을 못하게 되자 일본은 배를 타고 나가 약탈을 하는 방법으로 물자를 확보하였다. 중국은 왜구의 활동을 매우 싫어하기는 했지만 적극적으로 막을 생각은 하지 않았다. 따라서 일본과 직접적인 전쟁은 발생하지 않았다. 몽고가 조선과 연합하여 일본으로 쳐들어갔을 때 그리고 임진왜란으로 충돌하기는 했지만 중국과 일본이 정면으로 두 나라만의 전쟁을 할 기회는 없었다. 그러니 러시아가 연해주를 차지하고 남진을 추진하자 조선반도에서 청과 러시아와 일본이 충돌하게 되었다.

---

38   차이잉원(蔡英文, 1956~) : 대만 민진당 소속 정치가. 2016~2024년 동안 총통.

(1) 청일전쟁

1800년대부터 흉년이 들어 백성들이 굶주리는 상황이 계속되었다. 조정의 대책이 없는 상태에서 관리들의 수탈이 계속되자 백성들은 도적이 되거나 유랑민이 되어 만주로 떠나갔다. 삼남에서 발생한 민란이 점차 전국으로 확대되었고, 민란이 동학란으로 확대되고, 동학군이 지방 관청을 점령하고 지방 행정을 집행하는 사태에 이르렀다. 조정은 정권이 무너질 지경에 이르자 청국에 군대를 요청했다. 청국 군대가 조선에 들어오면 텐진조약에 의해 일본군도 들어오게 되어 있었다. 청국 군대는 아산으로 상륙하였고, 일본 군대는 인천으로 상륙하였다.

청일전쟁을 위한 양국의 해전 준비

1875년 청국 정부는 이홍장을 북양대신에 임명하고 가상 적국 일본을 고려해 북양해군을 집중 육성한다. 이홍장은 1881년 세계 최대인 7,000톤급 딩위안과 전위안을 독일에 발주하여 1885년 실전배치했다. 이들 거함들은 조선 부산항과 일본 나가사키항과 블라디보스토크항에 들러 위용을 과시한다. 1891년에는 독일에서 3,000톤급의 징위안, 아리위안 등의 군함을 도입한다. 그러나 1891년 이후 2,100톤급 순양함을 마지막으로 해군 증강은 종료되었다. 북양 해군 예산을 서태후 환갑 잔치용으로 전용했기 때문이다.

청국의 거대한 군함들을 목격한 일본은 청국에 대응하기 위해 건함 계획을 세운다. 1883년 4,000톤급 전함 2척을 영국에 주문하고, 1886년에 요코스카 조선소에서 4,000톤급 전함 3척을 건조한다. 일본은 이후에도 6척의 4,000톤급 순양함을 더 건조한다. 일본은 전함 건조 비용이 부족해지자 천황이 내탕금의 1/5을 내놓고, 공무원들은 봉급의 1/10을 납부해 계속 건함 계획을 추진했다.

1882년 당시에 청국과 일본의 군사력 차이는 컸다. 일본 육군 상비군이 18,600명인데 청국은 여러 지역 중 북양 육군만 해도 10만 명이 넘었다. 해군도 청일전쟁 당시 일본 해군력은 양적으로는 청국에 밀렸지만 군함의 속도와 성능 면에서 우수했다. 여기서 성능은 포 발사 속도와 정확도이다.

청일전쟁은 해전으로 시작되었다. 청국 해군 함대는 아산으로 가다가 일본 함대를 만나 풍도 해전[39]에서 패배하였고, 청국 육군은 아산과 성환 전투에서 패배하여 서울

---

39 풍도 해전 豊島海戰 : 1894.07.25. 청일전쟁이 시작된 서해 풍도 앞 바다에서 청국과 일본 함대가 벌인 해전. 일본 군함 3척이 청국 군함 2척을 조우하였고 이어서 청국 병력 1,100명을 태운 수송선과 포함을 만났다. 일본 해군은 수송선을 격침시키고 포함을 나포하였다.

에 있는 일본군을 피하여 평양으로 후퇴하였다. 청국 육군은 평양성 전투에서 대패하고 한반도에서 철수했다. 이 전쟁의 결과 청국과 일본은 시모노세키(下關) 강화조약을 체결하였다. 이 조약에 의하여 청국은 대만과 요동반도를 일본에게 할양하고, 조선에서의 모든 권리를 일본에게 양도하게 되었다. 그러나 러시아가 주도하고 프랑스와 독일이 합세하여 요동반도를 청국에게 돌려주라는 압력을 가했다. 이 사건이 삼국간섭이다. 일본은 삼국간섭에 의하여 조약에 포함되었던 요동반도를 다시 청국에게 돌려주었다.

삼국간섭에 앞장 선 것이 러시아였으므로 일본은 러시아와 전쟁을 피할 수 없다고 생각하였다. 일본은 청국에서 받은 막대한 배상금(2억냥: 일본 정부 1년 예산의 3배)을 받아 자본주의 발전과 군사력 강화에 사용하였다.

시모노세키 강화조약의 주요 내용

1) 청은 조선이 완전한 자주독립국임을 인정한다.
2) 청은 요동반도와 대만과 팽호도(澎湖島) 등을 일본에 할양한다.
3) 청은 일본에 배상금 2억 냥(兩)을 지불한다.
4) 청이 구미 열강과 체결한 통상 특권을 일본에게도 인정한다.
5) 청의 사스(沙市), 충칭(重慶), 쑤저우(蘇州), 항저우(杭州)를 개항한다. 등

5.2.2 일본과 러시아

중국에서 의화단 사건[40]이 발생하였고 서구 열강들이 참전하여 진압하였다. 그 결과 1901년 9월 7일 베이징의정서를 체결하였다. 주요 내용은 엄청난 배상금과 철도 시설 등의 보호를 위해서 외국군 주둔이 허용되었다. 이것을 근거로 러시아가 동청철도 보호 명분으로 만주에 많은 군대를 주둔하게 되었다. 일본 등이 러시아의 철군을 요구 하였으나 러시아는 거부하였다. 영국은 일본과 함께 러시아의 남진을 막기 위하

---

40 의화단사건(義和團事件) : 1900년 중국 산동성에서 일어난 반기독교 폭동을 계기로 화북일대에 퍼진 반제국주의 농민투쟁. 백련교도의 비밀결사로 사회모순과 외세 반감을 품고 폭동을 일으켜 북경까지 장악. 영국, 러시아, 일본, 독일, 프랑스, 이탈리아, 오스트리아, 미국 등 8개국이 참전하여 진압함.

여 1902년 1월 30일 제1차 영일동맹이 맺었다. 서구 열강들의 요구에 의하여 러시아가 만주 철병 협정을 체결했으나 나중에 철병을 거부하였다. 러시아군 철병 문제로 만주에서 전쟁 기운이 감돌았다.

(1) 러일전쟁

러시아가 태평양으로 진출하려면 조선의 부동항을 차지해야 했다. 일본은 러시아가 조선을 차지하면 다음 공격 목표는 일본이 될 것이라고 확신했다. 그 근거는 1861년에 러시아 군함이 쓰시마 사건[41]을 벌였을 때 그러한 확신을 갖게 되었다. 일본은 조선 반도가 러시아군에게 점령되는 것은 시간문제라고 생각했다. 그래서 러시아보다 먼저 조선을 점령해야 한다고 생각했다.

러일전쟁은 1904년 2월부터 1905년 9월까지 조선과 만주에 대한 지배권을 위하여 러시아와 일본 사이에 벌어진 전쟁이다. 1895년 삼국간섭 이후에 일본과 러시아의 갈등이 고조되는 가운데 사건이 발생하였다. 요동반도 남단 뤼순(旅順)항에서 러시아 태평양함대가 출항했는데 위치를 알 수 없다는 보고가 일본군 사령부에 접수되었다.

러시아 함대는 무선 통신 훈련을 위하여 무선기 전원을 끄고 있었던 것인데 긴장 상태에 있던 일본이 전쟁이 발발한 것으로 판단하고 전쟁 준비에 들어갔다. 이 문제는 곧 해결되었지만 시베리아 철도가 준공을 앞두고 있었기 때문에 러시아의 동아시아 침투에 대한 영국과 일본의 경계심을 더욱 자극하였다.

1904년 1월 27일 일본 함대는 뤼순항과 제물포항에 있는 러시아 함대를 공격하여 두 항구에서 4척의 군함들을 파괴하였다. 러시아 니콜라이 황제는 국내의 어려운 여건(공산혁명)에서도 일본과의 전쟁을 결심하였다. 1904년 10월 9일 황제는 발트 함대를 순시하고 함장과 장교들을 위한 만찬도 열었다. 발트 함대는 신형 군함과 구식 군함 그리고 구식 무기와 급조한 병력으로 훈련도 하지 못한 상태였다. 해군 지휘부는 반대했지만 황제에게 직접 말할 수는 없었다. 발트함대는 15일 발트해(Baltic Sea)를 출발하여 7개월에 걸쳐 북해, 대서양, 희망봉, 인도양, 남중국해를 거쳐 약 3만 3천

---

41   쓰시마 사건(Tsushima incident , 対馬事件) : 1861년에 러시아 군함 포사드니크호가 쓰시마 일부 지역을 차용할 것을 일본정부에 요구하며 정박하였다. 영국이 군함 두 척을 파견하여 러시아의 퇴거를 강력하게 요청했고 러시아 군함은 철수하였다.

km를 항해한다. 러시아는 뤼순의 태평양 함대와 발트 함대가 연합하여 일본 함대를 격파하려고 했다. 두 함대가 힘을 합치면 일본에게는 엄청난 위협이 된다. 일본 해군은 먼저 서해에서 황해 함대가 뤼순 함대를 격파한 후에 동해에서 연합 함대와 합류하여 발트 함대를 대적하는 전투 계획을 세웠다.

일본 황해 함대는 러시아 함대가 뤼순항을 나오지 못하도록 좁은 항구 출구에 민간 선박을 침몰시키고 기뢰를 부설하며 전투 준비에 들어갔다. 황해 함대는 뤼순 함대와 빨리 결전을 치르고 쓰시마로 나와서 발트 함대를 막아야 한다는 절박감이 있었다. 그러나 러시아 함대가 뤼순항 밖으로 나오지 않기 때문에 일본 함대는 뤼순항에 묶일 수밖에 없었다. 그 사이에 발트 함대가 동해에 도착하면 일본 함대는 두 개로 나뉘어 대적해야 하기 때문에 위험에 빠질 것이었다. 일본 해군은 황해 함대가 뤼순에서 빠져나오려면 육군이 뤼순항의 러시아 함대를 파괴해야 한다고 주장했다. 일본 육군은 해군의 작전 계획을 받아들이고 뤼순항을 공격하기 위하여 제3군을 만들고 노기 마레스케(乃木希典) 장군을 임명했다.

1) 뤼순 전투

일본 육군은 막대한 희생을 치르며 뤼순의 러시아 요새를 공격했다. 견고하게 구축한 고지의 요새에서 최신식 기관총으로 사격하는 러시아군에게 산에 오르는 일본군은 무수하게 희생되었다. 일본군은 전우의 시체를 방패삼아 고지를 오르고 있었으므로 희생이 많을 수밖에 없었다. 이 전투에서 일본군은 6만 명의 사망자를 냈다. 러시아 사령관이 전사한 후에 책임을 맡은 스테셀 장군은 1905년 1월 1일 갑자기 항복하고 병사들은 모두 포로가 되었다. 항복 당시 요새에는 3만 여명의 병사와 약 2개월분 이상의 식량이 남아 있었다. 저항할 여력이 있음에도 항복을 한 것이므로 스테셀 장군은 후에 사형선고를 받는다. 일본군은 고지에서 포격으로 항만에 있는 태평양함대를 모두 파괴했다. 뤼순의 러시아 함대가 파괴되자 황해 함대는 쓰시마로 출발하여 연합함대와 합류하였다. 일본 육군은 요양, 사하 등 만주벌판에서도 치열한 전투를 치르며 봉천(선양, 묵덴)으로 북상하였다.

2) 봉천(묵덴) 대회전

러시아 만주군 사령부가 묵덴(선양 瀋陽, 봉천 奉天: 당시 지명)으로 작전상 후퇴했기 때문에 일본군도 묵덴으로 이동했다. 일본군은 탄약, 식량 등 모든 물자가 떨어지고 보급로도 길어서 매우 지친 상태였다. 일본군 24만 명과 러시아군 36만 명이 묵덴에서 대결전을 벌이게 되었다. 3월 1일 일본군이 묵덴을 공격하자 전투가 벌어졌다. 추위와 전투에 지친 양쪽 병사들은 기진맥진하고 있었다. 3월 9일 러시아 만주군 구로파트킨 사령관은 예상치 않은 결단을 내린다. 묵덴을 포기하고 하얼빈으로 퇴각 명령을 내린 것이다. 이것은 100년 전 나폴레옹 전쟁 때 써먹었던 작전상 후퇴였다.

러시아는 유럽에 100만 대군이 대기하고 있었고 시베리아 철도 수송력이 개선되고 있으므로 시간은 러시아 편이었다. 그러나 니콜라이 황제는 상황 파악을 못하고 구로파트킨 사령관을 제1군 사령관으로 좌천시켰다. 좌천 소식은 작전상 후퇴를 패배로 만들어 버렸다. 전쟁 상황을 지켜보던 세계 각국의 종군 기자들은 러시아 패배와 일본 승리를 타전했다.

3) 쓰시마 해전 : 러시아 함대 전멸

발트 함대 로제스트벤스키 사령관은 긴 여행에 지친 병사들을 쉬게 하고 함선들을 수리하기 위하여 블라디보스토크로 가기로 결정했다. 휴식과 함선 정비를 끝낸 다음에 일본 함대와 결전하려고 하였다. 이미 뤼순의 태평양함대는 파괴되어 사라졌기 때문에 만날 일도 없었다. 연합함대 도고 헤이하치로우東鄕平八郞 사령관은 발트 함대를 기다리면서 제1, 2함대가 진해 해군기지에서 훈련에 열중하고 있었고, 3함대는 쓰시마 근해에서 훈련을 하고 있었다. 1년 동안 사용할 포탄을 10일 만에 사용할 정도로 강도 높은 훈련이었다. 발트 함대가 베트남 캄란만을 출발한 이후 일본은 발트 함대의 위치를 놓쳤다. 8노트 속도라면 5월 22일에 쓰시마에 나타나야 하는데 보이지 않았다. 도고 제독은 일본 동해를 돌아서 블라디보스토크로 갈까봐 걱정하고 있었다. 그러나 5월 27일 오전에 러시아 함대의 병원선에서 새어나오는 불빛을 발견한다.

연합 함대는 즉시 출동하여 발트 함대와 조우하게 된다.

연합 함대는 15노트의 속도로 8노트의 발트 함대를 추격하여 [그림 5.5]와 같이 단종진[42]을 형성하고 발트 함대를 기다린다. 발트 함대가 다가오자 연합함대의 측면에

---

42 단종진(單從陣, Line of battle) : 군함을 일렬로 늘어선 해군 함대 전술. 당시에는 대포가 군함의 측면에 주로 배치되었으므로 군함들이 일렬로 가면서 측면의 대포로 적의 군함을 공격하는

있는 대포들이 러시아 기함에 불을 뿜었고 30분 만에 러시아 신예 전투함 5척이 화염에 휩싸였다. 이것으로 전투는 사실상 끝났다. 러시아 함대는 앞에 있는 러시아 함선들이 시야를 가려서 포격을 방해하였다. 반면에 일본 함대는 러시아 군함의 목표를 찾기 쉬웠다. 당시 발트 함대는 사령관 명령에 의하여 모든 굴뚝에 노란색 칠을 하여 쉽게 포격 목표가 된 것이다. 로제스트벤스키 제독은 일본 함대와 싸우지 않고 회피 기동하여 블라디보스토크로 갈 계획이었기 때문에 전투 계획도 없었고 훈련도 하지 않았다. 갑자기 전투가 벌어지자 발트 함대의 전열이 무너졌다. 전투함들이 각자 흩어져서 도망가고 일본 군함들이 쫓아가며 일방적으로 격침시키는 형국이 되었다.

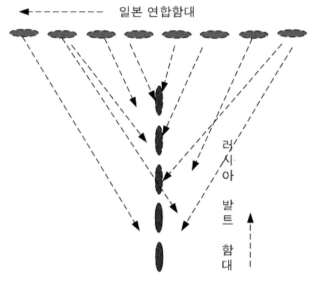

[그림 5.5] 쓰시마 해전의 전투 상황

로제스트벤스키 제독은 기함이 포탄에 맞을 때 머리 부상을 당하여 쓰러졌고, 부하에게 지휘권을 넘겨주었다. 기함이 침몰하자 다른 배에 옮겨 타고 도망가는 도중에 적함이 쫓아오자 백기를 올려 항복하였다. 38척의 발트함대 중 19척이 격침되고, 5척이 부항했고, 블라디보스토크에 도착한 것은 순양함 1척과 수뢰정 2척뿐이었다. 러시아군은 약 5,000명이 사망하고 로제스트벤스키 제독과 함께 6천여 명이 포로로 잡혔

진형. 임진왜란 때 이순신 장군이 한산도 해전에서 사용했던 학익진과 같다.

다. 일본군의 피해는 수뢰정 3척 격침, 사망 117명, 부상자 583명이었다. 러시아 패전 원인의 하나는 포탄 공급 부족으로 병사들이 훈련을 하지 못했기 때문이다. 로제스트 벤스키 사령관은 치료를 마치고 귀국하여 군법회의에 붙여졌으나 무죄 방면되었다.

러시아 군대와 일본 군대의 식사

러일전쟁 당시 러시아 해군 장교들은 귀족 출신이었고 병사들은 상민과 농노 출신이었다. 장교들은 은으로 만든 식기와 전용 와인 잔으로 귀족다운 식사를 하였다. 반면에 병사들의 식사는 형편 없었다. 오랜 항해 동안 식료품을 공급받지 못해서 병사들은 썩은 음식으로 배를 채웠다.

일본은 명치유신으로 신분과 계급이 철폐되어 누구나 능력이 있으면 장교가 될 수 있었다. 이미 입헌군주국으로 근대화가 진행되었기 때문에 장교와 병사 간의 차별이 많이 해소되었다. 따라서 장교들이 먹는 식사도 소박하게 제공되어 병사들의 식사와 별 차이가 없었다.

전제군주제의 군대와 입헌군주제의 군대는 군기와 사기가 질적으로 차이가 있었다. 전제군주제의 병사들은 권위주의 체제에서 신분과 억압에 시달린 반면에 입헌군주제의 병사들은 상대적으로 차별과 억압에서 자유로웠다. 군대가 내부적으로 융합하지 않은 상태에서 잘 융합된 군대와 싸운다면 승패는 이미 결정된 것과 다름이 없었다.

일본은 도고 제독의 전술을 丁자 전법이라고 불렀다. 넬슨 제독은 일부러 프랑스의 단종진 함대를 향하여 직선으로 공격하여 격멸하였다. 반면에 도고 제독은 단종진을 이용하여 러시아 함대를 전멸시켰다. 넬슨 시대에는 포탄의 명중률이 낮아서 훈련을 많이 하지 않으면 포격 성공률이 낮았지만, 도고 시대에는 포탄의 명중률이 높았고 훈련을 많이 했기 때문에 성공했다고 볼 수 있다. 따라서 전술이란 시대 상황과 병기의 수준, 병사들의 훈련 상태와 밀접한 관련이 있으므로 지휘관의 판단 능력이 중요하다.

근대화 신생국 일본이 군사대국 러시아를 이긴 것은 일본 혼자만의 힘이 아니었다. 러시아의 동아시아 진출을 막으려는 나라는 영국, 프랑스, 독일, 미국 등 이미 산업화가 추진된 나라들이었다. 발트 함대의 장거리 항해를 모든 나라가 방해했고, 발트 함대의 모든 정보를 비롯하여 신형 군함과 포탄과 무기 등 군수물자를 일본에게 제공하였고, 전쟁 비용을 장기 저리로 융자해주었다. 일본은 러시아 혁명 세력을 지원하고 부추겨서 내부적으로 혼란에 빠지게 하였고, 동맹의 도움으로 군비를 확충하고 전력을 강화할 수 있었다. 상비군 15만 명의 일본군이 상비군 100만 명의 러시아군을 상대로 장기전에 돌입하면 당연히 일본이 불리해진다. 일본은 동맹국들의 도움으로 포츠머스조약[43]을 맺고 전쟁을 조기에 종식할 수 있었다. 일본은 청일전쟁과 태평양전쟁에서도 전쟁을 끝까지 끌고 갈 의도와 능력이 없었다. 인구와 영토가 큰 나라와 전쟁할 때는 초기에 전세가 유리한 상황에서 유리한 조건으로 강화조약을 맺고 전쟁을 끝내는 것이 목적이었다.

5.2.3 일본과 한국

조선과 일본의 국제관계를 전쟁 측면에서 살펴보고, 구한말 시점부터 조선 반도를 둘러싼 패권 경쟁을 살펴본다.

(1) 조선과 일본의 전쟁

일본과 한국은 역사적으로 세 번의 전쟁을 겪었다. 첫째 몽고와 고려의 연합군이 일본을 침공한 전쟁이었고, 둘째 일본이 조선을 침공한 임진왜란이다. 셋째 조선인들이 일본군의 일원으로 태평양 전쟁에 참가한 것이었다.

첫째, 고려군이 몽고군과 함께 일본을 침공한 것은 사실이지만 고려는 일본을 침공할 의사가 전혀 없었다. 패권국 몽고의 강압에 의하여 고려 조정이 군대를 파병하였다. 고려-몽고 연합군은 일본에 상륙했으나 가미가제에 의해 전멸한 상태에서 소수만 살아서 돌아왔다. 그러나 일본인들은 고려군이 선봉으로 침공하여 대마도 주민들을 학살했다고 분개하였다. 몽고 연합군의 선봉은 항상 속국의 군대였기 때문에 고려군은 전투에서 희생도 많았지만 일본인들의 적개심도 많이 받았다.

둘째, 임진왜란은 일본이 명나라를 공격하러 가는 길을 빌려달라면서 조선을 침공하여 발생하였다. 조선 군사력이 약하여 일본군에 패하여 계속 북쪽으로 도망가다가

---

43 포츠머스조약(Treaty of Portsmouth) : 1905.9 러일전쟁을 마무리하기 위해 미국 포츠머스에서 일본과 러시아간에 체결된 강화조약. 주요 내용: 1. 일본은 한국을 지도 보호 감리한다. 2. 러시아의 만주지역 조차지와 남만주 철도를 일본에게 양도한다. 3. 북위 50도 이남의 사할린 남부를 일본에게 양도한다. 4. 동해, 오호츠크해 및 베링해 연안의 어업권을 일본에 양도한다. 등이다.

명나라 군대가 참전하였다. 명군이 평양성 전투에서 일본군을 격퇴하면서 전쟁은 소
강상태로 7년 동안 이어졌다. 전쟁 동안 전국은 황폐화되었고 민생은 나락으로 떨어
졌다. 이순신 장군이 해전에서 혁혁한 공을 세우고 의병들이 분투한 것은 일본군의
보급로를 끊는 것이었으므로 매우 다행스러운 일이었다. 전쟁을 일으킨 일본의 히데
요시 관백이 사망함에 따라 일본군이 철수하자 전쟁은 종결되었다.

조선은 임진왜란 이후 명나라를 재조지은(再造之恩)이라며 구국의 은인으로 모셨
다. 명나라 멸망 이후에도 만력제[44] 사당을 만들어 청나라 모르게 대를 이어 제사를
지냈다.

셋째, 태평양 전쟁 시에 조선은 나라가 없었으므로 조선 젊은이들이 일본군에 징집
되어 전쟁에 참전하였다. 전쟁이 끝났을 때 연합군은 동경에서 전쟁범죄 재판을 열고
전쟁범죄자들을 단죄하였다. 이때 수백 명의 조선인들이 유죄 판결을 받았고 그 중에
는 전범으로 사형된 조선인들도 있었다.

조선인들은 강대국들에 의해 전쟁에 끌려 다니며 피해를 입었다. 스스로 나라를 지
킬 수 있는 힘을 기르는 것이 중요하다는 것을 역사에서 배웠다.

(2) 구한말 조선과 일본

1800년대의 조선은 흉년이 계속되어 인구가 대폭 줄어들 정도로 백성들이 굶고 있
었지만 조정은 대책이 없었다. 1812년 홍경래 난이 진압되었지만 문제가 해결된 것은
아니었다. 농민들이 굶주리는 상태에서 삼정의 문란[45]으로 관리들의 수탈은 더욱 심해
졌다. 농민의 불만이 곡창 지대인 삼남에서 민란으로 시작되어 동학난으로 이어졌다.
정권 유지가 어려운 조선 조정은 외국 군대를 불러서 10여만 명의 동학 농민들을 학
살하며 진압하였다.

---

44 만력제 萬曆帝(재위 1572~1620) : 명나라 13대 황제. 묘호는 신종. 임진왜란 시에 명군을 파
　견.
45 삼정의 문란(三政—紊亂) : 조선의 전정田政, 군정軍政, 환정還政 등의 제도를 악용하여 관리
　들이 백성들을 수탈한 현상. 전정은 토지세이고, 군정은 군역을 납부하는 제도이고, 환정은 춘
　궁기에 곡식을 빌려주었다가 추수기에 돌려받는 제도이다.

청일전쟁과 러일전쟁에서 승리한 일본은 조선을 점령하고 1910년 8월 29일(한일병합조약, 경술국치)에 조선 정권을 접수하였다. 조선 조정의 정권이 일본 총독부로 넘어가는 날을 전국에 발표한 일본은 민중 봉기나 폭동을 예상하고 경계 근무를 섰으나 조선 백성들은 전혀 움직이지 않았다. 조선 백성들은 조선 정권의 멸망에 대해 침묵하였다. 청일전쟁과 러일전쟁 기간 동안 조선 조정에서 한 일은 중립국 선언 발표였으나 강대국들이 무시하는 것으로 끝났다.

5.3 러시아의 국제관계와 전쟁

러시아는 현재 우크라이나의 수도 키예프를 중심으로 형성된 키예프 대공국에서 시작한다. 882년 루스인[46]의 전설적인 지도자 올레그[47]가 키예프를 점령하여 키예프와 노브고로드, 블라디미르 등에 공국을 세웠다. 988년에 동로마 정교회를 수용하고, 그리스 문자를 이용하여 키릴 문자를 만들었다. 키예프 공국은 종교와 문자, 법전을 만들어 고대 국가를 이루었다. 몽골의 침입 이후에는 키예프가 침체하고 모스크바 공국이 러시아의 중심으로 성장하였다.

5.3.1 러시아와 우크라이나

1237년 칭기즈칸의 손자 바투가 총사령관이 되어 몽고군이 침입하였다. 몽고 기병대 공격으로 키예프 공국은 1240년 붕괴하였다. 키예프가 강력하게 저항하였으므로 몽고는 키예프를 황폐하도록 파괴하였다. 반면에 동북쪽 삼림지대로 이동한 모스크바 사람들은 몽고와 적당히 타협하면서 모스크바 공국을 유지하였다. 몽골제국은 1243

---

46 루스인 : 현재 러시아인, 벨라루스인, 우크라이나인의 기원이 된 민족. 덴마크 쪽에서 농유럽 지역으로 이주해 온 북게르만계이거나, 예전부터 슬라브 문화에 동화된 노르드인이라는 두 가지 주장이 있다. 사냥을 하여 모피를 팔거나 노예 장사를 생업으로 했다고 함.

47 올레그(Oleg) : 러시아 류리크 왕조의 두 번째 통치자. 러시아의 중심지를 노브고로드에서 키예프로 옮긴 군주.

년에 킵차크한국을 세우고 이후 240년간 러시아 지역을 통치했다. 몽골의 러시아 통치 방식은 초기의 직접 통치에서 후기에 간접 통치로 바뀌었다. 간접 통치란 여러 공국 중에서 힘 있는 공국에 조세 징수권을 위임하여 조세를 징수하는 것이었다. 이 과정에서 키예프는 침체하고 모스크바 공국이 부상하였다.

14세기 초에 리투아니아인들이 몽고 군대를 몰아내고 우크라이나를 지배하기 시작했다. 폴란드도 우크라이나 일부를 지배했다. 원나라가 1368년 멸망하면서 러시아 지역을 통치하던 킵차크한국도 무너지기 시작했다. 1480년에는 우크라이나와 모스크바 일대에서 몽고가 축출되었다. 이 때 크림 지역에 살던 타타르인들이 몽고로 돌아가지 않고 크림반도 주변에 남아서 크림칸국을 세우고 그 지역을 다스렸다. 1569년 폴란드와 리투아니아는 연합왕국을 세우고 우크라이나를 계속 지배하였다. 1667년에는 폴란드와 러시아가 우크라이나를 양분하여 지배하였다. 그 결과 우크라이나의 서북부는 서유럽 문화의 영향을 받았고, 동남부는 러시아 문화의 영향을 받았다. 실제로 서북부 사람들은 주로 우크라이나 언어를 사용하고 동남부 사람들은 주로 러시아 언어를 사용한다. 러시아 예카테리나[48] 여제는 남진정책을 추진하여 오스만터키를 밀어내고 우크라이나를 완전히 합병하였다. 크림칸국은 러시아가 압박을 가해오자 오스만터키에 복속했으므로 크림지역은 오스만터키의 영토로 남았다.

러시아는 부동항을 얻기 위하여 발트해로 진출하고자 했으나 영국과 프랑스의 방해로 나갈 수가 없었다. 대신 흑해로 나가기 위하여 크림반도를 차지하려고 오스만터키와 1768년부터 1878년까지 6차에 걸쳐서 110년 동안 전쟁을 벌였다. 러시아는 많은 희생을 치룬 끝에 결국 크림반도를 차지하였다. 그러나 영국과 프랑스가 러시아의 남진을 막아서 지중해로 나갈 수가 없었다.

제정 러시아가 멸망하고 소련이 등장하였다. 1953년 후르시초프가 집권했을 때 그는 우크라이나와 우호의 상징으로 크림반도를 우크라이나로 이관하였다. 당시에는 소련연방 안의 행정구역 조정이라는 사소한 일에 지나지 않았다. 그러나 1991년 소련이 해체되고 우크라이나가 독립하자 크림반도가 [그림 5.6]과 같이 남의 나라 땅이 되었

---

48 예카테리나 2세(Ekaterina II, 1729~1796.) : 독일 출신으로 남편 표트르 3세를 폐위시키고 제위에 올랐다. 세 차례 폴란드를 분할하고, 터키와 두 차례 전쟁을 치르어 크림 등을 빼앗아 영토를 크게 확대하고 농노제를 확장했다.

다. 더구나 크림반도의 세바스토플 항구에는 러시아 흑해함대 기지가 있었다. 부동항도 잃고 흑해함대 기지도 잃게 되었다. 결국 우크라이나로부터 흑해함대 기지를 임대해서 사용하는 수밖에 없었다.

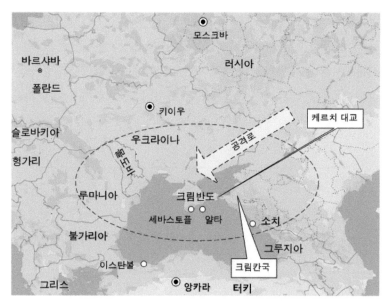

[그림 5.6]   러시아의 우크라이나 동남부 공격로

우크라이나가 나토(NATO)에 가입하려고 하자 러시아는 2014년에 급하게 크림반도를 합병하였다. 이 지역은 동남부 러시아 지역이므로 합병에 불만이 없었을 것이다. 이 지역은 오스만터키 제국 시절에 크림칸국이었기 때문에 크림타타르족이 많이 살고 있었지만 제2차 세계대전 직후에 스탈린이 강제로 모두 멀리 이주시켜 버렸다.

러시아에서 크림반도와 연결하기 위해서는 19km의 긴 다리(케르치대교)를 놓아야 했다. 크림반도에는 물이 부족하기 때문에 우크라이나 땅이 필요하고, 러시아에서 크림반도까지 가는 보급로를 얻기 위하여 러시아는 2022년 2월에 우크라이나를 침공하였다. 이를 위해서 도네츠크, 마리우폴, 멜리토폴, 헤르손 일대를 확보하는 전쟁을 치르고 있다. 전쟁이 오래 갈 것이기 때문에 계전능력이 큰 쪽이 승리할 것이다. 우크라이나는 NATO의 지원을 기다리고, 러시아는 중국의 지원을 기다리고 있다. 결국 동맹국들의 물량 지원이 전쟁의 승패를 결정할 것이다.

5.3.2 러시아와 핀란드

유럽에는 '핀란드화(Finlandization)'라는 말이 있다. 이 말의 뜻은 '간 쓸개 다 빼주고 비굴하게 살아가기'라고 한다. 다시 말하면 '미리 알아서 기어가기'라고 한다. 핀란드인들이 러시아가 무서워서 미리부터 굴종하는 모습에서 생긴 말이다. 스웨덴, 독일, 러시아 등 강대국 틈바구니에서 생존하다보니 듣기 싫은 별명을 얻은 것이다. 중국과 일본과 러시아 등 강대국 틈바구니 속에 있는 한국의 모습을 보고 영국의 지식인 제레드 다이아몬드[49]는 한국은 지정학적으로 유사하니 꼭 핀란드를 참조하라고 조언하였다.

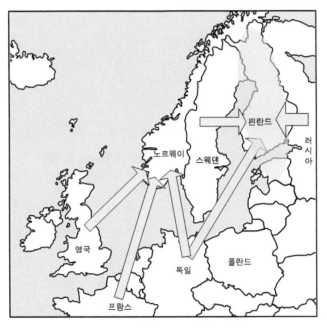

[그림 5.7] **강대국들 사이의 핀란드**

---

49   제레드 다이아몬드(Jared Diamond) : 영국 생리학 박사, UCLA 교수. '총, 균, 쇠'의 저자. 퓰리처상 수상.

핀란드 땅에는 11세기까지 국가가 존재하지 않았다. 11세기 이후부터 스웨덴이 서쪽에서 들어와 지배하기 시작했다. [그림 5.7]과 같이 러시아가 성장하더니 동쪽에서 들어와서 핀란드는 두 강대국에 끼인 상태가 되었다. 스웨덴-러시아 전쟁에서 러시아가 승리하자 핀란드는 1809년에 러시아에 편입되었다. 즉, 핀란드는 러시아에 편입되기 전에 약 800년 동안 스웨덴의 지배를 받았다. 핀란드는 러시아 편입 이후 1917년 러시아혁명까지 108년간 러시아 대공국의 자치령이 되었다. 핀란드는 러시아혁명의 혼란을 이용하여 독립전쟁을 수행하였다. 러시아 지배 기간 동안 핀란드인들은 러시아 군대에 입대하였고, 약 400명이 육군과 해군의 장성이 되었다. 러시아군 대령 출신 만네르하임[50]이 독립군을 지휘하여 1918년 헬싱키 광장에 진군하고 독립의 기반을 닦았다. 만네르하임은 독립 전쟁에서 큰 공을 세워 핀란드 대통령이 되었다.

1918년 4월 독일 군대가 독일 왕족을 핀란드 왕으로 앉히기 위해 핀란드 헬싱키로 진군하였다. 핀란드는 이 기회에 독일 왕족이 핀란드 국왕이 되어 독일의 힘으로 독립을 확실하게 이루려고 했다. 그러나 독일이 제1차 세계대전에서 패배하여 독일은 물러갈 수밖에 없었다.

1939년 11월에 소련이 침공(제1차 소련-핀란드 전쟁)하여 핀란드 영토를 요구했다. 핀란드는 중과부적으로 영토의 10%를 러시아에 내주고 전쟁을 마무리한다. 그 후 핀란드는 러시아를 막기 위해서 다시 독일과 손을 잡는다. 1941년 핀란드는 독일군을 믿고 함께 러시아를 침공한다(제2차 소련-핀란드전쟁). 그러나 제2차 세계대전에서 독일이 연합군에게 밀리자 핀란드는 다시 러시아와 손을 잡고 독일군을 공격한다.

핀란드는 독일과 함께 러시아를 침공한 대가로 러시아에 영토를 또 빼앗기고 배상금도 지불해야 했다.

핀란드는 러시아와 전쟁을 치르면서 많은 희생을 치렀다. 예전과 같은 희생을 치르지 않기 위해서 2차 대전 후에는 소련에 매우 협조적으로 대처하였다. 군대는 소련 전투기와 탱크를 도입하였으며 6억불의 배상금도 지불하였다. 국가 정책도 러시아가 싫어하는 것은 절대 하지 않았고 싫어하는 것이라면 무조건 없애버렸다. 자본주의 책도 다 없애버리고 러시아가 지적하기 전에 미리미리 눈치를 살피고 처신하였다. 외국인

50　만네르하임(Carl Gustaf Mannerheim, 1867~1951) : 핀란드의 정치가, 원수. 스웨덴계 명문 출신. 제2차 소련핀란드전쟁에서 최고사령관, 1944-1946년 대통령.

들은 핀란드 얘기가 나오면 핀란드는 나라도 아니라며 모욕적으로 평가했다.

핀란드는 우크라이나 전쟁이 일어나자 서둘러 나토에 가입하였다. 핀란드 거리의
표지판은 스웨덴어, 핀란드어, 영어 등 3개 언어로 표기되어 있다.

K9 자주포와 핀란드 여군

핀란드는 국방력 강화를 위하여 2017년 한국의 K9 자주포를 구매하였다. 핀란드의 국방력 강화는
러시아의 눈치를 보지 않으려는 것이다. 원래 노르웨이 현지에서 K9 시범 사격을 하는데 핀란드
와 에스토니아도 참관했다가 세 나라가 모두 구매한 것이다. 그런데 새 제품을 만들려면 시간이
걸리기 때문에 핀란드는 중고품을 포함하여 48대를 구매하였고, 또 48대를 옵션으로 구매하였다.
K9은 국방과학연구소가 설계하고 한화디펜스가 제작하는 구경 155mm, 52구경장으로 길이 8m의
자주포이다. 사거리는 40km이나 최근 풍산금속에서 사거리 연장탄을 개발하여 사거리를 60km로
늘렸다. K9 자주포는 세계 자주포 시장의 50% 이상을 점유하는 명품 무기이다.
러시아의 우크라이나 침공 이후 핀란드의 러시아 국경에서 핀란드 여군이 K9 자주포를 운전하는
모습을 부럽게 쳐다보는 러시아 병사들의 모습이 포착되었다. 러시아는 좋은 무기는 모두 우크라
이나 전선으로 보내고 핀란드 국경에는 구형 견인포를 배치하고 있다. 견인포는 사람의 힘으로
조작해야 하므로 힘이 센 남자들이 담당해야 하지만 K9 자주포는 포탄 이동과 장전까지 자동화
되었으므로 약한 여자들도 얼마든지 조작할 수 있어서 여군을 배치한 것이다. 자주포 155mm 포
탄의 무게가 40kg이며 장약의 무게도 30kg이다. 따라서 러시아 병사들의 부러운 시선이 핀란드
여군을 향하는 것이다.

5.3.3 러시아와 조선

한국 사람들은 일본에 나라를 빼앗긴 것을 수치스럽게 생각하고 있다. 그래서 나라
를 빼앗긴 날을 경술국치(庚戌國恥)[51]라고 부른다. 한국인들은 일본에게 나라를 빼앗
기지만 않았더라면 한국이 더 크게 발전했으리라고(내재적 발전론[52]) 가정하기도 한
다. 역사에는 가정이 의미가 없다고 하지만 일본에게 나라를 빼앗기지 않았다는 가정
을 해보기로 한다.

---

51   경술국치(庚戌國恥) : 1910.08.29. 대한제국의 국권을 일본에게 상실한 날.
52   내재적 발전론 : 일본의 지배가 없었다면 조선이 매우 발전했을 것이라고 주장하는 이론. 식민
     지 수탈론이라고도 함. 이와 반대로 조선이 일본에 의하여 근대화되었다고 주장하는 식민지 근
     대화론이 있다.

조선이 일본에게 나라를 빼앗기지 않으려면 러일전쟁에서 일본이 패배했어야 한다. 그러면 러시아군이 일본군의 무장을 해제하고, 일본군은 조선 반도에서 물러갔을 것이다. 그리고 그 이후에 전개될 상황을 다음과 같이 상상해본다.

첫째, 러시아 군대가 조선을 점령하고 조선을 러시아 영토로 편입했을 것이다.

둘째, 러시아의 1,000년 꿈인 부동항을 얻었으므로 부산, 원산, 인천 등에 해군기지와 함께 이를 방어할 육군과 공군 기지를 건설했을 것이다.

셋째, 해군 태평양 함대와 육군과 공군의 기지 운용을 위해서 인근에 조선소, 석유 비축 기지, 군수기지, 기계공장 등 배후 공업단지와 보급기지들을 만들었을 것이다. 이를 위해 그 지역에 사는 주민들을 먼 곳으로 강제이주[53]시켰을 것이고 그 지역에는 기지 운영을 위해 러시아 인들이 이주해서 살았을 것이다. 칼리닌그라드[54]와 연해주를 상기하면 쉽게 상상할 수 있다.

넷째, 조선의 독립을 주도할만한 사람들을 모두 러시아로 끌고 가서 활동하지 못하게 했을 것이다. 폴란드 카틴 숲의 대학살[55]을 상기하면 쉽게 상상할 수 있다.

다섯째, 2차 세계대전이 끝났을 때 소련은 전승국이었으므로 조선을 일본이나 중국에 넘기거나 독립시키지 않고 계속 점령하였을 것이다. 소련이 전후에 연해주를 중국에게 넘기지 않은 것과 같은 논리다.

여섯째, 한국 땅에 사는 사람들은 주로 러시아 언어를 사용하고 있을 것이며 한국

---

53 고려인 강제이주 : 1937년 소련의 극동 지역에 거주하던 고려인 172,000명을 강제로 이주한 사건. 소련은 일본과의 전쟁이 우려되자 조선인을 일본인으로 간주하고 간첩 예방 차원에서 이주시켰다.

54 칼리닌그라드(Kaliningrad, Königsberg) : 원래 독일 땅이었으나 제2차 세계대전 후 전승국 소련에 편입됨. 현재는 러시아의 역외 영토이며 부동항임. 소련이 점령한 이후 독일인들은 모두 추방되었고 러시아인들만 살고 있음. 임마누엘 칸트가 태어나고 자란 고향.

55 카틴숲의 대학살(Katyn Forest Massacre) : 2차 세계대전 때 소련이 독일과 폴란드를 반씩 분할 점령하고 폴란드 장교와 지식인 수만 명을 비밀리에 학살한 사건. 소련 비밀경찰이 1940년 스탈린 지시 아래 폴란드 지식인들을 러시아 스몰렌스크 근교 카틴 숲에서 대량 학살했다. 폴란드군 장교와 교수, 의사 등 사회지도층 인사 2만 2000여 명을 처형한 뒤 암매장 함. 이 사건은 독일군이 소련을 공격했을 때인 1943년 4월에 집단 매장된 시신을 발견하여 세상에 알려졌다.

어를 사용하는 사람들은 극소수일 것이다. 현재 연해주에 사는 주민들은 모두 러시아
언어를 사용하고 있으며 중국어를 사용하는 사람들은 없다.

러일전쟁에서 러시아가 승리했다면, 연해주와 칼리닌그라드에서 중국인과 독일인
들이 사라진 것처럼 조선에서도 같은 일이 벌어졌을 것이다. 베트남이 참파왕국[56]을
점령한 후에 참파인들이 사라졌듯이 조선반도에서 조선인들이 사라졌을지 모른다.

5.4   영국의 국제관계와 전쟁

영국은 43년부터 410년까지 약 400년간 로마의 지배를 받았다. 따라서 로마의 영
향을 많이 받아서 영국은 로마식으로 국제관계를 실행했을 것으로 생각할 수 있다.
그러나 영국은 로마 이외에도 바이킹족, 노르만족, 게르만족 등 야만스러운 민족들의
지배도 많이 받았기 때문에 영국이 로마와 비슷하게 국제관계를 유지하기가 어려웠
다. 왜냐하면 바이킹족은 몽고족보다 더하면 더했지 결코 덜하지 않은 잔인한 민족이
다. 노르만족도 바이킹의 영향을 받아서 야만스럽기는 마찬가지였다. 영국이 해양을
무대로 국제사회에 등장하기 전에는 스페인과 네덜란드가 해양 패권을 쥐고 있었다.
영국 해군이 네덜란드와 스페인 해군을 물리치고 해양을 장악하는 과정에서 해적들
을 동원한 것을 보면 영국은 국익을 위해서라면 무슨 짓이라도 할 수 있는 해적 국가
였다.

---

56   참파왕국(Champa) : 2~17세기 말 현재 베트남 중부에서 남부에 걸쳐 인도네시아계가 세운 나
라. 한 때 매우 왕성하였으며 중국과 손을 잡고 베트남을 협공하기도 하였다. 계속된 전쟁에서
베트남에게 밀렸다. 17세기말 베트남이 메콩 델타에 진출하여 멸망시켰다.

5.4.1 영국과 스페인

1497년 7월 8일 바스코 다가마[57]는 4척의 배를 이끌고 리스본을 떠나 인도를 다녀오는 항로를 개척했다. 선박과 항해술의 발전으로 유럽의 대항해시대가 열린 것이다. 이것은 스페인과 포르투칼의 해양 패권을 암시하는 것이었다. 스페인의 무적함대는 1571년 레판토 해전에서 오스만터키 함대를 물리치고 지중해 해상권을 장악하였다. 스페인은 지중해뿐만 아니라 대서양을 장악하고 식민지를 확충하였다. 해양 패권을 장악하고 아메리카 식민지에서 부를 축적하던 스페인에 영국이 도전하면서 자연스럽게 두 나라는 충돌하게 되었다. 스페인의 성장을 방해하는 것은 바로 영국의 사략선(私掠船)[58]들이었다. 영국 해적 드레이크는 사략선을 동원하여 스페인 선박을 약탈하였으며 약탈한 금품을 영국 여왕에게 바치고 훈장과 작위를 받았다.

칼레 해전(Naval Battle of Calais)

1588년 스페인의 펠리페 2세는 영국을 제압하기 위하여 무적함대(Armada)를 대규모로 조직하여 출항하였다. 영국의 엘리자베스 1세는 스페인에 맞서서 스페인의 식민지인 네델란드와 연합하고, 해적 출신인 드레이크를 사령관으로 임명하고 열세인 함대를 파견하였다. 130척의 스페인 무적함대는 크기가 작은 197척의 영국 함대와 격돌하게 되었다. 그러나 무적함대는 싸움도 하기 전에 북해에서 두 번의 강풍을 만나서 81척의 배가 침몰하였고 남은 배들도 피해를 입었다. 이것으로 영국 침공은 사실상 좌절되었다. 이 해전을 칼레 해전(Naval Battle of Calais)이라고 한다. 영국은 스페인의 뒤를 이어 해양 강국으로 발전하면서 '해가 지지 않는 나라'가 되었다. 이 전쟁 덕분에 네덜란드가 스페인에서 독립하고 해양강국으로 성장한다.

---

57 바스코 다가마(Vasco da Gama 1469 ~ 1524) : 포르투갈의 탐험가, 해적, 항해왕. 리스본을 출발하여 2년 동안 인도 캘리컷을 왕복하는 항로를 개척하였다.
58 사략선(私掠船) : 개인이 국가 면허를 받아 자기 선박을 무장하여 적국 선박을 공격하고 포획물을 약탈하는 선박. 근세 초기에 상비 해군력이 약했을 때 국가가 전력 증강 방법으로 이용했음.

5.4.2 영국과 프랑스

나폴레옹이 유럽 전역을 휩쓸고 있었지만 영국은 바다 건너에 있었기 때문에 전화에 시달리지 않았다. 나폴레옹은 유럽 전역을 제패하고 있었기 때문에 이제는 영국을 제압하기로 하였다. 1803년 영국은 프랑스에게 선전포고를 하고 우월한 해군력을 동원하여 프랑스 해안을 봉쇄했다. 이와 함께 영국은 오스트리아, 러시아, 스웨덴, 시칠리아, 나폴리 왕국 등을 규합하여 제3차 대불동맹을 결성하고 전쟁 준비를 하였다.

나폴레옹은 선전포고를 접하자 즉시 영국 침공 계획을 세웠다.

프랑스가 약 20만 명의 육군을 영국에 상륙시키려면 영국 해군을 도불해협에서 제압해야 했다. 영국 해군을 섬멸할 필요가 없었던 이유는 육군이 영국에 상륙하기만 하면 영국을 제압하는 것은 시간문제라고 생각했기 때문이다. 그러므로 프랑스 병력이 도불해협을 건너는 6시간만 영국 해군을 제압하는 것이 해군 작전의 목적이었다. 그러나 프랑스 해안을 봉쇄하고 있는 영국 해군을 격멸하지 않으면 해협을 건널 수가 없었다. 나폴레옹은 하루 정도만 해협의 제해권을 확보하기로 결정하였다.

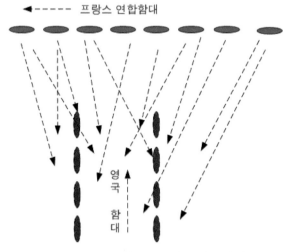

[그림 5.8] **트라팔가르 해전 전투 상황**

트라팔가르 해전(Naval Battle of Trafalgar)

나폴레옹은 해군 전력을 확보하려고 스페인 등 동맹국들의 함대를 포함하여 연합함대를 만들고 영국 해군의 주력을 유인하여 분산시키고 그 사이에 도불해협을 건너기로 하였다. 그러나 프랑스 해군의 유능한 트래빌[59] 제독이 이 즈음하여 사망하였다. 나폴레옹은 뷜뢰브를 연합함대 사령관으로 임명했다. 뷜뢰브 함대는 스페인 함대와 합류하여 1805년 4월에 서인도 제도를 습격하여 성공했다. 지중해에 있던 영국의 호레이쇼 넬슨 제독은 급히 서인도 제도로 갔다. 뷜뢰브 함대는 다른 영국 함대와 만나서 전투가 교착 상태에 빠지자 나폴레옹의 명령과 달리 도불해협으로 가지 않고 카디스(스페인 남단의 항구)로 대피하면서 나폴레옹의 영국 침공은 실패로 끝난다.

넬슨 제독은 종래의 단종진을 사용하지 않고 두 줄로 군함을 프랑스 함대의 측면을 공격하였다. 이럴 경우에는 프랑스 군함들의 측면을 향하는 것이므로 매우 불리한 전술이다. 그러나 넬슨 제독은 급조한 프랑스 연합함대는 포격 훈련이 미숙할 것이라고 판단하고 [그림 5.8]과 같이 대담하게 두 줄로 공격을 감행하였다. 연합함대 장교들은 넬슨 제독이 일직선으로 공격해오자 공격 대형을 보고 깜짝 놀랐다. 넬슨 제독이 해전의 기본도 모르고 자신들에게 불리한 전술을 쓴다고 볼 수도 없고, 이 상황을 어떻게 대처해야 할지 몰라 당황했다. 연합함대의 포격은 영국 군함을 맞추지 못하는 상태에서 영국 함대는 프랑스 함대를 셋으로 분리시켰다. 이번에는 영국 함대가 측면에서 연합함대를 근거리에서 포격하기 시작하였다. 연합함대는 당황하며 쫓기다가 영국 함대에게 패배하였다. 넬슨 제독은 프랑스 병사가 쏜 총에 맞아 전사했지만 나폴레옹은 영국 침공을 결국 포기할 수밖에 없었다.

5.4.3 영국과 러시아

대영제국은 로마 제국의 전통을 이어 받았고, 러시아 제국은 몽고 제국의 전통을 이어받았다. 영국은 산업혁명에 성공하고 해군력을 강화하여 세계의 패권자가 되었

---

59 트레빌(Latouche-Tréville, 1745 - 1804) : 프랑스 해군 제독. 7년 전쟁 참전. 미국 독립전쟁 시 영국 해군을 격파함.

다. 러시아는 유럽의 영향을 받아 산업화를 추진하고 바다로 나가서 식민지를 확보하려고 하였다. 그 과정에서 부동항을 얻기 위하여 유럽과 아시아의 바다로 진출하려고 했으나 영국에 의하여 모두 좌절되었다.

(1) 러시아의 중동 진출

러시아는 발트해를 거쳐서 북해로 나가려고 했으나 발트해는 스웨덴과 덴마크가 막고 있었고, 스웨덴과 덴마크를 뚫고 북해로 나간다 하더라도 북해는 노르웨이와 영국이 막고 있었다. 러시아는 도저히 북해로 나갈 수 없어서 흑해를 거쳐서 지중해로 나가기로 하였다. 유럽에 가서 직접 유럽의 문물을 배워온 표트르 1세는 흑해 위에 있는 아조프 지역으로 원정을 나가서 지중해로 나갈 수 있는 해양 출구를 확보했다.

예카테리나 2세는 오스만터키가 차지하고 있는 크림 지역에 원정군을 보내서 크림 반도를 확보했다. 러시아는 계속해서 남진했고 오스만터키는 옛날의 강성했던 나라가 아니어서 러시아의 남진을 막지 못했다. 그러나 패권국인 영국이 러시아의 남진을 막았다. 제5차 러시아-터키 전쟁에서 러시아 함대가 터키 함대를 전멸시키자 영국과 프랑스가 개입하였다. 러시아 해군은 범선만 수 십 척이었는데 영국 해군은 증기선 수 십 척이 출동해서 러시아 함대를 전멸시켰다. 결국 러시아는 영국 때문에 도저히 지중해로 나갈 수가 없어서 남진을 포기하고 동아시아로 진출한다.

(2) 러시아의 아시아 진출

러시아는 지중해 진출이 좌절된 후에 동아시아로 진출하는 과정에서 중국을 굴복시키고 북경조약으로 연해주를 얻었다. 그러나 연해주의 블라디보스토크는 완전한 부동항이 아니었다. 러시아는 조선의 항구를 얻어야 태평양으로 진출할 수 있기에 적극적으로 조선 조정에 접근한다. 러시아가 조선의 고종과 친밀하게 지내며 각종 이권을 챙기자 영국은 조선에서 러시아의 조선 남진을 심각하게 경계하게 되었다. 더구나 고종이 1896년 2월에 아관파천으로 러시아에 신병을 의탁하면서 조선의 러시아 의존이 더욱 심해졌다. 당시 세계는 'The Grate Game'이라는 영국과 러시아가 100년 이상 패권을 놓고 경쟁하던 시기였다. 조선은 러시아에게 부동항을 내주고 태평양으로 진출할 수 있는 최적의 나라였다. 러시아는 최고의 정성을 기울여 조선 왕에게 접근하고 각종 이권을 얻어냈다. 그러나 문제는 영국이었다.

러시아의 남진 계획을 알고 있던 영국은 [그림 5.9]와 같이 조선 거문도에 해군을 주둔(1885.3-1887.2) 시키고 러시아를 압박하였다. 1861년 2월에는 러시아의 군함 포사드니크호가 교통의 요충지인 쓰시마의 일부 지역을 차용할 것을 일본정부에 요구하며 정박하는 사건이 발생했다. 일본이 강력하게 저항했음에도 러시아는 계속 군함을 주둔시켰다. 그러나 영국이 군함 두 척을 쓰시마에 파견하자 그 해 8월에 철수하였다. 이 사건으로 일본은 러시아 함대의 위협을 현실로 인식하게 되었고 영국의 지원을 받아 해군을 양성한다.

[그림 5.9] **영국의 러시아 남진 견제**

러시아가 시베리아횡단 철도를 부설하자 영국이 더욱 경계하기 시작하였다. 영국은 일본을 지원하여 러일전쟁(1904.2.8 -1905.9.5)에서 승리하게 하여 러시아의 남진을 좌절시켰다. 러일전쟁의 결과 포츠머스 강화조약[60]이 체결되있다. 러일전쟁에서 일본

---

60 포츠머스강화조약(Treaty of Portsmouth) : 1905.9.5 미국 뉴햄프셔 주 포츠머스에서 조인된 러 · 일 전쟁의 강화 조약. 일본은 한반도에서의 우월한 지위를 획득하고 요동반도와 사할린

의 승리는 전 세계를 놀라게 하였다. 100만 명의 상비군과 수십 척의 대형 전함을 가진 군사대국 러시아를 이제 막 근대화를 시작한 일본이 15만 명의 상비군으로 러시아 육군을 격퇴하고 소수의 군함으로 발틱 함대를 전멸시켰다. 세계 각국은 지금까지 보던 일본을 새롭게 보게 되었다. 이것이 바로 영일동맹의 결과이며 동맹의 중요성을 보여주는 대표적인 사례이다.

러시아가 알라스카를 미국에게 판매한 이유?

러시아가 알라스카를 미국에게 판 이유에 두 가지 설이 있다.

첫째 크림전쟁에서 사용된 전쟁 비용을 갚기 위해서다. 원래 전쟁에서 승리하면 땅도 빼앗고 전쟁 배상금도 받아서 전쟁 비용을 갚고도 남는 법이다. 그러나 러시아는 크림 지역에서 여러 차례 터키 해군을 물리치고도 영국 해군에 밀려서 패전을 하고 말았다. 따라서 전쟁 비용을 메울 방법이 없어서 알라스카를 팔았다는 설이 있다.

둘째 러시아는 크림 지역에서 터키를 무찔렀지만 영국 해군 때문에 번번이 패배하게 되어 영국에 대한 두려움이 매우 컸다. 조선과 일본으로 진출하려고 해도 거문도 사건과 쓰시마 사건에서 영국 해군에게 밀려났다. 그런데 알라스카 옆의 캐나다 땅은 영국 식민지였다. 러시아는 알라스카를 가지고 있다가는 언젠가 영국에게 강제로 뺏길지 모른다는 걱정을 하게 되었다. 뺏기는 것 보다는 싼 값이라도 빨리 팔아치우는 것이 낫다고 생각했다는 설이 있다.

5.4.4 영국과 중동

영국이 산업혁명에 성공하고 세계의 패권을 잡았다. 이어서 독일도 산업화에 성공하고 세계 시장을 개척하려고 했으나 세계 각국은 이미 영국과 프랑스가 다 차지하고 있었다. 독일은 선발 주자를 따라잡기 위하여 많은 노력을 하였으나 시장 개척이 너무 늦었다. 영국의 전철을 따라서 무력으로 무역권을 따내고 전쟁도 불사하지 않으면 따라갈 수 없는 처지가 되었다. 독일은 오스트리아와 오스만터키를 포섭해서 동맹을 맺고 전쟁 준비를 하였다. 영국과 프랑스는 이들을 견제하기 위하여 러시아와 동맹을 맺고 전쟁 준비를 하였다. 서로 전쟁을 준비하는 것을 알고 있었으므로 전쟁이 발발하는 것은 기정사실이었다. 다만 시기만 모를 뿐이었다.

남부지방을 차지하였다.

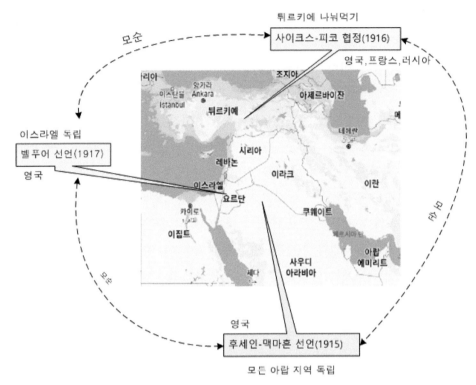

[그림 5.10] **영국이 중동 국가들과 맺은 조약들의 모순**

1914년에 영국을 중심으로 하는 연합국과 독일을 중심으로 하는 추축국들의 제1차 세계대전이 발발하였다. 영국은 독일 세력권인 중동에 진출하여 각 나라의 협조를 얻기 위하여 외교적인 노력을 경주하였다. 이집트 주재 영국 고등 판무관 맥마흔(McMahon)은 오스만터키가 지배하고 있던 중동을 분열시키고 아랍민족들을 영국에 협조하게 만들기 위하여 메카에 있던 마호메트의 후손인 후세인을 회유하였다. 회유 결과 맥마흔은 1915년 10월에 전쟁이 끝나면 중동에 아랍인들의 독립국가 건설을 지지한다고 선언하였다. [그림 5.10]과 같이 이른바 '후세인-맥마흔 선언(McMahon Declaration)'이다. 즉, 시리아의 서부를 제외한 오스만 제국의 영토에 아랍인들의 독립을 약속한 것이다.

1916년 5월에 러시아 상트페테르부르크에서 영국은 메소포타미아 남부인 이라크와 요르단 지역을 차지하고, 프랑스는 시리아-레바논 지역을 차지하고, 러시아에게는 흑해 남동지역(터키 동부지역)을 준다는 밀약인 '사이크스-피코협정(Sykes-Picot

Agreement)'을 체결하였다. 영국의 마크 사이크스 대표와 프랑스의 조르주 피코 대표가 터키 영토인 아랍인들의 지역을 나누어 가진다는 비밀 협정이었다. 그러나 영국은 아랍 지도자 후세인에게 이미 독립을 약속했으므로 모순되는 약속을 한 것이다.

영국 외무부장관 밸푸어는 독일을 중심으로 유럽에서 영향력이 큰 유태인들의 도움을 받기 위하여 로스챠일드가[61]를 만나서 회유하기 시작했다. 회유 결과 1917년 11월에는 팔레스타인에 유대인 국가 건설을 지지한다는 밸푸어선언(Balfour Declaration)을 발표하였다. 이것은 시온주의[62]를 원하는 유대인들의 재정 지원을 얻으려는 목적이었지만 후세인-맥마흔 선언과 상호 모순되는 내용이었다. 밸푸어 선언은 미국, 프랑스 이탈리아 등의 지지를 얻었고 1922년 국제연맹의 승인을 받아 영국의 팔레스타인 위임 통치안에 포함되었다. 1939년 영국은 정책을 바꾸어 이주할 유대 인의 수를 제한하였으며, 1944년에는 이주를 끝낼 것을 발표하였다. 시온주의자들은 아랍인들을 회유하는 영국의 새로운 정책에 반대하였다.

영국이 [그림 5.10]과 같이 서로 모순된 정책을 강행한 것은 당시 제1차, 2차 세계대전의 전황(戰況)을 무조건 자국에게 유리하게 주도하려는 목적이었다. 당시 영국은 세계의 패권국이었으므로 약소국이나 식민 지배를 받는 민족들에게는 희망적으로 들렸으므로 받아들일 수밖에 없었다.

(1) 중동전쟁

밸푸어 선언대로 유태인들은 팔레스타인에 모여서 국가 수립을 준비하였고 1948년에 이스라엘 독립을 선언한다. 팔레스타인에 살던 아랍인들은 자신이 살던 땅에서 쫓겨나게 되었으므로 이스라엘 독립을 반대하는 투쟁을 벌였다. 이렇게 시작된 전쟁은 지금까지 계속되고 있다. 다음은 1940년대 이래 발생한 중동전쟁의 내용이다.

---

61 로스챠일드가(Rothschild family) : 국제 금융기업을 보유하고 있는 유대계 금융재벌 가문. 나폴레옹 전쟁 이후 유럽 국가와 귀족들의 공채 발행, 자산관리, 철도, 석유 개발 등을 통하여 막대한 부를 축적하고 유럽 정치 경제에 큰 영향을 줌.

62 시온주의(Zionism) : 유대인이 이스라엘(팔레스타인)로 귀환하고자 하는 운동

1) 제1차 중동전쟁(팔레스타인전쟁)

제2차 세계대전 후 유태인들이 대거 팔레스타인으로 이주하였으므로 아랍인들과 분쟁이 격화되었다. 1948년 5월 14일 유태인들은 영국군 철수와 동시에 이스라엘의 독립을 선언하였다. 이집트와 아랍은 2만여 병력으로 이스라엘을 공격하였으나 패배를 거듭하였고 1949년 2월 휴전이 성립하였다. 이 전쟁의 결과 100만 명의 팔레스타인 난민이 발생하였고 아랍 게릴라 조직이 등장하였다.

2) 제2차 중동전쟁(수에즈전쟁)

1956년 이집트 나세르 대통령은 수에즈 운하 국유화를 단행하고 이스라엘로 향하는 선박의 통행을 봉쇄하였다. 타격을 입은 영국, 프랑스, 이스라엘은 수에즈 운하를 공격하고 점령하였다. 미국, 소련 등의 압력에 의하여 UN군이 파견되고 이스라엘군 등은 철군하였다.

3) 제3차 중동전쟁(6일전쟁)

1967년 4월 이스라엘은 게릴라 기지가 된 시리아를 대규모로 공격하였다. 나세르가 대군을 시나이 반도에 파견하여 이스라엘과 전투가 이어졌다. 이스라엘은 시나이 반도와 요르단강 서안과 골란고원을 점령하였고 UN에 의하여 정전이 선언되었다. 6일 만에 이스라엘의 승리로 전쟁이 끝났으므로 6일 전쟁이라고도 한다.

4) 제4차 중동전쟁(욤키푸르 전쟁)

이집트 사다트 대통령은 1973년 10월 6일 선제공격을 가하여 이스라엘 공군과 탱크 부대를 소련제 미사일과 로켓으로 격파하고 초기 전투에 승리하였다. 북부에서는 시리아군이 패퇴하여 전선은 고착되었다. 1974년 1월 이집트와 이스라엘의 병력격리 협정이 조인되고 UN군이 파견되었다. 이 전쟁으로 아랍권이 석유 수출을 금지하여 세계적으로 석유 위기를 겪었고 각국의 경제가 큰 타격을 입었다. 아랍이 유대교의 종교축제일인 욤키푸르(속죄의 날)에 공격을 했으므로 욤키푸르 전쟁이라고도 한다.

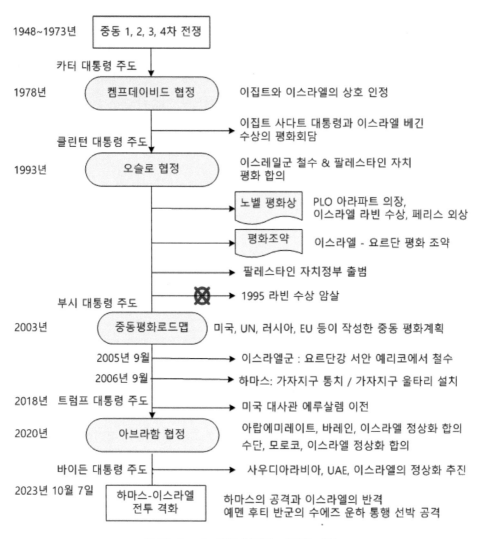

[그림 5.11] **중동 분쟁과 미국의 개입**

　영국에게서 패권을 넘겨받은 미국은 중동에 개입하여 [그림 5.11]과 같이 이스라엘과 팔레스타인의 평화를 주도하게 된다. 1978년 미국 지미 카터대통령은 캠프데이비드 별장에서 이집트와 이스라엘의 평화협정을 맺게 한다. 캠프데이비드 협정으로 중동에는 평화 기운이 돌아서 긴장이 완화되기 시작했다. 걸프전쟁을 계기로 미국의 다변화 정책과 맞물려 이스라엘 강경파가 후퇴하고 온건파가 등장하여 평화안이 지지를 받게 되었다. 이스라엘 라빈[63] 총리는 아랍의 기름과 이스라엘의 첨단기술을 연합하여 세계 경제의 중심이 되자고 양측을 설득하였다.

교황청과 세계 각국의 지원 그리고 미국 클린턴 대통령의 노력으로 이스라엘과 아랍은 1993년 오슬로 협정을 맺고 워싱턴에서 역사적인 평화협정안에 서명하였다. 1994년 이스라엘의 라빈 총리와 PLO[64] 아라파트 의장이 노벨 평화상을 공동 수상하였다. 5월에는 팔레스타인 자치정부가 출범하였다. 그러나 1995년 11월 라빈 총리가 유태 강경파에게 암살당하면서 모든 노력이 수포로 돌아갔다.

2003년 미국 부시 대통령은 UN, 러시아, EU와 함께 중동 사태를 해결하기 위하여 중동평화 계획을 세우고 이를 이스라엘 샤론 총리와 팔레스타인 압바스 총리에게 제시한다. 이 로드맵은 UN 안전보장이사회에서 만장일치로 결의안이 통과되어 국제규범이 되었다. 이 결과 이스라엘군이 요르단강 서안 예리코에서 철수한다. 2006년에는 하마스가 가자지구를 통치하기 시작했으며, 2007년에는 이스라엘이 가자지구를 둘러싸는 울타리를 설치하여 사람과 물자의 통행을 통제하기 시작했다.

2018년 미국 트럼프 대통령은 이스라엘을 지원하여 이스라엘 주재 미국 대사관을 예루살렘으로 옮기는 등 예상하지 못한 행보를 보였다. 그러나 2020년 트럼프 대통령의 노력으로 아랍에미레이트, 바레인, 이스라엘은 정상화에 합의하였다. 이어서 바이든 대통령도 사우디아라비아와 이스라엘의 정상화를 추진하고 있었다. 그러나 2023년 10월에 팔레스타인의 하마스가 이스라엘을 공격하여 민간인 수백 명을 사살하고 수백 명을 인질로 잡아가는 사태가 발생하여 이스라엘이 예비군을 동원하고 가자 지구를 공격함으로써 피해가 확산되고 긴장이 고조되었다. 이것은 사우디아라비아와 이스라엘의 국교 정상화를 방해한다.

2023년 10월 하마스가 이스라엘을 공격한 이후에 이스라엘이 팔레스타인이 거주하는 가자지구에 진격하여 하마스와 전투를 벌이고 있다. 헤즈볼라와 예멘이 하마스를

---

63 라빈 Yitzhak Rabin(1922~1995) : 이스라엘 총리, 노동당당수. 군 참모총장 및 주미대사 역임. 아랍과 평화를 추진하다가 유태 강경파에게 암살됨.

64 PLO(Palestine Liberation Organization) : 1964년 팔레스타인 독립국가 건설을 목표로 결성된 비밀저항조직. 1969년 PLO의장으로 아라파트가 선출되면서 항공기 납치, 뮌헨올림픽 학살, 차량폭탄테러 등 서방국가에 대한 무차별 테러를 자행. 현재 팔레스타인 자치정부(PNA)로 변신해 합법적으로 존속.

지원하고 미국이 항공모함 2척을 동원하여 확전을 막고 있으나 예맨의 후티 반군이 수에즈 운하를 통과하는 선박들을 공격하여 수에즈 운하 통행에 제동이 걸리고 있다. 이 와중에 IS가 하마스를 지원하는 이란을 공격하였고, 이란이 파키스탄에 있는 IS에 보복 공격을 하자 파키스탄이 이란을 공격하여 확전 양상을 띠고 있다. 중동 국가들은 종교(수니파, 시아파,), 민족(아랍족, 페르시아족, 터키족,), 정체성(왕정, 공화정, 신정)에 따라 국제관계가 매우 복잡하게 연결되어 있으므로 사태가 어떻게 전개될지 예상하기 어렵다. 아랍과 이스라엘의 강경파는 상대를 암살하고 자신들만의 승리를 고집하고 있어서 평화정착이 어렵다. 하마스와 헤즈볼라를 강경하게 키운 것은 이스라엘 강경파이고, 이스라엘 강경파를 키운 것은 하마스와 헤즈볼라이다. 하마스는 2006년부터 팔레스타인 자치정부의 집권당이 되었고 헤즈볼라는 레바논 정당 조직이다. 평화란 힘으로만 달성할 수 있는 것이 아니고 상대방을 인정하고 타협과 협상으로 얻을 수 있다는 것을 인정해야 한다. 싸우지 않고 이길 수 있는 손자병법의 지혜가 필요하다.

제**6**장

/

패권의 미래

패권자가 있으면 도전자가 있게 마련이다. 패권국과 도전국이 패권을 겨루는 결전을 벌이면 주변 국가들은 자국의 운명을 어느 편에 걸어야 할지 고민한다. 주변 국가들은 당연히 승리하는 쪽에 운명을 걸어야 한다. 만약 가담한 쪽이 전쟁에 패배하면 패배한 쪽의 국가들은 모두 전쟁 범죄국이 되어 배상을 하고, 영토를 빼앗기고, 승전국에게 사죄하고, 전범자로 처벌을 받을 수 있다. 심한 경우에는 아예 나라를 빼앗기기도 한다.

1600년대 초 대륙에서 패권국 명나라에 청나라가 도전하였다. 명나라는 도전자를 제압하기 위해 원정군을 구성하면서 조선군을 동원하였고 조선군 1만 3천명은 명군과 합류하기 위해 만주로 원정을 떠났다. 광해군은 원정을 떠나는 강홍립 장군에게 '형세를 보아 향배를 정하라'고 지시를 해서 위기를 넘겼다. 광해군 다음에 왕위에 오른 인조는 의리상 무조건 명나라 편을 들었다. 그 덕분에 병자호란을 당하여 본인은 삼전도에서 치욕적인 수모를 당하였고 오십여 만 명의 조선 백성들은 노예로 끌려가는 고통을 겪었다. 구한말에는 청나라와 러시아와 일본이 조선을 먹이로 조선에서 전쟁을 벌였다. 조선은 두 번의 전쟁에서 모두 패배하는 쪽에 편을 들었고 결국 나라를 잃고 말았다.

패권의 세계를 내다보고 판단할 수 있는 능력은 나라의 운명을 보존하고 개척할 수 있는 중차대한 힘이다.

6.1   패권국

역사적으로 패권국이란 강한 국력을 바탕으로 세계 질서를 주도할 수 있는 의지와 능력을 갖춘 나라이므로 높은 경제력과 강한 군사력을 갖춘 강대국이다. 강대국의 특징은 강한 군사력에 있고 선진국의 특징은 높은 경제력에 있다. 대부분의 강대국들은 선진국이었지만 모든 강대국들이 선진국은 아니다. 마찬가지로 선진국이라고 해서 모두 강대국이 되는 것도 아니다.

(1) 강대국과 패권국

패권(霸權, hegemony)이란 강한 국력을 가진 나라가 다른 나라들을 간섭하여 자국의 이익을 행사하려는 정치 성향이다. '패권'이란 1968년에 중국 신화사 통신이 처음 사용한 국제정치 분야의 시사용어이다. 강대국들이 힘으로 자국의 영향력을 외국으로 확장하려는 것은 늘 있는 일이다. 소위 패권이라면 적어도 대륙 단위 이상의 국가들에게 영향을 끼치는 역량을 말한다.

강대국이란 국력이 강해서 다른 나라를 움직이도록 영향력을 행사할 수 있는 나라이다. 국력은 대표적으로 GDP(국내총생산)를 의미하므로 경제력이 좌우하지만 기술력과 군사력이 중요하다. GDP가 높아도 쿠웨이트처럼 외국의 침략에 쉽게 무너진 나라가 있고, 강한 군사력이 있어도 몽고처럼 쉽게 무너진 나라가 있다. 순서로 따지면 기술력이 있어야 경제력을 키울 수 있고, 경제력이 있어야 군사력을 키울 수 있다.

여기에 강대국이 되어야 한다는 강한 의지가 따라야 한다. 따라서 기술력으로 산업혁명에 성공한 나라들이 경제력을 키워서 강대국이 되었다.

패권국(hegemon)이란 강한 국력을 기반으로 국제체제를 유지하고 관리할 수 있는 강대국이다. 강대국들 중에서 국제사회에서 압도적으로 영향력이 큰 나라가 패권국이 되었다. [표 6.1]과 같이 역사적으로 패권국이라고 하면 마케도니아제국, 로마제국, 오스만제국, 몽고제국, 청제국, 영제국, 소련, 미국 등을 들 수 있다. 이밖에도 지역을 지배하는 지역 패권국들이 있으나 세계가 점점 좁아지면서 패권국이란 지역 보다 전 세계를 무대로 한다. 강대국은 국력이 강하여 영향력이 큰 국가이므로 당연히 지역에서 패권국이다. 현재 강대국이라면 미국, 영국, 프랑스, 독일, 일본 등 G7 국가 일부와 군사강국인 러시아와 중국이 포함된다. 초강대국이란 기술력과 경제력과 군사력 등이 모두 지구적 차원에서 큰 영향력을 가진 패권국을 말한다.

중간강국은 영토나 인구 측면에서는 분명히 대국이지만 산업화가 진행 중이거나, 산업화가 많이 진행되었지만 작은 나라이거나, 지역 내에서 영향력을 가진 국가들을 말한다. 예를 들면, G7에 속하는 캐나다와 이탈리아가 여기에 속하고, 스페인과 네덜란드, 한국, 호주, 인도, 브라질, 터키 등이 해당된다.

[표 6.1] **국력에 의한 국가 분류**

구 분	내 용	비 고
패권국	강한 국력으로 세계적인 국제질서를 관리할 수 있는 나라	마케도니아제국, 로마제국, 몽고제국, 청제국, 영제국, 소련, 미국
강대국	강한 국력으로 많은 국가에 영향력을 행사할 수 있는 나라	미국, 영국, 프랑스, 독일, 일본 등 G7 국가와 러시아, 중국
중간강국	산업화가 진행 중인 대국, 산업화가 우수한 소국 등 지역적 영향력이 있는 나라	캐나다, 이탈리아, 스페인, 네덜란드, 한국, 호주, 인도, 브라질, 터키 등 G20 국가.
약소국	개발도상국 : 산업화가 진행 중인 나라	멕시코, 나이지리아, 아르헨티나, 남아프리카공화국 등
	저개발국 : 산업화가 부진한 나라	기타

약소국은 강대국이나 중간강국에 속하지 않는 나라들이다. 현재 열심히 산업화를 추진하고 있어서 멀지 않아 중간강국으로 올라설 수 있는 나라들이다. 예를 들어 멕시코, 나이지리아, 아르헨티나, 남아프리카공화국 등이다. 개발도상국은 산업화가 부진하지만 진행 중인 나라이고, 저개발국은 산업화가 더 부진한 나라들이다. 역사적으로 강대국의 식민 지배를 받았거나 그 영향 아래 있던 나라들이다.

18세기까지는 세계가 여러 개의 대륙과 해양으로 분리되어 교류가 많지 않았다. 과학기술이 발달되지 않았기 때문에 육지를 여행하려면 말을 타야 했고, 바다를 여행하려면 범선을 타야했다. 따라서 각 대륙의 강대국들이 그 지역의 패권국이 되었다.

전 세계를 아우르는 패권국은 아직 존재하지 않았다. 그러나 19세기 이후부터 증기기관이 개발되어 군함을 만들고 군함에 대포를 싣고, 증기기관차가 군대 병력과 장비를 나르기 시작했고, 20세기부터는 전투기와 폭격기가 등장하여 대륙을 횡단하기 시작했다. 각 지역의 패권국들이 지구 차원의 패권을 노리고 경쟁하게 되었다.

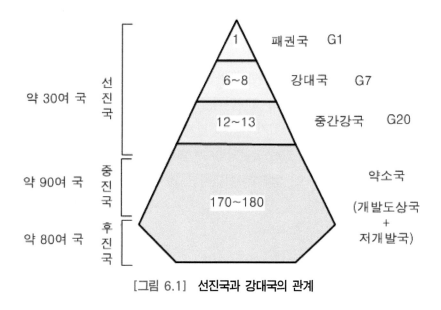

[그림 6.1] 선진국과 강대국의 관계

(2) 강대국과 선진국

선진국이란 경제력이 높은 나라이므로 대부분의 강대국과 중간강국이 여기에 속한다. 그러나 모든 강대국들이 선진국이 되는 것은 아니다. 러시아와 중국은 강대국이지만 선진국이 아니며, 스웨덴과 핀란드는 선진국이지만 역시 강대국이 아니다. 사우디아라비아와 같은 석유 부국들은 경제력이 매우 높지만 강대국도 아니고 선진국도 아니다. 강대국이나 선진국을 분류하는 기준은 주관적이기 때문에 분류하는 기준이 매우 다양하다.

중진국은 경제개발이 진행되고 있는 나라로 개발도상국(Developing Country) 또는 신흥공업국(NICs, Newly Industrializing Countries)이라고 한다. 1960년대 100여개의 중진국 중에서 2000년대까지 선진국으로 진출하여 중진국 함정을 극복한 국가[1]는 13개국이다. 후진국은 산업화가 매우 부진한 국가들이다. [그림 6.1]은 약 200개의 국가들을 대상으로 강대국과 약소국의 구분을 선진국과 후진국 등으로 분류한 것이다.

---

1 중진국 함정을 극복한 국가 : 1960년 중간 소득 국가 101개국 중에서 2008년 고소득 국가로 올라온 13개 국가. 대한민국, 적도 기니, 그리스, 홍콩, 아일랜드, 이스라엘, 일본, 모리셔스, 포르투갈, 푸에르토리코, 싱가포르, 스페인, 대만. 일본은 강대국이었으나 전쟁으로 한때 중진국이 되었다.

　　강대국은 100년 전에도 강대국이었고 약소국은 100년 후에도 약소국이다. 역사적으로 볼 때 약소국이 강대국의 경계를 뛰어넘는 것은 지극히 어렵고 드문 일이다.

　　경제적으로 부강해도 군사력이 약한 국가들이 있다. 송나라는 산업이 발전하여 경제적으로 부국이었지만 군사적으로 요나라와 금나라에게 밀려서 고통을 받았다. 송나라는 많은 물자를 요나라에 제공했기 때문에 경제력으로 요나라의 침입을 막을 수 있었지만 결국은 몽고 군사력에 밀려 멸망당했다. 청나라도 경제적으로는 대외무역에서 흑자를 크게 보고 있었으므로 경제대국이었지만 19세기 말에는 군사적으로 서구의 침략에 밀려서 멸망당했다.

1) 선진국 분류 기준

　　선진국을 분류하는 기준은 다음과 같이 다양한 기관에서 설정하고 있다. 이들 기관들이 분류하는 모든 기준을 충족하는 나라는 확실한 선진국이다.

　　첫째, 국제통화기금 IMF에서 선진경제권으로 선정한 40개국.

　　둘째, 유엔통계국(UNSD)에서 통계적 편의를 위해 선정한 국가.

　　셋째, 유엔개발계획(UNDP)에서 인간개발지수(HDI)를 기반으로 선정한 국가.

　　넷째, OECD 산하 개발원조위원회(DAC) 소속 29개국.

　　다섯째, 세계은행(IBRD)에서 고소득국가로 선정한 국가.

　　여섯째, G20 회원국.

　　일곱째, 파리클럽(국제채권국) 20개 회원국.

　　여덟째, 유엔무역개발회의(UNCTAD)[2]가 선정한 32개국.

　　아홉째, WTO에 스스로 선진국으로 등록한 국가.

　　열 번째, 투자적 가치가 있는 MSCI 지수, STOXX 지수, S&P 다우 존스 지수 등에 편입된 선진 주식시장 국가.

2　유엔무역개발회의(UNCTAD, UN Conference on Trade and Development) : 개발도상국의 산업화와 국제무역 참여 증진을 지원하기 위해 1964년 설립된 UN 산하 정부간기구. 한국은 UNCTAD에서 2021년 7월에 선진국으로 편입되었다.

WTO 분류 선진국과 개도국

WTO는 국가들을 선진국, 개도국(개발도상국), 후진국으로 분류하고 국제 무역 보호 기준을 설정한다. WTO는 후진국을 임의로 선정한 후에 선진국과 개도국 지위 선택을 각 나라에게 위임한다. 이때 두 가지 종류의 국가들이 나타난다. 한국처럼 개도국 지위를 선택하는 국가가 있고 선진국을 선택하는 국가가 있다. 선진국이 되면 시장개방에서 많은 혜택이 상실되기 때문에 개도국임을 주장하는 나라가 한국이었다. 개도국이 되면 시장개방 압력이 작기 때문에 선호하지만 주변국들의 비난을 감수해야 한다. 한국은 1995년 WTO 출범 당시 농업분야에서 개도국 지위를 선택했으나 선진국들로부터 많은 비난을 받았고 2019년 말 개도국 지위 포기를 결정했다. 한국은 1995년 당시에도 개도국 지위를 선택하기 힘든 상황이었지만 농민들의 반발 때문에 어쩔 수 없었다.

국제우편물 운송 요금도 국제우편연맹에서 국가 경제력에 따라 차별적으로 적용한다. 선진국에서 후진국으로 가는 요금은 비싼 대신에 후진국에서 선진국으로 가는 요금은 매우 저렴하다. 한국에서 중국으로 보내는 우편물 요금은 비싸지만 중국에서 한국으로 오는 우편물 요금은 매우 저렴하다. 실례로, 한국에서 알리바바에 전자상거래로 물품을 구매할 때 우체국을 이용하면 시간은 걸리지만 운송요금이 무료이다.

이상의 10가지 기준으로 볼 때 한국은 앞의 9가지 기준을 충족하고 있고 마지막 선진 주식시장에는 부분적으로 충족하고 있으므로 확실히 선진국이다. 한국은 MSCI와 STOXX 지수에는 포함되지 않았지만 S&P 다우 존스 지수의 선진시장에 포함되었다. 한국은 1964년 UNCTAD 창설 이래 후진국에서 선진국으로 진출한 유일한 국가이다.

6.2 패권의 교체

패권과 관련하여 역사를 둘로 나눈다면 대항해시대 이전과 이후로 나눌 수 있다. 대항해시대 이전에는 세계 각 지역이 연결되지 않아서 지역마다 패권국들이 지역을 장악하였다. 그러나 이후에는 세계가 점차 좁아져서 지역 패권국들이 전 세계를 무대로 경쟁을 하였고 경쟁에서 승리하는 나라가 세계 패권국이 되었다.

6.2.1 에스파냐, 네덜란드, 영국의 등장

영국이 '해가 지지 않는' 패권국으로 등장하기 전에 동부 유럽과 북부 아프리카와 중동 지방에는 오스만터키 제국이 군림하고 있었다. 에스파냐의 신성동맹 함대는 레판토 해전에서 오스만터키 함대를 격파하고 지중해와 동서무역을 장악하였다. 영국이 해군력을 키우면서 네덜란드와 손잡고 에스파냐에 도전하였다. 에스파냐는 도전하는 영국에 무적함대를 보냈지만 칼레해전에서 참패하였고 패권을 영국에게 내어준다.

역사적으로 패권의 교체는 해전으로 결정되는 경향이 있다. 살라미스 해전[3], 악티움 해전[4], 칼레 해전, 트라팔가르 해전, 쓰시마 해전, 미드웨이 해전[5] 등은 모두 패권을 교체했던 역사적인 사건이었다.

(1) 에스파냐의 등장

오스만터키는 유럽과 동양의 길목에서 동서무역을 통하여 막대한 이익을 얻고 있었으므로 유럽과 아시아, 아프리카에서 패권을 유지할 수 있었다. 에스파냐는 오스만터키 제국의 방해를 받지 않고 동서무역을 하기 위하여 인도를 향하여 무역함대를 보내기 시작하였고 드디어 지리상의 대발견을 하였다. 이 과정에서 에스파냐는 선박 건조 기술과 항해술이 크게 발달하였고, 이 기술들은 해군력 증강으로 이어졌다.

오스만터키 함대가 베네치아의 키프러스 섬을 점령하고 서 지중해로 진출하자 에스파냐가 기독교 국가들과 연합하여 신성동맹 함대를 만들고 저지에 나섰다. 1571년 레판토 해전에서 신성동맹 함대와 오스만터키 함대는 각각 300여 척의 함선과 7~8만 명의 병력으로 레판토 앞바다에서 격돌한다. 신성동맹 함대는 대포와 화승총의 기술

---

3   살라미스 해전(Battle of Salamis) : BC 480.9.23에 있었던 제3차 페르시아 전쟁. 살라미스 해협에서 아테네가 주력인 180척의 그리스 해군이 1,200척의 페르시아 해군을 괴멸시킴.

4   악티움 해전(Battle of Actium) : BC 31.09.02. 옥타비아누스가 바람을 이용하여 안토니오 클레오파트라 해군을 격파함. 육군이 강한 안토니우스가 클레오파트라의 제안대로 해전을 벌여서 참패함.

5   미드웨이 해전(Battle of Midway) : 1942.06.05 하와이 북서쪽 미드웨이 앞바다에서 미군과 일본군 사이에 7일간 있었던 해전. 미국 해군이 이 해전의 승리를 기점으로 태평양전쟁에서 공세로 전환됨.

적 우위를 가지고 재래식 무기의 오스만터키 함대를 공격하였다. 신성동맹 군대가 오스만터키 함대의 기함에 올라가 사령관 알리 파샤를 살해하면서 전투는 막을 내렸다. 육군은 정신력이고 해군은 기술력이라는 말이 확인되는 순간이었다. 레판토 해전은 노를 젓는 갤리선을 중심으로 하는 마지막 전투였다. 이후에는 범선과 함포를 중심으로 하는 해전이 나타난다.

에스파냐의 무적함대는 전 세계를 다니며 식민지를 개척하고 무역을 통하여 막대한 부를 축적하기 시작한다. 그러나 1588년 칼레 해전에서 영국의 도전에 무적함대가 무너지고 에스파냐의 패권은 점차 영국과 네덜란드로 넘어간다.

(2) 네덜란드의 등장

네덜란드는 영국과 함께 칼레 해전에서 에스파냐의 무적함대를 격파한다. 이후 영국과 손잡고 네덜란드에서 에스파냐 군대를 몰아내기 위해 독립 전쟁을 시작한다.

네덜란드는 무역함대를 건설하여 국제 무역에 나서고 1602년에는 동인도회사, 1621년에는 서인도회사를 설립하여 무역 국가로 등장한다. 1648년에는 베스트팔렌 조약으로 네덜란드의 완전독립이 승인된다. 네덜란드는 영국과 경쟁하면서 활발하게 해상무역을 통하여 성장한다.

네덜란드는 여러 면에서 영국보다 유리한 위치에 있었다.

첫째 영국이 관세와 운임을 기반으로 통상체계를 운영한 반면에 네덜란드는 관세와 운임 없이 자유무역에 기반하고 있었다. 따라서 네덜란드 제품은 시장에서 영국 제품보다 더 저렴하고 경쟁력이 있었다.

둘째 네덜란드가 에스파냐로부터 독립하면서 해안과 해운의 봉쇄가 풀려서 운임과 보험료가 하락하여 경쟁력이 향상되었다.

셋째 영국은 청교도 혁명으로 내전이 발생하여 경제 활동이 어려워진 대신 네덜란드는 국내가 안정되어 무역이 활성화되었다. 네덜란드의 선박 보유량은 서유럽 전체의 절반이 되었다.

네덜란드는 인도네시아에 동인도회사를 세우고 적극적으로 일본을 비롯한 아시아 국가들과 무역을 활성화하였다. 국제 무역이 네덜란드에게 유리하게 돌아가자 영국은 네덜란드를 비난하더니 해군 함대가 네덜란드 무역선을 공격하여 화물을 빼앗기 시작하였다. 영국의 공격에 네덜란드가 대응하면서 1652년부터 1784년까지 4차례의 전쟁을 치렀다. 네덜란드는 4차례의 영란전쟁을 겪으면서 강대국의 지위를 상실하였고 영국이 해양대국으로 부상하였다.

(3) 영국의 등장

영국은 1588년 칼레 해전에서 스페인 무적함대를 무찌르고, 1805년 나폴레옹의 프랑스 연합함대를 격파하고 패권국이 되었다. 영국은 18세기 말에 산업혁명에 성공하여 19세기부터 증기기관으로 만든 군함에 함포를 싣고 세계를 돌아다니며 식민지를 만들고 오대양을 석권하였다. 프랑스도 영국의 영향으로 산업혁명에 성공하고 영국과 경쟁하면서 식민지를 구축하였다. 독일이 뒤늦게 산업혁명에 성공하여 식민지 개척에 나섰지만 이미 영국과 프랑스가 다 차지하고 남은 것이 별로 없었다.

러시아는 서유럽보다 더 늦게 산업화를 추진하고 오대양으로 나가려고 했으나 패권자 영국이 허용하지 않았다. 이때부터 러시아는 100년 이상 영국에 도전하는 패권 전쟁을 벌인다. 러시아가 국력을 집중하여 지중해로 진출하고자 18세기 중반 이후에 오스만터키와 6차례의 전쟁을 치렀다. 러시아 군대는 전쟁할 때마다 오스만터키 군대를 무너뜨렸지만 그 때마다 영국이 나타나서 러시아 군대를 격파하였다. 제6차 오스만터키-러시아 전쟁에서 러시아의 범선 함대는 흑해에서 영국의 증기선 함대에게 전멸당하고 러시아는 크림반도에서 봉쇄되었다. 영국은 러시아가 아시아로 진출하는 것을 막기 위해서 일본과 영일동맹을 맺고 일본의 해군 함대 건설을 지원하였다. 영국은 일본의 손을 빌려 만주에서 러시아 육군을 축출하고, 쓰시마 해전에서 발트 함대를 전멸시키고 명실상부한 세계 패권자가 되었다.

6.2.2 영국의 퇴조와 미국의 등장

영국은 제1차 세계대전을 치르며 전쟁의 상처를 안고 채무국이 되었다. 반면에 일본과 미국은 유럽 전장에서 멀리 떨어져 있었기 때문에 전쟁의 피해를 입지 않았다.

오히려 전쟁 특수를 누리면서 빠른 속도로 경제가 성장하였다. 영국은 제2차 세계대전을 치르면서 또 다시 미국의 지원을 받았으며 미국에게 부채를 많이 지게 되었다. 두 번의 세계대전이 끝났을 때 영국은 순전한 채무국이 되었고 미국은 순전한 채권국이 되었다.

미국은 두 개의 세계대전을 멀리 떨어진 유럽과 태평양에서 치르면서 전쟁 특수를 누릴 수 있었고, 세계 대전이 끝났을 때는 공업생산력을 대폭 확장하여 경제적으로 군사적으로 세계 최강국이 되었다. 미국은 제1차 세계대전에서 유럽에 많은 군사원조와 경제원조를 제공하고도 자국의 의사를 반영하지 못한 경험을 했다. 따라서 제2차 세계대전이 끝났을 때는 유럽에 제공한 막대한 원조와 함께 그에 걸 맞는 역할을 맡으려고 하였다. 미국은 국제연합 조직을 주도하고 전후 처리 문제에 적극적으로 참여하면서 패권국의 역할을 하기 시작하였다.

전 세계가 참혹한 두 번의 전쟁 폐허에서 벗어나지 못하고 있을 때 미국은 부강해진 경제력을 바탕으로 각종 원조를 제공하며 자연스럽게 세계 질서를 관리하는 패권국으로 등장하였다. 영국은 예전의 패권자들과 달리 패권국 지위를 순순히 미국에게 물려주었다.

6.2.3 소련의 등장과 몰락

1905년 러시아가 러일전쟁을 벌이고 있을 때 '피의 일요일[6]' 사태가 발생하여 제1차 러시아 혁명이 일어났다. 러시아는 국민들의 시선을 돌리기 위해서 일본과의 전쟁이 필요했고 꼭 승리해야만 했다. 그러나 러시아는 러일전쟁에서 패배했고 로마노프 왕조의 권위는 무너졌다. 1917년 3월에 제2차 러시아 혁명이 일어나 로마노프 왕조는 무너지고 레닌의 공산정권(볼셰비키)이 수립되었다.

---

6 피의 일요일 : 1905.01.09 겨울궁전 광장에서 노동자들이 황제에게 경제난을 호소하는 평화시위에 군대가 동원되어 발포하였다. 이 날 1,000여 명이 사망하고 3,000여 명이 부상을 입었다.

(1) 소련의 등장과 냉전

혁명에 성공한 볼셰비키들은 많은 우여곡절을 겪으며 1922년 소련(USSR, Union of Soviet Socialist Republics)을 건국했다. 소련은 공산주의 혁명의 종주국이 되어 비슷한 상황에 있는 유럽과 아시아의 많은 나라들을 포함하여 강력한 제국을 건설하였다. 소련은 1928년부터 제2차 세계대전 때까지 세 차례의 5개년 경제개발계획을 실시하여 국민경제의 사회주의화와 공업화를 추진하여 강력한 군사력과 경제력을 확보하게 되었다. 제2차 세계대전에서는 막대한 희생을 치르면서도 경제적으로 군사적으로 연합국의 도움을 받으며 대독일 전쟁에서 승리했다.

제2차 세계대전 후 소련은 공산주의를 세계에 전파하려는 공산주의 계획을 추진하였으므로 이를 막으려는 미국 등 서구 자본주의 세력과 충돌하였다. 소련도 원자폭탄을 개발하였고, 스푸트니크[7]호의 성공으로 우주 경쟁에서 미국을 앞서게 되었다. 미국과 소련은 모두 다량의 핵무기를 갖고 있었으므로 역설적으로 공포의 균형을 이루고 있었다. 이른바 냉전이 시작되었다. 냉전 기간에 강대국 간의 전쟁은 없었지만 이른바 대리전쟁이 곳곳에서 일어났다.

(2) 소련의 몰락과 소멸

세계는 공산주의 소련과 자본주의 미국을 중심으로 냉전을 계속하고 있었다. 소련 경제는 국가주도의 계획 경제였으므로 초기에는 급속한 발전을 이루었으나 공산주의 특성상 효율이 저하되어 경제력이 하강하고 있었다. 미국은 자본주의 경제이므로 대기업을 육성하여 경제력을 향상시키고 군사력을 증강하여 소련과 군비 경쟁을 하였다. 미국과의 군비 경쟁으로 소련 경제가 몰락하자 다민족 국가인 소련 각국에서 독립 요구가 증가하여 국가적인 위기에 몰렸다. 이 시기에 동독이 무너지고 서독에 흡수되었다. 소련 대통령 고르바초프는 개혁개방정책을 추진하다가 1991년 8월에 보수강경파에 의해 쿠데타를 당하였으나 3일 만에 복귀하고 공산당을 해체하였다. 이때 쿠데타를 진압한 보리스 옐친 등이 소련연방을 해체하고 독립국가연합을 만들었다. 이 시기에 많은 나라들이 소련으로부터 독립하였고, 소련의 후신으로 러시아공화국이

---

7 스푸트니크(Sputnik) : 1957년 10월 4일 러시아가 발사한 세계 최초의 인공위성.

등장하였다. 그러나 갑자기 공산주의 공급망 체제가 무너짐에 따라 많은 나라의 국민들이 심각한 경제난을 겪었고 러시아는 국가 부도까지 선언하였다. 이것은 미국과 소련의 양극체제에서 미국의 단극체제로의 전환을 의미하였다. 그 결과 미국은 전 세계에서 유일한 초강대국이 되었다.

6.2.4 냉전 종식과 중국의 등장

미국의 동맹은 영국, 프랑스, 독일, 일본 등 선진국들이고 소련의 동맹은 가난한 중국이었다. 중국과 소련은 같은 공산주의 국가지만 이념 분쟁과 국경 분쟁이 있었고, 이 갈등이 증폭되어 무력충돌까지 벌였다. 소련의 침공 가능성을 두려워한 중국은 오히려 미국과의 제휴를 필요로 하게 되었고, 소련은 미국과 중국의 제휴가 반소 동맹으로 연결되는 것을 걱정하게 되었다. 미국 국무장관 키신저(Henry Kissinger)는 중소 분쟁을 이용하여 1972년 2월에 닉슨의 중국 방문과 마오쩌둥과의 회담을 성사시켜 중국과의 관계를 극적으로 개선했다. 이것은 소련으로 하여금 미국과의 대화를 유연하게 만들었다. 실제로 소련은 유럽의 안전과 군축에서 협조적으로 바뀌었다.

소련은 경제적으로 매우 어려웠고, 이것을 해결하려면 미국과 서유럽의 협조가 필요하다고 생각했다. 소련은 미국과의 군사적 균형을 위해 방대한 예산을 국방비에 투입함으로써 경제 발전은 더디고, 서방 세계와의 교류가 없는 상태에서 그 격차는 더 크게 벌어지고 있었기 때문이다. 소련이 데탕트(détente)[8]를 원했기 때문에 1972년 5월에 닉슨이 소련을 방문하여 최초의 미국과 소련의 정상회담(닉슨 대통령과 브레즈네프 서기장)이 열렸다.

미국은 소련을 고립시키려고 중국을 도와주기 시작했다. 시기적으로 중국은 등소평이 등장하여 흑묘백묘론(실용주의 노선)을 주장하며 개방 경제체제로 전환하였다.

중국의 값싼 경공업 제품들이 미국에 쏟아져 들어왔다. 미국은 물가 안정을 위해 중국 상품 수입을 환영했다. 중국은 인민들의 먹고사는 문제를 해결하고, 공업을 발전시키고, 국가 경제발전을 위하여 미국을 찾았다.

---

8 데탕트(détente) : 정치적으로 적대 관계에 있던 국가들 사이에 긴장 완화 또는 화해 분위기를 조성하는 정책.

중국은 시장을 개방하고 외자도입에 적극 나섰고 드디어 2000년대에는 세계의 공장을 자처하게 되었다. 중국의 경제력이 점차 향상되더니 2010년에 일본을 누르고 GDP 순위로 G2가 되었다. 중국이 러시아와 일본을 제치고 미국 패권에 도전하는 강대국이 된 것이다. 미국은 러시아 대신 패권에 도전하는 중국을 견제해야하는 상태로 바뀌었다.

6.3 패권의 미래

2000년대에 들어서자 세계 각국의 국제정치학자들은 중국 경제가 계속 성장하여 늦어도 2050년 이후에는 미국을 물리치고 G1이 될 것이라는 예측을 내놓기 시작했다. 빠르면 2040년 이전에 중국이 미국을 물리칠 것이라는 예측도 나왔다. 이것은 중국과 미국의 경제성장률을 기초로 연구한 결과였다. 따라서 22세기가 오기 전에 패권국이 바뀔 것을 예측하는 논문과 주장이 나오기 시작하였다. 이와 함께 투키디데스 함정[9]이 거론되며 패권국이 얌전하게 패권을 도전자에게 내주는 일은 역사적으로 없었고 앞으로도 없을 것이라는 주장도 나왔다.

6.3.1 러시아의 패권

러시아는 군사대국이었지만 러일전쟁의 패배와 1917년 볼셰비키 혁명으로 몰락하였고, 1922년에 소련(소비에트 사회주의 공화국 연방(USSR, Union of Soviet Socialist Republics)이 건국된 이후에 공업화에 주력하여 다시 군사강국으로 성장하였다. 군사대국은 군대 병력과 장비를 큰 규모로 갖춘 나라이고, 군사강국은 군대 병력이나 장비의 규모를 떠나서 전투력이 강한 나라를 말한다. 소련은 제2차 세계대전 이후 군사력이 더욱 증강되어 미국과 함께 양대 패권국으로 성장하였다.

---

9 투키디데스 함정(Thucydides Trap) : 투키디데스(BC 460~BC 400, 그리스 역사가)가 펠로폰네소스 전쟁을 집필하면서 패권자는 도전자를 견제하느라 긴장을 야기한다고 주장.

소련은 다른 공산주의 국가들과 마찬가지로 시간이 지나면서 경제력이 추락하였고 패권국이나 군사강국을 유지할 수 없는 지경에 이르렀다. 1991년에는 소련이 해체되어 러시아 연방(Russian Federation)과 여러 나라로 분리 독립하였고 사회주의 국가들 사이의 공급망이 무너져서 국가 부도를 당했으며 온 국민이 굶주림에 시달렸다. 이 시기에 한국이 러시아에게 외화를 빌려주고 국제관계를 강화할 수 있었다. 그러나 천연가스와 석유 매장량이 풍부하였으므로 2000년 블라디미르 푸틴(Vladimir Putin) 대통령의 등장과 함께 에너지를 기반으로 경제가 살아나고 다시 군사강국으로 복귀하였다.

(1) 러시아 패권과 우크라이나

러시아는 역사적으로 동쪽 몽고족의 침략과 서쪽 스웨덴, 폴란드, 프랑스의 나폴레옹, 독일의 히틀러 등의 공격과 남쪽 오스만터키의 위협으로 인하여 안보 콤플렉스를 안고 있다. 그 이유는 지리적으로 러시아 주변에는 높은 산맥이나 깊은 강들이 없기 때문에 외적이 침입해오면 천연적인 방어 요새를 활용할 수 없었기 때문이다. 러시아는 동쪽의 외적을 막기 위해 동진을 계속하여 태평양까지 도달하였다. 서쪽과 남쪽의 외적을 막기 위하여 많은 위성국들을 두었으나 소련 해체 이후에 이들이 점차 나토에 가입하면서 서쪽의 외적들을 걱정하게 되었다. 그 와중에 우크라이나가 나토에 가입하겠다고 하자 이를 저지하기 위하여 우크라이나를 침공하였다.

우크라이나 전쟁은 러시아와 미국의 대리전 양상을 띠고 있다. 미국과 나토는 병력을 동원하지는 않지만 군수지원을 계속하고 있다. 이 전쟁은 지구전으로 이어지고 물량 전쟁으로 결론이 날 것으로 보인다. 러시아가 아무리 우크라이나보다 땅이 넓고 인구가 많아도 미국과 나토의 국력을 당하기는 어려울 것이다. 결국 어느 선에서 전쟁이 끝나면 러시아는 서방국가들의 제제 속에서 국력이 계속 약화되어 강대국 대열에서 탈락할 가능성이 있다. 문제는 미국과 나토가 언제까지 우크라이나를 지원할 것인가에 달려있다. 전쟁이 길어지면 피로감이 쌓이고 지원도 줄어들 가능성이 있다.

이스라엘과 팔레스타인의 전쟁으로 미국은 두 전쟁을 지원하느라 더욱 피로를 느낄 것이다. 2024년에 미국과 러시아에 대통령 선거가 있으므로 그때까지는 전쟁이 계속될 것이라는 전망이 있다.

(2) 러시아의 미래

러시아는 1990년대에 경제 위기를 벗어나기 위해 서방 선진국들과 관계 개선을 하였다. 서방 국가들과 가까워지자 G7 선진국들이 1997년에 러시아를 초청하여 G8을 만들어서 활동 영역을 넓혀 주었다. 러시아는 2000년대 중후반까지 국제사회 규범을 준수하며 친서방적인 외교 노선을 유지하였다. 그러나 2014년 러시아의 크림반도 강제 병합으로 러시아의 G8 참가 자격이 정지됐으며 2017년에는 축출되었다. 이와 함께 러시아는 서방 선진국들의 규제를 받기 시작하면서 경제적으로 어려움을 겪기 시작한다.

우크라이나 전쟁의 여파로 스웨덴과 핀란드가 나토에 가입하게 되자 러시아는 더욱 서방의 압박을 받게 되었다. 폴란드, 루마니아, 핀란드, 에스토니아 등도 러시아에 대응하여 강력한 국방 체제를 구축하고 있기 때문에 러시아는 다시 군비 경쟁에 따르는 경제적 어려움이 예상된다. 특히 우크라이나 전쟁에서 러시아 무기의 저급한 성능이 널리 알려짐에 따라 방산 물자 수출에도 난관이 생겼다. 또한 서방 세계로부터 강력한 제재를 받기 때문에 서방 세계의 반도체 등 소재, 부품, 장비 등을 수입하지 못하게 되어 첨단 무기 제작이 어려워졌다. 푸틴의 지도력이 약화되어 러시아가 민주화된다면 러시아가 나토에 가입하게 된다. 중국과 러시아 국경선에 나토 깃발이 휘날릴 가능성이 실현되면 중국이 민주화될 가능성도 있다.

중진국 함정(middle income trap)

중진국 함정이란 개발도상국이 경제개발 초기에는 잘 성장하다가 중진국 수준에 와서는 어느 시기부터 성장이 장기간 정체하는 현상을 말한다. 세계은행이 2006년에 처음 제기한 말이다. 중진국이란 1인당 국민소득이 약 4,000–10,000 달러 정도에 속한 나라를 말한다. 중진국 함정에 빠지는 이유는 첫째, 생산성 향상을 하려면 새로운 기술 혁신이 필요한데 중등교육이 충분하지 못하면 노동집약적 산업에서 기술집약적 산업으로 전환하지 못한다. 둘째, 경제성장에 부응하여 경제 관료들이 시장 환경에 적절하게 대응하지 못하는 경우이다. 즉 노동자들의 요구로 임금이 상승하는데 이것은 고비용 저효율을 극복해야 하는 어려운 문제이다.

이런 이유로 인하여 브라질, 아르헨티나, 멕시코, 칠레, 터키 등 주로 중남미 국가들이 1960~1980년대에 중진국 함정에 빠졌다. 이것이 바로 '종속 이론'의 원인이 되었다. 세계은행 발표에 의하면 한국은 1960~2008년 사이에 중진국 함정을 극복했다. 그러나 금융 위기를 맞아서 함정에 빠질 우려가 있었으나 2011년에 국민소득이 약 23,000 달러를 달성하여 중진국 함정에서 벗어났다. 제2차 세계대전 이후에 100여 개 중진국 중에서 기니, 그리스, 싱가포르, 대만, 스페인,

푸에르토리코, 포르투갈 등 13개국이 중진국 함정을 극복하였다. 중국과 러시아의 국민소득이 약 10,000 달러를 상회하므로 중진국 함정을 극복해야 하는 상황이다.

중국은 중등 교육 이수율이 30% 대이므로 중진국 함정에 빠질 가능성이 높다. 특히 중국은 부동산 투자의 과잉으로 더욱 위험이 예상된다.

주변국과의 갈등

러시아는 주변의 14개국과 국경을 마주하고 있다. 이들 국가 중에서 러시아와 우방국인 나라는 벨라루스 하나뿐이고 중국과 같이 대부분의 나라들은 러시아에게 영토를 빼앗긴 경험이 있으며 핀란드, 폴란드, 우크라이나, 조지아 등은 러시아와 전쟁을 겪으며 사이가 나쁜 나라들이다. 국내적으로 다양한 민족들이 거주하고 있고, 체첸공화국처럼 독립을 시도하고 있는 민족들이 많이 있어서 민주화를 이루기 어렵다.

현재 러시아의 우방은 중국, 이란, 북한과 쿠바 등인데 중국은 서방 세계의 압력과 통상 문제 때문에 러시아 지원을 못하고, 이란도 미국의 경제제재에 시달리고, 북한과 쿠바는 큰 도움이 되지 않는다. 러시아가 서방 세계와 교류가 중단된다면 중진국 함정에 빠질 가능성이 크다. 러시아가 몰락하면 러시아 공화국은 다시 여러 개의 공화국들로 해체될 가능성이 있다. 만약 그렇게 되면 강대국 대열에서 탈락할 것이다.

6.3.2 중국의 패권

중국 공산당은 청나라 말기의 역사를 굴욕의 시대라고 생각하고 이를 만회하려고 한다. 중국은 굴욕의 시대에 빼앗긴 것들을 찾기 위해 엄청난 속도로 군비를 증강하고 있다. 특히 해군 증강에 힘을 쏟아서 해군 함정의 수가 300척이 넘고 있다(2023년). 이것은 주변국들뿐만 아니라 미국까지 긴장시키고 있다. 미 해군 함정 수는 300척 미만으로(2023년) 중국에 약간 뒤지지만 2030년이 되면 중국 함정의 수는 400척이 되어 더욱 미국을 압도할 것이다. 그러나 미군 함정의 수는 크게 증가하기 어렵다. 일본과 미국은 질적으로 우수한 함정을 갖고 있기 때문에 지금까지 중국 해군을 걱정하지 않았다. 그러나 미국 해군 연구소의 연구에 따르면 역사상 주요 해전의 승패는 함정의 질적 우세보다 양적 우세로 결정되었다는 보고가 있었다. 따라서 중국 해군의 양적 증대는 멀지 않아 미국 해군을 압도할 가능성이 있다.

육군에서도 비슷한 보고가 있었다. 제2차 세계대전에서 독일군 탱크가 질적으로 연합군의 탱크들보다 훨씬 우수했지만 양적인 열세[10]로 인하여 패배하고 말았다. 즉, 독일의 Tiger와 Panzer 탱크는 소련의 T34 탱크와 미국의 M4 Sherman 탱크보다 압도적으로 우수했지만 탱크의 수에 밀려서 패전을 거듭했다. 독일 Tiger 탱크 1대를 격파하려면 최소 3대의 전차를 동원해야할 정도였다.

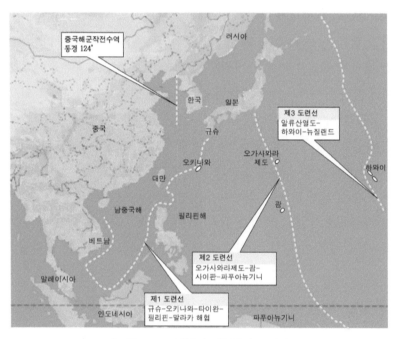

[그림 6.2]　**중국의 강군몽과 도련선**

도련선(島链线 , island chain)은 중국해군 사령관 류화칭(劉華淸)이 1980년대에 태평양의 섬들을 [그림 6.2]와 같이 사슬처럼 이어서 해군의 작전 반경으로 삼은 것이다. 이것은 중국의 해상 전략이다. 중국해군이 충실하게 증강되면 제1 도련선까지 진출하여 제해권을 장악하는 것으로 미국 해군을 배제하겠다는 계획이다. 더 증강하면 제2 도련선까지 진출하여 태평양을 미국과 양분하겠다는 계획이다. 제1 도련선이 확

10　제2차 세계대전 중 전차 생산량: 독일 Tiger와 Panzer 탱크 약 2,000대, 소련 T34 탱크 84,000대, 미국 M4 Sherman 탱크 54,000대.

보되면 한국과 일본은 중동의 원유 공급선이 차단된다. 특히 한국은 중국해군 함대에 의하여 완전히 고립된다. 중국은 지금도 서해 동경 124°(압록강 하구의 경도)에 직선을 긋고 중국해군 작전해역이라면서 한국 해군 함정의 진입을 막고 있다. 동경 124°라면 서해 바다의 72%를 중국이 차지하고 한국은 28%[11]만 차지하는 것이다. 이것은 양쪽 국가가 바다를 1/2씩 관할한다는 국제법을 무시하는 것이다. 해군력이 부실하면 국제법이 인정하는 공해도 다닐 수 없게 된다. 제3 도련선까지 진출하면 미국을 너무 자극하는 것이라 자제하는 것 같다.

(1) 중국의 패권과 대만

중국이 대만을 침공한다면 어떻게 될까? 현재 대만은 국민개병제인데 복무기간이 4개월이다. 4개월이라면 훈련 기간으로도 부족한 기간이다. 영국 군사 전문 매체 제인연감에 의하면 국민개병제 국가의 복무기간은 최소한 2년이 되어야 한다. 그 이유는 6개월 기초 훈련과 특기 훈련을 받고, 현지 부대에 가서 6개월 간 그 부대 장비와 전술에 적응하고, 6개월 스스로 장비를 운용하고, 6개월 동안 후임 병사를 지도해주고 업무를 인계해야 하므로 최소한의 기간이 2년이라고 한다. 전쟁에서 병사들의 생존율은 군대 복무기간에 비례한다는 연구가 있다. 즉 군대 복무 기간이 짧을수록 군대 전투력이 약하다고 볼 수 있다.

중국 공산당 제3차 역사결의

2021년 11월에 개최된 중국 공산당 19기 6중전회의에서 이른바 제3차 역사결의[12]를 발표하였다. 제3차 역사결의의 내용은 과거 100년을 굴욕의 역사라 칭하고, 앞으로 100년을 영광의 역사로 만들겠다는 것이다. 100년 굴욕의 역사는 아편전쟁과, 청일전쟁으로 홍콩, 마카오, 대만 등을 빼앗긴 것을 말한다. 영광의 역사를 위한 과업으로 홍콩을 영국으로부터 되찾았고, 앞으로 대만을 통일하겠다고 한다. 앞으로 영광의 100년 동안에는 굴욕의 시대에 빼앗긴 것들을 모두 되찾고 나아가 세계의 패권자가 되겠다는 것이다.
중국이 남중국해의 80-90%를 차지하는 구단선을 긋는 것은 해양세력으로 나가려는 욕망이고, 제1,제2 도련선을 그어서 태평양을 차지하려는 것도 영광의 100년 목표를 달성하려는 제3차 역사결의의 일환이다.

---

11 https://www.youtube.com/watch?v=6RiFy-_LmUc&t=9s

대만 군대도 2000년 전까지 2년 이상 복무를 했으나 운동권이 정권을 잡으면서 매년 1개월씩 복무기간을 줄이다 보니 현재 4개월로 줄었다. 한국은 법적으로는 군 복무기간이 2년인데 대통령 재량으로 1년 반으로 줄였다. 이제 와서 대만 민진당 정부가 복무기간을 1년으로 늘리려고 하지만 여론이 좋지 않고 1년으로 늘려도 턱없이 부족하기는 마찬가지이다. 대만군은 2024년부터 복무 기간을 1년으로 늘렸다.

중국이 2027년까지 대만 통일을 공언하고 있는데 반하여 대만의 방위 태세는 너무 허술하다. 대만은 중국의 견제를 받아서 선진국으로부터 고급 무기를 수입하지 못하고 있다. 미국, 독일, 프랑스 등 어느 나라도 중국 눈치를 보지 않을 수 없기 때문이다. 그렇다면 스스로 현대식 무기를 개발해서 무장을 해야 하는데 그것도 쉽지 않다.

수량으로는 중국군을 대적할 수 없으므로 질적으로 우수한 무기를 갖추어야 하는데 잠수함, 탱크, 자주포, 장갑차, 5세대 전투기 등 모두 부실하다. 미사일을 개발했지만 수적으로 부족하고, 드론도 부족하다. 이런 장비들이 조금씩 있기는 하지만 너무 낡았다는 지적이다.

2023년 9월 28일 대만은 가오슝(高雄) 조선소에서 3,000톤급 잠수함 '하이쿤'을 자체 건조하여 차이잉원 총통이 참석한 가운데 진수식을 가졌다. 이 뉴스를 접하고 중국 정부가 평화를 해치는 무기를 개발했다고 매우 신랄하게 비난하였다. 대형 핵 잠수함을 다수 보유하고 있는 중국이 재래식 잠수함을 처음 건조한 대만을 평화를 해친다면서 비판한 것이다.

대만의 대책과 희망은 중국군이 공격해오면 미국 공군이 신속하게 날아와서 제공권을 장악해주고, 그 사이에 일본 해군이 와서 해상 방위를 해주고, 한국 육군이 와서 중국군의 상륙을 막아주는 것이다. 당사국들은 그렇지 않은데 대만 사람들이 마치 실현될 것처럼 주장하는 것은 자신들이 처한 현실이 너무 열악하기 때문일 것이다.

(2) 중국의 패권과 동남아시아

중국은 1953년부터 남중국해에 [그림 6.3]의 9개의 선을 설정하고 구단선이라고

---

12 제3차 역사결의 : 이홍규(동서대학교 아시아학과 교수), '제3차 역사결의와 중국공산당 권력구조 변화 가능성', KIEP 대외경제정책연구원, 중국전문가포럼, 2022

부르며, 구단선 안의 바다를 자국의 영해라고 주장하고 있다. 구단선의 해역은 남중국해 전체의 80-90%에 해당하며, 지중해 크기의 1.5배에 이르고 있다. 특히 남중국해는 각국의 경제적 배타수역(EEZ)과 겹칠 뿐만 아니라 구단선의 해양 상의 위치를 정확하게 표시하지 않아서 국제법으로 인정하기 힘들다.

시진핑의 강군몽과 해군력 증강

중국 시진핑은 제3차 역사결의를 실현하기 위하여 강군몽을 선언하였다. 그 내용은 2035년까지 인민군대를 현대화하고, 2050년까지 세계 일류 군대를 만든다는 것이다. 즉, 미국의 패권에 도전하겠다는 것이다. 강군몽은 중국몽과 함께 시진핑 공산당의 현대화 목표이다.

청일전쟁 결과를 회복하려면 대만을 통일해야 한다. 대만은 중국 해안에서 약 150km 떨어져있는 섬이므로 해군이 상륙을 해야 한다. 따라서 중국은 해군을 대폭 증강하고 있다. 중국이 해군을 증강하는 속도를 보면 비상식적으로 빠르다. 2016년에는 프리깃함[13]을 동시에 20척을 건조하였다. 정상적인 속도라면 처음 한 척을 만들어서 수 년 간 운행하면서 모든 문제점들을 해결하고 군함이 안정된 다음부터 1년에 한두 척씩 건조해야 인력을 양성할 수 있고, 문제점을 사전에 예방할 수 있고, 함정의 성능과 효율을 향상하여 경제적으로 해군력을 강화할 수 있다. 처음부터 모든 함정을 건조하면 한 군함에 어떤 문제가 생기면 동시에 20척 모두에서 발생할 것이다. 문제에 대응할 수 있는 훈련된 기술 인력이나 대체할 부품과 장비도 없을 것이다. 해군 선진국에서는 절대 할 수 없는 일들을 중국이 하고 있는 것이다. 그만큼 패권국 목표 달성을 위해 매진하고 있는 것이다.

필리핀은 팔라완 섬에서 300km 서쪽 해역에 암초(세컨드 토마스)가 있는데 여기에 낡은 군함을 좌초시켜놓고 해병대가 주둔하고 있다. 중국의 침공을 폐기한 선박에 의지해서 막으려는 노력이 처량하다. 더구나 중국은 하이난 섬에서 1,200km 떨어져 있는 암초(미스치프)에 모래와 흙과 시멘트를 퍼부어 군사기지를 만들었다. 필리핀의 암초와 중국의 암초 거리는 40km이다. 필리핀 해병대가 주둔하고 있는 암초로 가는 물자 보급선을 중국 대형 군함에서 물대포를 쏘는 등 방해하고 있어서 긴장을 고조시키고 있다. 중국은 남중국해 곳곳에 있는 다수의 암초에 흙과 시멘트를 퍼부어 군사기지를 만들고 있다. 이것을 이용하여 영해를 선포하고 외국 신박들의 항해를 방해하고 있다. 국제법상 암초를 섬으로 만드는 것은 불법이다.

---

13   프리깃함(Frigate) : 적 잠수함으로부터 방어, 정찰 역할을 맡는 구축함

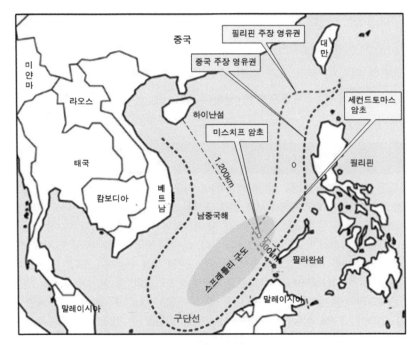

[그림 6.3]　중국이 설정한 남중국해의 구단선과 분쟁

1) 중국이 국제법을 무시하는 이유

필리핀은 중국의 구단선에 대해 국제 상설중재재판소(PCA, Permanent Court of Arbitration, 네덜란드 헤이그 소재)에 제소하였다. PCA는 2016년 7월 "중국이 남중국해 영유권 주장의 근거로 삼고 있는 구단선을 인정할 수 없다"고 밝혔다. 그러나 중국은 PCA의 결정을 무시하고 있다. 그러면 중국은 왜 국제법을 무시하고 많은 인접 국가와 무력 충돌을 불사하는 것일까?

중국이 태평양으로 나가려면 [그림 6.4]와 같이 1, 2, 3, 4번 해로가 있는데 모두 한국, 일본, 대만, 필리핀으로 막혀있다. 1번 해로로 나가려면 한국 해역에 막히고, 2번 해로는 일본 해역에 막히고, 3번 해로는 대만에 막히고, 4번 해로는 필리핀 사이의 바시 해협(Bashi Channel)[14]을 통과해야 한다. 그런데 바시 해협은 섬들 사이의 거리

14　바시 해협(Bashi Channel) : 대만 란위 섬과 필리핀 바탄 제도 사이의 150km 폭의 해협. 한국과 일본의 선박 항로로 사용되므로 전략적 가치가 크다. 2023년 4월에는 미군과 필리핀군이

가 짧아서 대만과 필리핀 군대의 감시를 피하기 어렵다. 즉, 태평양으로 나가는 제1,
제2 도련선으로 갈 수 없는 것이다. 한국과 일본, 대만, 필리핀 사이에는 많은 섬들이
있어서 미군의 철저한 감시를 뚫고 나갈 수가 없다. 그래서 최종적으로 생각한 것이
남중국해에 수많은 암초들을 인공섬으로 만들고 이것을 기준으로 영해를 주장하면서
말라카해협을 통하여 인도양으로 진출하려는 것이다.

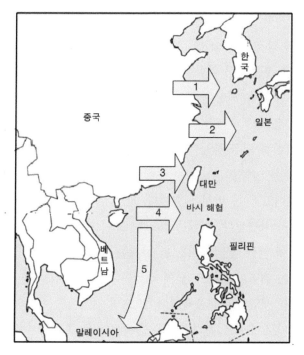

[그림 6.4] **중국의 해양 진출로**

한국과 일본 사이에는 쓰시마 섬이 있어서 중국에서 러시아로 연결하는 항로도 한
국, 일본, 미국 해군의 감시를 피할 수가 없다. 그럴수록 중국 해군은 남중국해를 영해
로 만들려고 한다. 만약 남중국해를 중국이 장악한다면 한국, 일본, 대만, 필리핀은 매
우 곤란한 처지가 된다. 한국이 사용하는 천연가스의 50%와 석유의 70%가 남중국해

합동으로 바시 해협 방어 훈련을 수행했다. 목적은 중국 해군이 이 해협의 통과하는 것을 저지
하는 것이다. 중국 해군이 이 해협을 통과하면 대만 동해안에 상륙하거나 공격할 수 있기 때문
이다.

를 거쳐 대만 서쪽 해상을 통하여 중동에서 공급을 받고 있다. 중국이 구단선을 장악
하고 해로를 통제하기 시작하면 한국과 일본과 대만은 유럽과 중동에서 인도양을 거
쳐 인도네시아 남해를 돌아서 필리핀 동쪽 바다로 우회해야 하는 실정이다.

　1992년 필리핀에서 민주화가 진행되었고, 반미주의가 급부상하여 미군 주둔 반대
운동이 일어나 미군 기지들은 모두 철수하였다. 그러나 미군 철수 전에는 얼씬거리지
도 않던 중국 해군이 필리핀의 경제수역을 모두 장악하고 해양 출입을 통제하자 필리
핀은 다시 미군 기지를 요청하여 주둔하였다. 필리핀 북방의 미군기지는 대만과의 거
리가 가까워서 다연장로켓포(MLRS) 사정거리 안에 있다. 중국이 대만을 공격하면 필
리핀은 대만 전쟁의 후방기지 역할을 수행할 것이다. 대만이 중국의 공격으로 넘어가
면 중국 해군이 대만 동쪽 해상을 장악하고 태평양으로 진출하여 필리핀 해역을 침범
할 것이기 때문이다.

　[그림 6.5]와 같이 유럽과 중동에서 한국까지 오는 자원 공급선은 위험한 곳이 많
이 있다. ①은 호르무즈해협이며, ②는 수에즈운하와 아덴만이고, ③은 말라카해협이
며, ④는 대만해협이고 ⑤는 바시 해협이다. 만약 이란이 ①의 호르무즈 해협을 막는
다면 석유 수송로가 차단된다. 이란은 2021년 초에 미국의 이란 자금 동결에 불만을
품고 한국의 화학 운반선 '한국케미호'를 나포한 적이 있다. ②의 아덴만에는 소말리
아 해적이 준동하는 해역이다. 2011년에 해적이 '삼호주얼리호'를 납치하여 청해부대
가 투입되어 해적을 제압하고 구출하였다. 2023년 겨울에는 예멘의 후티 반군이 팔레
스타인 문제를 빌미로 수에즈 운하를 지나는 선박들을 공격하여 운하 통행이 막히기
도 했다. ③의 말라카 해협은 예전부터 해적들이 들끓던 지역으로 해운의 중요한 교
통로이다. 중국이 ④의 대만해협을 막는다면 한국은 ⑤번의 바시 해협을 통과해야 하
므로 조금 거리가 멀어진다. 그러나 중국이 제1 도련선까지 진출하여 ⑤의 바시 해협
을 막는다면 한국은 인도네시아 남단을 돌아서 필리핀 동쪽의 ⑥번 수역으로 항해해
야 한다. ⑥번 항로는 ④번의 대만해협 항로보다 6,300km와 34 시간이 더 소요된다.
만약 한국과 일본의 국제관계가 나빠지고 반목이 심각해진다면 대만에서 센카쿠 열
도와 오키나와, 규슈로 이어지는 많은 일본의 열도와 섬들에 의하여 아예 항로 자체
가 막힐 수도 있다. 즉 유럽과 중동, 호주와 미국 등의 모든 공급선이 차단될 수 있다.

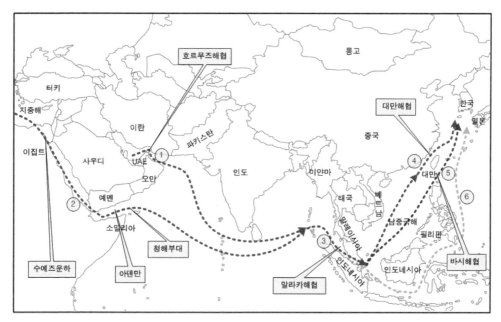

[그림 6.5] **동북아시아 원유와 자원 수송로**

한국은 공급선의 마지막 종착지이기 때문에 다른 나라보다 어려움이 더 크다. 호르무즈해협이나 수에즈 운하, 말라카해협이 막힌다면 많은 나라들이 어려움에 처하기 때문에 공동으로 대응하여 문제를 해결할 수 있다. 그러나 한국은 모든 항로의 마지막 지점에 위치하고 있기 때문에 한국 인근에서 길이 막히면 같이 협력하여 문제를 해결해 줄 나라가 없다. 한국은 섬나라와 같기 때문에 99.7%의 화물이 선박으로 운송되고 있다. 2022년도 한국 GDP의 대외무역 의존도[15]는 89.2%이다. 특히 한국 물동량의 1/3이 대만 해협을 이용하고 있다. 따라서 중국이 대만을 점령하면 심각한 상태가 될 것이다. 해로가 막히면 한국 해군 함대가 나가서 공해 상의 자유항해를 주장하면서 해로를 확보해야 한다. 하지만 한국은 북한 때문에 육군에 치중하고 있어서 해군력이 상대적으로 약세이므로 이 또한 어렵다.

중국은 자국의 해상 교통로를 확보하기 위하여 남중국해를 영해로 만들고 있다.

중국이 태평양으로 나오더라도 중동과 유럽과의 교통로 확보는 필수적이다. 숭국이

---

15 대외무역 의존도 : (수출액 + 수입액) / 국민총소득 GNI * 100

남중국해를 확보하고 제1, 2 도련선을 확보하면 동아시아는 중국의 패권에 갇히게 된다. 중국 해군이 해상 교통로를 자의적으로 관리하게 된다면 다른 국가들은 자국의 생존을 중국 공산당에 맡겨야할 것이다. 따라서 중국의 부상에 따라서 동아시아 국가들의 운명이 바뀔 것이다. 대만의 전 부총통 뤼슈렌[16]은 이를 염려하여 대만, 한국, 일본이 동아시아 민주공화국연합을 만들어 중국의 공격을 함께 방어하자고 주장하기도 했다.

2) 중국 공산당의 강군몽

2012년 공산당 총서기에 선출된 시진핑은 중국몽과 함께 2050년까지 세계 일류군대를 만든다는 강군몽을 천명하였다. 제2 도련선을 확보한다는 것은 태평양을 양분하여 반은 중국이 차지하겠다는 것이다. 역사 상 패권국이 도전국에게 얌전히 패권을 넘겨준 경우는 없었다. 패권국 미국은 철저하게 중국의 도전을 막으려고 할 것이다. 도전자 중국에게는 다음과 같이 세 가지 가능성이 있다

첫째, 강군몽이 실현되어 2050년 이후 태평양 반쪽을 확보하여 미국과 대등한 위치에 올라서고, 계속 성장하여 미국을 넘어서 전 세계 유일한 패권자가 되는 길이다.

둘째, 미국과의 군비 경쟁에서 경제가 몰락하여 소련과 마찬가지로 여러 개의 나라로 해체되는 길이다. 중국이 무너지면 북한도 함께 무너져서 남북한이 통일될 것이다.

셋째, 러시아가 우크라이나 전쟁으로 내분이 격화되어 푸틴 독재가 무너진다면 러시아가 여러 공화국으로 분리되고 민주화될 가능성이 있다. 만약 러시아가 민주화 된다면 나토에 가입하게 되고 중국과 러시아 국경선에 나토 깃발이 휘날릴 것이다.

나토의 영향으로 중국 주변 국가들이 모두 민주국가로 발전할 수 있으며 이런 상황은 중국의 해체와 민주화를 촉진하게 될 것이다.

이와 같은 가정은 전문가마다 주장이 다르므로 어떻게 될지 예측하는 것이 매우 어렵다. 그러나 중국에 민주화 바람이 불어오면 이민족들을 강력하게 묶어주던 구속력도 약화하고, 공산당 체제도 무너지고 중국이 해체되어 여러 나라로 분리 독립될 가

---

16   뤼슈렌(呂秀蓮, 1944~) : 대만 민진당 소속 정치인. 천수이볜 중화민국 총통 시절 제10-11대
      부총통. 민주화 운동으로 투옥 경험. '대만은 왜 중국에 맞서는가'의 저자.

능성이 있다. 가장 먼저 분리 독립을 추진할 곳은 무슬림이 살고 있는 신장위구르 자치주이며, 티베트, 내몽고, 홍콩, 대만, 만주 등이 뒤따를 것이다.

(3) 중국의 패권과 한국

중국은 영광의 백년을 추진하기 위해서 군사력을 대폭 강화하고 있다. 중국이 대만을 점령하려는 2025~2027년 이후에 [그림 6.2]와 같이 제1 도련선까지 중국 해군이 장악하고, 중국군이 현대화되면 제2 도련선까지 장악하고, 세계 일류군대가 되면 제3 도련선까지 장악하고 이후에는 전 세계 해양을 장악하겠다는 계획이다.

중국이 대만을 점령한다면 한국과 일본은 필리핀의 동부해역을 거쳐 인도네시아 남부해역을 거쳐서 중동으로 나가야 한다. 그러면 한국은 대만 해협을 항해하는 것보다 대략 6,300km를 더 항해해야 하므로 한국 경제는 크게 위축될 것이다. 대만 점령 후에 해군력을 더 증강하여 제1 도련선이 완성된다면 한국은 필리핀으로 가는 길도 막힐 것이다. 그렇게 되면 한국 선박은 일본의 허가를 받아 규슈 남부 해역을 통과하여 필리핀 해역으로 진출해야 하다. 즉, 한국이 완전히 고립되는 신세가 될 수 있다. 중국의 허가를 받아서 모든 해외 교류를 하려면 독립과 자주성이 크게 훼손될 것이다.

제2 도련선이 완성되는 날에는 일본도 국제무대에서 활동하기가 매우 어렵게 된다. 더 나아가 제3 도련선이 완성되면 일본도 중국에 의해 완전히 고립될 것이다. 현재도 중국 해군은 압록강 하구에서 직선으로 선을 그어서(동경 124°) 그 해역까지 자신의 작전해역이라고 주장하며 한국 해군 함정이 진입하는 것을 방해하고 있다.

한국은 중국 및 북한과의 전쟁 상태가 70년 이상 지속되고 있다. 미국은 닉슨 독트린으로 1969년대부터 주한미군 철수[17] 계획을 세우고 이미 실천하고 있다. 미국 카터 대통령도 70년대에 미군 철수를 주장했고, 트럼프 전 대통령은 주한미군 주둔비로 매

---

17 주한미군철수 : 태평양전쟁이 끝난 1945년부터 주둔하기 시작한 주한미군은 1949년 6월 30일 전원 철수했다. 6.25 전쟁 시 참전했던 외국 군대는 미군을 포함하여 휴전 이후에 철수하고, 주한미군 63,000명만 주둔하고 있었다. 1969년 닉슨 대통령은 아시아 전쟁은 아시아인들이 1차적으로 담당하라는 닉슨 독트린을 발표했다. 이에 따라 1971년 3월 27일 주한미군 제7사단이 20,000명이 철수하고 43,000명이 남았다. 미국은 해군과 공군보다도 지상군부터 철수하려고 한다.

년 50억 달러를 지불하지 않으면 철군하겠다고 주장했었다. 미군이 철군하고 한국전쟁이 발발하면 한국은 후방지역이 전혀 없는 상태이다. 6.25 전쟁 때는 일본이 한국전쟁의 후방지역이 되어 지속적인 지원과 보급을 담당했었다. 그러나 미군이 떠난 후 일본과의 사이가 크게 개선되지 않는다면 한국군은 후방지역도 없고 동맹도 없이 고립 상태에서 전쟁을 해야 하므로 승리할 가능성은 거의 없을 것이다.

(4) 중국의 미래

중국이 1990년대에 개방경제를 추진할 때는 경제가 과열된다고 우려할 만큼 고속성장을 하였다. 해마다 10% 이상 성장하다가 6-7%에 이르면 경제가 침체했다고 여길 정도였다. 2000년을 넘어서자 경제 전문가들이 중국이 앞으로도 수십 년 동안 고속 성장을 계속한다고 가정하고 미국과의 경제력 차이를 예측하기 시작하였다. 2010년을 기준으로 중국 경제는 년 간 6~7% 성장하고 미국 경제는 2% 안팎으로 성장한다고 가정했을 때의 예측 결과가 [그림 6.6]이다. 이 자료는 IMF에서 발표한 것으로 2017년의 양국 경제 성장률을 기준으로 2030년대에 GDP가 같아지고, 이후에는 중국의 경제력이 더 높아진다고 예측한 것이다. 대체로 2000년 이후부터 중국의 패권론이 설득력 있게 등장하였다. 따라서 2030~2040년 이후에는 중국이 G1이 되는 것을 기정사실화하는 것이 국제관계학계의 주류 논리로 등장하였다.

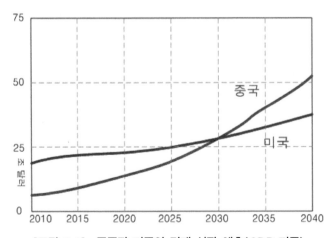

[그림 6.6] 중국과 미국의 경제 성장 예측(GDP 기준)

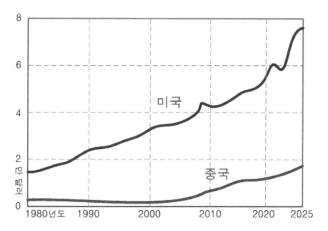

[그림 6.7] 중국과 미국 경제 성장 예측(1인당 GDP 기준)

[그림 6.7]은 2023년에 IMF에서 발표한 자료로 중국과 미국의 개인 소득의 변화를 예측한 것이다. 중국의 개인 소득 증가는 완만한 상태이다. 반면에 미국의 개인 소득은 훨씬 높게 증가하고 있어서 두 나라의 소득 격차가 점점 더 벌어지고 있는 것을 볼 수 있다. 그 결과 2000년대 후반부터 중국의 우세를 예측했던 많은 전문가들의 예측이 벗어나게 되었다. 중국의 미래에 관한 전문가들의 견해는 중국의 몰락부터 번영까지 스펙트럼이 다양하다.

1) 중국이 몰락하는 이유

2000년대 국제관계 전문가들은 중국의 경제가 2038년경에 미국을 따라잡고 2050년경에 군사적으로도 세계의 패권국이 된다고 주장했다. 그러나 2020년대에 들어와 중국이 많은 문제점들을 안고 있기 때문에 오히려 몰락할 것이라는 새로운 주장이 제기되었다. 그 이유는 2012년 총서기 시진핑이 선언한 중국몽과 군사몽의 목표가 너무 높아서 중진국 함정에 빠진다는 주장이다. 중국이 미국을 따라잡지 못하고 몰락하는 이유는 다음과 같다고 한다.

가. 인구 감소

국가 경제력을 표시하는 GDP는 1인당 국민소득을 국민의 수로 곱한 값이다. 중국의 인구는 2015년부터 2040년까지 매년 50세 이상의 인구가 2.5억 명씩 증가하고 50

세 미만의 인구는 2.5억 명씩 감소한다는 연구(UN 경제사회부 인구과)가 있다. 중국이 한 자녀 낳기 정책을 이제는 포기했지만 중국인들은 그동안 한 자녀만 낳아서 키우는 생활에 적응했기 때문에 인구는 계속 감소할 것이다. 이미 중국의 인구는 경쟁국 인도의 인구보다 적어졌다. 일하는 젊은이들의 수보다 더 많은 노인들을 부양하려면 경제는 성장 대신 하락할 것이므로 [그림 6.6]과 같은 경제 역전은 일어나지 않는다는 것이다.

나. 타키투스 함정: 민주주의 부재

중국은 공산당 독재의 권위주의 체제이다. 당에서 시키는 대로 일하는데 익숙해진지 오래되었다. 중국인들이 아무리 열심히 일을 해도 자발적이고 민주적으로 일하는 사람들과의 경쟁에서 이길 수는 없다. 지금은 인도의 경제가 약하지만 인도는 민주주의 국가이기 때문에 곧 중국을 추월할 것이라는 주장이다.

중국은 민주주의 체제가 아니므로 타키투스 함정[18]에 빠질 위험성이 매우 높다는 것이다. 공산당은 국민의 신뢰를 얻기는 매우 어렵지만 잃기는 매우 쉽다. 공산당의 코로나 사태 대응 방식을 보고 중국 공산당을 싫어하게 되었다. 국제적으로는 중국에 대한 정서적인 호감이 대폭 감소하였고, 경제적인 매력들이 반감되어 중국에서 이탈하는 외국 기업들이 대폭 증가하였다. 코로나 사태가 종료되어 중국 정부가 해외여행객들의 유입을 크게 기대하였으나 실제로 중국으로 들어오는 여행객들의 수가 대폭 감소하였다.

공산당이 아무리 정보를 통제해도 이미 컴퓨터, 휴대폰, 이메일, SNS 등이 깔려 있기 때문에 공산당의 부정부패와 시장 실패를 모를 수 없을 것이다.

다. 비 시장경제

중국의 경제체제는 시장경제가 아니라 정부 주도형이다. 부동산 주택 시장이 형성되지 않은 상태에서 수천 가구의 아파트 단지를 수백 개씩 만들고 분양되지 않으면 아무리 튼튼한 경제라도 무너지지 않을 수 없다. 중국의 고속철도는 매우 빠르고 내

---

18 타키투스 함정 : 로마 정치가이며 집정관을 지낸 Cornelius Tacitus(55~117)가 주장한 말. '정부가 한번 신뢰를 잃으면 국민의 마음을 얻지 못한다'고 주장.

부 시설도 우수해 보인다. 그러나 중국 대륙 전역에 깔아놓은 고속철도를 탈 수 있는 사람은 많지 않다. 하루에 2달러로 사는 사람이 3억 명이고, 3~4달러로 사는 사람이 3억 명이 있는데 고속철도를 탈 수 있는 사람은 많지 않다. 시장경제를 생각하지 않고 무리한 투자를 계속하면 국가 경제가 위험해질 것이다. 중국에는 사람이 살지 않는 유령 도시와 돌아가지 않는 유령 공장들이 지방 곳곳에 있다는 보고가 있다. 모두 국가 경제에 큰 부담으로 작용하고 있다.

라. 투키디데스 함정 : 패권국의 대응

'펠로폰네소스 전쟁사'를 집필한 아테네의 투키디데스에 의하면 아테네가 급성장하고 있는 것을 바라보고 있던 스파르타는 패권을 내어줄 수 없었기 때문에 아테네를 침공했다. 새로 성장하는 국가는 기존 패권자에게 도전하게 되고 패권자는 도전자를 제거하거나 몰락시킨다. 도련선을 설정하고 태평양에 도전하는 중국을 미국이 그냥 내버려두지는 않을 것이다. 우선 경제부터 몰락시키고 그것도 안 되면 무력으로 몰락시킬 것이다. 경제 전쟁은 이미 시작되었다. 민주적으로 공존하려고 협력한다면 다 같이 잘 살 수 있지만 상대방을 누르기 위해서 공격한다면 먼저 망할 수 있다.

마. 중진국 함정

라틴아메리카는 한 때 선진국에 올라선 국가도 있었지만 지금은 수십 년의 노력에도 불구하고 10,000 달러를 넘지 못하고 있다. 중국도 동부 해안지역은 발전했지만 서부 지역은 여전히 낙후되어 있다. 중국의 함정은 중등교육이 부실하다는 점이다(중등교육 비율 30%). 중등교육이 충실해야 기술 혁신에 발맞추어 새로운 기술을 습득하고 소득을 증대시킬 수 있다. 중국의 지방에는 학교는 있는데 교사가 없는 곳, 교사가 있기는 한데 해당 전공을 가르칠 수 있는 교사가 없는 학교가 많다고 한다. UN의 권고에 따라 중등교육을 위하여 수 천 개씩 학교를 건설했지만 교육을 담당할 교원 양성 체제를 갖추지 못했기 때문에 생긴 현상이다. 심지어 학교가 건설되었다고 표시한 장소에 UN 담당자가 방문해보니 아무 것도 없는 빈 공간인 곳도 있었다. 또한 공부를 잘하면 좋은 학교로 이동해야 하는데 중국 주민들은 거주 이전의 자유가 없으므로 갈 수가 없다. 중등 교육 부실로 인하여 중국은 중진국 함정에 빠질 것이다.

비구이위안(碧桂园)이 좋아하는 숫자 3과 4

비구이위안(碧桂园)은 'Country Garden'이라는 뜻으로 중국 최대 부동산 업체이다. 비구이위안은 부도 위기에 처하여 매일 신문과 방송에 오르내리고 있다. 간신히 몇 번의 위기를 넘겼지만 부도를 면하기는 어려울 것이다. 비구이위안의 총부채는 2023년 6월 현재 약 1870억달러(약 258조원)에 이른다. 중국에는 현재 약 40만 채의 아파트가 공사 중에 부도 위기를 맞아서 진행을 못하고 있다. 이 위기의 핵심에 비구이위안이 있다. 중국은 도시들을 1등, 2등, 3등, 4등으로 구분하여 관리하고 있다. 1등 도시는 베이징과 상하이 같은 초대형 도시이고, 2등 도시는 각 성의 주도에 해당하는 대도시이고, 3등 도시는 지방의 군소 도시이고, 4등 도시는 소규모 시골 마을이다.

비구이위안은 주로 3등 도시와 4등 도시에 부동산을 건설한다. 주택을 건설할 때 약 3개월 동안 공사와 분양 계획을 수립하고 4개월 만에 분양을 마친다. 비구이위안은 공산당이 지원하는 금융기관의 지원을 받아서 수많은 건설공사를 수주하고 건설했지만 부동산이 분양이 되지 않았기 때문에 부도를 낸 것이다. 비구이위안의 부도는 중국 금융권의 몰락을 의미하며 중국의 몰락으로 이어질 가능성이 있다.

바. 부정부패

중국은 공산당 독재가 오래 계속되어 공권력이 인민을 철저하게 관리하고 있다.

인허가권을 가진 공무원과 권력자들의 부정부패가 심각하다. 더구나 언론이 자유롭지 못하고 공산당 기관지 역할을 하고 있으므로 부정부패는 항상 감추어진다. 대형 부정부패가 밝혀지는 것은 권력 투쟁에서 패배한 공산당 간부들이 감수해야 할 몫이다.

중국 젊은이들은 공산당과 언론을 신뢰하지 않는다. 공산당과 언론에서 발표하는 뉴스들은 모두 정치적인 이유로 왜곡되었거나 포장된 것이다. 공산당에서 직위가 높을수록 소득에 비하여 훨씬 잘살기 때문에 믿지 못하는 것이다.

사. 분리 독립 요구

중국은 광대한 영토를 확보하는 과정에서 이민족 영토들을 많이 점령하고 편입하였다. 특히 청나라는 유목민이었기 때문에 정착민 국가에도 강할 뿐만 아니라 같은 유목민 국가에도 강했기 때문에 중국 역사상 가장 넓은 국토를 확보하였다. 만약 중국 경제가 침체하면 이민족들이 중국 정부에 반기를 들고 독립을 요구할 것이다.

신장위구루, 티베트, 내몽골 자치구가 독립을 시도하고 있고, 홍콩과 대만, 동북3성의 만주족들도 독립 기회를 엿보고 있다. 이런 이유 때문에 중국은 민주주의를 허용하기 어렵다.

아. 주변국과의 갈등

중국과 국경을 마주하고 있는 나라들은 [그림 6.8]과 같이 모두 14개이다. 이 나라들의 상당수는 중국과의 사이가 좋지 않다. 대부분 오래전부터 중국과 전쟁을 치렀던 나라들이다. 중국 북쪽에는 중국을 괴롭히던 몽골이 있고 러시아가 중국의 땅을 빼앗으며 남진을 계속하고 있고, 서쪽에는 이슬람 국가들이 신장위구루 지역의 무슬림들을 해방시키려고 하고, 남쪽에는 인도, 베트남, 대만 등과 전쟁을 치렀거나 치르려고 하고, 동쪽에는 한국과 현재 휴전 중에 있다. 중국 군대는 주변국을 경계해야 하고, 내부 분리 독립운동을 막아야 하기 때문에 외국에 원정군을 보내는 것이 어렵다.

외국에 원정군을 보낼 수 있어야 패권국이 될 수 있다.

중국은 내치의 안정을 위하여 수많은 공안과 군대를 이용하여 국민들의 욕구를 억압하고 있다. 중국 공산당이 이상과 같은 문제점들을 신속하고 적절하게 대응하지 못하면 중진국 함정에 빠질 것이다.

[그림 6.8] **중국과 국경을 접힌 14개 국가**

2) 중국이 성공하는 이유
중국이 개혁개방 이후에 보여준 것은 매우 높은 경제적 성과였다. 역사적으로 중국만큼 오랫동안 고도성장을 계속한 나라는 없었다. 중국은 경제개발을 하는 동안 많은 문제점들에 봉착했지만 대부분 성공적으로 해결하였다. 그 동안의 경험으로 볼 때 중국이 많은 문제점들을 해결하고 성공할 것이 틀림없는 이유는 다음과 같다.

가. 기술 혁신

서구에서 보기에 공산당은 권위주의의 대명사이므로 기술 혁신과는 거리가 멀어서 양립할 수 없다고 생각했다. 그러나 중국은 권위주의 체제에서도 계속해서 기술 혁신을 거듭하며 높은 성과를 내고 있다. 미국에 출원한 특허를 보면 미국, 일본이 가장 많고 그 다음이 한국, 독일 순이다. 그런데 요즘에는 중국 기업들의 출원수가 급속하게 늘고 있다. 대부분의 중진국들은 기업의 연구와 개발 비중이 1%를 넘지 못한다. 그러나 중국은 현재 2%를 넘어서고 있다. 그만큼 기술 혁신을 많이 하고 있는 것이다. 물론 한국은 3%를 넘었다.

세계 민간 드론 시장은 중국이 70% 이상 점유하고 있다. 중국 선전에는 수많은 젊은이들이 드론 업체에 모여서 경쟁하면서 새로운 드론을 개발하고 있다. 선전에는 아이디어만 있으면 누구든지 새로운 드론을 개발할 수 있는 창업 생태계가 갖추어져 있다. 한국 드론 기업의 대부분은 중국에 가서 드론과 부품들을 수입해서 포장만 바꾸어 활용하고 있는 것과 대조적이다.

나. 초우량 대기업

매년 'FORTUNE'에서 세계 500대 기업을 발표하고 있다. [표 6.2]와 같이 1990년대 말에는 미국이 167개 일본이 111개의 기업을 갖고 있었고 중국은 1개였다. 그러나 2023년에 중국은 142개로 늘어 1위, 미국은 136개로 줄어 2위, 일본은 41개로 줄어 3위가 되었다. 한국은 9개에서 18개로 증가하여 상위 6위가 되었다. 영국, 캐나다. 스위스, 네덜란드 등도 역시 대폭 감소하였다. 대부분의 중진국은 500대 기업에 속한 회사의 수가 한두 개 정도이다.

[표 6.2] Fortune 500대 기업의 국가별 수

순위		국 가	2023	1990
2023	1990			
1	500	중국	142	1
2	1	미국	136	167
3	2	일본	41	111
4	4	독일	30	32
5	5	프랑스	23	29
6	19	한국	18	9
7	3	영국	15	43
8	6	캐나다	14	26
9	7	스위스	11	22
10	8	네덜란드	10	18

[표 6.3] Fortune 세계 500대 기업의 상위 10대 기업 순위

순위		회사 이름	국 가	업 종
2023	2021			
1	1	Walmart	미국	소매업
2	6	Aramco	사우디아라비아	에너지
3	3	State Grid(国家电网有限公司)	중국	에너지
4	2	Amazon	미국	전자상거래
5	4	China National Petroleum (中国石油天然气集团公司)	중국	석유
6	6	Sinopec Group (中國石化)	중국	석유
7	12	ExxonMobil	미국	석유
8	7	Apple	미국	IT기술
9	15	Shell	영국	석유
10	11	United Health Group	미국	긴깅관리

초우량 대기업은 그 나라 경제발전을 이끄는 선봉 역할을 하고 있기 때문에 매우 중요하다. 그런 기업이 있어야 여기에 협력하고 납품하는 중소기업들이 많이 연결되어 고용 증가뿐만 아니라 산업기술을 혁신하는 선순환 역할을 한다. [표 6.3]과 같이 2023년 포춘이 선정한 세계 500대 기업의 선두 10개 기업에 미국이 5개, 중국이 3개, 영국이 1개, 사우디아라비아가 1개 있다. 이를 통해 2021년에 비하여 석유와 에너지 기업이 상승한 것을 확인할 수 있다. 10대 기업 중에서 석유 기업이 6개나 되는 것은 예나 지금이나 비슷하다. 그러나 미국의 Walmart와 Amazon 등은 소매 기업으로 세계 10대 기업에 포함된 것이 특이하다.

다. 분배

개발도상국가들이 경제개발을 하게 되면 분배가 악화되다가 어느 정도 경제력이 향상되면 개선되는 경향이 있다. 한국도 경제개발 과정에서 분배 문제로 많은 시련과 고통을 겪었다. 특히 1990년대에 중국 수출이 증대되면서 수출 기업을 중심으로 임금이 대폭 향상되는 바람에 분배의 불평등이 심화되었다. 중국 수출이 감소하면 수출 기업들의 임금이 정체되는 사이에 내수 기업들의 임금이 조금씩 증가하여 분배가 좋아졌다.

시진핑과 중국의 경제 위기

중국은 1978년 개혁개방에 나섰고, 1992년 한국과 수교하면서 경제 성장을 가속하였다. 1998년 민간에 토지 사용권 매매를 허용하여 부동산 개발 시장을 열었고, 2001년 WTO에 가입하여 세계 경제 시장에 진입하였다. 2013년 시진핑이 총서기가 되어 공동부유(共同富裕)와 일대일로(一帶一路)[19] 사업을 추진하였다.

공동부유 사업의 일환으로 지방의 저개발 지역에 개발 투자를 추진하였다. 2008년 미국이 금융위기 시에 양적완화를 통하여 경기를 부양시키는 것을 보고 중국도 이 방식을 적용하였다. 금융기관들은 정부 보증하에 부동산 개발기업에 자금을 대출하고 지방정부들은 토지 이용권을 부동산 개발업체들에게 판매하였다. 지방정부들은 도로, 공항, 철도 등 사회간접자본에 투자하였다.

지방정부들이 경쟁적으로 지역 개발을 하는 과정에서 경기가 활성화되어 초기에는 경제가 좋아졌다. 그러나 경제성이 부실한 투자를 많이 하였으므로 상당한 투자들이 빚으로 돌아왔다. 전국에 주택단지, 공장, 고속도로, 공항, 고속철도, 휴양지들이 유령시설로 양산되었으므로 결과적으로 국가 부채가 되었다.

중국 정부는 일대일로 사업을 추진하여 저개발 국가들에게 자금을 대출하고 지역 개발을 촉진하였다. 실례로 파키스탄 과다르 항구에서 중국 내륙까지 송유관을 건설하였다. 이 송유관은 전쟁 시에 말라카해협이 막힐 경우에 사용할 수 있지만 평시에는 사용하지 않는다. 파키스탄은 사용하지 않는 시설을 유지하면서 부채를 떠안았고, 중국도 투자한 자금을 회수하지 못하였으므로 국가 부채로 남았다.

이상과 같이 중국은 국내외에 경제성이 없는 시설들을 국가 차원에서 건설하였으므로 막대한 부채를 안게 되었다. 공산당은 기본적으로 기업을 규제하고 소비를 억제한다. 알리바바, 텐센츠 등 빅테크 기업들을 규제하여 좋은 일자리를 감소시키고, 소비를 자본주의 타락으로 보고 억제함으로써 투자를 어렵게 하고 있다. 특히 코로나 시기에 상해를 봉쇄하여 나쁜 인상을 남겼고 외국 기업들이 탈중국하면서 외자 유치가 어려워졌다. 헝다, 비구이위안 등 중국 최대 부동산 개발업체들의 부도를 겪으며 미국과 무역전쟁을 하면서 중국의 경제 위기가 점차 커지고 있다.

중국도 2008년까지 분배가 악화되다가 임금이 점차 높아지면서 개선되기 시작하였다. 중국의 임금이 향상되면서 인건비 목적으로 들어왔던 섬유와 의류 기업 등 외국 기업들이 베트남, 방글라데시 등으로 이동하였다. 중국은 기업들이 성장하면서 국민소득이 높아지자 오염 발생이 심한 공장들을 단속하기 시작했고, 선진국으로부터 들여오던 쓰레기 수입도 금지시켜서 생활의 질을 향상시키고 있다.

중국이 중진국 함정에 빠질 요소들은 많이 있으나 경제가 성장하면서 생긴 경제적 여유를 중진국 함정을 극복하는데 사용하고 있다. 따라서 중국이 선진국으로 발돋움할 가능성은 여전히 많다. 다만 중국이 패권국이 되려고 주변국들을 압박하는 것을 계속하면 기존 강대국들과 주변국들이 중국을 견제하게 되어 중국이 발전하는데 장애가 될 것이다.

6.3.3 미국의 패권

미국은 1823년 12월 제5대 J.먼로 대통령이 의회에서 다음과 같은 대외정책을 발표하였다. 그 내용은 조지 워싱턴 대통령 이래의 고립주의를 더욱 명확하게 밝힌 것이다.

---

19 일대일로(一帶一路) : 중국이 주변 국가들과 경제와 무역 합작 확대를 위한 사업. 시진핑 주석의 제안으로 2013년 시작하여 140여개 국가가 참여하여 내륙 3개, 해상 2개 등 총 5개의 노선으로 추진. 주로 아시아, 아프리카, 중남미 국가들을 중심으로 추진.

첫째, 미국의 유럽에 대한 불간섭 원칙

둘째, 유럽의 미국 대륙에 대한 불간섭 원칙

셋째, 유럽 제국에 의한 식민지 건설 배격 원칙

이상과 같은 3개 원칙을 몬로주의(Monroe Doctrine)라고 하는데 그 원인은 러시아의 북미주 북서해안의 권리주장과 중남미 국가들의 독립투쟁에 있었다. 몬로주의는 유럽 국가들의 북남미 지역을 더 이상 식민지로 삼지 말라는 것을 천명한 것이다. 1989년 쿠바의 이해관계를 둘러싸고 미국과 스페인 사이에 긴장이 고조되었다. 미국은 1865년 남북전쟁 이후에 군대 규모가 점차 줄어서 육군은 25,000명을 유지하고 있었으나 해군은 육성 프로그램으로 인하여 카리브해에서 스페인보다 월등하게 우세하였다. 따라서 미서전쟁(美西戰爭, 미국-스페인 전쟁)이 발발하자 홍콩에 있던 해군 함대가 필리핀의 스페인 함대를 격파하였고, 쿠바 근해의 스페인 함대도 격파할 수 있었다. 미서전쟁의 여파로 미국은 카리브해와 태평양으로 진출하였고 새로운 강대국으로 등장하였다.

미국은 제1차, 제2차 세계대전을 거치면서 유럽과 아시아에 깊이 관여하게 되었다. 선진국들은 전쟁 과정에서 폐허가 되었고 미국만이 유일하게 공업력과 경제력을 온전하게 갖추었으므로 자연스럽게 세계의 패권자가 되었다.

미국의 패권에 도전한 나라들은 소련과 일본 등이 있었으나, 소련은 경제력이 추락하여 국가부도를 내고 해체되었고 일본은 도전에 실패한 후에 미국의 강력한 동맹이 되었다. 그 다음으로 등장한 것이 중국이다. 등소평의 개혁개방과 함께 소련을 견제하려는 미국의 지원으로 중국이 자본주의를 부분적으로 도입하여 G2라는 강대국으로 발돋움하였다. 미국은 중국이 경제적으로 성장하면 당연히 공산주의를 버리고 민주화할 것이고 민주화되면 좋은 우방국이 될 것이라고 판단하였다. 그러나 중국은 경제적으로 성장하면서도 민주화하지 않았고 오히려 독재를 더 강화하였다. 이제는 강력한 독재 권력을 바탕으로 미국의 패권에 도전하고 있다.

(1) 미국의 패권과 중국

미국의 패권에 도전하는 중국의 능력을 여러 지표를 기준으로 살펴본다.

1) 중국의 함정과 관련된 경쟁 지표

중국이 겪을 수 있는 함정들이 미국에는 얼마나 있는지를 비교한 자료가 [표 6.4]
이며 다음과 같다.

가. 인구 수

세계 각국에서 미국으로 이민 오는 사람들이 많을 뿐만 아니라 미국인들이 아기를
많이 낳아서 인구가 증가하고 있다.

나. 타키투스 함정

민주주의 체제에서 정권이 민심에 따라 바뀌고 언론이 살아있기 때문에 타키투스
함정에 빠질 이유가 없다. 오히려 언론의 자유 때문에 국가 비밀이 새어나가는 것이
문제다.

[표 6.4] **중국의 함정과 비교한 미국 현황**

	비교 항목	중 국	미 국
1	인구 수	인구 감소	인구 증가
2	타키투스 함정	공산당 권위주의로 위험	민주주의로 관련 없음
3	시장경제	정부주도경제	시장경제
4	투키디데스 함정	패권자에게 도전 가능	도전자에게 패배 강요
5	중진국 함정	정책 역량에 따라 가능성 존재	이미 선진국
6	부정부패	독재와 언론 탄압으로 심각	언론과 정권 교체로 문제없음
7	주변국과 갈등	오래 전부터 전쟁 중	주변에 적성 국가가 없다
8	민족독립 요구	강력한 탄압으로 억제	독립 요구가 없다.

다. 시장경제

미국은 원래 시장경제체제로 발전한 자본주의 국가이다.

라. 투키디데스 함정

투키디데스 함정은 중국 경제가 계속 성장하면 군사력도 증가할 수 있으므로 주목

할 사항이다. 중국의 해군 함정 수가 비약적으로 증가하고 있으므로 중국 해군의 도전을 막으려면 미국도 해군력 증강이 필요한 상황이다.

마. 중진국 함정
미국은 이미 1900년대 초에 선진국이 되었다.

바. 부정부패
미국은 언론 활동이 활발하고 부패지수가 매우 낮은 청렴한 나라이다.

사. 주변국과 갈등
캐나다와 멕시코는 미국과 심각하게 갈등할 일이 없다.

아. 독립요구
미국의 한 주로 편입하려는 나라는 있어도 분리하려는 주는 없다. 다만 다양한 인종이 살기 때문에 인종차별 문제가 있다.

2) 중국의 장점과 미국
[표 6.5]는 중국의 장점들이 미국에는 얼마나 존재하는지를 비교한 자료이며 다음과 같다.

가. 기술혁신
중국은 많은 수의 인구를 가지고 있으며, 해외의 우수한 중국 인재들을 귀국시켜서 기술혁신을 이루고 있다. 반면에 미국은 세계 각국에서 인재들이 몰려와서 기술혁신을 이루고 있다. 현재 IT 대기업의 상위그룹은 모두 외국 이민자거나 아니면 이민자들의 자녀들이다. 기업 생태계 자체가 활성화되어 있다.

[표 6.5] **중국의 장점과 비교한 미국 현황**

구 분	중 국	미 국
기술 혁신	권위주의에도 불구하고 우수	세계 각국의 인재들이 와서 혁신
대기업 수	초고속으로 증가 중	창업 기업들이 대기업으로 변신 중
분배	악화되다가 정점은 지났다.	이미 분배 문제 해결
단결력	정부 정책에 국민들이 호응	개인주의로 정부 정책 시행의 어려움

나. 초우량 대기업

앞으로 계속 경쟁할 것이므로 지켜봐야 할 것이다. 분배는 중국에서 어느 정도 완화되었다고 하지만 동부 해안 대도시에 사는 사람들과 서부 농촌에서 사는 사람들의 빈부 차이가 심각하다. 이것은 중국 공산당이 시급히 해결할 문제이다. 미국은 인건비가 높아서 제조공장이 계속 줄어들어 공업 생산력이 저하되었다. 애플처럼 미국은 설계만 하고 제조는 중국같이 인건비가 싼 나라에서 하는 경우가 많다. 이것은 고용의 문제를 야기할 수 있다.

다. 분배

미국은 거주이전(이동)의 자유가 있기 때문에 사업이 번창하는 지역으로 얼마든지 이동할 수 있으므로 중국에 비해서 훨씬 유리하다. 미국은 외국에서 이민 온지 얼마 되지 않았어도 자신의 능력과 노력에 따라서 얼마든지 부자가 될 수 있다. 부자들의 부를 노력의 대가로 간주하므로 가난한 사람이 부자들을 증오하거나 배척하지 않는다.

라. 단결력

미국은 개인주의가 발달하여 정부 정책 시행이 쉽지 않다. 예를 들어, 코로나19 유행 시기에 마스크를 착용하라고 해도 거부하고 항의 데모를 했다. 중국은 공산당이 암시만 주어도 외국산 제품을 불매하고 해외여행을 자제한다. 중국은 언제든지 공산당의 결정으로 전쟁을 할 수 있지만 미국은 정권차원에서 전쟁을 할 수는 없고 국민들의 확실한 지지가 필요하다.

[표 6.6] **세계 1등 상품 보유 현황(2020년 니혼게이자이신문)**

국가	보유 수	상품 분야와 기업체 이름
미국	22개	테슬라(전기차), 화이자(바이오), Applied Materials(반도체장비), MS(클라우드 서비스), 애플(태블릿PC) 등
중국	16개	CATL(배터리), BOE(대형액정패널), 하이크비전(감시카메라), 하이얼(냉장고, 세탁기), 화웨이(이동통신인프라) 등
일본	6개	자동차(토요다), 오토바이(혼다), 디지털카메라(소니), 이미지(CMOS)센서(소니), 레이저 복합기(캐논), 휴대용리튬이온배터리(ATL)
한국	6개	스마트폰(삼성전자), D램(삼성전자), OLED패널(삼성전자), 낸드플래시(삼성전자), 초박형TV(삼성전자), 조선(현대중공업)

세계 1등 상품 보유 현황을 보면 [표 6.6]과 같이 미국이 22개 분야로 가장 앞서 있고 중국이 16개로 뒤따르고 있다. 중국의 초우량 대기업의 수가 늘어날수록 중국의 1등 상품 보유수도 늘어날 것이다. 미국은 패권자이므로 항상 도전자를 경계하고 주시하고 있다. 서방 세계의 동맹을 이용하여 도전자를 고립시키고, 경제적으로 몰락시키는 것이 기본 정책이다. 미국은 나토 이외에도 많은 동맹국들을 가지고 있으나 중국은 주변 국가들과 분쟁을 많이 야기하고 있으며 동맹 국가들이 별로 없는 것이 약점이다. 중국의 동맹은 반미국가들인데 이들의 국력이 크지 않다는 점이 또한 약점이다. 중국은 BRICS[20]의 일원이지만 여기에는 국경분쟁 상대국인 인도가 포함되어 있다.

(2) 중국의 도전과 미국의 응전

미국은 중국의 도전을 막기 위하여 다음과 같은 정책을 수행하고 있다.

첫째, 첨단 반도체 등 방산장비 생산에 긴요한 제품들을 만들지 못하게 한다. 고성능 반도체와 ASML의 극자외선 노광장비(EUV)의 중국 수출을 금지했다.

둘째, 중국 주변을 동맹국들로 연합하여 중국의 진출을 막는다. QUAD, AUKUS 등을 만들어 중국을 봉쇄한다.

---

20 BRICS : 브라질, 러시아, 인도, 중국, 남아프리카 등 5개국. 2000년을 전후하여 빠르게 경제 성장을 하고 있는 신흥경제국들의 모임.

셋째, 국제 금융시스템 지원을 제한한다. 이것은 기축통화인 달러 사용을 억제함으로써 가능하다.

넷째, 중국 제품들 중에서 미국의 정보를 탈취하여 활용할 수 있는 장비와 프로그램의 수입을 억제한다. 실제로 중국산 화웨이(Huawei)[21] 통신장비. DJI 드론, TikTok SNS 프로그램 등의 수입과 사용을 제한하고 있다.

1) 첨단 기술 사용 금지

미국은 오바마 대통령까지 중국에 대해 우호적이었다. 그 이유는 한국, 일본, 대만 등이 시장경제가 발전하면서 민주주의가 정착되었고 자연스럽게 미국과 가까운 나라가 되었기 때문이다. 그러나 이 당시에도 보수 강경파(neocons)[22] 지도자들은 중국의 기술 발전이 공격 무기가 되어 미국에 도전할 것이라는 주장을 하였다. 이때부터 미국은 중국을 가상의 적국으로 간주하여 견제하기 시작하였다. 트럼프 대통령은 적극적이지는 않았지만 중국을 경계하고 반도체와 통신 기술을 통제하기 시작했다. 바이든 대통령은 트럼프 정부의 정책을 이어받아서 더욱 강경하게 추진하였다. 백악관 대통령 기자실에서 반도체를 만드는 웨이퍼(wafer)[23]를 손에 들고 흔들면서 반도체의 중요성을 강조하고 첨단 기술 공급을 통제하기 시작했다.

미국은 화웨이, SMIC[24] 등 중국 공산당과 긴밀하게 연결된 회사들과의 거래를 제한하기 시작하였다. 이 회사들과 협조하는 외국회사들은 미국의 제제를 받도록 법령을 제정하였다. 물론 중국도 자국의 안보에 지장을 주는 회사들의 장비와 공장 등을 몰수하는 법안을 이미 만들어 놓았다.

---

21 화웨이(Huawei) : 1987년 설립된 중국 전자제품 및 통신장비 기업. 직원수 약 20만 명.
22 보수 강경파(Neocon, neo-conservatives) : 미국 공화당 신보수주의 강경 세력. 베트남 전쟁 패배로 반전-평화주의가 득세하자 이에 반발한 세력. 대표적으로 부시 정권의 체니(Dick Chency) 부통령, 럼스펠드(Donald Rumsfeld) 국방부장관, 울포위츠(Paul Wolfowitz) 국방부부장관 등. 힘을 바탕으로 불량국가에 선제공격을 주장.
23 웨이퍼(wafer) : 반도체를 만드는 토대가 되는 실리콘 등의 얇은 기판. 두께 약 $200\mu m$, 직경 $50\sim100mm$의 원형 판으로 되어있다.
24 SMIC : 중국 반도체 위탁제조(파운드리)기업. 중국 최대 규모이며, 2023년 1분기 기준 세계 파운드리 시장 점유율 5위(5%).

2) 집단 안보 전략

미국은 유럽에서 소련의 위협에 대처하기 위하여 NATO라는 집단 안보체제를 만들어 성공적으로 유지하고 있다. 소련이 해체되고 약화되었으므로 미국은 '닉슨 독트린'에서 아시아 일은 아시아인들이 해결하기를 원했다. 따라서 베트남에서 미군을 철수하였고, 한국에서 일부 미군을 철수하였고 이어서 전면적인 미군 철수 주장이 나왔다. 그러나 중국이 갑자기 부상하고 군사력을 증강하면서 영향력을 확장하자 NATO와 같은 집단 안보체제를 다음과 같이 아시아에서 구축하기 시작하였다.

가. Quad

중국의 성장에 위협을 느낀 미국, 일본, 인도, 호주 등이 모여서 Quad를 만들었다. 정식 명칭은 4자 안보대화(Quadrilateral Security Dialogue)이다. 2007년 일본 아베 총리가 4개국 안보 협의체를 제안했다. 그러나 호주가 중국과의 관계에 부담을 느끼는 바람에 Quad는 더 이상 진행되지 않았다. 2017년 트럼프 대통령이 인도-태평양 지역에서 중국의 영향력을 견제하기 위하여 다시 추진하였다. Quad가 중단된 10년 동안 중국의 위협이 더욱 다가왔기 때문이다. 미국은 중국과의 무역 갈등이 전쟁 수준으로 비화되자 제안을 하였고, 인도는 중국과의 국경분쟁 때문에 참여하였고, 일본은 아시아에서 미국의 영향력 퇴조와 중국의 해군 증강에 위협을 느꼈고, 호주는 중국 안의 인권문제로 관계가 악화되었기 때문에 참여하였다. 미국은 Quad에 한국, 베트남, 뉴질랜드 등의 참가도 고려하고 있다.

나. AUKUS

2021년에 미국의 조 바이든 대통령, 영국의 보리스 존슨 총리, 호주의 스콧 모리슨 총리 등이 기자회견을 하면서 만든 외교와 국방을 위한 3자 협의체이다. AUKUS는 호주(Australia), 영국(UK), 미국(US)의 국호의 첫 글자 등으로 만든 이름이다. AUKUS는 정기적으로 고위직들이 모여 외교안보와 관련된 사이버 공격 대응, 인공지능 등 첨단기술 협력, 해저 국방기술 협력, 정보 공유 등을 논의한다. 특히 호주의 원자력 잠수함 개발을 지원하기로 했다. 호주는 중국이 인도네시아와 손잡고 호주를 위협할 것을 우려한다. AUKUS는 인도태평양에서 영국 대서양까지 연결하는 거대한 해양안보

전선을 구축하는 것과 호주의 원자력 잠수함 개발 지원 등으로 볼 때 중국의 위협에 대비하는 것이 확실하다.

다. 파이브 아이즈(FVEY, Five Eyes)

파이브 아이즈는 미국, 영국, 캐나다, 호주, 뉴질랜드 등이 첩보정보 공유 동맹을 맺고 있는 안보 협의체이다. 이들은 모두 영어를 사용하고 영미법을 따르는 공통점이 있다. 이들 국가의 신호정보기관(미국 NSA, 영국 GCHQ, 캐나다 CSE, 호주 ASD)들이 주축이 되고 각 나라의 정보기관(미국 FBI와 CIA, 영국 DI와 MI5 등)들이 첩보 정보를 공유하는 동맹체제이다. 이 협의체의 기원은 제2차 세계대전 중 영국과 미국의 암호해독을 위한 비밀회의에서 시작되었다. 두 나라는 통신정보협정을 체결하고 이후에 캐나다, 호주, 뉴질랜드 등 3개국이 추가되어 파이브 아이즈가 되었다.

중국군과 미군의 역할

중국군

중국 군대는 대내적으로 국정 안정을 위해서 존재한다. 공산당 일당 독재체제를 유지하려면 민중 봉기를 막아야 한다. 공안만으로 전 국민을 억압하는 것이 어렵기 때문에 군대의 무력을 전국에 배치할 필요가 있다. 1989년 천안문 사태도 탱크 부대가 진압하였다. 중국이 민주화되면 대내용 군사력은 필요 없겠지만 이는 중국의 분열을 의미하므로 어려운 일이다.

중국은 지정학적으로 매우 취약하다. 중국 주변에는 14개의 국가들이 있으며 이들은 대부분 중국과 사이가 좋지 않다. 카자흐스탄, 키르기스스탄, 투르크메니스탄, 아프카니스탄, 파키스탄 등 이름이 탄으로 끝나는 나라들은 모두 이슬람 국가이기 때문에 기본적으로 중국 공산당과 사이가 좋을 수 없다. 또한 인도, 몽골, 베트남, 러시아, 대만, 한국 등과도 분쟁이나 전쟁을 했기 때문에 사이가 좋지 않다. 중국이 대만을 침공하면 인도가 국경을 위협하기 때문에 국경 병력을 이동하기도 어렵다. 따라서 패권국이 되려면 원정군을 외국으로 보내야 하는데 원정을 나갈 여력이 별로 없다.

미군

미국은 민주 국가이기 때문에 민중 봉기를 막기 위해서 군대가 무력을 사용할 필요가 없다. 국민이 원하지 않는 정부는 선거에서 교체되기 때문이다. 미국은 지정학적으로 매우 유리하다. 미국의 북쪽과 남쪽에 있는 캐나다와 멕시코는 매우 온순하거나 허약해서 미국에 전혀 위협이 되지 않는다. 서쪽과 동쪽에는 큰 바다가 있기 때문에 국경을 방비하기 위하여 군사력을 소비할 필요가 없다.

미국 군대는 모두 해외로 원정을 떠나서 전쟁 임무를 수행할 수 있으므로 패권국의 역할을 충분히 수행할 수 있다.

냉전 시대에는 소련과 동구권을 감시하였고, 9·11 테러 이후에는 첩보 수집 범위가 확대되어 일반인도 감시 대상이 되었다. 정보수집 수단은 에셜론(ECHELON)[25]이라는 네트워크 시스템으로 전화, 팩스, 인터넷, 이메일, 위성통신, 해저통신케이블 등 전 세계 모든 정보를 수집하고 있다. 2013년 미국 국가안보국의 에드워드 스노든[26]이 에셜론의 존재를 폭로하여 비판이 커지고 미국 의회에서 논쟁이 일었다.

군사 무기와 반도체

우크라이나 전쟁에서 러시아 기갑부대의 침공을 저지한 것은 대전차미사일 재블린(javelin)[27]이었다. 재블린은 전통적인 무기제조회사에서 만든 것이 아니고 반도체회사에서 만들었다. 정밀한 반도체를 이용하여 적 전차를 보고 발사하면 낮은 고도로 날아가다가 높이 솟아오르고 다시 하강하여 전차의 상부 장갑을 공격한다. 전차의 상부 장갑은 얇아서 쉽게 파괴된다. 전차의 상부까지 장갑을 두껍게 만들면 전차가 무거워서 기동성이 떨어진다.

전투기도 기체 자체는 크게 비싸지 않으나 고급 반도체로 만들어진 레이더와 적군 탐지/추적 장치 등의 항공전자장비가 매우 고가이다. 그러나 이것이 전투기의 생존력과 전투력을 결정한다. 미국의 하이마스(HIMARS) 다연장 로켓은 정확도가 높아서 러시아 야전 사령부와 보급기지를 파괴하는데 혁혁한 공을 세웠다. 미국이 자랑하는 MQ-9 리퍼는 미국 국내 군사기지에서 두 명의 조종사가 중동 지역을 정찰하고 목표물이 나타나면 헬파이어 미사일로 파괴한다. 여기에 첨단 반도체가 필요하다.

러시아는 반도체 기술이 약해서 미사일로 공격을 해도 정확도 등의 효력이 약하다. 중국도 첨단 반도체를 만들기 위하여 노력해 왔으나 성과를 내지 못하고 있다. 반도체를 만들려면 필수적으로 EUV(extreme ultraviolet)라는 노광장비가 있어야 하는데 이 장비는 네덜란드의 ASML만 만들 수 있다. 이 장비의 설계 기술과 핵심 부품들은 미국 제품이므로 미국의 허락 없이는 EUV를 만들지도 못하고 팔지도 못한다. EUV가 있어도 일본의 반도체 장비가 없으면 반도체를 만들 수도 없다. EUV와 반도체 장비를 구해와도 미세한 설계도를 작성하려면 미국의 정밀 소프트웨어가 필요하다. 첨단 반도체를 중국에서 만들지 못하게 하는 것이 중국의 야망을 꺾는 것이라고 미국은 판단하고 있다. 다만 미국 민간 소비시장에서 필요한 저 사양 제품들은 얼마든지 만들어서 팔라고 한다. 그것은 미국 경제에 도움이 되기 때문이다.

---

25 에셜론(ECHELON) : 세계 최대 도청 시스템. 1947년 미국과 영국이 동독의 통신 도청을 위해 만듦. 캐나다, 오스트레일리아, 뉴질랜드 등이 1972년 가입. 군사 외에 경제적 목적으로도 활용. 1988년 이래 언론인과 정보원들의 폭로가 여러 번 있었음.

26 에드워드 스노든(Edward Snowden, 1983~) : 미국 CIA 직원, 국가안보국(NSA) 근무. 2013년 NSA의 무차별적인 개인 정보 수집과 기밀문서를 폭로하여 세계적인 파문을 일으킴.

27 재블린(javelin) : 미군의 3세대 적외선 유도 방식 대전차 미사일. 레이시온 사(Raytheon

2018년 이후에는 중국을 견제하는 수단으로 활용되기 시작하였다. 2020년 이후에는 중국에 대응하기 위하여 한국, 일본, 독일 등으로 확대하려고 하고 있다.

3) 국제금융 시스템 제한

중국과의 갈등이 고조되면 미국이 사용할 수 있는 수단 중의 하나가 국제금융 시스템 사용을 제한하는 것이다. 모든 국제 거래는 달러로 교환되고 있고 미국의 컴퓨터 시스템으로 관리되고 있으므로 특정 국가의 금융 거래를 정지시키는 것은 쉬운 일이다. 실제로 우크라이나 전쟁으로 러시아를 국제금융 시스템에서 제외시켰다. 러시아는 달러를 사용하지 못하고 러시아 루블화를 사용하려고 하지만 루블화를 받으려고 하는 나라는 별로 없다. 따라서 러시아는 물건을 팔고 달러를 받을 수는 있지만 외국에서 물건을 사오는 것은 매우 어려운 실정이다.

4) 중국 장비 수입 제한

미국 국방부는 정부 기관에서 중국산 드론 수입을 금지하였으며, 상무부는 화웨이 통신장비 수입을 금지시켰다. 미국 항만에서 사용하는 컨테이너 크레인도 중국산 수입을 금지하였고, 젊은이들이 많이 애용하는 TikTok도 사용하지 말 것을 권고하였다. 그 이유는 중국산 장비들이 백 도어를 통하여 미국의 자료와 정보를 탈취한다는 것이다. 아울러 동맹국들에게도 안보 차원에서 중국산 전자장비를 사용하지 말라고 권하고 있다.

(3) 미국 패권과 중동

미국은 제2차 세계대전 이전에는 중동과 관련이 없었지만 이후부터 석유와 이스라엘과 관련하여 깊은 관계를 이어가고 있다.

1) 중동 산유국
미국은 세계 최대 석유 소비국이었기 때문에 중동 산유국과 긴밀한 관계를 유지해

Technologies)와 록히드 마틴 사(Lockheed Martin)가 공동 생산.

왔다. 미국은 중동 산유국의 안보를 지원하고, 석유를 안정적으로 공급받고, 모든 석유거래는 미국 달러로 지급하는 상호호혜 관계를 유지하고 있었다. 중동 산유국들은 원유 가격을 조정하면서 세계 경제를 움직이고 있었다. 그러나 2010년대 에 미국에서 셰일 가스(shale gasoline)가 대량 개발되어 석유 안보가 달라졌다. 미국은 석유 수출 금지를 해제하고 세계 최대 석유 수출국이 되었다. 미국은 석유 가격을 관리할 수 있게 되었고, 석유 가격이 하락하는 원인이 되었다. 중동 산유국들은 석유를 구매하던 나라가 석유를 파는 경쟁 국가로 변신함에 따라 미국과의 관계가 바뀌었다. 미국은 석유 가격이 하락해도 다른 첨단 산업들이 발전했으므로 별 영향이 적으나 중동 산유국들은 석유만으로 국가 재정을 운영해야 하므로 고유가를 유지해야 한다. 특히 사우디는 적자 재정이 큰 상황에서 네옴(Neom) 시티를 건설하려면 석유가 배럴당 80달러를 넘어야 한다. 미국은 우크라이나를 공격하는 러시아 때문에 저유가 정책을 써야 한다. 하지만 중동 산유국들의 입장은 미국과 정반대이다.

사우디와 UAE는 전통적인 미국의 우방이었으나 미국과 점차 거리를 두고 대신 중동 석유의 대형 고객인 중국과 가까워지게 되었다. 사우디는 그동안 적대적이던 이란과 국교를 정상화하였다. 사우디와 UAE는 석유를 구매해주는 중국을 위해 중국산 통신장비(화웨이)와 함께 전투기와 자주포도 수입하였다. 미국은 화웨이 통신장비가 미국의 정보를 유출한다는 이유로 반대했으나 거절당하자 방산무기 공급을 중단하였다. 따라서 사우디와 UAE 등은 예맨 후티 반군과 싸우기 위해 필요한 미국산 전투기와 탱크, 방공 미사일 등을 구매할 수 없게 되었다. 미국은 걸프만에 주둔하던 항공모함과 패트리어트 방공포대도 철수하였다.

미국과 중동 산유국들의 사이가 벌어지는 틈을 타서 중국이 중국산 무기를 판매하는 등 산유국과 긴밀한 관계를 맺으려고 노력하고 있다. 사우디와 UAE는 중국산 장비로 무장을 하고 후티 반군[28]과 전쟁을 치르고 있으나 고전하고 있다. 산유국들은 미국산 무기를 사용한 경험이 있으므로 중국산 무기를 사용하는 과정에서 당연히 품질에 불만이 생길 수밖에 없다. 이 와중에 한국은 사우디와 UAE에 대전차 미사일과 지대지/지대공 미사일 등을 수출하고 있다.

---

28 후티 반군(Houthi rebel army) : 2004년 6월부터 현재까지 예맨 정부군과 싸우고 있는 시아파 무장단체. 이란의 지원을 받고 있다. 사우디아라비아와 아랍에미리트는 정부군을 지원함.

헨리 키신저(Henry Kissinger)의 국제정치

키신저는 1923년 독일에서 유태인으로 태어나 나치의 박해를 피해 미국으로 이주하였다. 제2차 세계대전에 참전하여 무공훈장도 받았다. 하버드대에서 정치학 학·석·박사를 마치고 그 대학에서 정치학 교수를 지냈고 닉슨 행정부에서 국가안보보좌관, 국가안전보장회의 사무국장, 국무장관 등을 역임했다. 1971년에 '핑퐁 외교'를 통해 중국을 개방시키고, 소련과 전략무기 제한 협상을 통하여 '데땅트'를 유도했다. 중국과 미국의 정상회담 그리고 소련과 미국의 정상회담을 성공시켜 긴장을 완화했다. 중동평화조정에 힘썼으며, 1973년 베트남과 평화협정을 추진하여 노벨상을 수상하였다. 은퇴한 후에도 대통령 자문과 연구와 집필 등으로 바쁘게 지내다가 2023년에 향년 100세로 타계했다.

그는 19세기 유럽의 메테르니히와 비스마르크를 존경하였으며, 도덕성에 구애받지 않는 현실주의 정치가였다. 그는 국제 문제를 이념이나 도덕보다 국가 이익이나 세력 균형의 관점에서 보려고 하였다. 그는 베트남, 방글라데시, 칠레, 키프로스, 동티모르 등의 반 인도주의적인 분쟁에 개입한 행위로 비난을 받았다. 비난을 받으면 "미국엔 영원한 친구도 영원한 적도 없고 오직 이해관계만 있다"라는 주장을 폈다. 그는 중국이 개방되면 잘살게 되고 민주화되어 국제사회에 친화적으로 될 것이라고 생각했다. 그러나 중국은 미국의 도움으로 부강해졌지만 민주화되지도 않았고 오히려 국제사회와 미국에 도전하고 있다.

그는 한국전쟁에서 인천상륙작전이 성공한 후에 중국을 자극하지 말고 청천강과 함흥만을 연결하는 선이나 남포~원산 주변에서 휴전했다면 휴전선이 현재보다 150~200km 북상했을 것이라고 주장했다. 그는 전쟁 당사국의 의견을 존중하기보다 강대국끼리 동북아시아 안보를 결정하려고 했다. '미국의 외교정책'(1969), '중국에 관하여'(2011) 등의 저서를 남겼다.

2) 이스라엘과 아랍연맹

미국에 거주하는 유태인의 수는 대략 700여만 명이다. 이들은 미국 내에서 인구수에 비하여 영향력이 매우 크다. 따라서 미국 정치권은 이스라엘을 전적으로 지지하고 있다. 이슬람은 수니파[29]와 시아파[30]로 구분되는데 시아파는 이란, 이라크, 예멘, 레바논 등이고, 나머지 이슬람 국가들은 모두 수니파이다. 이스라엘은 시아파와 사이가 더 나쁘고 상대적으로 수니파와 가깝다. 팔레스타인은 수니파지만 하마스가 이란의 도움을 받기 때문에 이란과 매우 가깝다. 이란과 시리아는 이스라엘과 주기적으로 무력충돌을 벌일 정도로 사이가 나쁘다. 미국은 이란을 견제하기 위하여 이스라엘이 필요

---

[29] 수니파(Sunny) : 이슬람의 90%를 차지하는 종파. 무하마드의 언행과 관행인 Sunnah를 따르는 사람들임. 무하마드의 후계자인 칼리프를 제자 중에서 선출함.

[30] 시아파(Shia) : 이슬람의 2대 종파. 칼리프를 무하마드의 자손 중에서 선출함.

하지만 아랍 전체의 반발 때문에 이스라엘을 무마할 필요가 있다.

아랍연맹Arab League은 1945년 3월에 이집트, 이라크, 요르단 등 7개 아랍 국가 대표들이 이집트 카이로에 모여서 중동의 평화를 위하여 결성한 지역기구이다. 아랍연맹은 이후 팔레스타인해방기구(PLO) 등 회원국을 계속 받아들여 총 22개 회원국으로 구성되어 있다. 미국은 국내적으로는 이스라엘을 지원해야 하지만 국제적으로는 산유국을 포함한 22개 회원국을 가진 아랍연맹을 무시할 수 없다. 미국 대통령의 임무 중의 하나는 이스라엘과 아랍연맹을 화해시켜서 중동 평화를 유지하는 것이다. 그러나 이스라엘과 아랍연맹의 화해를 바라지 않는 외부 세력들이 있어서 어려움을 겪고 있다. 세부적으로는 이란과 시리아가 한편이 되어 이스라엘과 대결하고 있다. 파키스탄에 기지를 두고 있는 일부 IS는 이란을 공격하고, 이란은 파키스탄의 IS 기지를 공격하고, 파키스탄은 주권 침해를 이유로 이란을 공격하고 있다. IS는 아프카니스탄의 탈레반은 서로 적대시하며 싸우고 있다. 서로 복잡한 이해관계가 얽혀 있기 때문에 언제 전쟁이 확산될지 모른다. 이란과 시리아는 하마스와 헤즈볼라를 지원하고 있고 북한은 이란과 시리아에게 핵무장과 미사일 그리고 재래식 무기 등을 지원하고 있다. 이스라엘의 모사드[31]는 북한의 중동 지원을 감시하고 있다.

(4) 미국의 미래

미국의 인구는 계속 증가하고 있고, 셰일 가스는 백 년 이상 사용할 수 있는 매장량이 있으며, 많은 선진국들과 동맹을 맺고 있다. 미국 주변에는 미국을 위협할만한 나라가 없고, 미국 안에서 봉기가 일어나서 분리를 원하는 세력도 없다. 미국은 세계에서 가장 많은 군사비를 지출하며 군사력을 유지하고 있다. 따라서 언제라도 국익을 위해 세계 각 지역에 원정군을 파병할 수 있다. 현재 뿐만 아니라 가까운 미래에도 미국 이외에 해외에 대규모 원정군을 보낼 수 있는 나라는 거의 없다.

미국은 에너지를 자급할 뿐만 아니라 해외로 수출하고 있다. 2000년대에 셰일 가스 채굴 기술을 개발함에 따라 미국은 세계 최대 석유 부존량과 함께 최대 석유 수출국

---

31   모사드(Mossad) : 이스라엘의 정보기관으로 해외업무를 담당. 설립 목적은 유대인의 팔레스타인 이주와 유대인 학살자 추적이었음.

이 되었다. 따라서 중동 석유 국가들에게 경제적으로 매일 필요가 없어서 자국의 정책을 자기 뜻대로 펼 수 있게 되었다. 앞으로 100년 이상 미국은 에너지 자원에서 선두를 달릴 것이다.

세계 각국의 많은 젊은이들은 미국으로 가고 싶어 하고, 미국은 능력이 있는 인재들을 얼마든지 받아들이고 있다. 유입된 인재들은 계속 기술혁신과 창업을 하고 대기업들을 창출하고 있기 때문에 경제성장이 지속되고 있다. 애플, 페이스북, 테슬라, 아마존, 구글, 엔비디아 등 미국의 IT 대기업들은 주로 해외 이민자들이나 그들의 후손들이 만든 회사들이다. 전 세계 공과대학 학생들이 원하는 직장은 미국의 대기업들이다. 그 이유는 공대생들이 기술적으로 공학의 꿈을 실현할 수 있는 환경을 제공하는 직장들은 대부분 미국에 소재하고 있으며 미국 대기업들은 외국 과학 인재들을 적극적으로 받아들이고 있기 때문이다. 따라서 앞으로 백년 정도는 미국이 계속 패권을 유지할 가능성이 있다.

6.3.4 한국의 미래

한국은 6.25 전쟁 이래 북한의 도발을 끊임없이 받았기 때문에 이에 대응할 수 있는 군사력을 구축해왔다. 군사력 증강을 위해 기술 개발이 필요했고, 군비 확보를 위해 경제력이 필요했고, 경제력을 위해 기술 개발이 필요했다. 따라서 군사력과 경제력 모두를 위해 기술 개발에 전념했다. 미국의 기술력이 국방부에서 나왔듯이 기술력이란 역사적으로 군대 공병대와 병기대에서 나온 것이다. 1970년대부터 시작한 중화학 공업 육성 정책은 30~40년을 지나면서 성과를 보기 시작하여 다양한 분야에서 경쟁력을 갖추기 시작했다. 전기, 전자, 화학, 기계, 건설, 식품, 에너지 등 모든 분야에서 세계적인 경쟁력을 갖추기 시작했다.

(1) 조선의 몰락과 한국의 성장

조선인들은 한반도를 중심으로 수천 년 동안 단일 민족의 고유한 문화를 쌓아왔다. 조선인들은 오랫동안 중국의 다양한 민족들의 침략을 받으면서 생존을 위하여 사대교린(事大交隣) 정책[32]의 일환으로 중국 문화를 수용해왔다. 오랫동안 중국과의 교류

과정에서 조선인들은 스스로 소중화라는 말로 중국화된 것을 자랑스럽게 생각할 정도로 중국 문화를 깊이 받아들였다. 조선은 상공업을 경시하고 농업만 고집했기 때문에 기후가 나쁘면 가난을 면치 못했다. 조선 말기에 거듭되는 가뭄과 홍수 등의 재해로 농촌경제가 무너졌다. 조정의 무능으로 나라 전체가 굶주리고 황폐화 되었으며 민란이 확대되고 동학란이 전국적으로 일어나 국가 위기 상태에 빠졌다.

중진국 함정과 한국

한국은 1960년대에 경제개발을 시작하여 성공적으로 선진국 대열에 합류하였다. 1960대에 100여 개의 개발도상국가들이 중진국에서 벗어나고자 노력했지만 2000년대에 중진국을 벗어난 나라는 13개국뿐이었다. 아르헨티나, 브라질, 멕시코, 칠레 등 수많은 나라들이 중진국 함정에 빠진 가장 큰 이유는 중등교육의 부실이었다. 경제 전문가들의 보고[33]에 의하면 개발도상국가들의 저임금 노동집약적 산업이 초기에는 잘 성장하다가 고임금 기술집약적 산업으로 이행하려면 양질의 노동력이 필요한데 이것은 고등학교 교육이 충실하게 뒷받침되어야 한다. 중진국 함정에 빠진 나라들의 중등교육 이수율은 대략 30%대이다. 중국도 30%대이므로 중진국 함정에 빠질 확률이 높다. 그러나 한국의 중등교육 이수율은 90% 이상이었다.

한국은 중진국 함정에 빠질 기회가 두 번 있었다. 첫째 1970년대 말에 중복 투자와 중화학공업의 부실로 심각한 경제 위기를 맞았다. 당시 신군부는 강제로 부실기업들을 통폐합하고 구조조정을 추진하여 개혁 문제를 해결하였다. 둘째 1997년 외환위기로 IMF에 의해 강제로 구조조정과 개혁을 추진 당하고 중진국 함정에 빠졌다. 이때 전 국민이 합심하여 금 모으기를 추진하고, 사업성이 저조한 부실기업들을 정리하여 산업 체질을 개선하고 경제 구조를 재편하였다. 이후 IMF 빚을 조기상환하고 다시 성장하여 중진국 함정에서 벗어났다.

결과적으로 한국은 두 번의 강제 수술을 통하여 경제위기에서 벗어났고 전화위복이 되어 경제 체질을 개선하고 재도약하였다. 2000년대 말에 국민소득이 2만 달러를 넘어가면서 선진국으로 진출할 수 있었다.

청일전쟁과 러일전쟁에 이어 조선이 무너지고 일본 통치가 시작되었다. 조선의 모든 체제가 무너졌으므로 조선인들은 새로운 삶을 찾아야 했다. 조선인들은 기존 문화를 떠나서 일본 문화와 함께 일본에 영향을 준 유럽 대륙 문화를 받아들였다. 해방 후

---

32 사대교린(事大交隣) 정책 : 사대(事大)는 중국과 같이 크고 강한 나라를 받들어 섬기는 것이고, 교린(交隣)은 여진족, 일본과 같은 이웃 나라와 잘 지낸다는 뜻. 조선 조정의 외교 방침.

33 보이지 않는 중국(Invisible China) : Scott Rozelle, Natalie Hell 공저, University of Chicago Press, 2020.

에는 6.25 전쟁으로 인하여 전국이 폐허가 되고 길거리에서 다시 굶주리게 되었다.

폐허 속에서 한국들은 기존 문화를 떠나서 미국 문화와 함께 미국에 영향을 준 유럽의 해양 문화를 적극적으로 수용하였다. 이와 같이 한국은 역사적으로 국가가 위기에 처할 때마다 다양한 문화를 차례대로 받아들이면서 세계적인 융합 문화를 만들 수 있었다. 따라서 외국인들이 한국 문화를 접하면 이국적이면서도 자신들의 문화가 녹아있는 미지의 향수를 느낄 수 있다. 한국 사회가 민주화되면서 만들어낸 영화, 드라마, 음악, 춤, 전자제품, 한복, 한식, 한옥, 한글, 한국 뷰티 제품 등은 세계인을 매료시키고 있다. 한국 문화는 중국, 일본, 미국, 유럽 문화를 모두 받아서 융합했기 때문에 세계 어느 나라 사람과도 근원적으로 소통할 수 있는 매력을 가지고 있다. 현대 사회는 하드 파워보다 소프트 파워가 지배하는 시대이다. 한국은 소프트 파워를 바탕으로 산업화된 하드웨어와 문화를 수출함으로써 세계를 유혹하는 문화강국이 되었다. 문화강국은 많은 나라들과 손잡고 우방이 되어 상부상조할 수 있는 강점을 갖고 있다.

한국의 방위력

한국은 과학기술에 진력하고 산업화에 성공하고 중산층이 경제력과 함께 정치적인 힘을 갖추면서 민주화를 이룩하는 계기가 되었다. 민주주의는 최소한 도시 건물들이 4층 이상이 되어야 성취할 수 있다는 연구가 있다. 즉, 가난한 나라에서는 민주화가 불가능하다는 주장이다. 먹는 입이 해결되어야 말하는 입이 가능한 것이다. 한국은 산업화와 함께 민주화를 이룩하여 선진국이 되었고 중간강국이 되었다. 제2차 세계대전 이후에 수많은 나라들이 독립하였지만 선진국으로 성장한 나라는 한국밖에 없다.

한국이 독립했을 때 한국군의 방위력은 전무한 상태였다. 국방 경비대가 소총으로 무장하고 군사 조직을 구성한 정도였다. 6.25 전쟁으로 국토가 폐허로 변하고 휴전 상태가 되었지만 북한의 도발은 계속되었다. 한국은 북한 도발에 맞서기 위해 방위산업을 육성하였다. 과학기술 발전을 위해 1960년대에 미국의 도움을 받아 과학기술연구소를 건립하고 대학에 이공대학을 육성하고 산업을 진흥하였다. 한국 시장은 너무 작기 때문에 방산물자를 수출하지 못하면 방산물자를 개발할 수도 없고 생산하기도 힘들다. 한국은 일본과 달리 방산물자 생산을 수출주도형으로 육성했기 때문에 전 세계를 대상으로 시장을 개척하였고 성공하였다. 한국은 섬유와 의류 등의 경공업으로 시작하여 선박, 차량, 화학, 전자제품, 반도체, 제철 등 중공업이 세계적인 경쟁력을 갖추었으므로 잠수함, 수상함, 자주포, 전차, 미사일, 전투기 등 첨단 방산제품을 성공적으로 만들고 수출할 수 있게 되었다. 첨단 방산제품 수출은 파는 쪽이 갑이고 사는 쪽이 을이 된다. 그만큼 첨단 방산제품을 생산하는 나라는 국제사회에서 외교력의 우위를 가질 수 있다.

중국이 성장하면 한국은 위축되었고 중국이 위축되면 한국이 성장했던 것이 오랜 역사의 경험이다. 중국이 미국과 경쟁하다가 경제가 무너지면 부유한 해안지역과 가난한 서부지역 간의 갈등이 노출되고 이민족들의 불만으로 인하여 중국이 여러 민족국가로 분열된다는 주장이 있다. 만약 중국이 분열되면 중국의 지원으로 생존하던 북한도 무너질 것이다. 그렇게 되면 한국은 남북통일을 성취하고 동북아시아에서 도약할 기회가 올 것이다.

중국이 약화되면 미국은 아시아에 미군을 주둔할 필요가 없어지므로 철군할 것이다. 미국은 철군하지만 아시아에서 지역 패권자가 나오는 것을 막기 위해 미국은 한국, 중국, 일본이 서로 견제하며 세력 균형을 이루기를 기대할 것이다. 한국은 일본을 멸시하고 중국을 불신한다. 그렇다고 미국과 편안한 관계도 아니다. 한국은 생존을 위해 미국의 지원을 받으며 중국과 일본을 견제할 것이다.

(2) 닉슨 독트린과 한국의 대응

닉슨 독트린(Nixon Doctrine)은 닉슨 대통령이 1969년에 발표한 외교정책이다.

한 마디로 미국이 아시아에서 군사적 개입을 피하겠다는 것이다. 그 일환으로 주한 미군(7사단과 2사단)을 모두 철수하려다가 1971년에 7사단만 철수하였다. 실제로 미국은 베트남에서 완전하게 철군하였다. 지미 카터 대통령은 2사단도 철수하겠다고 주장하다 백지화되었다. 트럼프 전 대통령은 2018년 아베 일본 총리에게 주한 미군 철수 의견을 구했다. 아베 총리는 동아시아 군사 균형이 무너질 우려와 함께 반대 의사를 전달했다. 미국은 한국 안보가 일본 안보에 긴요하다는 이유로 주한 미군을 유지하기 때문에 일본 총리의 의견을 물었을 것이다. 2000년대에는 중국이 부상하고 미국이 쇠퇴한다는 주장들이 국제정치학자들 사이에 논란이 되었다. 이 시기에 전 백악관 국가안보보좌관 브레진스키[34]가 '포린폴리시' 기고문에서 한국 등 8개국[35]을 미국의 세계적 영향력 축소로 위험에 처할 국가로 지목했다.

브레진스키는 미국이 아시아에서 철수할 경우에 한국은 세 가지 선택지가 있다고 가정하였다.

첫째, 중국과 손잡고 평화를 구한다. 이 경우에는 주권을 주장하기는 어렵고 자치권을 주장해야할 정도로 독립을 유지하기 어려울 것이다. 청나라 때의 조선이나 구 러시아 제국의 핀란드처럼 종속국으로 지내야 할 것이다.

둘째, 일본과 손잡고 평화를 구한다. 이 경우에는 한국인들이 일본을 싫어하기 때문에 가능성이 거의 없을 것이다. 그러나 북경과 평양의 공격을 공동으로 방어하는 협동과 민주적 가치를 공유할 수 있을 것이다.

셋째, 중국과 일본을 모두 배척하고 핵무기로 무장하여 공포의 균형을 구한다.

이 경우에는 전 세계 강대국으로부터 규제를 받아 매우 가난하게 살아야 하기 때문에 국민의 지지를 얻기 힘들 것이다.

한국은 아시아에서 매우 고립된 상태에 있다. 중국은 파키스탄, 캄보디아, 이란, 라오스, 미얀마와 동맹 또는 우방국이고, 북한은 중국, 이란, 시리아와 우방국이고. 일본은 대만과 베트남이 우방국이다. 한국은 중국과 함께 북한과 전쟁 상태이며 러시아가 북한을 지원하고 있으므로 러시아와도 대적 상태이다. 한국인들은 주기적으로 죽창가와 함께 일본 상품 불매운동으로 반일 감정을 표출하고 있다. 손자병법대로 분석하면 사방이 적으로 둘러싸인 사면초가이다. 한국이 아시아에서 생존하려면 사면초가에서 벗어나야 한다. 적을 만들지 말고 친구를 만드는 것이 살길이다. 동맹이 없는 나라가 동맹으로 뭉친 나라와 전쟁하는 것은 무모한 일이다.

미국이 아시아에서 철수한다는 가정 하에 대책을 세우고 현실적인 준비를 해야 한다. 미국이 철수하지 않더라도 아시아에서 스스로 생존할 수 있도록 동맹과 우방을

---

34 브레진스키(Zbigniew Brzezinski, 1928~2017) : 폴란드 출신 미국 정치학자. 지미 카터 정부에서 국가안보보좌관, 버락 오바마 정부에서 고문 역임. '거대한 체스판' 저자.
35 8개국 : 브레진스키가 언급한 위험에 처할 8개국. 조지아, 대만, 한국, 벨라루스, 우크라이나, 아프가니스탄, 파키스탄, 이스라엘 등.

만들어야 한다. 또한 경제성장을 계속하여 G7 국가들을 능가하는 경제력을 갖추고 우방국들과 협력 체제를 만들어야 한다. 경제력을 갖추려면 기술력을 지속적으로 발전시켜야 하고, 기술력을 발전시키려면 대학 교육을 혁신해야 한다. 현재 한국 대학의 1인당 교육비는 초등학교보다 적은 상태이므로 대책이 시급하다. 대학 교육이 충실해야 우수 인력을 양성할 수 있고, 우수 인력을 양성해야 우수 기업이 성장할 수 있고, 기업이 성장해야 경제력과 군사력이 확보된다.

한국의 문제점과 대책

국제관계 경쟁력을 잘 갖추려면 국내적으로 균형을 잘 갖추어야 한다. 한국은 짧은 시간에 경제성장을 이루며 엄청난 변화를 겪는 과정에서 많은 문제에 부딪쳤고 이를 잘 극복했기 때문에 선진국으로 성장할 수 있었다. 그러나 아직도 극복해야할 문제들이 많이 남아있다. 이들 문제점들을 잘 해결하는 것이 국제관계 경쟁력에 매우 중요하다. 그 중에서 가장 큰 문제는 모든 권력과 자원이 중앙에 집중되어 많은 부작용을 낳고 있다는 점이다. 국민의 절반이 수도권에 거주하고 있으므로 주택, 교통, 교육, 의료, 환경 등에서 문제가 심각하다. 국민들이 수도권으로 몰려드는 이유는 한마디로 권력과 경제력이 중앙에 집중되어 있기 때문이다. 권력을 따라 경제가 움직이므로 먹고 살기 위해서 서울로 몰려드는 것이다. 따라서 권력을 지방에 분산시켜야 한다. 지방 국립대학에도 서울의 국립대와 동일한 수준으로 지원해서 우수 인력을 양성해야 한다.

한국에서는 중앙정부에서 해마다 최저임금을 결정하지만 미국과 일본 등 선진국들은 지방정부가 최종적으로 지방 경제 사정에 따라 결정한다. 미국의 여러 주들은 아예 최저임금 제도 자체가 없어서 임금은 모두 고용주와 피고용자가 합의하여 결정한다. 정부의 결정보다 사업자와 근로자 간의 합의를 중요시 여기는 것이다.

대학교육과 저출산 대책

한국은 지방대학들을 양적으로 증설하고 질적으로 부실하게 지원하여 학생들을 서울로 몰려들게 만들고 있다. 해마다 입시철이면 전국에서 학생들이 서울로 몰려들고 이들이 졸업하면 서울에 있는 기업에 취직하고 그곳에서 결혼하고 가정을 꾸린다. 즉 해마다 학생들이 올라와서 수도권이 갈수록 비대해지고 주택난과 교통난이 가중된다. 수도권 부동산값이 천정부지로 치솟고 다른 물가도 올라간다. 젊은이들은 비싼 집을 살 수 없으므로 결혼을 미루고 있다.

정부는 국토 균형 발전을 위해 기업들이 지방으로 이주하기 바라지만 기업들은 우수 인력 확보 때문에 수도권을 떠날 수 없다. 우수 인력은 대학에서 양성되는데 정부는 지방대학에 투자를 충분히 하지 않는다. 서울국립대에는 년 5천억 원 이상 투자하지만 지방국립대에는 2천여억 원에 그친다. 서울과 지방의 국립대학들을 차별하지 말고, 공평하게 지원하고 경쟁을 통하여 수월성을 지향해야 한다. 교육 투자가 서울에 집중되므로 기업들은 서울과 수도권을 떠날 수 없다. 정부가 공기업들을 지방으로 이전시켰지만 직원들은 서울의 집과 지방의 직장을 오고가기 때문에 전국 교통양만 증가한다. 미국은 캘리포니아 불모지에 스탠포드대와 버클리대 등 일류 대학을 세웠더니 일류 기업들이 찾아와서 실리콘밸리라는 첨단 산업 도시를 만들었다. 일본은 동경제국대학을 처음 건립하고 차례대로 질적으로 우수한 7개 제국대학을 지방에 건립하여 공평하게 운영하였다. 지방의 우수한 제국대학들이 경쟁적으로 인재를 양성했기 때문에 기업들도 전국에 분포되어 경제성장을 이루었다.

대학의 우수 인력을 찾아 기업들이 서울로 몰리면 전국에 있는 일반인들도 우수 기업을 찾아 서울로 몰리므로 서울은 계속 비대해진다. 해외에서 수입되는 인력들도 지방에서 수도권으로 자꾸 이동해서 문제가 많다. 한국은 권력이 중앙에 집중되어 있어서 더욱 수도권 집중 현상이 심하다. 정치권도 중앙당에서 국회의원을 공천하고, 최저임금도 중앙에서 결정한다. 선진국들은 지방에서 공천하고 지방에서 최저임금을 결정한다.

일본은 수도권에 인구의 20%가 거주하고 한국은 50%가 거주한다. 당연히 일본의 주택 가격은 수도권과 지방의 격차가 크지 않다. 지방국립대학을 육성하는 것은 우선적으로 추진할 저출산 대책이다. 지방에 우수 기업들이 몰리면 지방경제가 활성화되고, 지방사립대학도 더불어 육성되는 선순환 구조가 이루어져 인구의 지방 분산이 실현될 것이다.

한국은 중앙정부에서 모든 일을 결정하려고 하기 때문에 문제가 발생하면 중앙에 있는 대통령에게 책임이 돌아간다. 교통사고가 크게 발생하거나, 사람들이 몰려들어 참사가 일어나거나, 대형 화재가 일어나 사상자가 많이 생겨도 모두 대통령에게 책임을 물으려 한다. 민주주의는 개인에게 자유가 주어지고 개인이 책임지는 제도인데 자꾸 중앙에서 모든 것을 결정하기 때문에 현실과 왜곡되는 사건들이 생기는 것이다.

의료기관도 인구가 많은 수도권에 몰려있으므로 노인들은 지방으로 가는 것을 두려워한다. 외국처럼 지방에 분산하여 거주한다면 주택, 교통, 교육, 의료, 환경 문제들이 자연스럽게 해결될 것이다.

6.3.5 일본의 미래

닉슨 독트린은 아시아에서 일어나는 내란이나 침략이 핵 위협이 아니라면 아시아 각국이 스스로 협력하여 해결하라는 것이다. 현실적으로는 민주국가이며 강대국인 일본이 동아시아에서 책임 있는 역할을 해주기 원하면서 베트남에서 철군한 것이다.

일본은 러시아와 중국의 위협을 막기 위하여 해군과 공군력을 증강하였다. 실제로 이 시점부터 중국이 해군력을 증강하고 도련선들을 설정하면서 태평양 진출을 노골화하였고, 동남아시아 해역에서는 구단선을 긋고 영토 분쟁을 일으키기 시작하였다.

일본이 태평양전쟁에서 패배한 원인은 원자폭탄이 아니라 자원 부족 때문이다.

일본 땅에는 원유 등 긴요한 전략자원이 생산되지 않기 때문에 남방에서 물자를 계속 공급받아야 했다. 그런데 미군 잠수함 부대가 동남아시아에서 오는 일본 수송선들을 모두 격침시켰기 때문에 일본군은 물자 부족으로 전쟁을 수행할 수가 없었다. 실제로 야스쿠니 신사(靖國神社)에는 약 350여만 명의 일본 군인들의 위패가 있다. 이들은 대부분 식량 보급을 받지 못해서 굶어죽었다. 따라서 일본은 자원 공급선을 확보하기 위하여 해군과 공군을 집중적으로 육성하고 있다.

미국이 염려했던 것과 달리 중국과 러시아가 경제적으로 붕괴하고 여러 개의 국가로 해체하게 된다는 가능성이 제기되었다. 중국과 러시아가 붕괴되어 여러 개의 나라들로 해체되면 인력이 부족한 일본이 해체된 나라의 저임금을 이용하여 경제 성장을 도모할 것이다. 일본의 군사력이 계속 확장되면 미국에 도전하게 될 것이고 미국과의 경쟁이 첨예화될 수도 있다. 미국은 이런 상황에 대비하여 중국과 한국의 규모를 조절하여 일본과 힘의 균형을 이루도록 할 것이다. 미국이 보기에 한국의 지정학적 위치는 중국을 때리는 망치 역할을 할 수 있고, 일본을 찌르는 단도 역할을 할 수 있기 때문에 한국을 두 나라의 사이에서 적절하게 활용하려고 할 것이다.

제7장

/

국제관계 이론

통신과 교통수단이 미비했던 과거에는 국제관계가 적었지만 점차 기술이 발전하면서 국제관계가 많아지고 복잡해졌다. 복잡해진 국제관계에서 갈등이 심화되면 전쟁이 발생하기도 한다. 제1차 세계대전 이후에 참혹한 전쟁이 다시 일어나지 않도록 국제연맹을 만드는 등 많은 노력을 하였다. 그러나 제2차 세계대전이 발발하여 더욱 참혹한 참상을 겪게 되었다. 정치가들은 국제연합을 만들고 국제법도 만들고 새로운 노력을 하기 시작하였다. 그 중 하나에 국제관계학도 포함된다. 국가 간에 갈등이 왜 일어나며 갈등을 왜 해소하지 못하는가에 대한 학문적 연구가 시작된 것이다. 특히 갈등이 해소되지 않고 전쟁으로 발전하는 이유는 무엇인지, 어떻게 하면 국가 간의 갈등을 해소할 수 있는지에 대한 연구가 제1차 세계대전을 계기로 시작되었다.

사람들이 세상을 보는 시각은 매우 다양하다. 같은 사실도 보는 시각에 따라서 얼마든지 다르게 인식하고 다르게 평가할 수 있다. 사실을 보고 이해하는 특정한 형식의 시각을 이론이라고 할 수 있다. 이론이란 사회와 자연계의 어떤 사실이나 존재를 잘 입증하는 설명이다. 이론들이 확실하게 검증되면 객관적 진리가 된다. 갈등을 겪는 개인이나 국가가 수준 높은 이론을 동원하여 사실들을 객관적으로 바라볼 수 있다면 갈등은 보다 쉽게 해결될 수 있을 것이다. 이것이 바로 국제관계학의 목적이다. 국제관계학의 대표적인 이론들을 연구함으로써 갈등을 깊이 이해하고 해소하는 방안을 찾아본다.

국제관계 관련 이론은 크게 두 가지 산맥으로 볼 수 있다. 현실주의와 자유주의가 주류 이론으로 대립하고 있으며 다양한 사회적 이론들이 두 이론을 비판하면서 대안을 제시하고 있다. 이들 이론들은 국제관계의 갈등 원인을 인식하는 것도 다르고 해법도 다르다. 그러나 연구와 논쟁을 거듭할수록 점차 이론들의 내용이 비슷해지고 있다. 사회적 이론 중에서는 마르크스주의가 가장 영향력 있는 국제관계 이론이다.

대표적으로 안토니오 그람시[1]가 있으며 프랑크푸르트학파도 비판 이론을 연구한다. 비판 이론으로 불리는 사회적 이론은 [그림 7.1]과 같이 다양한 주장을 하고 있다.

---

1 안토니오 그람시(Antonio Gramsci, 1891~1937) : 이탈리아 정치인. 이탈리아 공산당 창당. 자본주의 사회 국가를 비판하는 문화적 헤게모니 주장. 무솔리니 정권에서 옥중 사망.

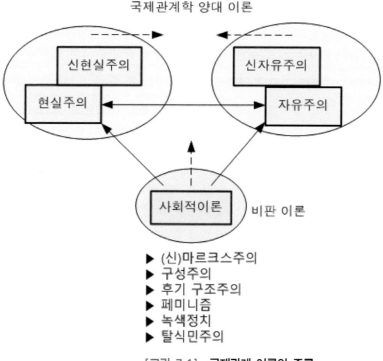

국제관계학 양대 이론

신현실주의

현실주의

신자유주의

자유주의

사회적이론   비판 이론

▶ (신)마르크스주의
▶ 구성주의
▶ 후기 구조주의
▶ 페미니즘
▶ 녹색정치
▶ 탈식민주의

[그림 7.1] 국제관계 이론의 종류

7.1   현실주의

국제사회에서 이루어지는 조화와 갈등을 하나의 이론으로 설명하기는 매우 어렵지만 가장 대표적으로 적용되는 것이 현실주의(realism)[2] 이론이다. 현실주의는 국제관계를 힘의 차원에서 설명하는 입장이다. 국가 사이의 갈등이나 현실 문제를 물리적인 힘을 이용하여 해결하려는 것을 힘의 정치 또는 듣기 좋은 말로 현실정치라고 한다. 현실의 반대 개념이 이상이라면 현실주의에 반대 개념은 이상주의[3] 또는 자유주의라

---

2   현실주의(realism, 現實主義) : 이상(理想)이나 관념보다 현실을 중시하는 사상과 문예사조. 플라톤과 함께 아리스토텔레스가 대표적으로 현실주의 철학을 주장했다. 현재는 객관적인 현실을 주장하는 입장이다. 정치학에서는 마키아벨리즘과 같은 계열로 통용되며, 힘에 의한 투쟁을 중시한다.

고 할 수 있다. 자유주의자들은 사람이나 국가 간의 갈등을 힘으로 해결하기 보다는 타협과 협의와 법규 등의 규범으로 해결하려고 한다. 제1차 세계대전의 참상을 목격한 자유주의자들은 국제연맹과 같은 국제기구와 더불어 국제법과 여러 가지 갈등 해소 장치들을 만들려고 노력하였지만 무위로 돌아갔다. 이들은 다시 제2차 세계대전의 대 참사를 겪고 더욱 실망하게 되었다. 제2차 세계대전 때문에 현실주의자들은 자유주의는 역시 믿을 수 없다고 확신하게 되었고 다시 힘에 의한 현실정치에 관심을 갖게 되었다.

[표 7.1]은 현실주의를 쉽게 이해하기 위하여 자유주의와 비교한 것이다. 현실주의자들은 인간의 본성은 이기적인 욕망으로 꽉 차있다고 생각한다. 반면에 자유주의자들은 인간에게는 이타적인 면도 있고 다른 사람과 협동하려는 마음도 많다고 믿는다. 현실주의자들에게는 힘을 모아야 하는 국가가 중요한 행위자지만 자유주의자에게는 개인도 중요하고 작은 사회도 중요하다. 행동을 하는 원인도 이익 추구와 심리적인 교류로 구분한다. 특히 현실주의는 국가들 사이의 체제란 무정부 상태라고 보는데 반하여 자유주의자들은 인류 공동체가 되어야 한다고 믿는다. 현실주의는 국가 간의 관계에서 갈등을 해결하는 방법을 힘(무력)으로 보지만 자유주의자들은 협상과 대화와 규범이라고 믿는다.

[표 7.1] 현실주의와 자유주의 비교

주 제	현실주의	자유주의
사상가	토머스 홉스	임마누엘 칸트
인간성	이기적	이타적
행위자	국가	국가, 단체, 개인 등
행동의 원인	이익 추구	심리적 요구
국제사회 체제	무정부	공동체
갈등 해소 방식	힘(무력)	협상, 대화, 규범

---

3 이상주의(idealism, 理想主義) : 특정한 목적이나 가치를 얻기 위한 노력을 중시하는 사상과 문예사조. 국제정치에서는 자신들의 이념을 평화적으로 구현하는 것을 목표로 한다. 윤리, 도덕, 규범, 국제기구 등을 중시하고 무력이 아닌 협상과 대화로 국제분쟁을 해결하려고 한다.

손자병법에서는 전쟁이 난무하던 전국시대(BC 5-6세기)에 주변에 군사강국이 있다면 국가 지도자가 도덕적 사고를 하는 것은 별로 유익하지 못하다고 주장했다.

국가의 생존을 유지하고 국가 이익이 증대하기를 원한다면 힘을 갖추라고 제안하였다. 손자와 비슷한 시기에 살았던 그리스의 투키디데스는 펠로폰네소스 전쟁사에서 각 도시국가들의 상대적인 힘의 크기에 주목했다. "강대국은 힘을 쓸 수 있으면 썼고, 약소국은 받아들여야만 하는 것을 받아들였다"라고 썼다. 당시에도 현실주의가 국제관계를 주도하고 있었다.

16세기 초에 '군주론'을 집필한 마키아벨리[4]는 군주에게 가장 중요한 일은 나라를 지키고 번영시키는 일이라고 했다. 나라를 지키려면 때로는 배신도 해야 하고, 때로는 잔인해야하고, 인간성도 포기해야한다. 나라를 지키기 위해서라면 사악한 일이라도 주저 없이 해야 한다고 강조했다. 오늘날 마키아벨리라는 말은 책략적인 힘의 행사라는 의미로 사용된다.

미국 부시 행정부의 정책결정자 집단을 신보수파(Neocon, neoconservertives)라고 하는데 이들은 중동 지역 등에서 미국의 힘을 적극적으로 사용해야 한다고 주장하는 현실주의자들이었다. 미국의 현실주의 정치학자였던 한스 모겐소(Hans Morgenthau)[5]는 1965년에 베트남이 공산화되더라도 미국의 국익에 해가 되지 않는다고 주장하였다. 미국이 9·11사태 이후 이라크를 침공할 즈음인 2002년에 국제관계 학자 33인이 "이라크 전쟁에 반대한다"라는 광고를 신문에 냈는데 여기에 현실주의자들도 다수 동참했었다. 이처럼 현실주의자들도 힘을 항상 사용해야 한다고 주장하지는 않는다.

---

4   마키아벨리(Niccolò Machiavelli, 1469~1527): 이탈리아 피렌체 출생. '군주론'의 저자. 피렌체의 고위공직자.

5   한스 모겐소(Hans Joachim Morgenthau, 1904-1980): 미국 국제정치학자. 시카고대학, 뉴욕시립대학 교수. 현실주의를 인정하는 신자유주의 국제정치학자. 미국의 베트남 개입 비판자.

토머스 홉스와 임마누엘 칸트의 국제관계론

토머스 홉스(Thomas Hobbes, 1588~1679)

영국 철학자인 그는 국제관계에서 현실주의 학자로 알려져 있다. 사람이 거친 자연 상태에서 살아남으려면 경쟁자들을 누를 힘이 있어야 한다고 생각했다. 자연 상태에서는 모든 사람들이 상대방보다 더 큰 힘을 갖도록 노력한다. '만인의 만인에 대한 투쟁'이라는 말은 그의 명언으로 남아 있다. 국제사회는 중앙정부가 없는 무정부 상태이므로 거친 자연 상태와 동일하다고 생각했다. 그는 인간의 이기적인 욕망은 끝이 없기 때문에 힘으로 국가를 지켜야하는 현실주의를 주장하였다.

임마누엘 칸트(Immanuel Kant, 1724~1804)

독일 철학자인 그는 국제관계에서 자유주의 학자로 알려져 있다. 현재 거론되는 민주평화론, 상호의존론, 레짐이론 등 자유주의 이론들이 모두 칸트에서 유래한다. 일부 학자들은 그가 세계 공화국을 이상적으로 생각했다는 주장을 했다. 그러나 그는 국제사회에서 강력한 초국가적 권력체제를 주장하지 않았고, 오히려 주권 국가들이 자발적으로 자유로운 연방을 구성하여 서로 협력하는 국제관계를 주장하였다.

7.1.1 현실주의 방법론

힘은 현실주의에서 가장 중요한 요소이다. 힘(power, 力)이란 다른 행위자를 움직이도록 만드는 능력이다. 힘은 그 자체가 영향력이 아니고 남에게 영향력을 줄 수 있는 잠재력이다. 따라서 힘을 써버리고 나면 힘이 없어질 수 있다. 국가의 힘을 국력이라고 하는데 국력은 인구, 영토, 군사력, 경제력 등으로 평가할 수 있다. 이들 중에서 하나를 고르라고 하면 대표적으로 GDP를 꼽는다. GDP는 나라의 크기와 기술수준과 부의 정도를 종합한 지표이기 때문이다.

(1) 세력 균형론과 패권 안정론

현실주의자들은 국제관계는 이성이나 협력보다 힘의 논리에 의해 결정된다고 믿는다. 따라서 국제사회의 안정을 도모하기 위해서는 세력균형론에 의지하든가 패권안정론에 의지해야 한다고 주장한다.

1) 세력균형론

국가 간의 전쟁을 예방하기 위해서는 상대방과 자국의 세력이 균형을 유지해야 한다는 이론이다. 세력의 균형이 깨지면 전쟁 가능성이 높아지므로 각 나라들은 세력의 균형을 유지해야 한다. 자국의 힘으로 부족할 때는 동맹을 통하여 집단적인 세력균형을 유지해야 한다. 냉전 시대에 북대서양조약기구(NATO)와 바르샤바조약기구(WTO)가 세력균형론의 대표적인 사례이다.

2) 패권안정론

강력한 패권국의 힘에 의존하여 전쟁을 예방하는 이론이다. 전 세계를 아우르는 패권국이 있다면 패권국이 세계경찰국가 역할을 수행하고, 각 나라들은 패권국에 의존하여 전쟁을 대비할 수 있다는 이론이다. 미국이 1990년대에 가장 강력했을 때는 큰 전쟁이 발생하기 어려웠다.

(2) 힘의 구성 요소

국가가 전쟁을 수행하는 힘은 물리적인 요소와 정신적인 요소로 구성된다. 물리적인 요소는 인구, 영토, 경제 등이고, 정신적인 요소는 전략과 의지 등이다. 망치와 같은 물리적인 힘을 하드 파워(hard power)라고 하고 문화와 같은 정신적인 힘을 소프트 파워(soft power)라고 한다. 국제관계에서는 하드 파워 못지않게 소프트 파워가 중요하다. 소프트 파워라는 말은 조지프 나이(Joseph S. Nye)[6]가 처음 사용한 용어이다. 예를 들어, 한때 중국대륙을 정복했던 만주족이 세운 청나라는 오히려 한족에 동화되어 만주어를 잊어버리고 중국어를 사용하며 중국 문화에 동화된 것이 대표적인 사례이다. 베트남 전쟁에서 미국이 패배한 것도 하드 파워는 우세했지만 국민들의 전쟁 의지가 부족했기 때문인데 이것도 소프트 파워에 해당한다.

---

6 조지프 나이(Joseph S. Nye, 1937~) : 하버드대학 행정대학원 교수. 국제관계학자. 'Soft Power' 저자.

소진의 합종책과 장의의 연횡책

중국 전국시대에 중원에는 7개 나라가 경쟁하고 있었는데 진나라가 개혁에 성공하더니 갑자기 부흥하여 군사 강국으로 등장하였다. 진나라의 위세에 다른 6개 나라들은 침략을 두려워하고 있었다. 이때 소진이라는 정치가가 6개국을 돌아다니며 6개국이 연합하면 세력의 균형을 이룰 것이라며 합종책을 주장하였다. 6개국이 합종책에 합의하여 진나라에 대항하였고, 서쪽에 있던 진나라는 합종책으로 인하여 상당 기간 동방 진출이 좌절되었다.

진나라가 6개국의 견제를 받고 있을 때 장의라는 정치가가 나와서 6개국이 생존하려면 강대국 진나라와 동맹을 맺는 것이 상책이라는 주장을 폈다. 진나라와 동맹을 맺지 않는 나라는 하나씩 격파당할 것이라고 주장했는데 이것이 연횡책이다. 약소국은 강대국과 동맹을 맺는 것이 확실한 대책이라는 것이었다.

6개국들은 처음에는 합종책에 동의하여 세력균형을 유지하였지만 시간이 지나자 하나씩 진나라와 동맹을 맺음으로써 합종책은 무너지고 말았다. 소진의 합종책은 현대의 세력균형론이고 장의의 연횡책은 패권안정론이라고 할 수 있다.

아군의 하드 파워가 절대적으로 강하면 적군의 소프트 파워가 무너진다. 그러나 하드 파워가 서로 비등할 때는 소프트 파워가 전쟁의 승패를 결정한다. 하드 파워의 또 다른 중요한 요소는 계전능력이다. 계전능력은 전쟁이나 전투를 계속할 수 있는 능력이므로 이것은 국력과 동맹의 힘에 비례한다. 제2차 세계대전의 북아프리카 전투에서 6개월 동안 650여대의 탱크가 파손되었는데 1973년 아랍-이스라엘 전쟁에서는 약 3주 동안 3,000여대의 탱크가 소모되었다고 한다. 2022년에 발생한 우크라이나 전쟁에서 1년 동안 파괴된 러시아 전차의 수가 2,000여대를 넘는다. 우크라이나의 손실도 비슷함에도 불구하고 막강한 러시아에 맞서 1년 넘게 싸울 수 있는 것은 나토(NATO) 회원국들이 후방기지 역할을 했기 때문이다. 앞으로 두 나라가 더 싸우고 이기고 지는 것은 전적으로 계전 능력에 달려있다. 이와 같이 현대전은 자국의 힘만으로는 절대 부족하므로 계전능력이 중요한데, 이는 동맹국들의 지원과 후방기지 역할에 좌우된다.

(3) 무정부 상태

현실주의자들은 국제체제가 무정부 상태라고 믿는다. 이것은 국가들 사이에 갈등이 생겼을 경우에 국제적인 규칙을 집행하는 중앙정부(중앙권력체제)가 없다는 뜻이다.

역사적으로 국가들 사이의 문제는 오래전부터 지속되어 왔기 때문에 다양한 규칙과 관습과 관례들이 있지만 이것을 지키지 않았을 때 조정해줄 중앙 통제기구가 없다. 국내에는 중앙정부가 법률 집행을 강제하고 독점적인 권력을 이용하여 법을 집행한다. 그러나 국제사회에는 중앙정부가 없기 때문에 오로지 자국의 힘에 의존할 수밖에 없다고 현실주의자들은 생각한다.

(4) 힘의 내·외 균형과 국력

무정부 상태의 국제사회에서 한 국가의 힘을 견제할 수 있는 방법은 다른 국가의 힘이다. 힘의 균형은 한 국가 안의 내부 균형과 국제사회에서의 동맹을 의미하는 외부 균형으로 구분할 수 있다.

1) 내부 균형: 내치

한 국가가 국제사회에서 다른 국가의 힘을 견제하기 위해서는 내부적으로 단일한 목소리를 내고 단합해야 한다. 이것을 내부 균형 또는 내치라고 하며 소프트 파워에 해당한다. 내부 균형이 이루어지지 않으면 타국과 전쟁하는 것은 어림도 없는 일이다. 내치가 약간 불안한 경우에는 오히려 외국과의 전쟁이 내부 균형을 가져올 수 있다. 역사적으로 내치가 불안할 때 전쟁을 일으킨 경우가 상당히 있었다. 예를 들어, 아르헨티나의 군사정권은 내치가 불안해지자 1982년에 영국령 포클랜드 섬을 점령하여 전쟁을 일으켰다. 결과는 군사적으로 경제적으로 아르헨티나의 참패로 끝났지만 UN과 미국이 교전 당사국들의 이해를 조정하지 못하는 무능함도 함께 드러났다.

2) 외부 균형: 동맹

외부 균형은 국제사회에서 동맹을 의미한다. 한 나라의 힘만으로는 적을 상대할 수 없을 때 다른 국가와 동맹을 맺어서 함께 대응하는 방법이다. 현대전에서는 특히 대량의 군수물자 보급이 중요하므로 계전능력이 중요하다. 한 나라의 국력만으로는 장기간의 계전능력을 가질 수 없으므로 동맹의 중요성이 절실하다.

신생 독립국이었던 한국이 전쟁 준비가 전혀 없었는데도 불구하고 6.25 전쟁에서 3년 이상 전쟁을 수행할 수 있었던 이유는 미국의 동맹국들이 참전하여 싸워주었기 때문이다. 한때 동맹국들이 지원했어도 계속 지원한다는 보장은 없다. 동맹을 만들고 유지하는 것은 국제관계에서 매우 중요한 능력이다.

3) 강대국과 중간강국

강대국들은 국제적 사건에 매우 큰 영향을 미친다. 국제적으로 몇몇 국가들이 전 세계 힘과 자원의 대부분을 보유하고 있기 때문이다. 일반적으로 강대국의 수는 대략 7개국(미국, 영국, 프랑스, 독일, 일본, 러시아, 중국) 정도로 보고 있다. 국제연합 안전보장이사회 5개 상임이사국들이나 G7 국가들이 강대국이라 할 수 있다. 강대국들은 막강한 군사력과 경제력 등의 힘을 가지고 있다. 강력한 경제는 인구, 자원, 기술, 교육수준 등으로 유지된다. 강대국의 이러한 요소들은 크게 변하기 어렵기 때문에 100년 전의 강대국들이 아직도 강대국이다. 역사적으로 볼 때 강대국들은 전쟁에서 지더라도 강대국의 지위를 잃는 일이 드물다.

중간강국은 전 세계적인 문제에는 영향력이 작지만 그 지역에서는 어느 정도 영향력을 발휘하는 국가들이다. 현재 중간강국은 몇 십 개가 될 것이다. [그림 7.2]와 같이 UN의 UNCTAD[7]에서 선진국으로 분류되었거나, OECD 회원 국가이거나 G20 정도라면 중간강국이라고 할 수 있다. 이들 세 그룹의 교집합에 속하면 확실한 중간강국이다. 한국은 세 그룹에 모두 가입되어 있다.

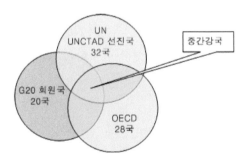

[그림 7.2] **중간강국 : 세 그룹의 교집합**

---

7 유엔무역개발회의(UNCTAD, United Nations Conference on Trade and Development) : 1964년 설립된 UN 산하 정부간 기구. 전체 회원국은 198개국. 한국은 UNCTAD에서 2021년 7월 선진국으로 분류되었음.

4) 힘의 분포

일부 현실주의자들은 국제체제의 특징을 국가 간의 힘의 분포 상태에서 찾는다.

신현실주의자들은 국제적인 사건을 설명할 때 한 국가의 차원에서 설명하는 것이 아니라 국제체제의 구조를 동맹 차원에서 설명하려고 한다.

힘의 분포를 쉽게 말하자면 양극체제와 다극체제 등으로 설명하는 것이다. 제2차 세계대전 후의 체제를 [그림 7.3](a)와 같이 소련과 미국의 양극체제라고 보았고, 1991년 소련이 붕괴되자 (b)와 같이 1990년대 미국 중심의 단극체제로 바뀌었고, 2000년대 후반부터 미국의 국력 퇴조와 중국의 경제적 약진 등으로 인하여 (c)와 같이 미국, 영국, EU, 일본, 러시아, 중국, 등의 강대국들의 다극체제로 보는 견해도 있다.

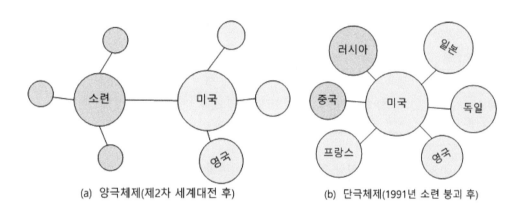

(a) 양극체제(제2차 세계대전 후)   (b) 단극체제(1991년 소련 붕괴 후)

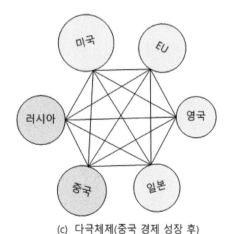

(c) 다극체제(중국 경제 성장 후)

[그림 7.3] **국제체제에서 힘의 분포**

7.1.2 신현실주의

신현실주의(Neorealism)와 신자유주의의 논쟁이 부각된 것은 1970년대 이후이다. 신현실주의는 현실주의를 인정하지만 권력욕, 성악설에 치중한 점을 반성하고, 국제 시스템에서의 권력 분포에 주목하고 있는 이론이다. [표 7.2]와 같이 신현실주의는 국제적 사건을 설명할 때 개별 국가의 정체성과 내부 사정뿐만 아니라 국제체계 환경의 구조 차원에서 설명하려는 입장이다.

[표 7.2] **현실주의 3대 이론**

구분 \ 이론	고전적 현실주의	신현실주의 (방어적 현실주의)	공격적 현실주의
대표적 이론가	한스 모겐소	케네스 월츠	존 미어샤이머
원인과 형태	인간 본능	방어적	공격적
권력투쟁 원인	권력 추구 본능	주변 환경의 구조	무정부 상태
목표 : 권력의 크기	최대한 힘을 키움 목표 : 패권	환경에 따라 힘을 키움 세력 균형용	균형 후에도 힘을 키움 목표 : 패권

신현실주의는 신자유주의와 함께 국제관계 이론의 쌍벽을 이루는 이론이지만 국제 관계에서 권력과 힘이 외교관계에서 가장 중요한 요인이라 주장한다. 현실주의가 본 능적으로 힘을 최대로 키우는 반면에 신현실주의는 주변 환경에 맞추어 힘을 키우므 로 방어적 현실주의(또는 구조적 현실주의)라고 한다. 신현실주의는 케네스 월츠 (Kenneth Waltz)[8]가 사용한 용어이다. 존 미어샤이머(John Mearsheimer)[9]는 공격적 현실주의(Offensive realism)를 주장했다. 공격적 현실주의는 기존 현실주의와 달리, 국제사회의 무정부상태가 대립의 원인으로 판단한다. 신현실주의 이론과 대조적으로, 공격적 현실주의는 자신의 생존을 목표로 하는 국가가 세력균형에 만족하지 못하고 계속 힘을 키워서 패권을 확보한다고 주장한다.

8　케네스 월츠(Kenneth Waltz, 1924~) : 미국 국제정치학자, 신현실주의의 대부, 컬럼비아대학 교 교수. '인간, 국가, 전쟁'의 저자.

9　존 미어샤이머(John Mearsheimer, 1947~) : 미국 국제정치학자, 시카고대학 교수. 현실주의 이론가. 웨스트포인트 출신 공군 장교. '강대국 국제정치의 비극' 저자.

7.2   자유주의

현실주의자들은 국제관계는 힘의 논리로 이루지는 정치이므로 시간이 지나도 변함이 없을 것이라고 생각한다. 그러나 이상주의를 기반으로 하는 자유주의자들은 현실주의자와 전혀 다르게 생각한다. 자유주의자들은 시간이 지날수록 국제관계 규칙들이 자리를 잡으며 평화적으로 변할 것이라고 믿는다. 이런 변화는 주로 국제기구의 역할 증대와 상호협력으로 얻을 수 있는 이익이 많아질수록 그리고 국가들이 민주화될수록 여론과 규범이 개선될 것이라고 생각하기 때문이다. 자유주의자들은 국가들의 노력에 의하여 반복되는 전쟁에 시달리지 않고 시간이 갈수록 더 평화스러운 세계를 만들 수 있다고 믿는다.

임마누엘 칸트[10]는 200년 전에 국제관계에 협력과 평화가 강화될 것이라고 다음과 같이 세 가지 이유를 들어 주장하였다.

첫째, 많은 국가들이 상호주의 원칙에 입각하여 국가 간의 협력을 도와주는 국제기구를 만들고 있다. 국제기구를 잘 운영하면 국가 간의 협력이 증가할 것이다. 국가 간 협력이 증진될수록 국가 간 갈등이 줄어들고 편익이 증가하고 평화가 증대될 것이다.

둘째, 국가의 정부체제가 군주제에서 공화제로 바뀌면 더 평화적일 것이다. 군주제보다는 공화제가 전쟁 수행 결정을 하는 것이 어려울 것이라고 주장했다. 민주화될수록 전쟁을 하려면 국민 전체 여론의 지지를 받아야 하기 때문이다. 실제로 독재체제일수록 전쟁을 쉽게 시작할 수 있다.

셋째, 무역이 증가할수록 평화가 증진될 것이라고 했다. 무역이 증가할수록 국부가 증대되므로 전쟁 등으로 인하여 무역이 정지되어 국부가 감소되는 것을 반대할 것이다.

자유주의자들은 임마누엘 칸트의 주장과 비슷하게 다음과 같은 세 가지 원칙들 중심으로 국제관계를 개선해야 한다고 주장한다.

---

10   임마누엘 칸트(Immanuel Kant, 1724~1804) : 쾨니히스베르그(현재 러시아 칼리닌그라드)에서 살았다. 독일 쾨니히스베르그 대학 철학 교수. 비판철학으로 근대 철학을 종합. 자유주의 국제관계학을 주장.

첫째, 독재 권력일수록 힘에 의한 현실주의 정치를 추구한다. 따라서 권력정치를 거부하고 민주정치를 추구한다. 민주국가들은 국민들로부터 전쟁 동의를 구하기 어렵다.

둘째, 국가 간의 상호이익을 위하여 국제협력을 추구한다. 국제 무역을 통하여 국가들이 연결될 때 경제 이득이 증대하므로 전쟁 가능성이 적어진다.

셋째, 국가 간의 갈등을 해소하고 협력을 증진하기 위한 국제기구와 비정부기구들을 적극적으로 활용한다. 국제기구와 비정부기구들 간의 교류 증대는 국가들 사이의 이해와 화해를 증진시키므로 갈등을 해소하기가 쉽다.

이상과 같이 자유주의자들은 민주화와 함께 국제무역을 증진하고 국제기구들을 통한 국제협력을 강화함으로써 전쟁 가능성을 줄이고 평화 가능성을 확대할 수 있다고 주장한다.

(1) 자유주의 방법론

각 나라의 정부들은 부강한 나라를 만들기 위하여 무역을 확대하고 국제기구에 가입하여 활발하게 협력하려고 한다. 모든 나라의 국민들은 국내 정치를 활성화하고 국가의 부를 증대하기 위하여 공화제로 가려 할 것이다. 각국의 정부가 국민의 부를 늘리는 일에 방해가 되는 일을 원하지 않을 것이다.

각 나라들이 서로 의존하는 상태를 상호의존이라고 부른다. 상호의존을 하는 경우에도 위험은 있다. 중요한 상품을 공급하는 국가는 구매해주는 어느 한 국가에게 크게 의존하는 경우가 있고, 주요 상품을 공급받는 국가는 다른 공급자가 거의 없는 경우가 있을 수 있다. 그러나 이런 경우에는 양쪽 모두 위험한 상황이 올 수 있다.

자유주의자들은 국가들이 상호이익이 되는 규칙을 만들고 국제기구가 이를 감시할 수 있어야 한다고 제안한다. 이런 경우에 장기적인 이익을 위하여 단기적인 개별 이익을 희생해야할 경우가 발생할 수 있다. 자유주의자들은 국제협력을 이성과 논리로 실현하기 위하여 국제통합론과 국제체제론을 주장하고 있다.

1) 국제통합론

국가들이 통합하는 것은 기능주의 관점에서 평화를 달성할 수 있는 매우 유효한 수단이다. 대표적인 사례가 유럽연합(EU)이다. 유럽연합은 1952년에 프랑스가 유럽석탄철강공동체(ECSC)를 주창하여 12개국이 참여하였고, 1958년에는 유럽경제공동체(EEC)로 발전하다가 EEC는 1967년에 유럽공동체(EC)로 발전하였다. 1979년 6월 최초로 유럽의회를 직접선거로 선출하였다. 유럽연합(EU)은 마스트리흐트 조약에 따라 1994년부터 사용된 EC의 새 명칭이다. 유럽연합(EU)은 27개 국가가 완전한 통합을 이루었고, 2012년에는 노벨평화상을 수상하였다.

2) 국제체제론

국가들이 기능적인 영역 단위로 국제체제를 통합하여 운영함으로써 평화를 달성할 수 있다고 주장한다. 여기서 말하는 체제(regime)는 일정한 사업 영역 안에서 상호의존하는 국제적인 제도와 틀을 의미한다. 실제 현실에서도 IMF, WTO, FTA 등은 금융, 무역, 경제교류 등에서 많은 효과를 얻고 있다.

(2) 자유주의 비판

스티븐 월트[11]는 국제관계 자유주의자들을 비판했다. 그의 주장에 따르면, 패권자가 된 미국은 세계의 많은 국가들을 개조하려고 노력했다. 미국은 세계가 민주주의 국가들로 바뀐다면 평화와 번영을 누릴 것이라 믿고 투자를 했다. 군사적으로는 북대서양조약기구(NATO)를 동유럽으로 확장하면서 민주국가들을 만들었지만 러시아와의 관계가 악화되었고 그 결과 우크라이나 전쟁이 발발했다. 아프가니스탄과 이라크를 침공하고 리비아 내전에 개입하여 많은 대가를 치렀지만 별 성과는 없었다. 소련을 막기 위해서 중국을 지원하면 중국이 민주국가로 바뀔 줄 알았다. 그러나 중국은 미국의 도움을 받아 경제 성장을 거듭하더니 강력한 독재국가로 발전하였고 오히려 미국을 위협하는 도전자가 되었다. 이제는 중국의 도전에 대비해야 한다. 자유주의를 추구한 것은 의도가 좋았더라도 결과적으로는 미국과 동맹에 심각한 피해를 입혔다고 주장했다.

---

11 스티븐 월트(Stephen M. Walt, 1955~) : 미국 정치학자. 하버드 대학교 케네디스쿨 교수. 러시아의 우크라이나 침공 한 달 전인 2022년 1월 19일 미국 시사전문지 〈포린 폴리시〉 기고문에서 "미국의 자유주의 환상이 우크라이나 위기를 가져왔다"고 진단했다. 미국과 서방의 공세적 가치 외교가 러시아의 우크라이나 침공을 촉발할 것으로 주장했다.

[표 7.3]과 같이 자유주의는 고전적 자유주의에서 신자유주의로 변천하고 있다.

[표 7.3] **자유주의 2대 이론**

구분 ＼ 이론	고전적 자유주의	신자유주의
대표적 이론가	임마뉴엘 칸트	스티븐 월트
원인과 형태	상호주의 부재	상호의존 부재
권력투쟁 원인	독재권력	국제규범과 국제기구 부실
목표와 수단	무역, 균형, 민주화	국제체제, 국제통합

7.2.1 신자유주의

자유주의가 현실주의와 논쟁을 하면서 현실주의의 몇 가지 주장을 받아들였다.

특히 무정부 상태의 국제체제에서 국가는 자기 이익을 추구하는 행위자로 보는 가정에 동의한다. 그러나 신자유주의자들은 현실주의자들이 생각하는 것처럼 비관적으로 보지는 않는다.

신현실주의(neo-realism)와 신자유주의(neo-liberalism)는 기본적으로 자유민주주의 정치질서와 자본주의 시장경제 질서를 기반으로 하고 있으며, 현재의 국제질서를 옹호하는 성격이 강하다. 또한 급격한 국제변화에 대해 적절한 설명과 처방을 내리지 못하고 있지만 국가를 유일한 행위자로 간주하며, 국제체제의 무정부적 상태에 대해서도 인식을 공유한다. 특히 개별국가들은 국제사회의 무정부적 특성으로 인해 국제정치에서 도덕이나 보편적인 이성 보다는 현실적인 국가 이익을 더 우선시 할 수밖에 없다는 인식을 공유하고 있다.

신현실주의가 무정부 상태를 국가의 안보 및 생존에 대한 중대한 위협으로 간주하고 있는 반면, 신자유주의는 이를 약속이행의 불확실성 문제로 간주하고 있는 점에서 차이를 보인다. 국가 간 협력가능성과 관련해서, 신현실주의는 신자유주의에 비해 다소 비관적이다. 이론적인 관점에서 신현실주의가 국제안보와 같은 상위 정치분야에 초점을 두는 반면, 신자유주의는 환경, 인권 문제 등 주로 하위 정치 분야에 초점을 두고 있다.

외교정책에 대한 인식에 있어서도 신자유주의는 국가 간 상호의존 관계하의 복합적인 과정으로 이해한다. 그러나 신현실주의는 국가안보와 생존에 관련된 문제로 인식하고, 대외정책에 대한 초점도 여기에 두고 있다.

국제제도와 국제체제의 역할에 대해서 신자유주의와 신현실주의는 근본적인 차이를 드러낸다. 신현실주의는 국제제도나 국제체제가 자국에게 절대적 이익이 되는 경우에만 이를 지지하고 있다. 그러나 신자유주의는 자국에게 절대적 이익이 되지 않더라도 상대국과 어느 정도 타협할 여지를 남겨두고 있다.

7.3 사회적 이론(비판 이론)

비판 이론은 주류 이론인 현실주의와 자유주의에 대하여 비판적이다. 다른 표현으로 사회적 이론 또는 비판적 견해라고도 한다. 비판 이론에는 다양한 논리가 연구되고 있다.

7.3.1 마르크스주의

마르크스주의(Marxism)의 주제는 자본주의가 실패하고 사회주의 특히 공산주의로 대체될 것이라는 주장을 펴는 역사 철학의 한 부분이다. 마르크스주의는 '사적 유물론(historical materialism) 또는 유물사관'에 기반을 두고 있는데 유물사관은 역사가 발전하는 원동력은 관념이 아니라 물질이라는 것이다. 즉, 인류의 역사를 결정하는 것은 바로 인간이 자연에서 생존하기 위하여 노동을 하고 생산을 하는 경제적인 요인이라는 것이다. 마르크스 이전에는 역사의 추진력을 신이나 운명, 세계정신 등 초자연적 관념에 두거나, 영웅이나 천재 등으로 역사과정을 설명하는 관념적 역사관이 지배적이었다. 또는 기후, 풍토 등에 의해서 결정되는 지리적 역사관에 의존하고 있었다. 그러나 마르크스주의는 전혀 새로운 방식의 역사관을 제시하였다.

마르크스주의를 역사 철학으로 보는 이유는 역사 과정에서 자본주의가 태어나고, 자본주의에 의한 문제점들이 발견되고, 이 문제들을 해결하는 과정에서 사회주의가 태동되고, 결과적으로는 자본주의가 무너지고 공산주의가 세계를 지배하게 된다는 것이 핵심 논리이기 때문이다. 마르크스주의는 마르크스[12]와 엥겔스[13]가 협력하여 만든 이론과 사상 체계이다.

[표 7.4] **마르크스주의의 4대 사상적 기반**

사상가	이 론	내 역
헤겔	변증법[14]	모순과 대립을 근본 원리로 하여 사물의 운동이 결정된다
포이에르바하[15]	유물론	만물의 근원은 물질이므로 모든 정신 현상도 물질의 작용이나 산물이다
리카도[16]	노동가치설	상품 가치는 생산을 위한 노동의 양(노동 시간)으로 결정된다
프랑스 사회주의자	사회주의	사유재산을 폐지하고, 생산 수단을 공유하여 자본주의의 모순을 극복하려는 사상

블라디미르 레닌[17]은 [표 7.4]와 같이 마르크스주의는 4 가지 사상적 기반을 가지고 구축되었다고 주장했다. 마르크스주의는 독일 헤겔 철학의 변증법과 포이에르바하의 유물론과 영국 정치경제학자 리카도의 노동가치설 그리고 프랑스 사회사상이 융합되어 만들어진 것이다. 마르크스는 유대인으로 독일에서 태어나 공부하고, 프랑스에서 사회주의자를 만나 영향을 받고, 영국에서 정치경제학을 공부하고 '자본론'을 집

---

12 칼 마르크스(Karl Heinrich Marx, 1818년~1883): 독일 사회철학자. 베를린대학 철학박사. 신문 편집장이었으나 폐간, 파리로 이주하여 엥겔스를 만남. 벨기에, 파리, 독일에서 추방되어 런던으로 이주. '자본론' 1권 출판.

13 엥겔스(Engels Friedrich, 1820~1895): 독일 철학자. 마르크스와 함께 마르크스주의, 과학적 공산주의 이론, 변증법적 및 사적 유물론의 창시자. 마르크스 사후 엥겔스가 '자본론' 2권과 3권 출판.

14 변증법: 헤겔은 인식이나 사물은 정(正), 반(反), 합(合)의 3단계를 거쳐서 전개된다고 주장. 이 3단계적 전개를 변증법이라고 함.

15 포이에르바하(Feuerbach Ludwig, 1804~1872): 독일 유물론 철학자.

16 리카도(Ricardo David, 1772~1823): 영국 고전 경제학자. 애덤 스미스의 영향을 받음. 그의 노동 가치설이 마르크스의 잉여가치론에 영향.

17 레닌(Vladimir Lenin, 1870~1924): 러시아 혁명을 성공시킨 정치가. 11월 혁명을 이끌어 최초의 사회주의 국가인 소련을 만들었다.

필하였다. 레닌의 주장은 마르크스 철학의 기본적인 성격을 이해하는데 도움이 된다.

(1) 신마르크스주의

마르크스주의가 현실 문제들을 해결하지 못하자 1970년대에는 세계의 빈곤과 불평등 현상 등을 설명하기 위하여 새로운 마르크스주의가 도입되었다. 남미를 중심으로 종속이론이 일어난 것이 바로 신마르크스주의(neo-marxism) 운동이다. 제2차 세계대전 후에 전통적인 제국주의가 신식민주의[18]로 대체되면서 '경제적 제국주의'라고 불리었다. 종속이론(dependency theories)[19]에서는 세상이 중심부, 주변부, 반주변부로 구성되어 착취가 반복되고 있다고 보았다. 중심부는 풍부한 자본과 높은 기술과 고임금으로 제조업을 이루고 선진국이 되어 잘 살고 있다. 주변부는 저개발지역이므로 원자재 수출, 최저임금 등 때문에 중심부에 의하여 착취당하고 있다. 반주변부는 중심부에 종속되지만 주변부보다는 유리한 상황에서 잘 살고 있다고 주장한다. 주변부는 잘 살아보려고 노력하지만 중심부의 강력한 힘에 눌려 지속적인 착취를 피할 길이 없다는 것이다. 이런 불합리한 상황을 피하려면 혁명을 하는 수밖에 없다고 하였다.

한국, 대만, 홍콩, 싱가포르, 중국 등 저개발국들이 선진국들의 지원을 받아 경제개발을 성취함에 따라 종속이론은 퇴색하였고, 이들 중 대부분이 선진국으로 올라서자 아예 자취를 감추었다.

---

18 신식민주의(neocolonialism) : 영국, 프랑스와 같은 식민지 본국들이 자신들의 옛 식민지에 대한 경제적 지배를 확대하고 유지하는 것. 아프리카, 아시아 국가들은 독립한 후 경제적 자립이 어려워 옛 종주국들에게 계속 종속되어 착취당한다는 이론.

19 종속이론(dependency theories) : 1960년대 라틴아메리카에서 발전하여 후에 미국 등의 학계에 큰 영향을 미쳤다. 저개발국은 영원히 선진국에 억압되고 착취될 수 밖에 없다는 이론이다. 한국에서도 1980년대 운동권에서 풍미하였다.

7.3.2 국제관계 구성주의

구성주의(constructionism, 構成主義)

구성주의란 개인의 경험과 인지 능력이 작용하여 사회현상을 이해하고 구성한 결과를 지식이라고 본다. 따라서 구성주의는 지식을 고정 불변의 실체로 보는 객관주의와 달리 지식을 상대적으로 인식하는 입장이다. 지식은 주관적이고 학습자가 스스로 구성해나간다는 심리학적 견해로 20세기 후반 영미 교육학계에서 일어난 하나의 흐름이다.

구성(構成)의 의미는 요소들을 엮어서 사물을 만들어낸다는 것이므로 외부의 사물을 인식할 때, 내면의 사고방식에 따라서 인식과 평가가 달라진다는 것이다. 특정한 경험과 인지력을 갖고 있는 사람이 얻는 지식과, 다른 경험과 다른 인지력을 갖고 있는 사람이 얻는 지식은 다를 수밖에 없다는 주장이다.

구성주의는 지식은 발견되는 것이 아니라 '구성'되는 것이므로 객관적인 실체나 절대적인 진리를 수동적으로 받아들이는 것에 대해서 매우 비판적이다. 지식이 구성적이라면 지식을 구성하는 나의 주관적이고 능동적인 태도가 가장 중요하다고 할 수 있다. [그림 7.4]는 구성주의 심리학에서 대표적으로 이용되는 그림이다. 보는 사람에 따라 꽃병으로도 보이고 사람으로도 보인다.

[그림 7.4] **구성주의의 특징을 보여주는 루빈의 꽃병**

국제관계 구성주의를 이해하기 위해서는 먼저 구성주의에 대한 이해가 필요하다. 구성주의는 다른 국제관계 이론들과 달리 절대적인 분석 기준을 만들지 않는다. 구성주의에서는 공유되는 집단 구성원들의 공유 가치에 따라 외교노선이 결정된다고 본다. 국제관계는 국민의 의식과 정서에 따르는 사회적 행위라고 생각한다. 국제관계의 상호작용 과정을 통해 구성원들은 자신의 가치관을 정리하고 이를 통해 각 집단은 실리를 추구할 수도 있고, 인권이나 자유주의적 가치관을 추구할 수도 있다. 각 집단의 국익 개념은 역사적 과정을 거치며 계속 변화한다. 반면에 자유주의나 이상주의, 현실주의, 마르크스주의(구조주의) 등은 각 집단을 절대적인 기준에 끼워 맞춰 분석하는 점이 다르다.

구성주의는 국가 간의 상호작용을 통해서 어떻게 국가 이익을 구성하는지를 이해하려고 한다. 국제관계에서도 구성주의는 국가 정체성과 국가의 행위가 결합하여 국가 이익을 위하여 나간다는 주장이다. 구성주의적 접근 방법은 객체가 독립되었거나 객관적이거나 사회적이거나 정치적인 실재가 존재하지 않는다고 믿는다. 그 대신 구성주의는 상호 주관적인 의식의 한 종류로 스스로 만들어가면서 존재하는 것이라고 믿는다.

어느 국가의 정치인과 관료들이 일반 대중과 함께 모두 현실주의 이론을 받아들이고 현실주의적으로 행동한다면, 그 국가 사회에서는 현실주의적 국제관계가 실현된다. 이것은 국가들이 현실적으로 국제사회가 무정부상태를 구성하고 있기 때문이라는 것이다. 국가라는 단위들의 상호작용이 누적되어 국제적 무정부상태를 역동적으로 재구성하고 있다는 것이다. 이것은 자유주의 이론을 받아들인다고 해도 마찬가지로 적용될 것이다.

7.3.3 후기구조주의와 포스트모더니즘

후기구조주의는 구조주의에서 나왔고 포스트모더니즘은 모더니즘에서 나왔다.

구조주의와 모더니즘은 1920년대에 함께 등장하였으며, 후기구조주의와 포스트모더니즘도 1960년대에 같이 등장하였다. 이들은 국제관계를 포함하여 사회 전반에 걸쳐 많은 변화와 자극을 주었다.

(1) 후기구조주의

구조주의가 실존주의[20]에 대한 반발이었다면 후기구조주의(post structuralism)는

---

20 실존주의(實存主義, existentialism): 인간 개인의 주체적인 존재를 강조하는 문예 사조. 19세기 전반에 독일과 프랑스에서 합리주의와 실증주의에 반대하여 나타났음.

구조주의에 대한 반발이다. 실존주의가 1900년대 초반에 합리주의와 실증주의에 대한 반발로 등장하였고 1950년대에 구조주의가 등장하였으며 후기구조주의는 1960년대 후반에 프랑스에서 등장하였다. 실존주의가 인간의 현실적인 존재 자체를 중시하고 관계를 경시한 것을 구조주의가 비판하였다. 구조주의는 인간 주체보다 움직일 수 없는 '구조'와 '관계'를 강조함으로써 인간중심적인 사유와 대립하면서 성장하였다. 구조주의가 관계를 중시하고 인간 자체를 경시한 것을 후기구조주의가 비판하고 나왔다. 후기구조주의는 인간 자체는 물론이고 인간의 종교와 역사까지 중시하였다.

후기구조주의는 언어의 지시성과 구조주의의 고정된 이미지에 반대한다. 후기구조주의는 구조주의가 발전된 형태이므로 구조주의부터 알아볼 필요가 있다. 구조주의는 사물의 의미는 전체 체계 안에서 다른 사물들과의 관계에 따라 규정된다는 인식을 전제로 한다. 따라서 개인의 행위나 인식 등을 규정하는 구조와 체계에 대한 탐구를 중요시 한다. 후기구조주의는 구성된 구조와 경직된 사고에 대한 반작용으로 대두되었다. 푸코는 "아는 것이 힘이다"라는 말로 아는 것을 강조하였으며 "진리는 담론에 의해서 결정되는 지식이다"라는 말로 지식의 상대성을 주장하였다. 구조주의에서 무시되었던 종교와 역사도 강조하였다.

후기구조주의는 인간의 본질과 성격을 규명하고 인간 행위와 그 산물들을 설명하기 때문에 구조주의와 여러 가지 면에서 충돌하고 있다. 후기구조주의는 여러 가지 차원에서 구조주의를 비판하고 있다. 후기구조주의자들은 하나의 근본적인 주체를 설정하는 목적론, 역사주의, 환원주의 등에 반대하고 있다. 이들은 체계적인 철학과 총체적이거나 일반적인 이론도 거부한다. 후기구조주의의 이러한 성격은 포스트모더니즘과 해체주의와 자연스럽게 연결된다.

구조주의(structuralism, 構造主義)

구조주의에서 사물의 의미는 다른 사물들과의 관계에 따라 규정된다. 따라서 사물의 본질적인 의미를 사물 자체에서 찾았던 기존의 사고방식과 확연히 다르다. 예전에는 '강아지'를 강아지라고 부르는 이유는 그것이 본래 강아지이기 때문(머리 속의 생각과 실재가 일치한다는 진리론)이라고 말하지만, 구조주의자는 '강아지'라고 부르는 것은 단지 고양이와 같은 다른 사물과 구분하기 위하여 다르게 부르는 것뿐이라는 것이다. 따라서 개인의 행위나 인식 등을 규정하려면 전체 구조와 체계에 대한 탐구를 해야 한다고 주장한다. 이러한 경향이 바로 현대 철학이 지향하는 사상의 조류이다.

구조주의는 1900년대 초에 언어학에서 처음으로 발전된 분석 방식이다. 구조주의 언어학의 창시자인 소쉬르가 언어를 구조화된 것으로 인식하는 것과 같은 방법으로 구조주의자들은 사회현상이 구조화되었다고 주장한다. 따라서 구조주의자들은 사회현상의 체계적이며 관계적인 특성을 강조한다. 연구의 대상은 본래적인 속성에 의해 규정되는 것이 아니라, 같은 체계에서 다른 대상과의 관계와 차이점에 의해 규정된다는 것이다.

구조주의는 기존의 실존주의, 마르크스주의와 같은 명확한 형태를 갖춘 사상과 달리 새로운 방식으로 세계를 해석하려는 사상이며 통일적인 주장을 하고 있지 않았다. 레비스트로스, 푸코, 알튀세르, 라캉 등은 사회의 구조와 시스템을 새로운 의미로 재구성하려고 했으나 통일된 견해를 내놓지는 못하였다.

1980년대 이래 국제정치에 대한 실증주의적 접근들은 '후기실증주의'에 의하여 비판을 받는다. 구성주의와 후기구조주의의 공통점은 객관적 현실이 외부에 있다는 믿음과 접근법에 의문을 가진다. 세계를 관찰하는 사람들은 세계에 의미를 부여하는 과정을 거친다. 사람들은 자신이 생각하는 방향대로 세계를 본다. 이런 방식은 보다 비판적으로 사고하는 방향으로 이어지는 것이므로 해석적이라기보다는 구성적이라고 할 수 있다. 후기구조주의자들은 모든 지식은 부분적이고 상대적인 것이기 때문에 객관적인 탐구는 모두 포기해야 한다고 주장한다.

(2) 포스트모더니즘

구조주의 이후에 후기구조주의는 역사와 사회를 합리적인 이성의 세계로만 보지 않고 비합리적인 요소들을 부각하기 시작하였다. 포스트모더니즘[21]을 이해하려면 모더니즘에 대한 이해가 선행되어야 한다. 포스트모더니즘은 모더니즘에 대한 반발로 후기구조주의와 함께 등장하였다. 모더니즘은 종교보다 이성을 강조했고, 계몽사상을 통하여 합리주의를 주장하였으나 지나친 객관주의로 인하여 도전받기 시작하였다.

포스트모더니즘은 세계를 이성이 지배하는 획일적인 논리적 세계로 보지 않고 다양한 원인과 욕구에 의하여 변화하는 모습으로 본다. 자크 데리다[22]의 해체주의는 이

---

21 포스트모더니즘(postmodernism) : 1960년대에 일어난 문화운동. 18세기 계몽주의 이래 진행되어온 이성주의와 합리주의에 대한 반발로 생겨난 사상. 개성, 자율성, 다양성, 대중성을 중시하고, 절대 이념을 배격하고, 탈이념을 주장

성을 중심으로 구성된 서양의 문명을 근원적으로 해체할 것을 주장하였다. 구조주의 이후에 나타난 다양성과 비합리적인 요소들의 중요성이 부각되기 시작하였다. 세상은 논리적으로만 돌아가는 것이 아니고 다양한 욕구와 충동이 지배하는 비합리적인 세계와 함께 돌아가는 것이다.

모더니즘(modernism)

모더니즘(modernism)은 18세기 계몽주의로부터 시작된 이성중심주의가 발전된 형태를 말한다. 종교나 외적인 힘보다 인간의 이성에 대한 믿음을 강조했던 계몽사상은 합리적 사고를 중시하였다. 점차 계몽사상과 합리주의가 퇴조하면서 기존의 사실주의와 합리적인 도덕, 전통적인 신념 등을 일체 부정하고, 극단적인 개인주의, 도시 문명이 가져다 준 인간성 상실에 대한 문제의식 등이 모더니즘을 몰고 왔다. 모더니즘은 1920년대에 과학과 합리성을 중시한 근대화를 지향하면서 호응을 얻었다.

기존 도덕과 사회 질서에 회의를 품은 니체의 허무주의, 마르크스의 유물사관, 프로이드의 정신분석 등이 이미 토대를 깔아놓았다. 제1차 세계대전으로 인하여 세계가 황폐화 되자 모더니즘은 더욱 성행하였다. 제2차 세계대전으로 나치의 대량학살, 원자폭탄, 인구 폭발 등으로 세계가 더욱 황폐화 되자 존재의 무의미, 허무한 세계가 더욱 심화되었다. 모더니즘은 1960년대에 포스트모더니즘으로 발전한다.

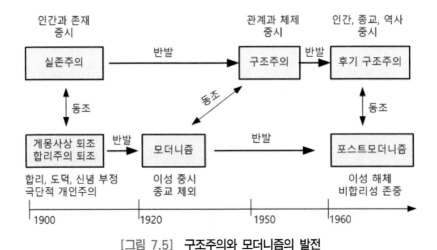

[그림 7.5] **구조주의와 모더니즘의 발전**

---

22 자크 데리다(Jacques Derrida, 1930~2004) : 구조주의 이후를 대표하는 프랑스의 철학자. 서양 문명의 로고스중심주의에 반대하고 해체주의를 주장한 포스트모더니스트.

[그림 7.5]는 구조주의와 모더니즘의 발전 과정을 보여준다. 포스트모더니즘 이전에는 균형과 조화가 중요했기 때문에 사람들이 입고 다니는 복장에도 좌우대칭과 균형이 반드시 요구되었지만 이후부터는 좌우대칭이 되지 않는 디자인의 옷을 입기 시작하였다. 예전에는 상상할 수도 없는 디자인과 기능들이 다양한 방식으로 등장하기 시작하였다. 이성의 역할이 무너지고 점차 새로운 비논리가 등장하기 시작하였다.

포스트모더니즘 사상가들은 모든 지식은 부분적이고 상대적인 것이기 때문에 객관적 사실에 대한 탐구는 모두 포기해야 한다고 주장한다.

7.3.4 페미니즘

페미니즘(Feminism)은 전통적인 남성중심 사고에서 벗어나 사회 각 분야에서 여성의 권리와 주체성을 확장하고 강화해야 한다는 주장이다. 페미니즘의 어원은 라틴어 '페미나(femina)'로 '여성의 특징을 갖추고 있는 것'이라는 뜻이다. 페미니즘의 선구자는 '페미니즘 선언서'를 작성한 영국의 메리 울스턴크래프트[23](1759~1797)이다. 페미니즘은 19세기부터 점차 여성에 대한 차별에 대항하고 여성의 권리를 요구하는 여성 운동을 조직화하면서 전개되었다.

(1) 시대별 페미니즘

페미니즘의 흐름은 [표 7.5]와 같이 크게 3개의 세대로 구분할 수 있다.

1) 1세대 페미니즘: 여성 참정권

영국과 미국에서 19세기부터 1950년대까지 가장 활발하게 일어난 페미니즘 물결이다. 가장 큰 주장은 여성들의 참정권 획득이었으며 흑인들의 권리 신장 움직임도 함께 나타났다. 미국에서는 1870년 흑인들의 참정권 인정에 이어 1920년 여성들의 참

---

23 메리 울스턴크래프트(Mary Wollstonecraft, 1759~1797): 영국 작가, 여성 운동가. 프랑스 혁명을 경험하고 '여성의 권리 옹호(1792)'를 집필. 남녀평등 교육을 주장. 여학교 개설 및 운영. 당시 남성들은 여성을 임신시키고 무책임하게 떠나가도 어떤 비난이나 불이익을 받지 않았다. Mary도 이런 무책임한 임신을 경험하였다. 당시의 페미니즘은 조롱받고 무시당했다.

정권이 인정되었다.

영국 정부는 참정권 운동을 벌인 여성들의 활동 결과로 1918년 2월 일정 자격을 갖춘 30세 이상 여성들에게 참정권을 부여하는 국민투표법을 제정하였다. 1928년에는 21세 이상의 모든 여성이 남성과 동등하게 투표권을 행사할 수 있게 하였다.

[표 7.5] **시대별 페미니즘**

세 대	주요 주장	비 고
1세대	여성 참정권	19세기부터 1950년대까지
2세대	차별 철폐	1980년대 직장과 가정에서 평등한 권리 요구
3세대	여권 신장	1990년대 이후 여성 역할의 확대, 성소수자 권리

2) 2세대 페미니즘: 차별 철폐

1980년대까지 페미니즘은 사회에 당연하게 시행되던 여성에 대한 사회적 차별에서 벗어나자는 움직임이었다. 이것은 참정권과 같은 법적인 권리의 성취가 '여성문제'를 해결하지 못했다는 기반에서 등장하였다. 이들은 직장에서의 평등(노동 환경과 임금 수준 개선), 가정에서의 평등, 여성의 성 역할에 대한 사회적 편견 배제 등 사회 전반적인 분야로 범위를 넓혀나갔다. 이때 시몬 드 보부아르의 '제2의 성'이 사상적으로 큰 영향을 주었다. 보부아르[24]는 '여성은 태어나는 것이 아니라 만들어진다'는 실존주의 견해를 밝혔다.

3) 3세대 페미니즘: 범위 확장

1990년대 이후 페미니즘은 계급, 인종 문제 등으로 확장하였고 이들과 연대하였다. 이전의 페미니즘이 백인 여성들만의 운동이었다면 이후에는 1990년대 포스트모더니즘과 결합하면서 억압받는 다양한 집단과 계층과 영역으로 확대되었다. 이와 함께 성

---

24 보부아르(Simone de Beauvoir, 1908~1986): 프랑스 철학자, 작가, 사회운동가. '초대받은 여자', '제2이성'의 저자. 1929년 장폴 사르트르와 계약결혼. 낙태와 피임 자유화, 여성노동에 대한 권익 보호, 가정폭력 근절에 노력.

소수자(LGBTQ)[25]들의 권리운동도 일어나기 시작했다.

(2) 사상별 페미니즘

1, 2, 3세대별로 페미니즘이 발전하면서 사상적으로도 [표 7.6]과 같이 다양한 페미니즘이 출현하였다.

1) 급진적 페미니즘

급진적 페미니즘은 여성의 종속을 '남성가부장제'에서 시작된 체계적인 억압이라고 생각한다. 페미니즘에서 차별은 탄압이나 종속을 의미하였고, 남성은 누리지만 여성은 못 누리는 정치적, 법적, 사회적 혜택 등에 초점이 맞추어져있다. 급진적 페미니스트들은 평등주의를 가장 선호한다. 급진적 페미니즘은 1세대 페미니즘에 기여하였다.

[표 7.6] **사상별 페미니즘**

사 상	주요 주장	비 고
급진적	가부장제 개선	정치적, 법적, 사회적 투쟁
자유적	공정성 개선	교육권, 취업권, 참정권 등 공적 영역
문화적	섹스 대신 젠더	사회문화적 인식 개선 요구

2) 자유적 페미니즘

자유적 페미니즘은 개인적인 가치에 관련이 없고 공적인 영역에서 동등한 권력에 기초해야한다고 주장하는 페미니즘이다. 자유적 페미니즘은 2세대 페미니즘에 기여하였다. 이들의 목표는 공적 영역 즉, 교육권, 취업권, 참정권 등에서 남성과 동등한 접근권을 가져야 한다고 주장한다.

---

25 LGBTQ : lesbian(여성 동성애자), gay(남성 동성애자), bisexual(양성애자), transgender(성전환자), queer(성 소수자 전반) 혹은 questioning(성 정체성에 관해 갈등하는 사람) 등.

3) 문화적 페미니즘

인간은 기본적으로 자웅동체라는 믿음을 가지고 있다. 성별과 관계없이 모든 인간은 부모의 유전자를 이어 받고, 여성성과 남성성이 혼합된 상태로 태어난다. 따라서 여성과 남성을 성별로 평가하기보다는 하나의 인간 개인으로 평가해야 한다는 주장이다. '성'은 여성과 남성의 생물학적 차이를 의미하는 자연스러운 것이므로 바꿀 수 없다. 그러나 젠더는 사회적 문화적 산물이므로 자연스러운 것이 아니다. 보브아르의 말처럼 젠더의 차이는 여(남)성은 여(남)성으로 따로 길러졌기 때문이라는 것이다. 문화적 페미니즘은 3세대 페미니즘에 기여하였다. [그림 7.6]은 시대적 페미니즘과 사상적 페미니즘의 관계를 보여준다.

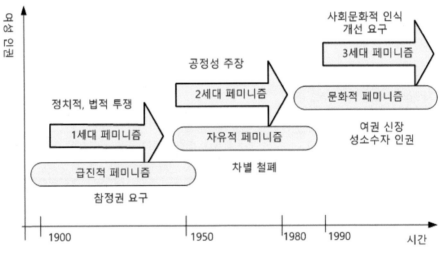

[그림 7.6] **시대적 페미니즘과 사상적 페미니즘의 관계**

(3) 세계정치와 페미니즘

페미니스트들은 가정의 가부장 제도가 가부장제 국가로 확장되어 남성이 남성의 이익을 위하여 유지시키고 있다는 것이다. 여성은 가족과 가정을 책임진다는 사적 영역에 존재한다. 남성은 공적 영역에서 정치와 경제를 운영하는 역할을 한다. 구조주의는 국가가 가부장 제도를 구조화하여 권력으로 여성들을 종속화 시킨다는 것이다. 복지국가라는 것도 사적인 영역을 공적인 영역으로 끌고 들어와서 여성들을 더욱 종속시킨다는 것이다. 예를 들어, 복지가 확대될수록 복지관련 시설에서 여성들이 간호사, 복지사, 교육 등으로 국가에 의존하게 된다.

남성의 이기주의가 국가이기주의로 발전하여 전쟁이 일어나는 원인도 된다. 남성의 공격적인 성향이 전쟁을 일으키고, 공격적 성향의 민족주의가 강간과 성폭력을 일으킨다. 정치와 군사의 고위직들이 남자들로 채워져 있으므로 무력분쟁이 불가피하게 발생한다는 주장이다.

일본은 제2차 세계대전에서 '위안부'와 관련하여 여러 차례 사과하였다. 그러나 전쟁 후에도 오키나와, 필리핀, 한국, 태국의 미군 부대 매춘은 각국 정부에 의해서 마련되었고 군 당국의 묵인 하에 이루어졌다. 걸프 전쟁, 아프카니스탄 전쟁, 이라크 전쟁은 미군 등의 파병과 함께 매춘을 부활시켰고 가난한 나라의 여성 인신매매가 이루어졌다. 페미니스트들은 한국 전쟁과 그 이후 한국군부대와 미군부대를 중심으로 이루어진 매춘은 한국정부가 위안부들의 성적 보건과 접대행위를 지원하는 것으로 여성 안보를 대가로 국가안보 이익을 얻는 것으로 판단하고 있다.

수많은 북한 여성들이 굶주림과 억압을 피하여 중국으로 탈북하는 과정에서 인신매매가 이루어지고 있다. 악덕 업자들이 중국 정부의 단속을 역으로 이용하여 북한 여성들을 인신매매하고 있는 것은 공공연한 비밀이다. 중국 정부가 탈북민들을 잡아서 북한에 넘기면 매우 큰 고통을 받는다는 것은 한국과 국제사회가 잘 알고 있다.

국제사회가 중국정부의 탈북민의 북송을 모르는 척 하는 것은 분명한 죄악이므로 국제사회가 시급히 해결해야 할 여성 인권 문제이다.

제8장

/

국제관계학과 융합

선진국 대학에는 국제관계학과가 많이 개설되어 있고 전공 학생들이 많으며 관련 연구소들도 활발하다. 반면에 우리나라는 국제관계학과와 관련 연구소들이 많지 않다. 대부분 정치학과나 외교학과에서 국제관계학을 가르치고 있다. 그 이유는 한국이 약소한 신생국이었기에 국제관계가 복잡하지 않았기 때문으로 보인다. 그러나 이제는 계속 발전되어 선진국이 되었고, 세계 각국과 긴밀하게 교류하는 경제대국이 되었다. 따라서 한국도 국제관계가 점점 복잡해져 그 중요성이 날로 커지고 있다.

[그림 8.1]에서 보는바와 같이 국제관계학은 정치학, 역사학, 경제학, 법학, 사회학, 철학 등이 융합된 학문이다. 국제관계에서 가장 중요한 것은 국제정치이므로 [표 8.1]과 같이 정치학이 포함되었고, 국제관계의 역사 자체가 중요한 기반이고 자료이므로 역사학이 포함되었고, 국제관계에서 가장 문제가 많이 제기되는 분야가 경제이므로 경제학이 포함되었고, 국제 질서와 갈등을 해결하기 위한 규범으로 국제법이 등장하였으므로 법학이 포함되었으며, 국제관계 자체가 상이한 사회 집단 간의 교류이므로 사회학이 포함되었고, 인간의 궁극적인 문제 해결 차원에서 철학도 포함되었다. [표 8.1]에서 각 학문의 위 칸은 일반적인 학문의 내용 또는 정의이고 아래 칸은 국제관계에서 필요한 사항이다.

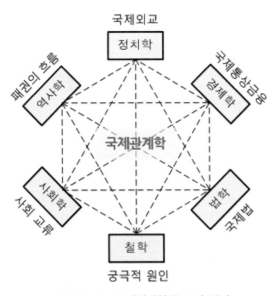

[그림 8.1] **국제관계학의 구성 분야**

국제관계학은 제1차 세계대전(1914-1918)으로 전대미문의 피해를 입은 후에 선진
국에서 독립된 학문으로 시작되었다. 세계대전으로 인한 대량살상, 파괴, 참혹한 죽음
등의 원인은 국가들 간의 권력정치가 잘못되었기 때문이라는 것을 자각한 것이다.

따라서 전쟁은 왜 일어나는가, 전쟁으로 무엇을 얻게 되는가, 어떻게 하면 전쟁을
예방할 수 있는가 등의 질문에 답하기 위하여 국제관계학이 태동하였다. 처참한 전쟁
으로 인하여 출범한 학문이지만 국제관계학은 여러 가지 다양한 학문들이 융합하여
발전하고 있다. 국제관계학의 목적은 국제관계에 영향을 주는 많은 요소들의 원인과
결과를 연구함으로써 전쟁과 같은 인류의 불행을 사전에 예방하고 전 세계가 화합하
고 함께 번영하는 길을 찾는 것이다.

[표 8.1] **국제관계학의 구성과 내용**

학 문	연구 내용
정치학	이해 관계자들의 갈등 해소와 협력 증진
	국가 정부 간의 공적인 업무 협력과 갈등 조정
역사학	인간사회의 중요한 사건들을 기록하고 해석
	오랜 기간의 패권의 흐름을 기록하고 해석
경제학	자원과 용역을 생산, 교환, 분배, 소비하는 현상
	국제사회의 통상과 금융 체제
법 학	법의 개념, 종류, 효력, 적용 범위, 해석 등
	국가들 간의 규범을 수반하는 국제법
사회학	인간 사회와 인간의 사회적 행위
	국제사회 교류를 위한 사회의 기능과 역할
철 학	인간과 우주의 궁극적인 실체
	국제사회의 궁극적인 원인과 목적

위 : 학문의 일반적 내용,   아래 : 국제관계학 내용

국제사회의 쟁점들을 분석하고 해결하기 위하여 국제관계학을 구성하는 6개 학문
분야를 살펴본다.

8.1 정치학

정치학(politics)은 정치학자들 수만큼의 정의가 존재한다고 할 정도로 그 의미가
다양하다. 정치에 대한 여러 정의들 중에서 막스 웨버[1]의 '정치란 권력 분배에 참여하
거나 권력 분배에 영향을 주려는 노력'이라는 주장이 있다. 사람은 태어나서부터 욕망
을 채우기 위하여 자연과의 싸움, 다른 인간과의 싸움, 자신과의 싸움을 계속하기 때
문에 토마스 홉스[2]는 인생을 '만인의 만인에 대한 투쟁'이라고 했다. 아리스토텔레스
가 '인간은 정치적 동물'이라고 말했듯이 인간사회는 갈등과 싸움을 조정하여 질서와
안정을 찾으려고 노력한다. 이와 같이 질서를 유지하려고 조직화하는 행위를 정치라
고 할 수 있다.

8.2.1 정치사상

정치사상은 인간의 본성, 공동체의 목표, 권력의 소재 등에 대해 다양한 철학자들의
사상들이 있지만 그 중에서도 자유주의, 보수주의, 진보주의, 사회주의가 대표적인 사
상이다.

(1) 자유주의

자유주의(自由主義, liberalism)는 개인의 자유를 기본적 권리 중에서 가장 중요한
원칙으로 생각하는 사상이다. 자유주의는 [표 8.2]와 같은 내용을 전제로 개인의 자
유를 가장 중요한 가치로 설정하고 있다. 개인의 자유와 평등과 사유 재산제도와 계
약 그리고 합의를 중요시하므로 자유주의는 민주주의의 근간이 되었다. 이와 같은 자
유주의의 전제는 애담 스미스(Adam Smith)[3]의 국부론과 사적 소유권, 국가의 시장 불

---

1 막스 웨버(Max Weber, 1864~1920): 독일 사회과학자. 베를린대학 교수. 역사학파의 약점 극
   복을 위해 노력.
2 토마스 홉스(Thomas Hobbes, 1588~1679): 영국 현실주의 국제정치학자. 마키아벨리와 유사
   하지만 갈등을 사회악으로 규정하였고, 마키아벨리는 잘 관리하면 안전과 번영에 기여할 수 있
   다고 봄.

개입, 작은 정부, 법치주의 등과 같은 맥락이다.

자유주의는 사적 재산권과 자유 계약의 권리가 시장원리와 연결되어 경제적 자유
주의로 발전하여 자본주의의 사상적 토대가 되었다. 그러나 다수로부터 소수의 자유
도 지켜야 한다는 주장이 제기되어 자유주의는 수정되고 있다. 산업화로 인한 빈부
격차 확대는 사회의 안정을 해치므로 정부가 개입할 필요성을 불러왔다. 개인에 기초
한 사적인 자유는 공적인 문제를 다른 사람들과 해결해야 하는 공적인 자유로 확장되
고 있다. 자본주의 체제가 수반하는 경제적, 사회적 불평등을 해소하기 위해서 국가의
적극적인 역할도 필요하다. 따라서 국가 권력이 자유를 억압할 수도 있지만 자유 증
진에 기여할 수 있다는 것도 인정해야 한다.

[표 8.2] **자유주의의 전제**

구 분	주요 내용
가치	개인의 자유는 가장 중요하다.
평등	개인의 자유는 누구에게나 동일하다.
사유재산과 계약	사유재산제와 이와 관련된 계약의 자유가 중요하다.
합의	정치적 구성의 원칙은 당사자 간의 약속에 있다.

(2) 보수주의

보수주의(保守主義, conservatism)는 인간과 사회에 있어 전통, 역사, 관행 등을 중
시하는 사상이다. 따라서 급격한 변화를 피하고 현행 체제를 유지하려고 한다. 그러므
로 자유주의나 사회주의와 달리 체계적인 사유 체계의 산물은 아니다. 전통적 보수주
의자들은 정치적 관행과 제도를 보존하는 것을 중요시하며 전면적인 개혁을 싫어하
고 점진적 개선, 질서와 안정에 가치를 부여하고 있다. 보수주의는 인간의 본성이나
사회 제도는 선과 악이 혼합되어 있으며, 그 중에서 선(善)은 보존하고 악(惡)은 신중
하게 치유해야 한다고 주장한다.

보수주의의 특징은 다음과 같다.

---

3 애담 스미스(Adam Smith, 1723~1890) : 영국의 고전 경제학자, 철학자. 글래스고대학 교수.
자유주의 경제학의 원조. '국부론'의 저자.

첫째, 보수주의는 [표 8.3]과 같이 인간의 이성을 크게 신뢰하지 않는다. 인간은 이성적이지만 동시에 이기적이고, 욕심이 많고, 감정적이고, 편견이 많은 존재라고 생각한다.

둘째, 보수주의는 사유 재산제도를 옹호하며, 능력에 따라서 부를 많이 또는 적게 축적하는 것을 옳다고 생각한다. 자유주의와 같이 완전한 평등을 인정하지 않는다. 무식한 대중에 의한 지배보다는 엘리트의 지배를 옹호한다.

셋째, 보수주의는 자유주의와 자본주의 질서를 옹호하므로 사회주의와 대결적인 입장이다.

넷째, 보수주의는 가능한 한 정부 개입을 최소화하고 개인과 시장의 역할을 중요시한다. 경제 자유와 개인 자유를 동시에 추구한다.

[표 8.3] **보수주의의 특징**

구 분	주요 내용
인간의 이성	이성을 크게 신뢰하지 않고 이기적이고 감정적이라고 봄
사유재산	개인 소유를 옹호하며, 완전 평등을 인정하지 않음
자본주의	자유주의와 자본주의를 옹호하며, 사회주의와 대결적
작은 정부	정부 개입을 최소화하고 개인과 시장 역할을 강조

(3) 진보주의

진보주의(進步主義, progressivism)는 기존의 전통적 가치, 체제, 정책, 논리 등의 문제점들을 반박하며 기존 체제를 허물고 새로운 가치나 체제를 추구하는 사상이다. 따라서 보수주의와 반대되는 개념으로 혁신주의라고도 한다. 실제로 진보주의는 보수주의나 전통주의 또는 권위주의에 대한 반항적 운동과 사조로 시작되었다. 그러나 보수주의와 진보주의는 절대적인 개념이 아니라 사회적 배경에 따라 상대성을 띠는 개념이다. 예를 들어 예전에는 자유민주주의가 진보주의에 속한 것이었다면, 오늘날은 자유민주주의는 보수주의에 속한 개념으로 인식되고 있다.

진보주의의 특징을 간단하게 정리하면 다음과 같다.

첫째, 진보주의는 [표 8.4]와 같이 사회 문제 해결을 위한 정부 개입을 지지한다. 사회 복지, 교육 개혁, 건강 증진, 노동자 권리 등의 활동에 적극적이다.

둘째, 진보주의는 사회적인 평등을 증대하고 모든 시민에게 평등한 기회와 권리를 제공하는 것을 중요시한다.

셋째, 진보주의는 환경 문제에 대한 높은 관심을 가지고 친환경 정책을 적극 지지한다.

넷째, 진보주의는 다양성을 존중하므로 문화, 인종, 종교, 성 소수자 등을 존중하고 포용하는 정책을 지지한다.

[표 8.4] **진보주의의 특징**

구 분	주요 내용
사회 개혁	사회 문제 해결을 위한 정부 개입 지지
사회적 평등	사회적 불평등을 줄이고 평등한 기회 제공
환경 보호	자연 환경을 보호하고 지속 가능한 개발을 주장
사회적 다양성	다양한 문화, 인종, 종교, 성 정체성 등을 존중

진보와 보수는 상대적인 개념이어서 더 진보적이면 덜 진보적인 것을 보수적이라고 볼 수 있고, 더 보수적이면 덜 보수적인 것을 진보적이라고 볼 수 있다. 마찬가지로 좌익과 우익도 상대적이어서 보는 시각에 따라서 우익으로 또는 좌익으로 볼 수 있다. 산업혁명 이후 자본주의 모순을 극복하기 위하여 사회주의가 나왔으므로 자유주의와 민주주의는 보수주의가 되고 사회주의는 진보주의가 된다. 공산주의는 사회주의의 한쪽에서 나왔는데 프롤레타리아 독재를 주장했으므로 민주주의에 역행하는 진보주의라고 할 수 있다.

(4) 사회주의

사회주의(社會主義, socialism)는 개인의 의사와 자유 보다는 사회 전체의 이익을 중요시하는 사상이다. 인간은 사회적 동물이므로 홀로 존재할 수 없기에 사회 속에서 생활해야 한다. 그렇게 하려면 공동체를 구성해야 하므로 개인보다 사회공동체를 중시하는 사상이다. 사회주의는 자본주의의 모순에서 출발하였고, 자본주의의 기반인

사유 재산제를 사회악의 근원으로 보았기 때문에 공동 소유제를 주장한다. 18세기 산업혁명 과정에서 자본주의로 인한 여러 문제점들을 겪으면서 그 반대 작용으로 평등 사회의 관념이 발생한 것이다.

사회주의의 특징을 간단하게 정리하면 다음과 같다.

첫째, 사회주의는 [표 8.5]와 같이 사회 공동체 구성원들이 생산 수단과 자원을 공유한다. 이것은 구성원들의 사회적 평등을 위한 것이다. 따라서 사회주의에서는 국유화, 공유화, 협동조합 등의 조직 형태를 많이 이용한다.

둘째, 사회주의는 구성원들이 경제적 평등을 누리기 위하여 기본적인 수준을 보장하고 경제적 불평등을 최소화하려고 한다.

셋째, 사회주의는 구성원들의 복지를 위하여 교육, 건강, 주거, 고용 등의 사회 서비스를 공동체에서 광범위하게 지원한다.

넷째, 사회주의는 구성원들에게 평등한 서비스를 제공하기 위하여 중앙집중식 관리 체제를 운영한다.

[표 8.5] **사회주의의 특징**

구 분	주요 내용
공동체의 공유	생산 수단과 자원은 공동체에서 공유
경제적 평등	구성원의 기본적인 수준을 보장하고 부의 불평등을 최소화
사회 복지	공동체가 교육, 건강, 주거, 고용 등 사회 서비스 제공
중앙집권화	평등한 서비스 제공을 위한 중앙집중식 관리체제

마르크스는 생산 수단의 공유라는 유물론과 변증법을 역사 발전에 적용하여 자본주의 사회를 분석하고 이상적인 사회주의를 주장하였다. 자본주의는 자체 모순으로 붕괴할 것이므로 사회주의를 이상적인 목표라고 생각했다. 이상을 달성하기 위해서 무산자들이 계급 혁명을 수행하면 공산사회가 필연적으로 올 것이고 자본주의 사회는 사라질 것이라고 주장했다. 그러나 역사의 결과는 공산주의 사회는 사라졌고 자본주의 사회는 살아남았다.

공산주의 사회는 사유재산 제도가 없어졌으므로 모든 생산 수단이 국유화되었다. 국유화는 주인이 없는 것과 같아서 자기 일처럼 열심히 일하는 사람들이 별로 없다. 일의 효율이 떨어지자 생산성이 대폭 저하되어 사회가 다 같이 가난해졌다. 자본가와 함께 착취가 사라졌지만 실제로는 자본가가 있을 때보다 더 못살게 되었다. 사회 구조는 당 간부와 당원, 비당원 등 여러 계층으로 나뉘어 더욱 심한 계급사회와 차별이 체제화 되었다.

공산주의의 특징은 다음과 같다.

첫째, 자본주의 사회는 사유재산을 허용하는 반면에 공산주의는 [표 8.6]과 같이 생산수단과 자원을 사유화할 수 없고 공동체가 공유한다.

둘째, 공산주의는 경제적으로 평등하게 살기 위하여 부를 균등하게 분배한다.

셋째, 공산주의는 전 세계를 공산주의로 만드는 것을 목표로 활동한다.

넷째, 공산주의는 유일한 정당으로 공동체 사회를 독점적으로 지배한다.

[표 8.6] 공산주의의 특징

구 분	주요 내용
공유재산제	생산수단과 자원을 공동체가 소유
경제적 평등	부의 균등한 분배로 개인별 경제적 격차 감소
국제주의	국가 경계를 넘어 세계를 공산화
계급사회	공산당이 유일하게 공동체 사회를 지배

자본주의와 공산주의는 경제적으로 모두 문제가 있다. 공산주의는 만성적인 공급부족에 시달리는 것이 문제이고, 자본주의는 만성적인 공급과잉이 문제이다. 모두 문제점이기는 하나 굶는 문제와 배부른 문제는 죽음과 삶의 차이이다. 결과적으로 공산국가는 다 망하고 자본주의 국가와 공산주의인 것처럼 위장한 국가들만 살아남았다.

마르크스의 주장이 많은 문제점을 들어내자 신마르크스주의(neo-Marxism)가 나타났다. 이들은 마르크스주의를 비판하고 공산주의 정부에서 경제정책의 자율성과 자본가 계급의 필요성을 주장하였다. 이제 마르크스주의자들의 주적은 자본주의자가 아니라 신마르크스주의자로 바뀌었다. 왜냐하면 이들은 공산주의를 잘 알기 때문에 공산주의를 더 아프게 공격하기 때문이다.

8.2.2 국제관계와 정치

국제정치는 주권 국가들의 상호작용에 의해 나타나는 정치 현상이다. 국가들 사이에도 권력 분배가 있을 수 있으며 그 때마다 분배에 참여하거나 영향을 주려는 것이 국제정치이다. 다만 국제연합(UN), 유럽연합(EU), 아세안(ASEAN), 북미자유무역협정(NAFTA) 등의 국제기구들의 출현으로 국제사회에서 행위자가 증가하여 국제관계가 더 복잡해지고 있다. 한국이 세계 각국과 FTA를 체결하고 있는 것도 국제 통상 권력의 분배 과정에서 국익을 위하여 노력하는 국제정치의 하나이다.

1) 외교

외교(diplomacy)란 국익을 위해 국가들 사이에 필요한 협력과 갈등을 해결하기 위해 외국과 관계하는 모든 활동을 말한다. 따라서 외교는 평화적인 방법 이외에 극단적인 경우에는 군사적인 압력과 전쟁까지 포함한다. 그러나 외교는 주권 국가 간의 분쟁처리 기술의 하나로 설득, 타협, 중재 등의 수단으로 협상에 의한 분쟁 해결을 목표로 한다. 이런 점에서 현실에서는 군사력 행사나 사법적 해결과는 구별된다.

외교에서 가장 중요한 것은 국익이다. 외교에 관련해서 "국제관계에는 영원한 적도, 영원한 우방도 없다[4]"는 말도 여기서 나온 것이다. 국가는 사사로운 개인이 아니기 때문에 감정적으로 움직이지 않는다. 국가 이익을 위해서라면 오랫동안의 우호관계도 끊어버리고, 오래된 적국과도 손을 잡는다. 실제로 제2차 세계대전에서 동맹국이었던 소련과 미국은 전쟁이 끝나자 냉전의 주역이 되어 치열하게 싸웠고, 제2차 세계대전에서 일본은 적이었던 미국 그리고 중화민국(대만)과 치열하게 싸웠지만 전후에는 세 나라가 아주 친밀한 동맹이 되었다. 오랫동안 친미 국가로 일관했던 사우디아라비아는 자말 카슈끄지[5] 사건을 계기로 미국과 등을 돌리더니 미국과 가장 사이가 나쁜 이

---

4 19세기 중엽 영국의 수상을 두 차례 맡은 팔머스톤 Lord palmetston(1784~1865)이 남긴 말
5 자말 카슈끄지(1958~2018) : 사우디아라비아의 유력 언론인, 개혁 성향 일간지인 '알와탄'의 편집국장. 2018.10.02 터키 주재 사우디 영사관을 방문했다가 실종되고 피살됨.

란과 러시아와 손을 잡고 미국의 석유 증산 정책[6]에 반대해서 바이든 대통령과 미국을 난처하게 만들고 있다.

기술력과 군사력과 외교력

철제 무기의 히타이트가 청동제 무기의 이집트 람세스 2세를 격파한 것은 금속 제련 기술력의 차이가 군사력의 차이를 가져온 대표적인 사례이다. 제2차 세계대전에서 영국 공군이 독일 공군을 물리친 것은 레이더 기술력 차이 때문이었고, 미국 무스탕 전투기가 일본 제로 전투기를 물리치고 제공권을 장악한 것은 항공기 엔진 기술력 차이 때문이었다. 태평양전쟁에서 철판 용접 기술로 만든 미군 함정이 리베트 기술로 만든 일본 함정보다 구조적으로 강했다. 따라서 같은 양의 폭격을 받아도 미군 함정들은 격침되지 않았고 일본 군함들은 격침되었으므로 해전에서 승리할 수 있었다. 6.25 전쟁에서 미국의 F86 후발 제트기가 더 우수한 소련의 미그 15 제트기를 약 10대1의 비율로 격추한 것은 순전히 전자사격통제장치의 기술력에 있었다.

하마스가 이스라엘과 휴전협상의 조건이 드론을 띄우지 말라는 것이었다. 드론이 뜨면 드론이 정찰한 좌표를 따라서 곧이어 포탄이 날아오기 때문에 피해가 막심하기 때문이다. 드론 기술력이 외교 협상력에서 우위를 점하는 실제 사례이다. 기술력이 군사력의 우위를 가져오고 군사력 우위가 외교력 우위를 가져오는 것이 현실이다.

앞으로는 인공지능 기술력에서 앞서는 나라가 경제력과 국방력과 외교력의 우위를 선점할 것이 분명하므로 첨단 기술 개발이 국가 안보에 매우 중요하다.

국제사회에서 현실적인 외교의 힘은 동맹에서 나온다. 가급적 적을 만들지 말고 우방을 많이 만드는 것이 최선의 외교 정책이다. 올림픽, 월드컵, 엑스포 등 좋은 국제대회를 유치할 수 있는 힘은 동맹과 우방의 외교력이다.

2) 안보

국제관계에서 외교가 힘을 발휘하기 위해서는 국방력이 뒷받침되어야 한다. 국제사회 외교계에서 가장 큰 손은 미국인데 미국 외교를 뒷받침하는 것이 세계 제1의 군사력이다. 군사력을 뒷받침하는 것은 경제력과 기술력이다. 따라서 외교력은 군사력과 경제력과 기술력에서 나온다고 볼 수 있다. 기술력을 향상하여 경제력과 군사력을 향

---

6 미국의 석유 증산 정책 : 우크라이나 전쟁 자금이 필요한 러시아를 압박하기 위해 미국은 석유 저가 정책을 추진했다. 바이든 대통령은 2023년 7월에 사우디아라비아를 방문하여 석유 증산을 요청했으나 사우디아라비아는 정면으로 거절하고 석유를 감산했다.

상하면 국제사회에서 하드 파워로 외교적 우위를 확보할 수 있다.

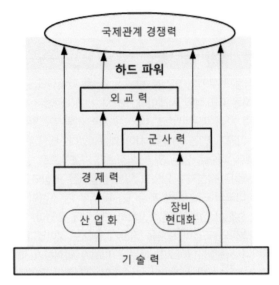

[그림 8.2] **하드 파워 구성요소**

　국방력은 경제력과 군사력만으로 확보되지 않는다. 베트남전쟁에서 미국은 경제력과 군사력에서 월등하게 앞섰지만 국민들이 전쟁에서 승리해야 한다는 의지가 부족했기 때문에 강한 하드 파워에도 불구하고 소프트 파워에서 패배하고 말았다. 손자병법에서 손무는 전쟁에서 승리하기 위해서는 지도자와 국민들의 뜻이 하나로 모아져야 한다는 도(道)를 주장했다. 군사강국 러시아가 우크라이나 전쟁에서 2년 동안 약소국 우크라이나에게 쩔쩔매는 원인의 하나가 러시아 정부와 국민들이 합심할 수 있는 전쟁 의지 부족에 있다.

　국민의 의지를 하나로 모으고 기술력과 경제력과 군사력을 향상하는 것이 국제관계 경쟁력을 확보하는 길이고, 이것이야말로 국가 안보의 지름길이다. 국제관계 경쟁력의 구성 요소는 [그림 8.2]와 같이 기술력, 경제력, 군사력, 외교력 등이다. 이중에서 가장 기초가 되는 것이 기술력이다. 기술력이 있어야 산업화를 추진할 수 있고, 산업화에 성공해야 경제력을 확보할 수 있다. 기술력과 경제력이 확보되어야 군사장비를 현대화하여 군사력을 확보할 수 있고, 경제력과 군사력이 뒷받침되어야 외교력을 얻을 수 있다. 기술력 자체는 소프트 파워가 되지만 기술력으로 얻어지는 경제력과 군사력은 하드 파워이다.

8.2 역사학

역사학은 인간사회의 중요한 사건들을 기록하고 해석하는 학문인데 전쟁에 관한 사항들이 주류를 이룬다. 일설에 의하면 주로 남성들이 전쟁의 주역이었기 때문에 남성들의 이야기(history)라고 불렀다고 한다. 역사학의 아버지로 불리는 헤로도투스[7]는 'historia(역사)'라는 말을 처음 사용하였으며 페르시아 전쟁[8]사를 썼다. 역사학을 정의하면 '선사시대에서 현대까지 정치, 경제, 사회, 문화 등 인간 활동을 조사하고 분석하여 과거의 진실을 규명하려는 학문'이라고 할 수 있다. 역사는 과거 사실에 대한 기록이므로 객관적 의미와 주관적 의미로 나누어 보는 견해가 많다. 객관적 의미의 역사는 '사건 자체'이고, 주관적 의미의 역사는 '사건의 기술'에 속한다고 볼 수 있다.

따라서 역사학은 과거 사실을 밝히는 작업과 과거 사실들을 해석하는 작업으로 구분할 수 있다. 과거 사실을 밝히는 작업은 자연과학에 속하는 부분이고, 사실들을 해석하는 작업은 역사를 보는 렌즈(이론)가 필요한 인문과학이다. 역사는 반복된다는 말이 있다. 그러므로 국제관계에서 불행한 일을 막고 희망을 추구하려면 지나간 역사를 세심하게 공부할 필요가 있다.

8.2.1 역사 인식

역사를 바라보고 해석하고 평가하는 사고방식을 역사관 또는 사관이라고 한다. 사관이란 말은 일본 사학자들이 독일 사서를 번역하는 과정에서 만든 것으로 추정한다. 사관에는 [표 8.7]과 같이 실증사관, 상대사관, 법칙사관, 유물사관, 관념사관, 문명사

---

7   헤로도투스(Herodotos, BC 484?~BC 425?) : 그리스 역사가. BC 5세기에 페르시아 전쟁사를
    다룬 역사를 썼다. 키케로가 그를 '역사의 아버지'라고 불렀다.
8   페르시아 전쟁(BC 491~BC 479) : 페르시아 제국의 그리스 원정 전쟁. 그리스 도시국가들이
    연합하여 페르시아의 공격을 성공적으로 막았다.

관, 식민사관, 민족사관, 종교사관 등 여러 가지가 있다.

[표 8.7] **역사관의 종류**

역사관	내 용	주창자
실증사관	역사는 객관적으로 실증된 것	콩트[9]
상대사관	사실은 재해석되기 때문에 주관적	베커, 베이드
법칙사관	객관적 사실과 주관적 해석의 결합	콜링우드[10]
유물사관	물질이 역사 발전의 원동력	마르크스
관념사관	역사를 움직이는 힘은 이성이고 합리적	헤겔
문명사관	도전에 잘 응전하는 문명만 생존	토인비
식민사관	강대국이 약소국을 지배하는 이유	제국주의자
민족사관	민족 정신과 고유 전통성 고취	신채호
종교사관	신(하나님)이 역사 활동의 배후	파넨베르그[11]

실증사관은 과학을 기반으로 하는 객관성을 중시하는 반면에 상대사관은 객관적 역사 인식이 궁극적으로 가능하지 않다고 주장한다. 실증사관은 객관성을 확보할 명확한 근거를 찾는 것이 문제이고, 상대사관은 사실을 재해석되는 과정에서 주관이 개입되어 왜곡되는 위험이 있다. 실증사관과 상대사관을 종합하여 해석하는 법칙을 기반으로 하는 것이 [그림 8.3]과 같은 법칙사관이다. 새롭게 거론된 사관은 역사를 변동시키고 발전시키는 원천적인 힘을 물질에서 찾는 유물사관과 정신에서 찾는 관념사관으로 구분된다. 유물사관은 인류 문명의 기원과 발달을 이해하는 요소로 물건, 생산, 기계, 계급, 사회경제적 구조 등을 중시하는 반면에, 관념사관은 사건이나 제도 속에 숨어있는 자유, 평등, 신의 섭리 등 형이상학적인 개념을 중시한다. 같은 역사를 여러 가지 이론으로 볼 수 있기 때문에 역사에 대한 이해와 평가는 큰 차이가 있다.

---

9 콩트 Auguste Comte(1798~1857) : 프랑스 철학자. 실증주의 창시자. 경험주의적인 사회학 창시자. 사회학의 아버지로 불림.

10 콜링우드 Robin George Collingwood(1889.02.22.~1943.01.09.) : 영국 철학자, 역사학자.

11 볼프하르트 파넨베르크 Wolfhart Pannenberg(1928.10.02.~2014.09.05.) : 독일 루터교회 신학자.

유물사관과 관념사관을 종합한 것이 도전에 대한 응전에 성공한 문명사관이다. 이 밖에도 강대국이 약소국을 지배하는 이유를 제공하는 식민사관이 있고, 민족의 정신과 고유의 전통성을 고취한 민족사관이 있고, 종교와 신앙을 기반으로 성립한 기독교사관과 같은 종교사관 등이 있다.

(1) 실증사관

실증사관(empirical history)은 역사 자료를 대하고 해석하는 과정에서 객관적인 방법과 과학적인 정확성을 중시한다. 사료에 대한 편견이나 선입견 또는 종교 등에 사로잡히지 않고 끝까지 사실에 입각해서 실증하려는 입장이다. 실증사관은 19세기 중엽에 독일의 랑케로부터 시작되었고, 일본에서는 19세기 말부터 시작되었으며, 한국에서는 1930년대에 이병도, 김상기 등으로 시작되었다.

실증사학의 특징은 말 그대로 실증적인 연구 방법을 중시하였다. 즉, 실증이란 증거를 가지고 역사적인 사실들을 설명하는 것이다. 실증사학자들이 중시한 증거는 정확한 문헌자료였다. 정확한 사료를 바탕으로 객관적으로 검토하고 비판하여 정확한 사실을 얻으려고 노력하였다. 일제시대에는 식민 지배에 대항하는 방편으로 역사학을 조선인의 입장에 맞추어 해석하려는 입장이 있었다. 이런 입장에 보다 객관성을 얻기 위하여 실증사관이 도입되었다.

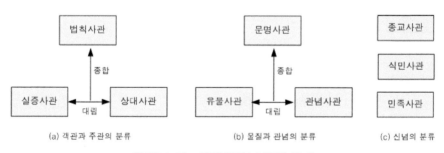

[그림 8.3] **역사관들의 분류와 관계**

역사 인식에서 정확하게 객관성을 유지하는 것이 가능하지 않다는 주장이 상대사관이다. 객관적이고 정확한 논리를 펼 수 있다는 것은 이성에 대한 절대적인 신뢰가 뒷받침되어야 한다. 그러나 계몽주의와 모더니즘 이후에는 이성의 절대성이 무너졌기 때문에 실증사관이 퇴조하고 상대사관이 등장하였다.

(2) 유물사관

유물사관(唯物史觀)은 마르크스주의의 역사관을 가리키는 말로 사적 유물론의 줄임말이다. 경제적 물질적 생활 관계를 역사발전의 원동력으로 보는 입장이다. 사회적, 정치적, 정신적 생활 등 모든 인간의 역사를 물질적 생산방법에 의하여 규정하고, 이 물질적 기반 자체는 그 자신의 변증법적 발전의 필요성에 따라 전개되는 것으로 보았다. 즉 세계사를 정신의 발전이 아닌 물질의 발전으로 보는 역사관이다.

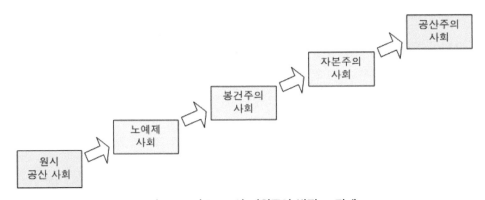

[그림 8.4] 마르크스의 사회주의 발전 5 단계

마르크스는 생산 수단의 소유 형태를 기초로 [그림 8.4]와 같이 다섯 가지 단계를 거치며 역사가 발달한다고 주장하였다. 치밀하고 자극적인 논리로 한 때는 여러 지역에서 호응을 얻었으나, 공산주의 사회는 공급 문제를 해결하지 못하고 21세기가 끝나기 전에 역사에서 사라지고 말았다.

(3) 관념사관

헤겔의 관념사관(觀念史觀)은 역사를 움직이는 궁극적인 힘을 이성이라고 보았다.

그는 이성이 세계를 지배하므로 세계는 합리적으로 발전한다고 보았다. 역사적 과정이 논리적이기에 역사적 발전은 우연적이라기보다는 필연적이라고 보았다. 자연은 보편, 불변의 법칙에 따라 움직인다. 역사는 인간내면의 정신생활이고, 정신은 목적이 있고 계획이 있다. 역사는 반복하지 않고 나선형적으로 발전한다. 정신이란 불완전에서 완전으로 나아가며 자기 자신에 대한 무한한 투쟁(반대)을 전개한다. 즉 정반합의 변증법적 과정을 통해 발전한다. 역사는 궁극적으로 인간이성이 지배하고 움직인다, 인간이성의 본질은 자유이다. 헤겔은 역사의 발전과정을 자유의 의식에 있어서 진보로 파악하고, 자유라는 개념을 근거로 확대되어 역사가 발전한다고 보았다.

(4) 문명사관

아널드 토인비는 역저 '역사의 연구'에서 독자적인 문명사관을 제시했다. 그는 많은 문명들이 태어나서 성장하고 소멸해가는 역사 과정을 연구한 끝에 문명을 살아있는 유기체로 보았다. 문명은 성장하는 과정에서 도전을 받게 되는데 이 도전에 적절하게 응전하여 극복하지 못하면 그 문명은 쇠퇴하고 만다. 그러나 적절하게 응전하면 성장을 계속할 수 있다. 문명은 성장기보다 쇠퇴기가 훨씬 길다. 그 이유는 문명이 쇠퇴하는 과정에서 최소한 여러 번의 만회할 수 있는 기회가 있기 때문이다. 그는 문명 발전의 요소를 도전과 응전에서 찾았다.

문명이 성장하는 배경에서 중요한 것이 자연환경이다. 대체로 자연환경이 좋은 곳에서는 문명이 발전하지 못했고 환경이 나쁜 곳에서 문명이 발전했다. 좋은 자연환경보다는 나쁜 환경에서 문명이 생존을 위해 도전과 응전의 자극을 받기 때문으로 보았다. 그러나 북극처럼 너무 열악한 환경에서는 환경 극복에 에너지를 많이 써서 문명이 정체되는 경우가 있다. 나쁜 환경을 극복하기 위해서는 창조적 소수자들이 역량을 발휘해야 하고 비창조적 다수자들이 따라주어야 한다. 따라서 토인비는 창조적 소수와 비창조적 다수의 융합이 문명의 발전과 쇠퇴를 결정한다고 보았다. 그는 전통사학에 정면으로 도전함으로써 새로운 역사학을 개척하였다.

(5) 민족사관

민족사관은 민족의 고유한 전통과 정신을 고취하기 위해 만든 역사관으로, 제국주의자들의 식민사관에 대한 대응 개념으로 출발하였다. 식민사관이란 제국주의자들이 식민 지배를 합리화하기 위해 식민지인들을 세뇌하려고 만든 지배 이념이다. 제국주의자들은 식민지 민족은 본래 열등하기 때문에 선진 민족의 지배를 받는 것이 도움이 된다는 논리를 폈다. 나치주의자들은 게르만족은 우생학적으로 우월하고 유대민족은 열등하고 더러운 족속으로 치부하는 인종차별주의 역사관을 폈다. 일본 제국주의자들도 식민 지배를 위해서 역사적으로 우월한 민족이 열등한 민족을 다스려야 한다는 주장을 합리화하고, 역사적 사실들을 왜곡하였다.

민족주의자들은 식민사관에 맞서서 민족의 우월성과 자긍심을 불러일으킬 수 있는 역사적 사실들을 발굴하고 민족이 독립할 수 있는 논리를 개발하였다. 1910년대부터 박은식과 신채호는 역사 서적을 편찬하며 민족사관으로 민족의 진로를 밝혔다.

국제관계를 연구할 때는 이론과 함께 사례를 비교하고 검증하는 것이 중요하다. 이미 역사적으로 유사한 사건들이 과거에도 많이 발생했기 때문에 기존 역사를 이론적으로 평가할 일이 많은 것이다. 따라서 역사와 함께 역사관을 공부하는 것은 국제관계학을 연구하는데 많은 도움이 된다.

8.2.2 국제관계와 역사학

국제사회에서 갑자기 새롭게 벌어지고 있는 사건들은 새로운 것으로 보이지만 긴 역사 속에서 보면 이미 수없이 일어났던 일이 반복되어 다시 일어났다는 것을 알 수 있다. 따라서 국제관계의 역사를 깊이 연구하고 이해할 수 있다면 새롭게 발생하는 국제관계도 사전에 예측하여 예방할 수 있고 좋은 결과로 유도할 수 있다. 그러므로 국제관계학을 위한 모든 자료는 역사 자료와 역사학에서 나온다고 할 수 있다.

역사는 반복된다는 말은 서양의 속담과 격언에서 나온 말이다. 한 번 일어났다는 사실 자체가 사건 발생의 가능성을 증명한 것이므로 시간이 오래 지나도 얼마든지 다시 일어날 수 있다는 것을 의미한다. 역사는 시간이 지날수록 진전해야 하는데 오히려 실수가 반복되고 있다면 불행한 일이 아닐 수 없다. 국제관계에서 과거에 있었던 실수가 반복되지 않으려면 국제관계 사실들에 대한 충분한 조사와 연구가 선행되어야 한다. '아는 것이 힘이다'라고 주장한 미셸 푸코의 주장이 새삼 강조되고 있다.

8.3 경제학

경제학(economics)의 정의도 경제학자들의 수만큼 다양하다. 그 중에서 가장 간단한 것이 애덤 스미스[12]가 정의한 '국가의 부에 관한 연구'이다. 이를 자세히 설명하면 '한정된 자원과 용역의 생산, 교환, 분배, 소비하는데 발생하는 현상을 연구하는 학문'이라고 할 수 있다. 경제학은 산업혁명 이후 산업자본주의가 등장한 18세기 중엽부터 시작된 학문으로 산업화 과정에서 나타난 현실 경제문제를 해결하기 위하여 다양한 이론을 제시하며 시작되었다. 국가 간의 경제문제를 해결하지 못하면 전쟁으로 이어질 수 있기 때문에 경제학은 국제관계학의 주요한 부분이라 할 수 있다.

8.3.1 경제학 이론

경제학 이론은 미시경제학과 거시경제학으로 구분된다.

미시경제학은 가계와 기업이 경제와 관련된 문제를 어떻게 해결하며 시장에서 이들이 어떻게 상호작용 하는가를 연구한다.

거시경제학은 실업, 인플레이션, 경제성장 등과 같이 국가 전반에 관한 경제 현상을 연구한다. 이 책에서는 구체적인 경제학 이론보다 국제관계에서 경제의 흐름을 이어갔던 역사적이고 정책적인 이론을 위주로 살펴본다.

(1) 중상주의

중상주의(mercantilism, 重商主義)는 초기 상업자본을 중심으로 한 자본주의를 의미한다. 시대적으로는 15세기 대항해 시대부터 18세기 시민혁명[13]과 산업혁명으로 인한 자유무역정책이 실행되기 전까지 나타난 경제정책과 경제이론으로 간주되었다.

당시 유럽은 내부적으로 지방분권화가 이루어지고 외부적으로는 민족국가 건설을

---

12 애덤 스미스(Adam Smith, 1723~1790): 영국 글라스고 대학 교수. 도덕철학자, 고전 경제학 창시자. '국부론' 저자. 경제행위는 '보이지 않는 손'에 의해 공공복지에 기여하게 된다고 주장.
13 18세기 시민혁명 : 1776년 미국의 독립전쟁, 1789년 프랑스혁명 등.

위한 부국강병을 서두르고 있었다. 국력을 부강하게 키우기 위하여 보호무역주의와 자국 산업지원정책이 시행되었다.

[표 8.8]과 같이 중상주의 시대에는 국제적으로 통용되는 금과 은과 같은 귀금속 등을 국가 부의 기본으로 삼았다. 따라서 정부가 무역을 엄격하게 통제하여 금과 은 의 유출을 막고 귀금속 보유량을 늘리려고 하였다. 각 정부는 무역수지 개선을 위하 여 수출을 지원하고 수입을 억제하는 정책을 추진하였다. 식민지를 개척하여 식민지 에서 자원을 저렴하게 수입하고 완제품을 생산하여 소비 시장으로 활용하여 부를 축 적하려고 하였다. 중농주의 시대에는 토지를 국부의 기본으로 하였으므로 중상주의와 달리 정부의 통제와 간섭을 배제하고 자유방임 주의를 주장했었다. 그러나 중상주의 시대가 오자 정부의 간섭과 통제가 증가하기 시작하였다.

[표 8.8] 중상주의의 특징

구 분	주요 내용
금과 돈	국가의 권력과 부를 금과 돈으로 간주하고 모으려고 노력
수출 진흥과 수입 제한	수출을 진흥하여 외화를 벌어들이고, 수입을 제한하여 외화를 아끼려고 노력
식민지	식민지를 개척하여 자원을 수입하고 소비 시장으로 활용
국가 개입	정부가 수출입과 산업, 자원관리에 개입하고 통제

(2) 고전 경제학

고전 경제학이란 자유 경쟁과 노동 가치설[14]에 기반을 두고 시장을 통하여 생산과 분배 체제가 완성된다는 경제 이론이다. 시대적으로는 18세기부터 19세기 중반까지 의 초기 단계 이론이다. 애덤 스미스를 시조로 맬더스, 리카도, 밀 등이 대표적이다. 애덤 스미스는 그동안 산만하게 제기되었던 경제이론들을 '국부론'에서 집대성하고 체계화함으로써 경제학을 사회과학의 독립된 학문으로 출범시켰다. 고전 경제학은 중 농주의가 주장했던 토지와 중상주의가 주장했던 상업자본 대신에 노동을 국부의 원 천으로 정의하고 국부의 개념을 확장시켰다. 고전 경제학파는 각 개인들이 사적인 이

---

14 노동가치설 : 상품은 인간의 노동에 의하여 생산되며, 상품의 가치는 그 생산에 필요한 노동시 간으로 결정된다는 학설. 고전과 경제학에서 마르크스(Karl Marx)로 계승되었다.

익을 위해서 경제활동을 하면 '보이지 않는 손'에 의하여 공공의 이익이 자동으로 확장된다고 믿었다. 개인들의 경제활동이 활발할수록 시장에서 완전 고용이 달성된다고 보았다.

[표 8.9]와 같이 고전 경제학은 시장에서 자유롭게 경쟁하는 것이 자원 할당과 생산효율을 증가 시킨다고 보았다. 기업가들은 개인의 이익을 추구하려고 노력하는 것이 국가 전체의 부를 늘리는 것이라고 보았다. 또한 사유재산제가 모든 사람들에게 열심히 일하는 동기를 부여하므로 경제 발전 요인이라고 판단하였다. 자유시장경제와 기업가 정신을 추구하려면 정부는 가급적 간섭과 통제를 줄여야 한다고 주장하였다.

[표 8.9] **고전 경제학의 특징**

구 분	주요 내용
자유시장경제	시장경제와 경쟁이 자원과 생산 효율을 증진함
기업가 정신	개인의 이익 추구와 기업가의 창의적인 노력을 중시
사유재산제	개인의 재산은 개인의 판단으로 자유롭게 사용되어야 함
작은 정부	정부의 간섭과 통제를 줄이는 것이 경제에 효과적

경제활동이 증가하여 국가의 부가 증가하였지만, 자본가와 노동자 사이에 불평등이 야기되어 사회가 소란스러워지기 시작하였다. 노동자들은 자본가가 자신들을 착취하고 자신들의 배만 불리고 있다고 생각했다. 이러한 생각들이 모여서 사회주의 경제학이 나타났다. 고전경제학을 편의상 자본주의라고 부르기도 한다.

(3) 사회주의 경제학

사회주의 경제학은 사회적 평등과 공정을 중시하는 사회주의 이념을 기반으로 성립한 경제이론이다. 따라서 자유주의를 기반으로 하는 자본주의 경제학과 대비된다. 산업혁명이 진행되어 국가의 부가 확장되었으나 부의 불균형이 문제가 되었다. 산업화 초기에 노동자들의 삶의 질이 낮았기 때문에 자본가와 대립하는 현상이 발생하였다. 여기서 노동자 계급을 대변하는 학문이 사회주의 경제학이다.

사회주의 경제학은 카를 마르크스(Karl Marx)[15]에 의해 집대성되었다. 마르크스는 인간의 노동을 개인 스스로의 욕구 충족과 자기실현의 과정이므로 매우 중요하다고 생각했다. 그러나 개인과 노동이 여러 가지 외적인 요인에 의하여 소외되는 것이 문제라고 보았다. 마르크스는 이 문제를 자본과 노동의 갈등으로 보고 계급투쟁을 통하여 노동자의 본질을 회복시켜야 한다고 했다. 사회주의 경제학은 노동자계급의 입장을 대변하면서 자본주의 체제의 변혁을 요구하는 극단적인 노선을 걷기도 하였다.

그러나 사회주의 경제학은 공산주의 국가에서 만성적인 공급부족으로 국민들이 가난에 시달리다가 역사에서 사라지고 말았다. 이를 극복하고자 신마르크스주의가 나왔지만 근본적인 해결책은 되지 못하고 있다.

[표 8.10] **사회주의 경제학의 특징**

구 분	주요 내용
주요 목표	경제적 평등과 사회적 공정을 실현
공유 재산제	주요 산업, 자원, 토지 등 핵심 경제 부문을 국유화
계획 경제	생산과 분배를 중앙정부가 계획하고 통제
분배와 복지	부의 공평한 분배와 복지 관리
공급 부족	만성적인 공급 부족으로 전 국민이 가난에 시달림

[표 8.10]과 같이 사회주의 경제학은 경제적으로 평등하고 공정한 사회를 목표로 한다. 그 방법으로 주요 산업 시설과 자원과 토지 등을 국유화하고 중앙 정부에서 관리한다. 모든 경제는 중앙정부가 계획하고 집행하고 통제한다. 모든 경제 목표는 부를 공평하게 분배하고 복지를 향상하는 것이다. 문제는 만성적인 공급 부족을 해결하지 못하여 전 국민이 가난에 시달리는 것이다.

(4) 케인즈 경제학

제1차 세계대전 이후 미국 경제는 번영을 누리고 있었지만 그 이면에는 만성적인 공급과잉과 실업률 상승으로 문제가 커지고 있었다. 1929년 말 뉴욕 주식거래소에서

---

15 카를 마르크스(Karl Heinrich Marx,1818~1883): 독일의 사회과학자. '자본론' 저자. 엥겔스와 함께 '공산당 선언' 집필.

주가가 대폭락하였고 구매력 저하로 인한 경제 파동이 시작되었다. 이에 따르는 사회 불안은 1930년대 말까지 계속되었다. 본래 자본주의 경제는 호황과 불황을 주기적으로 겪으면서 보이지 않는 손에 의하여 잘 운영된다고 믿었었다. 그러나 이번에는 경기의 자동 회복력이 작동하지 않았다.

케인즈[16]는1930년대 세계 대공황에서 불황의 원인을 총수요 부족으로 보고 정부의 재정지출을 늘려 실업을 구제해야 한다고 주장했다. 정부의 공공사업을 통하여 지출을 늘리는 재정정책을 주장하여 미국에서는 '뉴딜정책' 등을 통하여 공황 문제를 해결할 수 있었다. 이것은 고전경제학파의 보이지 않는 손이 동작하지 않는다는 것을 보여준 대표적인 사례이다. 케인즈 경제학의 영향으로 세계 각국은 정부 역할을 증대하고 재정 지출을 늘리기 시작하였다.

[표 8.11] **케인즈 경제학의 특징**

구 분	주요 내용
수요 중심	수요가 경제의 주요 동력이고 핵심
경기변동 설명	경기 침체와 부양을 잘 이해하면 조절 가능
정부 개입	정부가 경기변동을 완화하고 고용을 유지해야 함
고용론	고용 유지와 증가가 경제 번영에 중요
통화정책	통화 공급을 조절하여 경기변동을 완화해야 함

[표 8.11]과 같이 케인즈는 수요가 경제의 핵심이므로 수요 조절을 통하여 경기 변동을 이해하고 설명하려고 했다. 정부가 개입하여 경기 침체와 부양을 조절해야 경기 변동을 완화할 수 있고 고용을 유지할 수 있다고 했다. 정부가 개입하여 고용을 유지하고 통화 공급을 조절하면 경제를 안정시키고 발전시킬 수 있다는 이론이다. 따라서 정부 역할의 증대를 강조했다. 케인즈 경제학을 수정 자본주의라고 부르기도 한다.

---

16 케인즈(John Maynard Keynes, 1883~1946) : 영국 금융경제학자. 케임브리지 대학 교수. 관리 통화제를 제창하고 금본위 제도를 반대. 정통경제학은 특수한 경우에만 분석이 가능하다고 비판하고 포괄적인 일반이론을 제시하여 케인즈 경제학파를 형성함.

(5) 신자유주의 경제학

케인즈 경제학으로 정부가 경제문제에 적극적으로 개입하여 대공황의 경제 위기를 해결하였다. 그러나 1970년대 석유파동과 스태그플레이션[17]으로 인하여 케인즈 경제학이 비판을 받기 시작하였다. 정부 지출을 늘려 팽창한 복지국가는 막대한 조세부담으로 경제가 흔들리자 사회가 다시 불안에 빠졌다. 이 불안에 대한 대책으로 신자유주의 정책이 나타났다. 신자유주의는 정부의 시장 개입과 통제를 줄이고, 시장의 기능과 민간의 자유로운 활동을 중시하는 이론이다. 또한 자유 무역을 강화하여 경제를 활성화하려고 한다. 세계무역기구(WHO)를 통하여 보호주의를 억제하고 자유무역을 활성화하자고 주장한다.

[표 8.12] **신자유주의 경제학의 특징**

구 분	주요 내용
시장 중심	경제 활동은 시장에서 개인과 기업들의 경쟁과 수요와 공급을 통해 조절되어야 함.
작은 정부	정부가 가급적 시장경제에 개입하지 말아야 한다. 정부 역할은 시장의 안정성, 공정성과 지적 재산권 보호로 한정
자유 무역	무역의 자유화와 활성화가 경제 성장의 기반
경제 정책	낮은 세율, 규제 완화, 개방적인 무역 등

[표 8.12]와 같이 신자유주의 경제학은 시장 중심의 경제 운영을 주장한다. 경제 운영에서 정부 역할을 줄이고 시장의 안정성, 공정성, 지적 재산권 보호 등에 힘써야 한다고 주장한다. 또한 무역을 자유화하여 활성화하는 것이 경제 성장의 기반이라고 한다. 경제 정책은 세율을 낮추고 규제를 완화하여 시장 경제 활동을 활성화하고, 무역을 더욱 개방해야 한다는 이론이다.

신자유주의 경제학은 많은 비판을 받고 있다. 특히 정부 개입의 필요성, 소득 불평등, 환경 문제 등에 대한 이론의 여지가 많아서 논의가 계속되고 있다.

---

17 스태그플레이션(stagflation) : 경기침체 stagnation과 inflation의 합성어. 경기가 침체하고 있는데도 물가가 오르는 경제 현상. 군사비, 실업수당, 노동조합 압력에 의한 임금의 급상승, 기업의 관리비 상승 등이 원인이다.

(6) 국제경제학

국제경제학(國際經濟學)은 국가 간 경제적 금융적 상호의존성을 다루는 학문이다. 국가들 간에 이루어지는 상품과 서비스 거래, 자본과 노동의 이동 그리고 이와 관련된 현상과 제도적, 정책적 측면들을 연구한다. 국제무역, 환율, 국제수지, 이와 관련된 국제 거시경제 등이 여기에 포함된다. 크게 보면 국제무역론과 국제금융론으로 분류할 수 있다. 국제간의 경제거래에는 무역, 수송, 보험 등의 서비스 거래, 자본, 노동의 이동 등이 포함된다. 기존 국제 무역은 상품과 서비스를 거래하는데 반하여, 국제경제학은 자본과 노동의 국가 간 이동을 다룬다는 점이 다르다. 세계경제학이 세계를 하나의 결합체로 보는 반면에 국제경제학은 국가경제가 단위가 되므로 국가경제 사이의 관계가 중요하다. 자원이 부족하고 지리적으로 섬나라와 같은 한국이 가장 주력해야할 부분이 국제경제이다.

[표 8.13] **국제경제학의 특징**

구 분	주요 내용
상호의존성	국가 간의 경제 관계가 증가하여 의존성 상승
환율과 변동	환율과 환율 변동이 국제 무역과 금융에 큰 영향
무역 정책	국제 무역 이론과 정책을 중시
국제 투자	외국인(기업) 투자와 다국적기업의 역할 증대

[표 8.13]과 같이 국제경제학은 국가 간 경제의 상호의존성을 중시하며 관련된 연구를 한다. 국가 간의 환율과 환율 변동이 국제 무역과 금융에 주는 영향을 중시한다. 아울러 무역 정책 수립을 위하여 국제 무역 이론과 무역 정책을 중시한다. 외국 기업의 투자와 다국적기업의 역할과 기능을 분석하고 중시한다.

사회가 변화하고 경제학이 발전하면서 수많은 주장과 학파가 나왔지만 언제 어디서나 통용되는 만병통치의 경제학은 역사적으로 없었다. 현실 상황에 맞게 항상 개선하고, 관찰하고, 새롭게 적용해야 했다. 이 과정에서 국가 간의 통상문제는 심각하게 대두되고 심각한 갈등을 해결하지 못하면 전쟁까지 불사하였다.

8.3.2 국제관계와 경제

인간사회의 가장 큰 주제는 먹고 사는 문제이다. 국제관계의 가장 큰 주제도 역시 먹고 사는 경제 문제이다. 역사적으로 수많은 전쟁 원인의 대부분은 경제적인 갈등으로 시작되었다. 제1차, 2차 세계대전은 모두 산업화 선두 국가들과 후발 국가들 간의 경제권을 놓고 벌인 경쟁이었다. 무역과 상업을 뜻하는 'commerce'의 어원은 자원이 한정된 세상에서 남의 것을 속여서 빼앗는 '사기'라는 뜻이었다. 아주 오래 전에는 유목민들이 정착민들을 약탈해서 먹고 살았듯이, 경제는 약탈을 하거나 사기를 쳐서 해결되는 문제라고 생각했던 것이다.

현실주의자들은 힘으로 내 것을 지키거나 남의 것을 빼앗아서 경제문제를 해결하려고 하고, 자유주의자들은 상호의존과 협상에 의하여 경제문제를 해결하려고 한다. 전 세계 모든 국가의 정권들은 경제 문제를 최고의 국제관계로 판단하고 국내외정치를 하고 있다.

8.4 법학

법(法, law)이란 글자의 뜻 그대로 물(氵)이 흘러간다(去)는 의미다. 가뭄이나 홍수 등 자연재해와 사고 등을 대비하여 매사가 물처럼 잘 흐르도록 조치하는 것이 법이다. 법이란 도덕의 최소한으로 볼 수도 있지만 국가 권력이 강제로 요구하는 규범이다. 법은 구속력을 가진다는 의미에서 양심이나 도덕, 종교, 습관과 크게 차이가 있다.

법은 국가에 의해 강제성을 갖는 사회 규범이며, 법에는 [표 8.14]와 같이 헌법과 법률, 명령 등이 있다. 헌법은 국가의 조직과 운영을 규정한 법으로 모든 법률은 헌법의 규정에 따라 제정된다. 법률은 국회의 의결을 거쳐서 대통령이 서명하고 공포함으로써 제정되는 성문법이다. 명령은 법률에 따라 행정권에 의하여 정립되는 규범이다. 법의 체계에 있어서 법률은 헌법의 하위에 있으며 명령, 규칙, 조례 등의 상위에 있다. 규칙은 헌법이나 법률에 근거하여 국가 기관별로 정립되는 성문법의 한 형식이다.

실례로 헌법에 의한 국회규칙, 대법원규칙 등이 있고, 법률에 의한 감사원규칙, 교육규칙 등이 있다. 조례는 지방자치단체가 법령의 범위 안에서 제정하는 자치입법으로 지방의회의 의결에 의해 제정된다.

[표 8.14] **법의 종류**

구 분	내 용
헌법	국가의 조직과 운영을 규정한 법
법률	국회에서 의결하고 대통령이 서명하고 공포하여 제정되는 성문법
명령	법률에 따라 행정권에 의하여 정립되는 규범
규칙	헌법이나 법률에 근거하여 국가 기관 단위로 정립되는 성문법
조례	지방자치단체가 법률과 명령의 범위 안에서 제정하는 자치입법

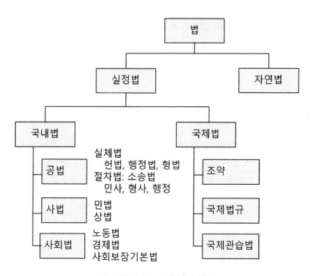

[그림 8.5] **법의 분류**

법학이란 법의 개념, 종류, 효력, 적용 범위, 해석 등을 연구하는 학문이다. 국제관계에서 다루는 법은 국제법이지만 국내법과의 관계를 고려하지 않을 수 없으므로 함께 공부할 필요가 있다. 국가의 법은 [그림 8.5]와 같이 실정법과 자연법으로 구분된다. 자연법은 자연계의 사물이나 인간의 본성에 의거하여 성립되는 영원하고 보편적인 법이다. 반면에 실정법은 사람들이 현실적인 필요에 의해서 인위적으로 만든 법이다. 실정법은 국내법과 국제법으로 구분된다.

[표 8.15] **국내법의 종류**

구 분	법		내 용
공 법	실 체 법	헌법	국가의 통치 조직과 통치 작용의 원리와 국가 권력의 근원 그리고 국민의 기본권을 규정
		행정법	행정권의 조직과 작용에 대해 규율
		형법	범죄의 요건과 그 법적 효과인 형사제재를 규정
	소 송 법	민사소송법	민사소송제도 전체를 규율하는 법규
		형사소송법	형사절차에 관한 법규범의 총체
		행정소송법	행정청/공권력의 행사가 국민의 권익을 침해할 때 규제
사 법	민법		개인이 사회생활에서 지켜야 할 사생활에 관한 법
	상법		시장경제원리를 기반으로 기업의 상거래 관계를 규율
사 회 법	노동법		근로자들의 약점을 보완하여 노사관계를 규정
	경제법		경제활동을 안전하게 촉진하기 위하여 규제
	사회보장기본법		사회보장제도에 관한 기본 사항을 규정

8.4.1 국내법

국내법은 [표 8.15]와 같이 주권 국가 안에서 효력을 가지며 구성원들 사이의 관계를 규율하는 법이다. 국내법은 공법, 사법, 사회법 등으로 구분된다.

(1) 공법

공법(公法)은 개인과 국가 간 또는 국가 기관 간의 공적인 생활 관계를 규율하는 법이다. 공법은 실체법과 소송법으로 구분된다. 실체법이란 권리와 의무의 존재에 관한 법으로 헌법, 행정법, 형법으로 구성된다. 헌법(憲法)은 국가의 통치 조직과 통치 작용의 원리와 국가 권력의 근원 그리고 국민의 기본권을 규정하는 기본법이다. 행정법은 행정권의 조직과 작용을 규율하는 법이므로 한 나라의 근본을 정하는 헌법, 입법권의 조직과 작용에 대한 입법법, 사법권의 조직과 작용에 관한 사법법과 구별된다. 형법은 범죄의 요건과 그 법적 효과인 형사제재를 규정한 법이다.

소송법은 재판 절차와 방법을 규정하는 법으로 민사소송법, 형사소송법, 행정소송법 등으로 구성된다. 민사소송법은 민사소송제도 전체를 규율하는 법규이고, 형사소송법은 형사절차에 관한 법규범의 총체이다. 행정소송법은 행정청이나 공권력의 행사 또는 불행사가 국민의 권익을 침해할 때 규제하는 소송절차이다.

(2) 사법

사법(私法)은 개인적, 사익적, 경제적, 자율적, 비권력적, 대등적 관계를 규율하는 법이다. 사법은 민법과 상법으로 구분된다. 민법은 국민 개인이 사회생활을 영위함에 있어서 지켜야 할 사생활에 관한 법이다. 상법은 기업의 상거래 관계를 규율하는 법이다.

(3) 사회법

사회법은 사회의 안녕과 공공의 이익을 실현하기 위하여 제정한 법이다. 노동법, 경제법, 사회보장기본법으로 구성된다. 노동법은 근로자들의 약점을 보완하여 노사관계를 규정하는 법으로 자본주의 사회에서 노동자의 생존권을 지원하는 법이다. 경제법은 경제활동을 안전하게 촉진하기 위하여 국가가 국민의 경제활동을 간섭하고 규제하기 위하여 제정한 법이다. 사회보장기본법은 국민의 복지증진을 위하여 사회보장에 관한 국민의 권리와 국가 기관의 책임을 정하고 사회보장제도에 관한 기본적인 사항을 규정한 법이다.

8.4.2 국제법

국제법은 국가 간에 명시되거나 묵시된 합의를 기초로 형성된 법이다. 주로 국가 상호 간의 관계를 규정한다. 하지만 최근에는 UN이나 WTO와 같은 국제기구나 개인도 국제법상의 법률관계 당사자가 되는 사례가 많이 발생하고 있다. 국제법이 법인가 아닌가에 대해서는 이론의 여지가 있다. 그러나 국제법에서도 위반사항에 대하여 전혀 제재가 없는 것은 아니다. 제1차, 2차 세계대전이 끝난 후에 전범자 재판정을 열어서 전쟁범죄자들을 처벌한 것이 대표적인 사례이다.

[그림 8.5]와 같이 국내법과 국제법은 실정법에 속한다. 실정법이란 국가에 의하여

제정된 법으로서 과거 또는 현재 시행되고 있는 법을 말하며 자연법(모든 시대와 장소에 적용될 수 있는 영구불변의 법)에 대응되는 의미로 사용한다. 국내법과 국제법은 분명하게 구분되어 있으나 두 법이 충돌할 수 있는 여지는 얼마든지 있다. 그러나 국내법과 국제법의 관계에는 여러 가지 학설이 있으나 국제법 우위설이 우세하다.

그 근거는 국제법이 국가 간의 관계를 규율하는 기능이 있기 때문에 국내법에 비하여 우위에 있다는 논리이다.

[표 8.16] **국제법**

구분	분야	내역
성문법	조약	국가 간에 서면 형식으로 체결된 공식 협정
	국제법규	국제사회에서 일반적으로 승인된 법
불문법	국제관습법	국가 간의 묵시적인 합의에 의하여 일반적으로 승인된 국제관행. 법적 구속력이 있다.

국제법은 조약이라는 성문법과 국제관습법이라는 불문법으로 구성된다. 성문법에는 조약 외에도 국제사회에서 일반적으로 승인된 국제법규가 있다.

조약(treaty, 條約)은 국제법에 의하여 구속을 받는 둘 또는 그 이상의 국가들이 체결하는 공식 협정이다. 조약은 국제연합 조약법회의[18]에서 [표 8.16]과 같은 내용으로 1969년에 채택되었으며 한국도 가입하였다. 조약은 오랫동안 관습법으로 형성되어 왔지만 국제관계의 발전을 위하여 법전화된 것으로, 국제법에 기초한 국제적 합의이다. 국제적 합의는 조약 이외에도 협약, 협정, 합의, 규약, 헌장, 의정서, 선언 등으로 부른다. 비엔나에서 회의를 계속했으므로 비엔나협약 이라고도 한다.

국제법규(international laws)는 국제사회에서 일반적으로 승인된 법이며, 헌법에 의하여 체결, 공포된 조약과 함께 국내법과 같은 효력을 가진다. 과거에는 국가 간의 합의에 의해서만 성립하는 법이었지만 요즈음에는 국가 이외에 국제기구나 개인에도

---

18 국제연합 조약법회의 또는 빈조약법회의(Vienna Conference on the Law of Treaties) : 1965년 5월 빈에서 110개국이 참가하여 조약체결의 절차, 적용 및 해석 등에 관하여 심의한 회의. 국제연합 국제법위원회에서 채택되었다. 국제법의 헌법에 해당한다.

적용되고 있다.

국제관습법(customary international law)은 국가 간의 묵시적인 합의에 의하여 일반적으로 승인된 국제관행이다. 국제관행(international practice), 국제관습, 국제관례 등이 국제관습법으로 인정받으려면 다음과 같이 두 가지 조건이 필요하다.

첫째 국제사회에서 일정한 관행이 있어야 하고, 동일한 행위가 계속 반복되고 있어야 한다.

둘째 각 국가에서 그 관행을 계속 준수할 것을 승인함으로써 규범이 되어야 한다. 이 조건들이 충족되면 국제관습법으로 인정된다.

국제법은 다음과 같이 두 가지 특징이 있다.

첫째, 조약은 다른 법과 달리 체결 당사국에게만 적용된다. 단 NPT조약[19]은 관습적으로 체결하지 않은 국가도 준수해야 한다.

둘째, 조약에 의한 법적 의무는 분명한 동의에 근거한다. 따라서 조약이 체결되면 지켜져야 한다. 이것은 '계약은 지켜져야 한다'는 원칙의 표현이다. 그러나 근본적인 상황변화가 발생하여 준수하지 않을 수 있다. 이것을 사정변경의 원칙이라고 한다.

국제적 관습도 법으로 준수되어야 한다. 신임장을 받은 외교관이 면책특권을 누리는 것도 국제적 관습이다.

(1) 국제법과 국내법의 관계

국제사회에서 국가로 인정을 받으려면 국제법을 준수해야 하는 의무가 있다. 국제법이 국내법과 충돌할 경우에는 어느 쪽의 우위설과 동등설 등이 있는데 국가마다 입장이 다르나.

19　핵확산금지조약(NPT, Nuclear Non Proliferation Treaty) : 핵무기 확산을 막기 위해 1969년 유엔 총회에서 채택된 조약. 처음에는 25년의 기한이 있었으나 1995년에 무기한으로 연장되었다.

1) 이원론

국제법과 국내법은 각각 그 법적 타당근거를 달리하는 별개의 독립된 법질서라고 보는 것으로 동등하다는 입장이다. 두 법이 충돌할 때는 사건의 실체와 조건에 따라서 우선되는 법률부터 적절하게 적용해야 한다.

2) 국제법 우위론

국제법과 국내법이 전체로서 통일된 법질서를 이루는 것임을 인정한다. 다만 양자가 충돌하는 관계에 있어서는 국제법이 우위에 있다는 입장이다.

3) 국내법 우위론

국제법은 개별국가의 의사 혹은 헌법 그 자체에 기초하여 제정되어야 한다는 입장이다. 그러나 수많은 개별 국가들이 국내법에 기초하여 모든 국가에게 적합하게 적용되는 국제법을 제정하는 것은 현실적으로 불가능에 가깝다.

국제법과 국내법은 별개의 타당한 근거를 두고 있는 법이지만 전혀 독립된 법은 아니다. 두 법이 충돌하는 부분에 관하여 일정한 범위에서 국제법이 국내법에 대하여 우월하다는 입장이 우세하다. 예를 들어, 어떤 국가가 국제법과 충돌하는 국내법을 제정한 경우에 국내법이 무효로 되는 것은 아니다. 그러나 대외적으로 국가의 책임문제가 발생한다. 그리고 그 국가는 원칙적으로 국제법상의 구속을 국내법을 이유로 면제할 수는 없다는 것이 정설이다.

8.4.3 국제사법재판소

국제사법재판소(ICJ, international court of justice)는 1945년에 국제연합(UN)의 사법기관으로 설립되었으며 네델란드 헤이그에 본부가 있다. 국제연합의 가맹국은 물론 비가맹국도 일정한 조건 아래에서 재판소 규정의 당사국이 될 수 있다. 재판소는 국제연합 총회 및 안전보장이사회에서 선출된 15명의 재판관으로 구성된다. 강제적 관할권은 없으며, 특정한 예외가 있지만 한쪽 당사자의 청구만으로는 재판의 의무가 생기지는 않는다. 그렇지만 판결은 구속력을 가지며, 당사국이 이를 이행하지 않을 때

는 안전보장이사회가 적당한 조치를 취하게 된다

일본은 독도 영유권과 관련하여 국제사법재판소의 판결을 요청하고 있으나 실효적 지배를 하고 있는 우리나라가 응하지 않고 있어서 재판이 진행되지 않고 있다.

8.5 사회학

사회(社會 society)란 공통된 문화, 제도, 종교, 가치 등을 지니고 있는 사람들의 집합이다. 외딴 지역에 있는 작은 나라들은 외부와의 교류가 적으므로 비슷한 문화와 가치를 공유할 수 있고, 하나의 사회가 하나의 나라를 구성할 수 있다. 대륙에 있는 인구가 많은 나라들은 국내에 다양한 인종이 거주하기 때문에 여러 문화와 종교를 가지고 있는 여러 사회가 있을 수 있다. 교통이 발달한 지역에 있는 나라들은 사방에서 외적과 싸우고 이동하다보니 한 나라에 여러 민족이 사는 경우가 허다하다. 그러므로 한 나라 안에도 다양한 사회가 존재할 수 있다. 이런 경우에 비슷한 사회가 여러 나라에 분포되기 때문에 국제관계 문제가 생길 수 있다. 예를 들어, 쿠르드족(the Kurds)은 나라는 없지만 터키, 이라크, 시리아 등에 흩어져 살면서 같은 문화와 종교를 지니고 있으므로 같은 사회를 형성한다. 이웃 나라에 있는 쿠르드족이 박해를 받는다면 같은 민족이므로 관여를 하게 된다.

사회학(sociology)은 사람들이 사회 속에서 어떻게 사는지 왜 그렇게 사는지를 설명하는 학문이다. 사회와 사회 구성원인 인간과의 관계를 연구하는 학문이다. 초기 사회학자들은 사회를 중심으로 연구하고, 심리사회학자들은 사회관계에, 문화사회학자들은 사회 제도에 관심을 둔다. 현대 사회학은 신실증주의 입장이므로 과학화를 지향하고 있다. 국제관계를 이해하려면 사회학을 이용한 분석과 통찰이 필요하다.

사회학의 역사는 산업혁명이 시작된 18세기 후반 유럽에서 시작되었다. 사회학을 처음 제시한 사람은 오귀스트 콩트이다. 콩트는 사회학을 '사회 질서와 진보의 법칙을 연구하는 학문'이라고 정의하였다. 사회학의 목표는 인간 사회를 연구하여 미시적인 사회 부분에서 거시적인 단계에 이르기까지 사회 구조를 이해하는 것이다.

[표 8.17]　**사회학의 정의**

구분	내 용	비 고
1	사회와 사회 존재로서 인간을 연구.	
2	인간의 사회적 공동생활을 연구	
3	사회와 사회 구성원인 인간과의 관계를 연구	
4	사회제도와 조직, 사회 집단의 변화를 연구	마르크스
5	사회와 인간의 사회적 행위를 연구	막스 웨버
6	사회와 개인의 관계를 연구	게오르그 지멜

　　사회학의 정의를 살펴보면 [표 8.17]과 같이 다양하다. 이들을 종합하여 정리하면 사회학이란 '사회 속에서 인간의 존재와 사회와 인간과의 관계, 사회와 인간의 상호작용, 사회의 기능, 사회구조와 변동 등을 연구하는 학문'이라고 할 수 있다. 사회학은 구체적으로 사회발생, 사회구조, 의사결정, 계급, 계층, 성별, 인종, 가족, 법과 규칙 등을 연구한다. 국가는 하나 이상의 사회로 구성되어 있으므로 사회의 구성원리와 변동에 대해 이해하는 것은 국제관계를 이해하는데 큰 도움을 준다. 마르크스는 자신의 이론을 사회학이라고 언급하지는 않았으나, 사회의 경제현상을 사회제도와 연결시켜 설명하였고, 풍부한 사회학적 통찰력을 제공함으로써 현대 사회학에 큰 영향을 주었다. 현대 사회학을 간략하게 정리하면 '사회관계와 인간관계에 대한 연구'라고 할 수 있다.

　　사회학의 세부 연구 분야는 [표 8.18]과 같이 다양하다.

8.5.1 사회학 이론

　　사회학 이론은 사회학적 관점에서 사회 현상을 입증하려는 설명이다. 사회학 지식을 체계화하고 입증하기 위해 개별 개념 사이를 연결할 수 있어야 한다. 여기서는 주로 고전적인 이론 위주로 현대 이론을 소개한다.

[표 8.18] **사회학 연구 분야**

분 야	연구 내용	대표 학자
초기 사회학	사회 구성과 사회가 무엇인지를 연구	콩트, 스펜서
심리 사회학	개인의 심리과정과 사회적 환경 간의 상호관계를 연구	카트린 클레이만
문화 사회학	문화와 사회제도나 사회구조 간의 상호관계를 연구	다이애나 크레인
과학 사회학	과학적 탐구에 의한 실증주의적 사회 연구	스티븐 사이드먼
정치 사회학	정치 현상이 사회 구조와 문화에 미치는 영향	몽테스키, 퍼거슨

(1) 고전 사회학

초기 사회학은 사회의 역사적 법칙을 규명하려고 노력하였다. 고전 사회학은 19세기 말과 20세기 초의 시대적 상황에 따라 자본주의의 생산관계, 노동과 관련된 제도 등을 이념적으로 깊이 있게 분석하는데 주력하였다.

1) 구조 기능주의

구조 기능주의(structural functionalism)는 사회체계를 생물유기체와 비교하며 연구하였다. 따라서 사회를 구성하고 있는 각 부분이 조화롭게 기능한다면 안정을 유지할 수 있는 사회구조라고 본다. 구조 기능주의는 콩트와 스펜서로 시작되어 뒤르켐(Emile Durkheim)[20]을 거쳐 탤컷 파슨스[21]와 로버트 머튼(Robert Merton) 등에 의해 체계화되었다.

구조 기능주의 이론의 대표자인 파슨스는 인간 사회가 생명 유기체나 마찬가지로 상호의존 되어 있는 여러 부분들로 이루어져 있고 기능적으로 통합된 하나의 체계(system)로 균형을 유지한다고 보았다. 그에 의하면 사회체계의 각 구성요소들은 기능적으로 상호의존하며 전체 시스템의 균형 유지와 안정에 기여하고 있다. 사회체계의 주요 기능은 하위체계인 여러 사회제도에 의하여 분담되어 있다. 한편 머튼은 사

---

20 뒤르켐(Emile Durkheim, 1858~1917) : 프랑스 철학자, 사회학자. 콩트학파에 속하는 실증주의자.

21 탤컷 파슨스(Talcott Parsons, 1902~1979) : 미국 이론 사회학자. 패턴 변수(pattern variables)를 중심으로 한 사회체계론 주창.

회제도의 기능을 체계적으로 탐색하기 위해 현재적 기능과 잠재적 기능이라는 개념을 도입하였다. 현재적 기능이란 각 제도의 목적 달성을 위해서 사회적으로 명백하게 인식되는 의도적인 기능이다. 잠재적 기능은 제도의 목적 달성을 위해서 전혀 의도되거나 계획된 바 없이 표면적으로 은폐되어 있는 기능이다. 사회는 현재적 기능을 중심으로 잠재적 기능이 조화를 이루어 기능하고 있다.

2) 갈등이론

갈등이론은 사회갈등이 사회변동의 원동력이라는 마르크스의 이론으로부터 유래한다. 대부분의 갈등이론은 사회적으로 희소한 부, 명예, 권력 등을 획득하거나 유지하기 위해서 갈등이 불가피하게 일어난다는 입장이다. 현대 마르크스 이론은 다른 요소를 결합하여 새롭게 구성한 형태의 이론으로 발전하는 양상을 보이고 있다. 대표적으로 랄프 다렌도르프[22], 앤서니 기든스[23], 루이스 코저(Lewis Coser), 등을 들 수 있다.

다렌도르프는 자본의 불평등한 분배로 인한 계급갈등을 강조한 마르크스와 달리 사회갈등의 핵심적인 요인은 권력에 대한 불평등한 분배에 있다고 보았다. 코저는 사회적 상호작용은 갈등과 동시에 조화도 내포하고 있다고 보고, 집단 내 또는 집단 간 갈등과 그 결과로써의 집단 통합의 기능을 제시하였다. 즉, 그는 어느 한 집단의 다른 집단에 대한 갈등은 그 집단의 정체성을 확립하는데 기여하며, 집단 내에서의 갈등은 그 집단 구성원의 규범을 강화시켜 집단 결속력과 안정성을 증대시킨다고 주장하였다. 한편, 기든스는 마르크스와 베버의 계급 이론을 종합하여 계급갈등 현상을 분석하였다. 그는 선진 자본주의사회에서 재산과 권력의 분배에 따라 다양한 계급 분할이 이루어지고 있으며, 이러한 계급 분할이 복합적인 사회갈등을 야기한다고 보았다.

3) 상호작용이론

상호작용이론은 사회구조나 체계, 제도 등에 초점을 맞추어 연구하는 구조기능주의나 갈등이론과 달리 일상생활 속에서 사람들 간의 일상적 상호작용과 상호작용에 부

---

22 랄프 다렌도르프(Ralf Gustav Dahrendorf, 1929~2009) : 독일 사회학자. 함부르크대와 컬럼비아대학 교수. 마르크스 계급이론을 기반으로 투쟁의 일반이론을 구축.

23 앤서니 기든스(Anthony Giddens, 1938~) : 영국 사회학자. 케임브리지대, 런던정치경제대학 교수. '제3의 길'의 저자. 좌우이념 대립과 극복 방안을 연구한 구조화 이론으로 명성.

여하는 의미 해석에 초점을 맞추어 사회현상을 연구한다. 상호작용이론에는 조지 허버트 미드(George Herbert Mead)와 블루머(Herbert Blumer) 등을 필두로 하는 상징적 상호작용론과 해럴드 가핑클[24]을 필두로 하는 민속 방법론 등이 있다.

상징적 상호작용론자들은 개인을 사회에서 요구하는 규정된 규범에 따라 행동하는 사회의 산물이 아니라, 자신의 주관에 따라 대상과 상황을 규정하고 거기에 의미를 부여함으로써 자신의 세계를 능동적으로 이끌어가는 주체로 보았다.

가핑클은 인간 행위의 미시적 측면에 초점을 두어 사람들이 어떻게 그들의 일상생활에서 현실 상황을 지각하고 행동하는가를 관찰하고 분석하였다. 특히 사람들의 일상적인 생활을 고의로 교란시켜 보는 규칙 위반(rule-breaking) 실험 방법을 통해 사회적 규칙과 가치의 조건 하에서 사람들이 이들을 어떻게 해석하고 상호작용하는가를 분석하고자 하였다.

(2) 현대 사회학

현대 사회학은 시기적으로 20세기 이후 사회 체계 이론에 주력하였다. 그리고 제2차 세계대전을 전후하여 야기된 문제들에 영향을 받아 거시적 사회 분석(사회 체계가 개인에게 주는 영향 분석)과 미시적 사회 분석(개인의 행동 체계가 사회 구성에 주는 영향 분석)으로 구분되어 연구하였다.

1) 프랑크푸르트학파

프랑크푸르트학파(Frankfurt Schule)는 1930년 이후 프랑크푸르트대학 사회연구소의 연구원들과 관련된 정통 마르크스주의자들로 이루어졌다. 이들은 마르크스주의 이론으로는 자본주의가 급격하게 발전하는 것을 설명할 수 없다는 사실을 깨닫고 새로운 방향을 모색하게 되었다. 이들은 독일 관념론을 이용하여 실증주의와 유물론, 결정론의 한계를 비판하고 극복하려했다. 따라서 고전 마르크스주의를 비판했으므로 비판이론이리고 부른다.

---

24 해럴드 가핑클(Harold Garfinkel, 1917~2011) : 미국 사회학자. 캘리포니아대학 교수. 사회질서가 유지되는 근거를 사회 구성원들의 일상적인 사회활동 차원에서 고찰.

독일에서 갈등이론의 영향으로 제2차 세계대전 시기에 막스 호르크하이머(Max Horkheimer), 테오도어 아도르노(Theodor Adorno), 프롬(Erich Fromm), 벤야민 (Walter Benjamin), 허버트 마르쿠제(Herbert Marcuse) 등의 지적 전통에 의해 비판 이론으로 계승되었다. 이들은 자본주의를 비판하는 마르크스의 관점도 수용하면서도 경제 결정론 일변도 시각에서 벗어나 권위주의적 사회심리나 이데올로기 등 정신적 영역의 중요성을 강조하였다.

이들은 국가기관에 의해 자행되는 각종 기만적 형태의 인간 지배 현상을 지적하였 으며, 현대사회의 대중문화와 문화산업이 야기하는 사회의 획일화 현상과 비판의식 결여 문제도 제기하였다. 프랑크푸르트학파의 2세대 수장인 위르겐 하버마스[25]는 이 권 집단들의 타협이나 담합을 통해 공공정책이 결정되고, 정보제공이나 공론의 목적 보다는 상업적 이익 추구에 대중매체들이 이용된 결과 여론과 민주적 의사 형성이 현 대사회에서 퇴영되고 있다고 지적하였다.

게다가 이들은 프롤레타리아는 역사의 소명을 실천할 수 없다고 인정하였고, 현대 자본주의 사회에서 노동과정이 분화되어 노동계급이 모든 사회적 인식에 도달한다는 것은 불가능하다고 생각했다. 따라서 해방을 기대할 사람들은 프롤레타리아 라기 보 다는 비판적 지식인이라고 판단하였다. 계급 운동보다는 왜곡된 이데올로기를 극복할 비판운동에 희망을 걸게 된 것이다.

2) 포스트모더니즘

포스트모더니즘(postmodernism)은 1960년대 이후 인간의 이성과 합리성에 대한 믿음이 무너져서 객관적인 진리를 발견하는 것은 불가능하다는 입장이다. 본질적으로 포스트모더니즘은 이론과 이데올로기에 대한 불신 때문에 모더니즘적 사고에 대한 반작용으로 출발하였다. 포스트모더니즘은 현대 과학에 의해 주장되는 객관적인 진리 는 끊임없이 변화하는 사회의 성격 때문에 불가능하다고 주장한다. 따라서 포스트모 더니즘의 목적은 데이터 수집보다는 관찰과 분석을 통하여 전체적인 이해를 달성하 는 것이다.

---

25 위르겐 하버마스(Jürgen Habermas, 1929~) : 독일 철학자. 프랑크푸르트 대학 교수. 철학은 "전통을 거부함으로 전통에 충실해진다"라는 말을 했다.

현대 과학이 핵, 빈곤, 환경 파괴 등 인류가 직면한 문제를 제대로 해결하지 못한다는 인식이 확산되었다. 이 상황에서 이성, 합리, 과학, 기술 등에 의해 인류의 진보가 가능하다는 계몽주의적 신념을 부정하게 된 것이 포스트모더니즘이다. 장 리오타르(Jean Lyotard)[26], 장 보드리야르(Jean Baudrillard)[27] 등이 포스트모더니즘을 대표하고 있다. 리오타르는 인류 진보를 위한 보편타당한 지식에 대한 확신이 부재하고 사회생활을 조정할 수 있는 휴머니즘적 담론의 상실로 인해 도구적 이성이 사회생활을 지배하는 상황에 이르렀다고 지적하였다. 한편, 보드리야르는 현대사회는 현실 세계와 가상 세계의 경계가 허물어져서 합리적 진보와 진리에 대한 믿음이 불가능해졌다고 주장하였다.

8.6   철학

철학은 우주의 궁극적인 실체를 연구하는 학문이다. 철학은 현실 문제에 직접적인 도움은 되지 않지만 모든 문제를 근본적으로 해결하는데 도움을 준다. 단기적으로는 도움이 안 되지만 장기적으로 중요한 문제를 해결하기 때문에 가치가 있다. 철학(哲學)에서 '哲'자는 다음과 같이 세 글자를 결합한 것이다.

$$哲 = 扌 + 斤 + 口$$

손 수변 '扌'에 도끼 근 '斤'에 입 구 '口'자로 합성되어 있다. 이것을 풀이하면 손으로 도끼를 잡아서 찍듯이 분명하게 말한다는 의미이다. 철학에서 가장 중요한 작업은 각 낱말의 정의를 분명하게 하는 것이다. 영문자 definition의 의미도 내려놓는다는 뜻

---

26 장 프랑수아 리오타르(Jean-François Lyotard, 1924~1998) : 프랑스 철학자, 사회학자, 문학이론가. 포스트모더니즘과 인간의 관계 연구.

27 장 보드리야르(Jean Baudrillard, 1929~2007) : 프랑스 철학자, 사회학자. '소비의 사회', '시뮬라크르와 시뮬라시옹'의 저자.

의 접두사 'de'와 경계와 끝을 의미하는 라틴어 'fine'를 합한 말이다. 어떤 낱말의 뜻과 다른 낱말과의 경계를 분명하게 구분한다는 의미이다. 그리스 사람들이 철학은 지혜를 사랑하는 학문이라고 한 것은 지혜가 사물의 개념과 정의를 분명하게 설명하기 때문이다. 그리스에서 민주주의가 발전한 것도 그리스인들이 매사를 분명하게 정의하고 명확한 언어를 사용하며 생활하기 때문일 것이다.

8.6.1 철학의 주요 분야

철학은 여러 가지로 세분할 수 있으나 여기서는 [표 8.19]와 같이 연구 대상을 기준으로 다섯 가지로 분류한다. [그림 8.6]은 철학의 각 분야들이 서로 깊은 관계를 가지고 있다는 것을 시각적으로 기술한 것이다.

첫째, 관심 있는 사물과 사상을 인식하기 위하여 인식론이 필요하다.
둘째, 자신의 생각과 논리의 타당성을 확립하기 위하여 논리학이 필요하다.
셋째, 자신이 얻은 결론을 사회에 적용할 수 있는지 알기 위해 윤리학이 필요하다.
넷째, 자신의 결과물이 아름다운지를 알기 위하여 미학이 필요하다.
다섯째, 세상을 보는 눈이 넓어졌을 때 궁극적인 문제를 해결하기 위하여 형이상학이 필요하다.

[표 8.19] **철학의 주요 분야**

분 야	내 역	비 고
인식론	지식의 본질과 근거에 관한 내용	무엇을 알 수 있는가?
논리학	추론과 증명의 법칙에 관한 내용	무엇이 옳은가?
윤리학	선과 악에 관한 내용	무엇을 해야 하는가?
미 학	아름다움, 감각, 예술 등에 관한 내용	무엇을 바라는가?
형이상학	궁극적인 원인에 관한 내용	나는 누구인가?

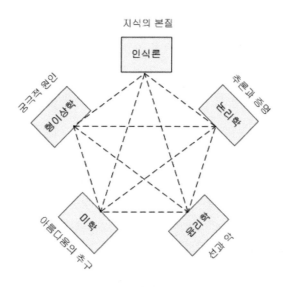

[그림 8.6] **철학의 학문 구성**

이들 각 분야는 다른 분야와 깊은 관계가 있으므로 다른 분야들을 잘 알아야 한다. 이러한 주제의 질문들은 삶에서 자주 부딪치는 문제는 아니다. 그러나 인생의 장기적인 행로에서 단편적인 일들을 모두 성공하고도 불행한 삶을 사는 사람들이 있다.

이것은 전투(전술)에 승리하고도 전쟁(전략)에서 실패한 것과 같은 경우이다. 철학은 전술적인 문제보다 전략적으로 인생의 기반을 쌓고 방향을 제시해주는 학문이다.

8.6.2 인식론과 논리학

인식은 새로운 사실을 알아가는 과정이고, 논리는 알아가는 과정의 정당성을 세우는 일이다. 따라서 논리가 정당해야 인식이 가능해진다. 인식론과 논리학의 관계를 살펴본다.

(1) 인식론

인식이란 대상을 아는 일이며, 인지는 대상을 알고 해석하여 판단까지 하는 일이므로 인식은 인지보다 작은 개념이다. 인식론이란 인식에 의하여 얻어지는 지식의 기원과 성질 그리고 그 범위를 연구하는 학문이다. 인식론은 인식의 기원을 이성(理性)에 두고 있는 합리론과 인식의 기원을 경험에 두고 있는 경험론으로 구분할 수 있다.

인식론은 사람이 인식을 하는데 중요한 요소가 두 가지라고 하는 이원론과 하나라고 하는 일원론으로 구분할 수 있다. 이원론은 합리론과 통하고 일원론은 경험론과 통한다. 이 절에서는 이원론(합리론)과 일원론(경험론)을 중심으로 인식 방법론을 설명하고자 한다.

그리스의 소크라테스와 조선의 조광조[28]는 이상주의자였다. 그들은 열심히 학문과 이상을 추구하였으나, 현실에서는 뜻을 이루지 못하고 죄인이 되어 사형을 당하였다. 플라톤은 스승의 죽음을 겪으며 스승을 사형시킨 사람들을 증오하였고, 이퇴계[29]는 가장 존경하던 대선배의 억울한 죽음을 목격하고 낙향하여 학문과 교육에 전념하였다. 플라톤과 이퇴계는 매우 어려운 여건에서 살면서 이상주의자였던 스승과 선배의 죽음을 목격하고 이상은 현실과 다를 수밖에 없다는 이원론을 주장하였다.

아리스토텔레스는 알렉산더 대왕의 스승으로 풍요로운 궁정 생활을 하면서 기득권층에서 성장하였다. 이율곡(李栗谷)[30]은 아홉 차례의 과거에 모두 장원하여 벼슬길에 올랐으며, 국왕의 두터운 신임을 바탕으로 40세에 당시의 정국을 주도하게 된다.

아리스토텔레스와 이율곡은 현실 세계에서 책임을 져야 하는 지도자 입장이므로 현실적일 수밖에 없었다. 따라서 이상과 현실을 조화롭게 연결해야 하는 일원론을 주장하였다.

---

28 조광조(趙光祖, 1482~1519) : 조선 중종 때 대사헌. 도학 정치 실현을 위해 개혁을 추진했으나 훈구 세력의 역습으로 사형 당함.

29 이황(李滉, 1501~1570) : 조선 중기의 유학자, 문인. 이기호발설로 이기이원론 주장.

30 이이(李珥, 1536~1584) : 조선 중기의 유학자, 정치가. 기발이승일도설로 이기일원론 주장. 성학집요, 격몽요결 집필.

인식과 인지

인식(認識)은 외부 정보를 수동적으로 수용하는 과정이므로 능동적인 지적 과정들을 다 포함하지 못한다. 사물을 인식했다는 것은 수동적으로 사물의 일부를 수용했다는 의미이므로 다 알았다고 (사물을 인지했다고) 할 수는 없다.

인지(認知)란 무엇인가? 인지의 기본 개념은 앎이다. 인지는 보다 능동적인 과정을 의미하며 지적 과정 전체를 포괄하는 심리적 과정이다. 따라서 인지는 인식을 포함하는 더 큰 개념이다. 인간의 인지란 육체적인 면과 정신적인 면이 모두 포함된다.

마음은 생물학적 신경계를 떠나서 생각할 수 없기 때문에 신경과학이 중요하고, 또한 마음이 정신을 떠나서 생각할 수 없으므로 심리학도 중요하다. 인간의 인지는 일종의 저장장치로 책과 노트 등을 활용하고 있다. 책이나 컴퓨터 앞에서 글을 읽고 있으면 인지 활동이 활발해지는 것을 알 수 있다.

존 로크(locke)[31]는 플라톤의 본유 관념을 부정하고 경험론을 주장하였다. 본유 관념이란 사람이 태어나면서부터 가지고 있는 선천적인 능력이다. 그는 인지는 감각과 반성이라는 경험을 통하여 얻어지는 습득 관념이라고 주장했다. 정제두[32]는 처음에는 주자학[33]을 공부하였으나 뒤에 지식과 행동의 통일을 주장하는 양명학[34]을 연구하여 사상적 체계를 세웠다. 마음이 기(氣)이고 마음을 갖춘 도덕성을 이(理)라고 하는 주자학의 이원론에 반하여 양명학은 마음(氣)이 곧 이(理)라고 하는 경험론적 일원론을 주장하였다.

---

31 존 로크(John Locke, 1632~704): 영국의 철학자 정치사상가. 계몽철학과 경험론의 원조.
32 정제두(鄭齊斗, 1649~1736): 조선 후기 유학자, 양명학자. 지식과 행동의 통일을 주장하는 양명학을 체계화.
33 주자학(朱子學): 남송의 주희가 집대성한 유교 주류의 성리학. 이와 기의 개념으로 우주와 인간의 생성과 심성의 구조, 인간의 자세 등을 연구하는 학문.
34 양명학(陽明學) : 명나라 중기의 양명 왕수인이 이룩한 신유가 철학. 인식과 실천은 하나라는 지행합일을 주장.

인식 방법론

일원론(一元論, monoism)

세계를 유일한 근본 원리로 설명한다. 몸과 마음은 떼어놓고 생존할 수 없으므로 본질적으로는 하나다. 현실에 있는 몸이지만 열심히 노력하면 이상을 추구할 수 있기 때문에 몸과 마음을 하나로 본다. 사람은 누구나 현실에 살면서 노력하면 이상을 이룰 수 있다고 생각한다.

이원론(二元論, dualism)

세계를 서로 독립적인 두 개의 근본 원리로 설명한다. 몸과 마음은 전혀 이질적인 것이기 때문에 별개라고 생각한다. 몸은 현실에 담고 있지만 마음은 이상을 추구할 수 있기 때문에 하나로 보기가 어렵다. 현실과 이상이 공존하는 세상이다.
이율곡의 이기일원론은 현실을 중시했고 이황의 이기이원론은 이상적이었다.

합리론(合理論, rationalism)

우연을 배척하고, 이성적이고 논리적인 것을 중시한다. 현실 세계보다 이데아의 세계, 즉 형상[35]과 원리를 존중한다. 눈에 보이는 말(馬)과 마음의 눈으로 보이는 말이 따로 있으며, 눈에 보이는 말이 질료[36]이고 마음으로 보는 말이 형상이다. 플라톤은 모든 사람들은 일정한 지식이 프로그램으로 만들어진 상태로 태어난다는 본유 관념을 주장하였다.

경험론(經驗論, empiricism)

인식의 근원을 오직 경험에서만 찾는다. 아리스토텔레스는 이데아의 세계보다 인간에 가까운 감각되는 자연물을 존중하는 현실주의 입장을 취하였다. 따라서 말(馬)은 구체적인 말밖에는 존재하지 않는다. 질료 이외에 형상이 따로 존재하지 않는다. 영혼 불멸성에 대하여 아무런 보장을 하지 않는다.
독일의 합리론을 물리치고 현실을 지배한 것은 영국의 경험론이었다.

서양 철학은 이성을 중시하는 플라톤 철학과 경험을 중시하는 아리스토텔레스 철학으로 구분된다. 동양의 유학은 이성을 중시하는 주자학과 경험을 주장하는 양명학으로 구분된다. 유럽에서는 영국의 경험론과 대륙의 합리론이 인식론의 주류를 이루며 절충을 모색하고 있는 동안, 신대륙(미국)에서는 프래그머티즘이라는 전혀 새로운 인식론이 대두되고 있었다.

---

35 형상(形相, eidos) : 경험의 세계에 있는 특정 사물을 그 사물답게 만드는 원인. 존재하는 사물에 내재하는 본질. 플라톤 철학에서의 이데아.

36 질료(質料, matter) : 형상을 구성하는 구체적인 재료. 아리스토텔레스 철학의 기본 용어.

(2) 실용주의 : 프래그머티즘

관념이나 사상을 행위와 관련하여 파악하는 입장을 실용주의(實用主義, prag-matism)라고 한다. 실용주의는 미국의 철학 정신을 반영하는 사조로, 실제(practice)에 관심을 둔다. 인간의 사고는 실제 행위로 옮겨갈 수 있는 활동이다. 따라서 사고는 목적이 아니라 목적을 위한 수단이라고 본다.

실용주의 창시자인 찰스 퍼스(Peirce)[37]는 '무엇을 아는가(know-what)'보다 '어떻게 아는가(know-how)'에 관심을 두었다. 다시 말하면 내용보다 실제 결과에 비중을 두고 있다. 퍼스에 의하면 개념이란 그 개념으로부터 나오는 실제 결과에 지나지 않는다. 퍼스는 모든 인식은 그 이전 인식의 제한을 받는다고 했다. 따라서 인식은 순간적으로 이루어지지 않고 해석을 해야 한다.

사람은 기존의 인식을 소재로 현재의 생각을 구성한다. 이것은 기호과정을 의미한다. 기호과정이란 이전 인식이 다음 인식의 소재로 연속되는 과정이다.

> 갈색이며 우는 동물 → 닭 → 토종닭

이와 같이 인식은 기호를 매개하는 과정이다. 퍼스는 이런 관점에서 유럽의 합리론은 인간의 주체성이 개입할 여지가 없다고 보았다. 그는 인식과 행위가 결부된다는 점을 주목하였다. 어떤 개념을 이해하고자 한다면 그 개념이 어떤 효과나 결과를 가져오는지 고찰해 봐야 한다는 것이다. 기호과정에서 어느 것이 타당한가라는 질문은 의미가 없다. 중요한 것은 경험적으로 결과가 좋아야 한다는 것이다.

(3) 본질과 현상

우리가 어떤 것을 안다고 하는 것은 무엇을 안다는 것인가? 그 사물의 본질인가 현상인가? 본질과 현상은 같은 것인가 다른 것인가? 본질은 무엇이고 현상은 무엇인가?

---

37 찰스 퍼스(Charles Sanders Peirce, 1839-1914): 미국의 철학자, 논리학자, 프래그머티즘 창시자.

본질과 현상의 두 가지 주제는 앞으로 논의할 모든 주제에서 끊임없이 제기될 것이므로 확실히 이해할 필요가 있다.

본질과 현상을 정의하면 다음과 같다.

> • 본질은 사물에 존재하면서 사물의 존재를 가능하게 하는 필수 요소이다.
> • 현상은 사물의 존재가 외부에 나타나는 모습이다.

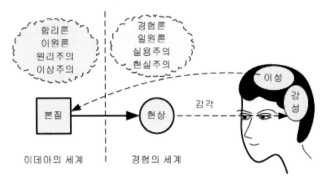

[그림 8.7] **본질과 현상**

본질을 강조하면 원리주의자가 되기 쉽고 현상을 추구하면 실용주의자가 되기 쉽다. 본질을 더 추구하는 것이 합리론이라면, 현상을 더 추구하는 것은 경험론이다.

본질에 더 가치를 둔 것을 이원론이라고 하면, 현상에 더 가치를 둔 것은 일원론이라 할 수 있다. [그림 8.7]은 인간이 이성으로 본질을 파악하고, 감성으로 현상을 파악하는 기능과 함께 각각 관련된 사상들을 보여준다. 인간이 사물의 참된 실재인 본질을 알 수 없다고 주장하는 불가지론과, 사물의 존재를 기능으로 파악하려는 기능주의 이후에는 본질의 개념이 불명확해졌다.

인식론의 종류는 많으나 여기서는 인지과학의 관점에서 설명하였다. 합리론, 경험론, 실용론이 발전한 동기는 시대적 상황에 크게 좌우되었다는 사실을 확인할 수 있다. 송나라는 이민족의 침입과 전쟁 패배의 어려운 현실 속에서 주자학의 이원론을 주장하였으며, 중국을 통일한 명나라는 현실 세계를 장악하였으므로 양명학의 일원론을 주장하는 것이 대표적인 실례다.

(4) 논리학

우리가 일상적으로 나누는 대화에는 논리에 맞지 않는 주장들이 많이 있다. 상대방의 주장이 틀린 것 같은데 틀린 점을 지적하지 못해서 억울한 경우가 있으며, 나의 주장이 옳은데 옳다는 것을 증명하지 못해서 억울한 경우도 있다. 이런 억울함을 해결할 수 있는 수단이 논리학이다. 서로 자신의 주장이 옳다고 주장할 때는 상대방의 추론 과정에 오류가 있다는 것을 지적해야 논쟁에서 이길 수 있다. 논쟁할 때 중요한 것은 자신의 주장이 논증에 의하여 진리가 보전되었음을 증명하는 것이다.

[표 8.20] **정언적 삼단논법**

구분	명제
대전제	모든 사람은 죽는다.
소전제	소크라테스는 사람이다.
결 론	소크라테스는 죽는다.

정언적 삼단논법은 [표 8.20]과 같이 조건을 붙이지 않고 확정적으로 주장하는 세 개의 명제로 구성된다. 대전제와 소전제가 성립하면 결론이 성립하는 논법이다. 가언적 삼단논법은 [표 8.21]과 같이 어떤 사건의 발생을 가정하고 결과를 주장한다.

따라서 어떤 사건이 발생하지 않았으면 그 다음의 결과적인 행동은 옳고 그름을 판단할 필요가 없어진다. 가정이 성립했을 경우에만 옳고 그름을 판단하는 것이다.

[표 8.21] **가언적 삼단논법**

구분	명제	
대전제	비가 오면 소풍가지 않는다.	
소전제	비가 왔다.	비가 안 왔다.
결 론	소풍갔다.(×) 소풍가시 않았나.(○)	소풍갔다.(○) 소풍가지 않았디.(○)

논리학(論理學, logic)은 추론과 증명의 법칙을 연구하는 학문이다. 다시 말하면 진리를 보증하는 논증의 학문이다. 추론(推論, reasoning)은 기존의 사실로부터 새로운

사실(결론)을 도출하는 과정이다. 결론이 정당하려면 추론 과정에서 오류가 없어야 하며, 오류가 없다는 것을 확인하는 과정이 증명이다. 증명(證明, proof)은 특정한 공리를 가정하고, 그 가정에서 어떤 명제가 참이라는 것을 확인하는 과정이다.

거짓말쟁이의 역설 liar paradox

신약성서 〈디도서〉 1장 12절에 "그레데인 중에 어떤 선지자가 말하기를, 그레데인들은 항상 거짓말쟁이야"라는 말이 있다. 이 경우에 선지자 자신이 그레데인이므로 그레데인이 거짓말쟁이라는 것을 긍정할 수도 부정할 수도 없는 모순을 낳는다.

또 다른 거짓말쟁이의 역설로 "한 남자가 자기는 거짓말을 하고 있다"고 말한다. 이런 경우 그가 말한 것은 참인가 거짓인가?는 고대 그리스 철학자의 역설이다.

러셀은 거짓말쟁이의 역설을 집합 이론의 관점에서 체계적으로 정리하였다. 러셀은 이 문제를 집합과 집합의 원소 문제로 보았다. 러셀은 역설을 해결하기 위하여 유형이론(theory of types)을 고안하였다. 유형이론은 집합과 원소의 혼동을 금지한다. [그림 8.8]에서 그레데인의 집합에는 A씨, B씨, K씨, 선지자 등의 원소가 있는데 그 집합의 원소인 선지자가 '그레데인들은 항상 거짓말쟁이야'라고 자신의 상위 집합을 정의하는 것은 유형이론의 법칙을 위반한 것이다. 이런 잘못을 범하지 않는 것이 역설의 해결법이다.

[그림 8.8] **거짓말쟁이의 역설**

8.7 국제관계학과 융합

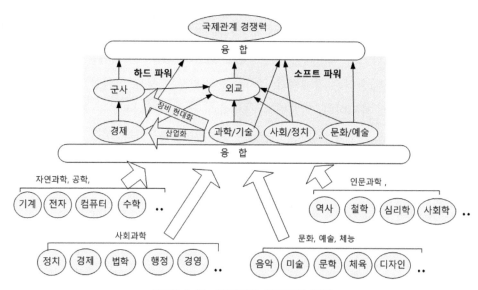

[그림 8.9] **국제관계 경쟁력과 융합**

국제관계는 여러 분야들의 지식과 실력들이 융합되어야 효과를 발휘하는 복잡한 분야이다. 국제관계를 이루는 요소들은 국제정치, 국제통상, 환경/노동, 남북문제, 국제통합, 인권, 반부패 등이 복합적으로 구성되어 있다. 따라서 국제관계를 이해하고 통찰하기 위해서는 다양한 분야의 지식들이 융합되어야 한다. 국제관계를 연구하는 국제관계 경쟁력은 [그림 8.1]과 같이 정치학, 경제학, 법학, 역사학, 사회학, 철학 등으로 이루어져 있으므로 융합이 학문 연구에 필수적이다.

국제관계학의 목적은 국제관계 경쟁력을 증진하는 것이며 국제관계 경쟁력은 [그림 8.9]와 같이 외교, 경제, 군사, 기술, 문화/예술, 사회/정치 등으로 구성된다. 외교력은 국제관계학의 기반위에 주로 경제력과 군사력으로 결정된다. 경제력은 경제 지식을 기반으로 기술력을 산업화해야 증진할 수 있으며, 군사력은 기술력을 기반으로 하는 방산장비 현대화와 함께 경제력으로 군수산업을 지원하고 국민들의 단합된 국방 의지로 결정된다. 과학기술은 기계, 전자, 컴퓨터 등 다양한 공학기술과 수학, 물리, 화학 등 자연과학이 융합을 이루어야 달성할 수 있다. 인문과학은 역사, 철학, 사회학, 심리학 등의 융합으로 이루어지고, 문화/예술은 문학, 음악, 미술, 체육, 디자인 등 다양한 문예 분야의 융합으로 이루어진다. 사회과학은 정치, 경제, 법학, 행정, 경영 등의 융합으로 이루어진다. 이들 외교력, 경제력, 군사력, 기술력과 사회/정치력, 문화/예술의 힘이 조화롭게 융합할 때 국제관계 경쟁력을 확보할 수 있다. 군사력과 경제력은 망치와 당근에 해당하는 하드 파워이고, 사회/정치와 문화/예술은 소프트 파워에 해당한다. 기술력은 경제력과 군사력을 지원하는 하드 파워인 동시에 문명을 발전시키는 소프트 파워이다. 외교력은 경제력과 군사력을 이용하는 하드 파워인 동시에 대화와 협상으로 문제를 해결하는 소프트 파워이기도 한다. 이들 모든 에너지들은 조화롭게 융합될 때 충분한 힘을 발휘할 수 있다.

참고문헌

- Andrew Heywood 지음, 김계동 옮김, "국제정치와 세계정치", 명인문화사, 2013
- Edward Hallett Carr, "The Twenty Years' Crisis, 1919-1939: an introduction to the study of international relations", Macmillan & CO. LTD, 1946
- https://www.kci.go.kr/kciportal/ci/sereArticleSearch/ciSereArtiView.kci? sereArticleSearchBean.artiId=ART001366082
- Oliver Daddow 지음, 이상헌 옮김, "국제관계 이론", 명인문화사, 2020
- Ramon Pardo 지음, "Shrimp to Whale", HURST, 2023
- Scott Rozelle·Natalie Hell 지음, "Invisible China", University of Chicago Press, 2020
- 김수권 지음, "핀란드 역사", 지식공감, 2019
- 김용삼 지음, "조선을 침몰시킨 청일전쟁", 백년동안, 2022
- 김정위 지음, "중동사", 대한교과서주식회사, 1987
- 김태운 저, "'신현실주의'와 '신자유주의'의 국제정치관 : 인식의 공유와 차이", 한국정치정보학회, 2005, vol.8, no.2, 통권 17호, pp190-211
- 김희상 저, "중동전쟁", 일신사, 1977
- 나가타 아시후미 지음, 박환무 옮김, "일본의 조선 통치와 국제관계", 일조각, 2005
- 니시오카 쓰토무 지음, 이우연 옮김, "위안부 문제의 진실", 미디어워치, 2021
- 댄세노르·사울싱어 지음, 윤종록 옮김, "창업국가", 다홀미디어, 2010
- 도현진 지음, "전쟁이 발명한 과학기술의 역사", 시대의창, 2021
- 뤼슈렌 지음, 부자오치 옮김, "대만은 왜 중국에 맞서는가", 미디어워치, 2021
- 미야모도 무사시 지음, 박상범·김상범 편저, "오륜서", (주)푸른영토, 2018
- 박유하 지음, "제국의 위안부", 뿌리와 이파리, 2015
- 박유하 지음, "화해를 위해서", 뿌리와 이파리, 2015
- 박창희 지음, "군사전략론", 플래닛미디어, 2018
- 손자 지음, 이현서 옮김, "손자병법", 청아출판사, 2018

- 안 티커너 지음, 황영주 외 옮김, "여성과 국제정치", 부산외국어대학교출판부, 2001
- 앤서니 기든스·필립 W. 서튼 지음, 김봉석 옮김, "사회학의 핵심 개념들", 동녘, 2018
- 야프 반 히네겐 지음, 김정태 옮김, "인도차이나 현대사", 여래, 1985
- 에른스트 폰 헤세-바르텍 지음, 정현규 옮김·한철호 감수, "조선 1894년 여름", 책과함께, 2012
- 염종순 지음, "일본관찰 30년", 토네이도, 2020
- 오정환 지음, "천년전쟁", 종문화사, 2017
- 우쓰미아이코·무라이 요시노리 지음, 김종익 옮김, "적도에 묻히다", 역사비평사, 2012
- 우치무라 간조 지음, 조양욱 옮김, "일본 인물사", 아침바다, 2003
- 유인선 지음, "베트남의 역사", 이산, 2018
- 윤봉준 지음, "선진 3국 부강기", 삼성경제연구소, 2008
- 이병욱 지음, "산업혁명과 융합", 21세기사, 2022
- 이병욱 지음, "융합의 이해", 생능, 2022
- 이병욱 지음, "인공지능과 융합", 21세기사, 2023
- 이병욱 지음, "자작 드론 설계 및 제작", 21세기사, 2020
- 이병욱·최영미 지음, "융합 개론", 21세기사, 2020
- 이병욱·황준 지음, "드론 소프트웨어", 21세기사, 2019
- 이사벨라 버드 비숍 지음, 이인화 옮김, "한국과 그 이웃나라들", 살림, 1994
- 이상환 지음, "국제관계론", 박영사, 2022
- 이성환 지음, "러일전쟁", 살림, 1989
- 이성환 지음, "청일전쟁", 살림, 1989
- 이시바시 다카오 지음, 홍성구 옮김, "대청제국", 휴머니스트, 2009
- 이안 부루마 지음, 신보영 옮김, "0년 현대의 탄생, 1945년의 세계사", 글항아리, 2016
- 이용준 지음, "대한민국의 위험한 선택", 기파랑, 2019

- 이용준 지음, "베트남, 잊혀진 전쟁의 상흔", 한울, 2014
- 이희수 지음, "터키사", 대한교과서주식회사, 1993
- 이희철 지음, "히타이트", 도서출판 리수, 2004
- 임용한 지음, "세상의 모든 혁신은 전쟁에서 탄생했다", 교보문고, 1914
- 장철균 지음, "서희의 외교 담판", 현음사, 2004
- 제러미 블랙 지음, 유나영 옮김, "거의 모든 전쟁의 역사", 서해문집, 2022
- 조슈아 골드스타인·존 피브하우스 공저, 김연각 옮김, "국제관계의 이해", 인간사랑, 2015
- 조지 프리드먼 지음, K 전략연구소 옮김, "21세기 지정학과 미국의 패권전략", 김앤김북스, 2018
- 조지 프리드먼 지음, 손민중 옮김, "100년 후", 김영사, 2010
- 조지프 나이 지음, 윤영호 옮김, "권력의 미래", 세종, 2012
- 존 킹 페어뱅크 지음, 중국사연구회 편역, "신중국사", 까치, 1992
- 중앙일보 국제경제팀 지음, "세계경제", 중앙 M&B, 2000
- 즈비그뉴 브레진스키 지음, 김명섭 옮김, "거대한 체스판", 삼인, 2017
- 진순진 지음, 조양욱 옮김, "청일전쟁", 우석, 2005
- 차하순 지음, "사관이란 무엇인가?", 청람문화사, 1988
- 최병천 지음, "좋은 불평등", (주)메디치미디어, 2022
- 추이 즈위안 지음, 장영석 옮김·백승욱 대담, "중국은 어디로 가고 있는가?" 창비, 2003
- 카이사르 지음, 박광순 옮김, "갈리아 전기", 범우사, 1990
- 캐서린 H.S. 문 지음, 이정주 옮김, "동맹 속의 섹스", 삼인, 2002
- 크리스 피어스 지음, 황보종우 옮김, "전쟁으로 보는 중국사", 수막새, 2005
- 클라우슈밥 지음, 김민주 이엽 옮김, "제4차 산업혁명", 메가스터디BOOKS, 2018
- 클라우제비치 지음, 류제승 옮김, "전쟁론", 책세상, 1998
- 투키디데스 지음, 천병희 옮김, "펠로폰네소스 전쟁사", 숲, 2015
- 패밀라 카일 크로슬리 지음, 양휘웅 옮김, "만주족의 역사", 돌베개, 2013
- 피터 C. 퍼듀 지음, 공원국 옮김, "중국의 서진", 길, 2012

- 황대일 지음, "중국갑질 2천년", 기파랑, 2021

찾아보기

이병욱

- 연세대학교 공학사
- George Washington University 전산학 석사
- 중앙대학교 전산학 박사
- 전 현대상선(주) 전산부장
- 전 가천대학교 소프트웨어대학장
- 전 한국인터넷정보학회 부회장
- 가천대학교 컴퓨터공학과 명예교수
- 한국인터넷정보학회 명예고문
- T&S 드론연구소 대표

[주요저서]

- 융합의 이해(도서출판 생능), 정보검색(도서출판 그린), 드론 소프트웨어(21세기사), 융합 개론(21세기사), 자작 드론 설계와 제작(21세기사), 산업혁명과 융합(21세기사), 인공지능과 융합(21세기사)

국제관계와 융합

1판 1쇄 인쇄 2024년 03월 05일
1판 1쇄 발행 2024년 03월 15일
저   자 이병욱
발 행 인 이범만
발 행 처 **21세기사** (제406-2004-00015호)
경기도 파주시 산남로 72-16 (10882)
Tel. 031-942-7861   Fax. 031-942-7864
E-mail : 21cbook@naver.com
Home-page : www.21cbook.co.kr
ISBN 979-11-6833-150-1

정가 25,000원